本书为国家社会科学基金一般项目"片马茶山语参考语法研究（16BYY170）"的研究成果

国家社会科学基金项目文库·语言学研究

景颇族·怒江州片马茶山语参考语法

李春风◎著

暨南大学出版社
JINAN UNIVERSITY PRESS

中国·广州

图书在版编目（CIP）数据

景颇族·怒江州片马茶山语参考语法/李春风著 . —广州：暨南大学出版社，2023.5

（国家社会科学基金项目文库. 语言学研究）

ISBN 978 - 7 - 5668 - 3456 - 0

Ⅰ. ①景…　Ⅱ. ①李…　Ⅲ. ①景颇语—语法—研究—怒江傈僳族自治州　Ⅳ. ①H259.4

中国版本图书馆 CIP 数据核字（2022）第 118303 号

景颇族·怒江州片马茶山语参考语法
JINGPOZU·NUJIANG ZHOU PIANMA CHASHANYU CANKAO YUFA
著　者：李春风

出 版 人：张晋升
项目统筹：晏礼庆
责任编辑：姚晓莉　汤芳平
责任校对：刘舜怡
责任印制：周一丹　郑玉婷

出版发行：暨南大学出版社（511443）
电　　话：总编室（8620）37332601
　　　　　营销部（8620）37332680　37332681　37332682　37332683
传　　真：（8620）37332660（办公室）　37332684（营销部）
网　　址：http://www.jnupress.com
排　　版：广州市新晨文化发展有限公司
印　　刷：佛山市浩文彩色印刷有限公司
开　　本：787mm×1092mm　1/16
印　　张：21.75
字　　数：400 千
版　　次：2023 年 5 月第 1 版
印　　次：2023 年 5 月第 1 次
定　　价：69.80 元

2018 年 7 月，作者与发音合作人崩江（中）、刘陇凤（右）合影

2017 年 2 月，作者与缅甸新娘阿田妹（中），李文琪（左）合影

作者与崩江一家合影

作者与阿才富一家合影

序

　　春风副教授的新著《景颇族·怒江州片马茶山语参考语法》一书经多年努力已定稿，要我写个序，我很高兴地答应了。因为本书既是参考语法研究，又是跨境语言研究，这是当前备受语言学家关注的两个研究课题。加上我对这两项研究也有着浓厚的兴趣，多年来做过一些调查研究。读这本新著时，不禁引起我对当年我们中央民族大学"985"工程开展"中国跨境语言研究"和"中国少数民族语言参考语法研究"的回忆。

　　2005年，中央民族大学为了推动语言学学科建设，启动了"985"工程，中国少数民族语言文字被列为重点扶持的学科。正好我被任命为该学科的主任，有条件去思考如何在我校发展这两个分支学科的研究。在酝酿语言学学科建设的任务时，我们首先想到的是要做参考语法、跨境语言系列研究，这是多年来想做但未能做的事。学校领导很快就同意了我们的想法，为我们提供了充足的经费。当时想做这两项研究的依据是：参考语法和跨境语言的研究对现代语言学研究有着重要的理论意义和应用价值，对我国的现代化建设而言是必需的；而且我国这方面的研究还很薄弱，建设这两个分支学科，能够带动中国少数民族语言研究。但当时我们没有现成的经验可作参考，只能"摸着石头过河"，自己总结经验逐步推进。为了配合参考语法系列的启动，我与蒋颖合写了一篇《"参考语法"编写的几个问题》（载《云南师范大学学报》），阐述了我们编写参考语法的初步设想。跨境语言研究也是在田野调查中一点一滴地积累经验。

　　经过十多年的艰苦努力，中央民族大学"985"工程共出版了二十多部参考语法和十多部跨境语言研究专著，摸索出了一些理论方法，为两个分支学科的研究奠定了一定的基础。后来全国各地的一些高校和研究机构也都陆续开展了这两项研究，不少研究课题还获立国家社会科学基金项目。

一些博士研究生也选择了参考语法、跨境语言作为毕业论文方向。总之，这两个研究课题，已成为我国语言研究者关注的研究项目。

春风副教授多年前就热衷于参考语法和跨境语言的调查研究。她的博士论文《邦朵拉祜语参考语法》于2014年由中国社会科学出版社出版。邦朵拉祜语是分布在我国西南边疆的跨境语言，所以《邦朵拉祜语参考语法》既是参考语法研究，又是跨境语言研究。2016年，她的课题"片马茶山语参考语法研究"获得国家社会科学基金项目。她利用寒暑假，连续四次深入片马茶山人居住的村寨，与茶山人同吃同住，收集、记录、整理了近20万字的茶山语语料，还对部分语料进行了拍摄、录制，在调查过程中也培养了对茶山语的语感。

我也到片马地区做过田野调查，深知春风调查研究茶山语是很艰苦的。2009年，为了完成学校"985"工程的"新时期中国少数民族语言使用情况研究"项目，我曾带领一个课题组到片马等地做田野调查，有过一段艰苦的经历。茶山人居住的村寨位于高山峡谷区，高峰林立，最高海拔4 161.6米，在那里生活会遇到许多意想不到的困难。而且春风不懂得茶山语，要收集那么多语料，要对语料做细致、准确的注释、分析，没有吃苦精神和坚持不懈的毅力是无法完成任务的。

片马茶山语是汉藏语系藏缅语族缅语支的一种跨境语言，国内只有百余人使用。其独特的语言特点，以及与境外跨境语言的密切关系，使其在语言学研究中具有抢救记录的重要价值。国内外学者对茶山语的研究较少，本书是国内首部以片马茶山语为描写对象的语法著作，分析了片马茶山人的语言使用情况、语言关系，对片马茶山语的社会功能、语音、词汇、语法和构词法等进行系统的描写研究。作者还在调查中以录像形式保留了片马茶山语的词汇、句子及长篇语料，这些影像资料有利于后续研究。作者归纳了茶山语的几个特点：

（1）茶山语单音节单纯词占优势，多音节单纯词较少；双音节合成词较多，多音节合成词较少。

（2）名词词缀的虚化程度具有层次性，性范畴依靠后缀表示；有大称和小称，名物化的形式有前加、后加标记；代词有数范畴，格范畴有形态变化等；动词有态、式、体、貌范畴，单音节动词可以重叠，双音节动词重叠多表示动作的状态；单个数词不能重叠；量词比较发达，一般不能脱离数词；形容词能重叠，表示性状程度的加深，还能构成自动态和使动态；助词没有形态变化，不能重叠，有少量是由实词语法化而成，结构助词具有多功能性，等等。

（3）茶山语分析性较强，还保留了大量形态变化和特点，如代词的属格、动词的态等。

（4）茶山语的借词主要借自汉语，还有少量缅语、傈僳语及其他支系语言等借词。

作者根据最新调查数据，利用社会语言学研究方法，描写片马茶山人语言使用现状及与其他民族语言的关系，并与2009年的片马茶山人语言使用情况进行对比，做了动态分析，总结了10年间语言使用变化的特点。

春风曾多次跟我去少数民族地区做语言国情调查研究，还参加过跨境语言调查研究，是一位能吃得了苦的年轻人。

茶山语值得持续研究。希望春风今后能继续对茶山语做更深入的调查研究，并进一步把茶山语与其他亲属语言作比较。

是为序。

戴庆厦

2023 年 3 月于中央民族大学 507 工作室

目 录
CONTENTS

第一章　绪论

第一节　茶山人和茶山语

我国景颇族有景颇、载瓦、勒期、浪速、波拉等支系。茶山是景颇族的一个人口较少的支系[①]，自称"峨昌"，他称"茶山"。主要分布在云南省怒江州泸水市片马镇岗房、古浪、片马三个行政村的中缅边界线上。片马镇位于怒江州泸水市西部，是一个多民族杂居的边境乡镇，东与鲁掌镇毗邻，西、南、北三面与缅甸接壤，国境线长64.44千米。片马是中缅边境北段的交通要道和商业往来的重要通道，距离缅甸北部主要城市密支那约244千米、葡萄县约270千米。全镇辖片马、古浪、岗房、片四河4个村民委员会和景朗社区1个居委会，共828户3 327人[②]，为汉、景颇（景颇族支系茶山人）、傈僳、纳西、白（白族支系勒墨人）、彝、壮、怒等8个民族杂居的边境乡镇。

片马镇傈僳族人口最多，其次是茶山人。茶山人是片马地区居住时间较长的民族群体。据史籍记载，茶山人的祖先来到片马地区已有上千年的历史。唐代《南诏德化碑》上就篆刻有"寻传、禄郸、丽水、祁鲜"等名称。据考证，"寻传"就是今天的景颇族先民，丽水就是今天的伊洛瓦底江，即今天片马的小江。小江自片马、岗房、古浪边境西北流入伊洛瓦底江上游的恩梅开江。上述大片地区迄今为止仍是景颇族分布的地区。至于"祁鲜"，就是今天伊洛瓦底江西岸的甘高山，属我国唐宋元时期丽水节度管辖的地区，也是景颇族分布

[①]　罗常培先生将茶山归为藏缅语系五支之第四支缅语系。罗常培、群一《云南之语言（二）》第四章藏缅语部分，"藏缅语系，细别之，更可分为五支……四曰缅人支，茶山、浪速、阿系、阿昌等属之……茶山，亦曰刺溪，浪速亦曰马鲁，与阿系、阿昌均属缅语系，此少数民族，皆居于云南与西北滇缅交界地区，即怒江与大金沙江之间"。（《玉溪师专学报（综合版）》，1986年第5期）

[②]　本数据由片马镇政府于2019年3月统计。

的地区。又据《蛮书》卷七记载"犀，出越赕（腾越，今之腾冲），高丽共人以陷阱取之"。"高黎共人"一词系景颇语的"高丽山的人"。"高丽"是景颇族的一个部落，又称"高黎"或"高日"。由此可见至少约公元 8 世纪时，景颇族高丽部落已居住在高黎贡山一带了。景颇族是一个由北方南下的民族，在迁移的过程中，茶山支系与景颇族的主体分离了，在封闭的怒江州片马地区定居，被片马主体民族傈僳族包围，并与缅甸茶山人往来密切。

宣统二年（1910），茶山人居住在上片马的有 40 户，下片马的有 40 余户，古浪的有 20 户，小帕迭河寨（今岗房的小巴底河）的有五六十户。1960 年，中缅划界前，住上、下片马的茶山人有 125 户，住古浪的有 23 户，住岗房的有 25 户，共 173 户 846 人。在缅甸将片马、古浪、岗房（简称片古岗）地区归还中国的前夕，境外敌特分子对当地群众进行威胁诱惑，迫使当地居民 200 多户、1 000 余人全部外迁，致使中方接管片马地区时，全区田园荒芜、空无一人。1962 年吴中边民回归 8 户、岗房回归 4 户、上片马回归 3 户。至 1965 年，全区回归 68 户，共 314 人。这些迁过去和迁回来的边民主要是茶山人，也有部分傈僳人。2000 年第五次人口普查时怒江州有景颇族 129 人（包括茶山和浪峨两个支系），2019 年课题组在片马地区进行穷尽式调查时，户籍在册茶山人 149 人，[①] 其中岗房村 49 人，片马村下片马 40 人，古浪村 60 人。由于政府的民族优惠政策，片马镇各村都通上了公路，百姓出行也有了便捷的交通工具，使这里的景颇族的生活条件得到很大的改善。如今，嫁到中国来做媳妇的缅甸姑娘越来越多。与片马小江一河之隔的缅甸境内多数是茶山人，也有傈僳族。当地研究人员说缅甸境内的茶山人口约有 20 万[②]，密支那省基本上都是茶山支系。

第二节 茶山人的语言生活[③]

对于跨境而居的少数民族而言，母语、国家通用语、其他少数民族语言、

---

① 片马地区的户籍册上，景颇族主要是茶山人，还有少数浪峨人。茶山人和浪峨人都认同自己是景颇族，但在认知上这两者是景颇族的不同支系。此处 149 人是指茶山人数。

② 本数据由泸水市科协主席祝林荣先生（前片马镇党委书记）提供。他还提到：缅甸茶山是一个民族，包括勒期、峨羌、糯昌等支系，仅贡山、福贡、片马境外及密支那几个纵横山谷中就约有十余万人口。

③ 本部分内容引自李春风：《边境地区民族语言的共生与交融：基于云南马茶山人的调查分析》，《中南民族大学学报（人文社会科学版）》，2020 年第 40 卷第 5 期。略有改动。

跨国语言等都不同程度地出现在其语言生活领域中，成为语言关系要素，并构成一个语言关系的系统。各要素根据有无、强弱呈现不同的组合模式，构成不同的单语、双语、多语类型。各语言要素在行使交际、传承等功能过程中，既和谐互补，又有竞争冲突。

一、基本状况

茶山人是片马地区世居民族，茶山支系与景颇族的主体分离，在封闭的怒江州片马地区定居，被片马主体民族傈僳族包围，并与缅甸茶山人往来密切。茶山人日常生活中出现了茶山语、傈僳语、汉语、白语、景颇其他支系语言①、缅语等语言，其中茶山语、傈僳语、汉语是其主要日常用语，其他民族语言、缅语、缅甸茶山语等为次要用语。2019 年，我们对该地区 6 周岁以上有完全语言能力的 149 名户籍在册茶山人，做了穷尽式的语言生活状况调查，其中岗房村 49 人，片马村下片马 40 人，古浪村 60 人。片马茶山人的语言生活表现为以下两方面。

（1）稳定使用三语，汉语基本普及。149 名茶山人，掌握母语者 134 人，占 89.9%，总比例较高。三村具体情况是：下片马 40 人全部掌握母语。岗房村 47 人掌握母语，占 95.9%，两位不会茶山语的居民都生于族际婚姻家庭：7 岁的学龄前儿童麻某，母亲是傈僳族；10 岁的蔡某，父亲是汉族，并一直跟父亲生活在镇上。古浪村 60 名茶山人，47 人掌握母语，占 78.3%，其比例比下片马、岗房低得多。古浪村有吴中一组和古浪二组两个村民小组，古浪二组 92% 的村民掌握母语，古浪吴中一组母语掌握者数量则很低，35 人中仅 23 人会母语，占 65.7%。

懂傈僳语的有 133 人，占 89.3%，略低于母语。三村中，岗房村占比最高，达 98%，下片马占比最低，为 72.5%。懂汉语的人数占比达到 96.6%，说明汉语在片马茶山人中已基本普及。此外，还有 2 人会缅语，4 人会白语，2 人会说景颇族的波拉、浪速支系语言。

（2）三语使用存在水平差异。下片马母语水平最高，92.5% 熟练；傈僳语水平最低，45% 熟练；母语、汉语使用稳定。古浪村母语掌握比例和水平最低，61.7% 熟练掌握；傈僳语和汉语熟练比例都比较高，分别是 90% 和 80%。岗房村傈僳语和母语水平都比较高，熟练比例分别是 89.8% 和 95.9%；汉语

---

① 片马茶山地区还生活着少数景颇浪速支系，有个别村民会说浪速语、波拉语、勒期语等。

水平最低，熟练的为 65.3%。

二、形成原因

母语、傈僳语、汉语在片马茶山人中的地位几乎并重，这种语言关系是很少见的，形成这种语言关系的原因很多，除了地域、代际、婚姻家庭结构等因素外，还有历史沿革、政策导向、民族经济生存发展需求、社会潮流等多重因素。

1. 地域、代际、婚姻家庭结构等因素

片马茶山人三个功能语系统特征的形成原因与地域、代际、婚姻家庭结构等因素有关，而且这几个因素往往综合作用。

（1）我们调查的三村特点是：下片马距离镇政府约 1.5 千米，古浪村距离镇政府约 15 千米，岗房村距离镇政府约 35 千米；古浪吴中一组族际婚姻家庭最多，岗房族内婚居多，下片马居中；下片马、岗房、古浪二组的茶山人都是聚居，而古浪吴中一组的茶山人与傈僳族杂居，且人数不到傈僳族的四分之一。这三个村都有为数不少的跨境婚姻家庭。

下片马不懂或略懂傈僳语的人比较多，这是因为下片马离城镇非常近，会茶山语、汉语就能满足其生活交际需要。岗房村离城镇最远，与缅甸茶山人只有一河之隔，平时与村里傈僳族、缅甸茶山人打交道最多，因此傈僳语和母语都非常好，其中不懂母语的 2 人、略懂的 3 人，全部都是青少年。古浪村傈僳族人口最多，族际婚姻家庭普遍，掌握傈僳语的比例非常高，母语水平最低。经过进一步调查我们发现，略懂傈僳语的人全是吴中一组村民，且全部都是族际婚姻家庭。曾任片古岗区长的宗庆（茶山人，68 岁）说：现在年轻人的茶山语水平，有一定下降。比如形容一个事物，过去语言色彩相当浓厚的表达，现在的年轻人都不会说了。

（2）茶山人的语言关系系统除了受地域、婚姻家庭结构等因素的影响外，还受代际影响。老一辈的茶山人，多数都是土生土长并在当地度过一生，其语言关系系统比较稳定。如除了 2 位母语单语人，其他人都会茶山语和傈僳语；不会汉语的 5 人，都是 55 岁以上的老人，这些老人平时都没有出过村寨，有 2 人是从缅甸嫁过来的。年青一代，外出打工的人越来越多，一些年轻父母为了子女教育，搬到城镇居住，离开母语、傈僳语环境，再熟练掌握这两种语言就很困难，未来这些青少年及其后代的语言关系将会发生变化。如不会母语的 15 人多是青少年（12 人），都生长在族际婚姻家庭，且以民族杂居区的古浪吴中一组村民为主（14 人），其中 5 人从小跟随父母或祖母在城镇生活，家庭和生活社区都没有母语环境。不会傈僳语的 16 人，多是 40 岁以下的年轻人（12 人），而且距离城镇最近的下片马村有 11 人，古浪村有 4 人，岗房村有 1 人。

（3）跨境族内婚姻家庭是婚姻家庭结构比较特殊的一个形式，对母语、傈僳语的保持具有积极意义。中缅两国边民长期通婚，在片马一带，境内茶山人、傈僳族与缅甸茶山人、傈僳人通婚很常见。约 50% 是跨境族内通婚，50% 是跨境族际婚姻。（笔者 2019 年调查数据）1995 年国家规定，缅甸新娘不能落户。目前我们能查到的茶山人跨境婚姻家庭在册数目是：下片马 27 户，古浪村 33 户，岗房村 26 户。茶—茶、茶—傈几乎各占一半。一位当地文化工作者认为，中缅跨境通婚是保护茶山语、傈僳语的一个比较好的形式。因为缅甸"那边基本都是茶山人、傈僳人，两边只是相隔一条小河，一碗饭可以端到两边吃。正是两边通婚，才使茶山语、傈僳语有这么大的使用空间，保留得这么完整"。

2. 历史沿革

茶山人是片马地区最早的居民之一，当时茶山人居多，也有傈僳人，母语是其生存的天然交流工具。而交通闭塞时期，傈僳语行使了重要的区域交流工具功能。两族人长期交往，绝大部分茶山人学会了傈僳语。如古浪二组的崩江（58 岁）就是从小跟傈僳族小伙伴学会的傈僳语。

20 世纪 70 年代初，大批傈僳族开始迁入片古岗地区，片马人真诚而热情地接纳了傈僳族，两个民族长期和平友好地居住在一起，逐渐形成了现在的民族分布格局：片马、岗房、古浪二组茶山人小组内聚居，与傈僳族村落杂居；古浪吴中一组的茶山人直接与傈僳族散乱杂居。由此形成了茶山人聚居区、杂居区、族内族际婚姻家庭的不同语言关系模式。

汉语的普及也能清晰地看到其历史痕迹。据当地村民介绍，片马回归以后，岗房、古浪驻扎了一个排的军队，还有很多政府工作人员，他们对迁回的茶山人、傈僳人关怀备至，村民生病了也找村里的解放军。在接触政府工作人员、解放军的过程中，即使没读过书的茶山人也都慢慢懂了一点汉语。他们的孩子上学以后，汉语越来越好。20 世纪 90 年代开放以后，大量外地人涌入片马与缅甸做生意，使用汉语的场合越来越多，茶山人更积极学习使用汉语。近 10 年来，各地撤村并校，现在规定小学生必须在镇上的小学读书。茶山人认为孩子从小就住校学习，说汉语的机会更多，而且越来越多的小学生习惯说普通话。访谈中，所有家长都不担心孩子的汉语水平。

3. 政策导向

国家政策是民族语言生存发展的无形指挥棒。1960 年片马回归祖国后，我国接管人员严格遵守群众纪律，身先士卒，逐步消除了边民的思想顾虑，使外迁边民陆续回归，从而维护了民族团结。同时，在生活上，国家也不断地给予他们帮助。1991 年片马口岸被批准为省级开放口岸，2003 年被规范为国家级二类口岸。外来人口涌入片马小镇，从事木材、玉石等生意，这里曾一度被称为"小香港"，片马镇一条街外来人口最多时达到 5 万左右。近年，我国在少数民族地区推行了很多政策，如兴边富民、扶贫攻坚、整族帮扶等等。这些政策开展以来，片马镇各村也发生了翻天覆地的变化：村村、寨寨通公路、通网络，一座座二层小楼矗立在边境寨；百姓出行非常方便，有公共交通工具，有的人家还买了小汽车、三轮车、摩托车；家家有电视、冰箱，都用手机，有的安装无线网络等。很多缅甸姑娘都愿意嫁到中国，跨境婚姻家庭的增加，维持了母语稳定的现状。

以上这些对茶山人的语言关系系统有正面影响，更加激活了各主要功能语的活力。各族群众生产生活条件明显改善，人民安居乐活，极大地提升了这些地区少数民族的民族自信心，他们对自己民族语言文化的自豪感也与日俱增，出现了母语学习升温、国家通用语普及度越来越高、语言关系更加和谐等现象。

学校教育对茶山青少年的母语也有一定的冲击。片马镇适龄入学儿童统一在镇上的小学读书，学校汉语授课，学生住校，还有一些家长为了孩子的成绩，送孩子到县里读书。本次调查的三位汉语单语儿童都是由于这个原因离开了片马村寨。未来，青少年整体母语水平会有变化，但短期内不会影响语言关系系统。

4. 民族经济生存发展需求

民族经济生存发展需求是片马茶山人语言关系系统存续和变化的内驱动力。

片马茶山人都热爱母语，认为这是民族语言文化传承的需要，茶山人不会说茶山语不好。早期的茶山人，为了更好地与外界交往，要学会傈僳语，这是生存的需要。傈僳族是怒江州的主体民族，片古岗地区的傈僳人口是茶山人的几倍，加之与之毗邻的缅甸境内也主要是傈僳人、茶山人，因此片马茶山人的生活成长、族际交往，都离不开傈僳语。作为片古岗的少数族群，茶山人只有学会傈僳语，才能在这些村落地区甚至怒江州内更顺畅地生活。学习汉语是茶山人寻求民族发展的需要。随着民族政策利好、收入提高、交通便利、外来人口增加等外部发展环境日趋成熟，片马人的生活水平、受教育程度越来越高，与外界的接触越来越多，这些都对汉语的需求越来越大，汉语得到极大推广和普及，这也是近十年茶山人汉语掌握比例提升的主要原因之一。

5. 社会潮流

现代化的传播媒介已成为社会发展潮流，跨境少数民族地区也不例外，这对国家通用语汉语的普及起到推动作用。随着电子科技的迅猛发展，民族地区与外界沟通的方式越来越便捷，电视、手机、网络等传媒设备的使用已遍及民族地区，并成为当地人生活的一个潮流。边民足不出户就能借助这些媒介完成联络、购物、看世界等活动，使用汉语的范围越来越大，频率越来越高。这些大众媒体的广泛传播对青少年的影响尤其大。我们了解到村民平日在家收看普通话电视节目，很多刚开始学说话的孩子就从钟爱的动画片里学到了汉语，有的还惟妙惟肖地给笔者用普通话表演、配音动画片。

第三节 研究设计

一、研究意义和价值

本书以云南省怒江州片马茶山语为研究对象，对片马茶山语的共时语法体系，进行了比较全面、系统、深入的描写和研究。其理论价值和现实意义在于：

（1）为汉藏语的语法研究提供一个新的个案。过去对茶山语缺乏深入的专题研究，本书对茶山语语法系统、深入的研究，能为汉藏语语法的比较研究提供大量新的现象。

（2）为茶山语的历时研究提供必要的基础。参考语法侧重语言系统的共时研究，其研究成果必然成为语法历时研究的基础。

（3）为语言类型学研究提供新的个案。茶山语属 SOV 型语言，对其语法的系统研究，将有助于语言类型学研究，进而促进对人类语言共性与差异的研究。

（4）有助于语言接触理论的研究。茶山语与汉语、傈僳语、缅语等密切接触，本书将揭示其语言受周边语言的影响程度，结构是否发生了变异等问题。

二、理论框架与研究方法

1. 理论框架

本书主要以"参考语法"为理论框架，对茶山语语言句法和形态作尽可能全面的描写，以其共时语言特征为描写对象，为语法研究提供充足而可靠的文本信息。

参考语法兴起于20世纪80年代，属于描写语法的一种类型。当下，参考语法的理论价值和应用价值已受到越来越多的国内外语言学家的重视。其对语言的调查描写有更高的要求，要求语言描写应力求系统化、深化、细化。

根据参考语法理论的特点，本书坚持"全面性""系统性""微观性"和"原创性"等几点理论研究原则。

"全面性"指所描写分析的语法现象及语法事实，要尽可能完整地体现或涵盖该语言的大部分语法事实、语法现象、语法特征，还要包括与语法相关的知识，如语音、语用、语义特征等。力求全面而准确地反映该语言的全部语法特点。

"系统性"指在对语料进行充分观察和分析的基础之上，注重语言系统中各个构成要素之间互相影响、相互制约的关系，保证语言的整体性和关联性。

"微观性"指对语法现象应做到具体描写、微观分析、深入发掘。在语法分析中，对语言事实中细小、不起眼或一些暂时不能解释的现象，逐一加以描写，留给后来者研究。对该语言所不具有某类语法特征进行说明，越是例外的可能越有研究价值。

"原创性"指研究者要参与所研究语言的言语生活场景，以参与者的身份生活在该语言的言语活动中，收集、记录、学习整理各种场景的话语材料，获取丰富而真实的第一手材料，并对其进行描写分析。

本书力求体现参考语法的以上几个特点，在对茶山语语法进行全面描写的同时，还尽量分析其语法特点。

笔者在观察和记录母语人话语的同时，主动加入母语人的生活中，与他们一起生活、一起劳动，了解母语人的文化与习俗，在参与过程中接触、学习和感悟所要调查的语言。

2. 研究方法

本书采用的研究方法主要有：田野调查法、问卷调查法、语言描写法等。

下面仅介绍其中主要的几种：

（1）田野调查法：深入片马地区，对该语言进行田野调查，在现实生活场景中获取自然话语材料，并以此为主要研究对象。

（2）问卷调查法：参考刘丹青编著的《语法调查研究手册》中的一些术语和问卷模式。除了启发式语料外，还使用语法调查问卷，在母语环境中，对发音合作人进行调查。调查问卷内容，以片马茶山语音系为标准，对茶山语进行较全面的描写和分析。

（3）语言描写法：本书从共时角度，系统、客观、深入地描写片马茶山语的音系、词汇、语法（包括词类、短语、句法成分、单句、复句、特殊句式结构）等特征。

茶山语在其发展、演变的历程中，不同程度地受到其他民族语言文化的影响，这种影响涉及语音、词汇、语法、语言功能各个层面。本书将尝试从社会语言学的角度解释茶山语语言系统内部各元素之间的关系、历史变迁及其成因等。

三、语料来源及搜集

本书语料的代表音点是云南省怒江州片马镇古浪村。在该点音系、词汇的基础上，以古浪二组的语音为准，对音系、词汇略作修改和增补。书中所用语料为笔者调查得来的第一手材料。笔者分别于 2017 年 1 月、2018 年 1 月、2018 年 7—8 月、2019 年 1—2 月四次到片马镇进行语言使用情况和茶山语的调查，所收集的语料主要有：①3 000 多个基本词；②5 个长篇话语材料；③约25 万字的启发式话语语料。

本书语料主要由片马镇古浪村古浪二组的崩江提供。崩江，男，58 岁，景颇族茶山人。他从小生长在古浪二组，第一语言是茶山语，稍大跟邻村傈僳族小伙伴一起玩时学会傈僳语，17 岁外出当兵时接触并学会汉语。26 岁结婚，妻子是傈僳族，家庭用语以茶山语为主。本书长篇语料及民间故事由下片马村的阿才富提供，以崩江的发音为标准音系。

四、缩略语

（缀）：前缀/后缀　　　　（疑）：疑问助词

（状缀）：状态后缀　　　　（叠缀）：叠音前/后缀

（语）：语气词　　　　　　（体）：体助词

（源）：源点助词　　　　　（工）：工具助词

（话）：话题助词　　　　　（叠）：重叠

（受）：受事助词　　　　　（宾）：宾语助词

（祈）：祈使语助词　　　　（比）：比较助词

（方）：方所助词

第二章 语音系统

茶山语属汉藏语系藏缅语族缅语支。本研究音系以片马镇古浪村古浪二组景颇族茶山支系语言茶山语的发音为依据。

第一节 声母

茶山语声母共有 32 个。其中，辅音 31 个，半元音 1 个。

p ph t th k kh x ts tsh tʃ tʃh ʃ ʒ j

pj phj tj thj kj khj xj

m n ŋ l

mj ŋj lj

f s z w

声母及其例词如表 2-1 所示：

表 2-1 茶山语的声母

声母	例词	汉义	例词	汉义	声母	例词	汉义	例词	汉义
p	pan³³	花	pui³¹	太阳	ph	phan³³	翻	phaŋ³³	晴
t	tuaŋ³³	窟窿	tan³³	水田	th	thuaŋ³¹	剖	thaŋ³³	柴火
k	kɔu³¹	挡	kuk³³	稻子	kh	khɔu³³	咸	khuʔ³¹	碗
ts	tsau³³	官	tsɔu³¹	阴	tsh	tshɔu⁵⁵	染	tshɔ³³	盐
tʃ	tʃɔ³¹	朵	tʃuai⁵³	淋	tʃh	tʃhɔ³³	路	tʃhŋ³¹	揉
m	man³³	草	mɔu³³	雨	n	nap³³	叠	nau⁵³	淹
ŋ	ŋan³³	冰	ŋai³¹	倚	l	lap⁵³	晒	laik⁵⁵	高粱
pj	pjai⁵⁵	扁	ŋjei⁵³ pjau³¹	舒服	phj	phjiʔ³¹	慢	phje⁵⁵ xjɔm³¹	冬瓜

（续上表）

声母	例词	汉义	例词	汉义	声母	例词	汉义	例词	汉义
tj	tjɔp⁵⁵	蚊子	tjəu³¹	人	thj	thjɔʔ⁵³	拆	thjɔ³³	蟑螂
kj	kjam³¹	叫	kjuʔ⁵⁵	雪	khj	khjam³³	减	khjau¹	下
mj	mji³³	芋头	mje³³	芋头	lj	ljɔ³³	舌头	lje⁵³	风
ŋj	ŋjan⁵⁵	夜晚	ŋje³³	火					
f	faŋ⁵⁵	方	fən⁵⁵	（一）分	w	wu⁵⁵	竹子	wɔp⁵³	孵
s	sau⁵⁵	醒	suat⁵³	窝	z	zɔ³³	儿子	zɛn³¹	柱子
ʃ	ʃɔ³³	肉	ʃɲ⁵⁵	水果	ʒ	tshu³³ ʒɛn³³	认罪	ʒui⁵⁵ juə⁵³	闰月
x	xan⁵⁵	宽敞	xui³¹	干	xj	xjɔu³¹	找	xjui³³	吹口哨
j	jɛn³³	房子	ja³³	施事助词					

说明：（1）鼻音 ŋ 能单独成音节。如：ŋ³³ "五"、ŋ⁵⁵tɔʔ³¹ "鱼"。

（2）舌叶音 tʃ、tʃh、ʃ 与 ɛ、a、ɔ 及以这几个元音为韵腹的复合元音如 au、uɔ、əu、aŋ、ɛn 等结合时，多出现 tɕ、tɕh、ɕ 的变体，听觉上有 i 介音。如：ʃau³³—ɕiau³³ "硝"。本音系没有单独处理，分别统一归为不带介音的 au、uɔ、a、ɔ、əu 等音位。

（3）z 出现频率较低，只出现在个别词上。

（4）f、ʒ 只出现在汉语借词中。

第二节　韵母

茶山语韵母共有 92 个，分单元音韵母、复合元音韵母和带辅音尾韵母三类。

一、单元音韵母

单元音韵母 11 个，分松元音韵母和紧元音韵母两套。

（1）单元音松韵母 8 个。

ɿ i e ɛ a ɔ u ə

（2）单元音紧韵母 3 个。

i̠ ɛ̠ a̠

（3）单元音韵母及其例词如表 2－2 所示：

表 2 - 2　单元音韵母及其例词

韵母	例词	汉义	例词	汉义	韵母	例词	汉义	例词	汉义
ɿ	ʃɿ⁵⁵	水果	tʃhɿ³¹	揉	i	lji³³	回来	tji³³	衣服
e	lje⁵³	风	ŋje³³	火	ɛ	mɛ³¹	级	ɛ³³	癣
a	wa³³	瓦	sʅ³³lja³³	老师	ɔ	tʃhɔ³³	路	tsɔ⁵⁵	土
u	pu³¹	核桃	wu⁵⁵	竹子	ə	mə³¹	脉、吹牛	tsə³¹	窄
i̠	kji³³	星星	aŋ⁵⁵lji³¹	炒菜	ɛ̠	ŋjɛ̠⁵³	眨	jɛ̠n³³	房子
a̠	pa̠³¹	坝	xja̠³¹	一会儿					

说明：单元音 u 与舌叶音 tʃ、tʃh、ʃ 结合时，实际发音为舌面前元音 y。如：na³³ ju³³ "钟点" 实际发音为 na³³ jy³³。

二、复合元音韵母

复合韵母 19 个。其中，二合元音 17 个，三合元音 2 个。详见表 2 - 3：

表 2 - 3　复合元音韵母及其例词

韵母	例词	汉义	例词	汉义	韵母	例词	汉义	例词	汉义
ei	kei³¹	行	nei³³	近	ɛi	jɛi³³	噎	tsɛi⁵³	更
ai	kai⁵⁵	商店	pjai⁵⁵	扁	a̠i	la̠i³¹	称	ʃa̠i³¹	吸
əi	tʃəi⁵³	水	tjəi³³	给	ə̠i	tʃə̠i³¹	打喷嚏	ŋjə̠i⁵³	捻
au	sau⁵⁵	醒	khjau³³	折	a̠u	tʃa̠u³¹	煮	ja̠u⁵³	骂
əu	khəu⁵⁵	盛	thjəu³³	白	ə̠u	tsə̠u³³	刺儿	ŋjə̠u³¹	生、养
ɔu	kɔu³¹	跳	kjɔu³³	（苗）稀					
ui	pui³¹	太阳	xui³¹	干	u̠i	tui⁵⁵	绳子	ku̠i³³	捡
uɛ	tʃuɛ⁵⁵	露	kjuɛ³¹	发烧	u̠ɛ	ŋu̠ɛ⁵⁵	钩子	nɛ̠n⁵³ŋu̠ɛ³¹	赌气
ua	xua⁵⁵	骗	ljua³¹	宽	uə	ə³³juə³³	二月	ʃɔ³¹ʃuə³³	小学
uəi	muəi⁵³	灰色	juəi³³	珠子	uai	tʃuai⁵³	淋	tʃuai³³	涮

说明：（1）以 i 为介音的复合元音，多出现在舌叶音 tʃ、tʃh、ʃ 后，有流音感。

（2）以 u 为介音的复合元音，出现在腭化音后，实际发音接近 y。如：juat³¹ "饿" 实际发音接近 jyat³¹，kjuɛ³¹ "发烧" 实际发音接近 kjyɛ³¹，ʃɔ³¹ʃuə³³ "小学" 实际发音接近 çiɔ³¹ʃyə³³，xjui³¹ "黄" 实际发音接近 xjye³¹。

（3）擦音与 ɛ 的复合元音结合时，实际发音听觉上有介音 i。例如：luŋ³¹sɛŋ³³ "玉" 实际发音为 luŋ³¹siɛŋ³³。本音系皆记为无介音 i。

（4）茶山语大部分复合元音在多音节词或句中，往往音变为单音节或带喉塞音的单音节。如：sai^{31} "懂" ——ma^{31}sɛʔ^{31} "不懂"；mai^{31} "愿意、肯" ——ma^{31}mɛ^{33} "不愿、不肯"；jau^{33} "有" ——ma^{31}jɔ^{33} "没有"；nai^{31} "红" ——a^{33}nɛ^{31} "红的"、tsɯ̌^{55}nɛ^{53} "红土"，pai^{31} "长（得高）" ——pɛ^{53}ŋjaŋ^{31} "生长" 等，本书都记为实际发音。

三、带辅音尾韵母

带辅音韵尾的韵母62个，详见表2-4：

表2-4　带辅音韵尾韵母及其例词

韵母	例词	汉义	例词	汉义	韵母	例词	汉义	例词	汉义
iŋ	tiŋ^{31}	疮	ŋjiŋ^{31}	名字	i̠ŋ	mjiŋ^{33}	命运	kjiŋ^{33}	纯
iʔ	phjiʔ^{31}	慢	ŋan^{33} khjiʔ^{31}	冰棍儿	eʔ	tseʔ^{53}	墨水	thjeʔ^{31}	辣
ɛn	tɛn^{53}	平	tɛn^{33}	捆	ɛ̠n	jɛn^{33}	房子	kjɛn^{33}	扣、扣子
ɛŋ	thɛŋ^{33}	挽	luŋ^{31}sɛŋ^{33}	玉	ɛ̠ŋ	tsɛŋ^{31}	鼓	sɛŋ^{33}	龙
ɛt	ŋjɛt^{53}	七	ŋjɛt^{31}	留					
am	tsham^{31}	头发	nam^{31}	便宜	a̠m	jam^{33}	坛子	tam^{33}	躲
an	pan^{33}	花	tsan^{33}	砍	a̠n	ʃan^{33}	阉	ŋjan^{31}	低
aŋ	phaŋ^{33}	晴	laŋ^{31}	（一）条	a̠ŋ	ŋjaŋ^{31}	高	tjaŋ^{31}	破
ap	tsap^{31}	谷子	tʃhap^{53}	粒	a̠p	tap^{53}	抽	tsap^{53}	粟
at	sat^{53}	杀	mjat^{31}	赚	a̠t	kat^{53}	翘（腿）	pat^{53}	稠
a̠ʔ	tsat^{55} ka ʔ^{53}	演戏	kɔ^{33}paʔ^{53}	哑巴					
ɔm	pɔm^{53}	山	tshɔm^{31}	臼	ɔn	khɔn^{31}	犁架	kɔn^{31}	蹲
ɔŋ	ɔŋ^{55}	卖	pɔŋ^{55}	乘（除）	ɔp	tjɔp^{55}	蚊子	thɔp^{53}	（一）剂
ɔʔ	tʃɔʔ^{53}	肚脐	lɔʔ^{31}	手	un	tsun^{31}	老鹰	tshun^{33}	村
uŋ	tuŋ^{31}	翅膀	thuŋ^{55}	撞	u̠ŋ	juŋ^{31}	花	tsuŋ^{31}	坐
uk	khjuk^{53}	六	kuk^{33}	稻子	u̠k	nuat^{55} kuk^{33}	嘴唇	mɔu^{31} sou^{33} tʃuŋ^{31} ʃuk^{53}	信
uʔ	tʃhuʔ^{31}	仙人掌	kjuʔ^{53}	干枯					
əŋ	thəŋ^{55}	镯子	xəŋ^{31}	恨、讨厌	ə̠ŋ	tsəŋ^{33}	挣	tʃəŋ^{55}	真

（续上表）

韵母	例词	汉义	例词	汉义	韵母	例词	汉义	例词	汉义
ət	jət³¹	醉	ʃət⁵³	渴	ə̱t	ŋjə̱t⁵³	挤	kjə̱t³³	犁把
ək	thək⁵⁵	踢			ə̱k	ə̱k⁵³	打嗝	lə̱k³¹	摇动
əʔ	jan³⁵ səʔ⁵³	颜色	phəʔ⁵⁵ xjəʔ³¹	蝙蝠	eiʔ	neiʔ⁵³	压	xjeiʔ⁵³	先
ain	lain³³	扒	tʃain³³	多（走）	a̱in	sa̱in⁵⁵	肝	la̱in⁵⁵	圆
aiŋ	taiŋ³³	田埂	naiŋ³³	少	aik	saik⁵³	树	laik⁵⁵	高粱
aiʔ	aiʔ⁵³	二	a³¹naiʔ⁵³	去年					
əiʔ	ŋjəiʔ³³ tʃaŋ³³	地（总称）	phəʔ⁵⁵ xjəiʔ³¹	蝙蝠	ə̱iʔ	ŋjə̱iʔ⁵³	捉	ŋjə̱iʔ³¹ kjuʔ⁵³	笋干
əuk	nəuk³³	豆子	təuk³³	毒	ə̱uʔ	lə̱uʔ⁵³	加	thə̱uʔ⁵³	挂
uət	tʃuət³¹	歪							
uɛʔ	xuɛʔ⁵³	法术	tʃuɛʔ⁵³	湿	uɛŋ	mɔu³³ kjuɛŋ³¹	木耳		
uan	tʃuan⁵⁵	砖	tuan³¹	叫	ua̱n	lua̱n³³	乱	ŋja̱ŋ⁵⁵ ku̱ŋ⁵⁵ tjua̱n³¹	膝盖
uaŋ	tuaŋ³³	窟窿	thuaŋ³¹	剖					
uat	tuat⁶⁷	吐	nuat⁵³	嘴巴	ua̱t	tsuat⁵³	削		
uɔm	tʃuɔm⁵³	吮吸	tsuɔm⁵⁵	(刀)把儿	uɔn	ʃuɔn³¹	斟	ʃuɔn³³	漏
uɔp	puɔp³¹	腐烂	wɔp⁵³	孵	uɔt	ʃuɔt³¹	流产	wɔt³³	穿
uɔt	puɔt³¹	擦	təu³¹ xuɔt³¹	倒	uaiʔ	tʃuaiʔ⁵³ paŋ³³	渗		

说明：（1）uɔp、uɔt 为零声母时，分别统记为 wɔp、wɔt。例如：wɔp⁵³"孵"、wɔt³³"穿"等。

（2）少量动词、形容词在句中为了强调意义出现长元音，由于不构成区别特征，故音位系统中没有单独列出。例如：lap³³"掏"在一些句中实际发音为 laːp³³；than³³"硬"在句中表强调义时发音为 thaːn³³。

than³³tsəi⁵³tjɛ⁵³tɛ³³thaːn³³. 硬得像铁一样

硬　的　铁　像　硬

（3）有的韵母出现频率比较低。例如：uaiʔ、uat、uət 等。

第三节 声调

茶山语有4个声调：高平（55）、中平（33）、高降（53）、中降（31），详见表2-5：

表2-5 茶山语声调

声调	例词	汉义	例词	汉义
高平 55	kɔu^{55}	笨	khɔu^{55}	溜（回来）
中平 33	kɔu^{33}	九	khɔu^{33}	咸
高降 53	sau^{53}	修、治	nau^{53}	淹
中降 31	kɔu^{31}	挡、跳	khɔu^{31}	只有

说明：（1）紧音的55、31调，在实际发音中相应地多变为54、32调。如：pa̠^{31}—pa̠^{32} "坝"。

（2）35调是连读音变，出现在少数双音节以上的前部音节，词汇表中标为35调，如：kju^{35}tʃhɛn^{31} "冰雹"。本书语料都按照实际发音记录。

第四节 弱化音节

茶山语双音节词的前一音节，会出现弱化现象。这种"弱化音节"音值短而弱。弱化音节的元音出现在l、m等之后，读为ə。本书参考国际音标的标音，统标为ǎ。例如：mǎ^{33}tʃhəi^{33}kai̠^{33} "药店"。

第五节 音节结构类型

茶山语的音节结构类型有11种。以V代表元音，C代表辅音，音节结构类型如表2-6所示：

表 2-6　音节结构类型

序号	音节结构类型	例词	汉义	例词	汉义
1	V	u⁵⁵	头	ɛ³³	癣
2	V + V	ɔu⁵⁵	锅	tə³³ɔu³³	棉絮
3	V + V + C	aiʔ⁵³	二		
4	V + C	aŋ⁵⁵	菜	uŋ³³luŋ³¹	下水
5	C	ŋ³¹	我	ŋ³³	五
6	C + V	kji̠³³	星星	tʃɔ³¹	朵
7	C + V + V	pui³¹	太阳	tɔu³³	条
8	C + V + V + V	tʃuai⁵³	淋	khjuai³¹	拍马屁
9	C + V + C	ŋan³³	冰	naŋ³¹	你
10	C + V + V + C	taiŋ³³	田埂	lain̠³³	趟
11	C + V + V + V + C	tʃuaiʔ⁵³paŋ³³	渗		

说明：出现频率最高的类型是第 5、6、7、8、9 种；第 1、2、4、11 种类型出现频率低。

第三章　构词法与借词

第一节　构词法

茶山语的词从构造上可分为单纯词和合成词两类。从数量上看，茶山语单音节单纯词占优势，多音节单纯词较少；双音节合成词较多，多音节合成词较少。

一、单纯词

单纯词以单音节单纯词为主，其次为双音节，多音节单纯词很少。

单音节的如：pui^{31} 太阳

双音节的如：la^{55}mu^{33} 月亮　　　　mou^{31}sou^{33} 纸　　　　tsu^{33}lu^{33} 老虎

二、合成词

合成词有句法构词和形态构词两种构词方法。

1. 句法构词

句法构词即通过实语素与实语素的各种不同结合方式构成新词。从结构关系看，句法构词有并列、修饰、支配、主谓、补充等五种方式。

（1）并列式。两个构成成分的语法关系是并列的，词性相同，意义相近、相关或相对。能构成名词、动词、形容词等。

①名语素 + 名语素。

ljəi^{33}zɔ^{33} 秧苗　mou^{31}sou^{33}tʃhap^{31} 字　thaŋ^{31}kjɔu^{33}（来）晚（了）

秧　苗　　　书　　字　　　后　　下

tji⁵⁵lɔʔ³¹衣袖　jɛn³¹nam³³隔壁　　saik⁵³sʅ³³lja³³木匠
衣 手　　　　家旁边　　　　木 老师

lɔp³⁵tuŋ³³坟墓　ma³¹tʃhe³³药　　　sʅ³³lja³³老师
坟 洞　　　　药　　　　　　老师

②动语素 + 动语素。

jəu³³kju̠ʔ³¹可怕、危险　tsuɔp⁵⁵phuŋ³³开会　jət⁵³tsun³¹挎包
看 怕　　　　　　　集中 开　　　　睡 坐

tai̠³¹tjəi³³告诉　　　mu³³tsui³³干活　　tan³¹thuʔ⁵³出殡
说 给　　　　　　活 做　　　　　抬 出

③形语素 + 形语素。

naiŋ³³zɔ̌³³少点　　　　tʃɛt⁵³tap³³客气
少 小　　　　　　　亲近 粘

（2）修饰式。由中心语素和修饰语素构成，语素之间是修饰与被修饰、限制与被限制的关系。大多是双音节的，也有三音节。中心语素与修饰语素的结合关系有以下几类：

①名修饰语素 + 名中心语素。

ŋui⁵³zɔ³³零钱　　　　　　tʃe³⁵khjin³¹纺线
钱 儿子　　　　　　　麻 线

tʃe³³tap³³部队驻地　　　mou³¹sɔu³³tsɔ̌³¹pɛ³³书桌
兵 站　　　　　　　　书　　桌子

②名中心语素 + 动修饰语素。

ŋjɔ⁵⁵tsai³¹织网　ɔu⁵⁵puɔt³¹锅刷　lu³³kjɔʔ⁵³裤裆　than³¹kjɔu⁵⁵耽误
网 织　　　锅 擦　　　　裤子隔　　后 掉

③名中心语素 + 形修饰语素。

zɔ³¹nu³³婴儿　tʃin³³ku³¹tʃhɔu³¹南瓜　ŋui³¹kjen³³银圆
孩子 小　　　南瓜 甜　　　　钱 真

wɔm³³kjuaŋ⁵³大熊猫　tjɛʔ⁵⁵tsəuk⁵³篦子　ʃɔ̌³³kjuʔ⁵³熏腊肉
熊 花　　　　梳子 紧　　　　肉 干

④形修饰语素 + 名中心语素。

tʃɛn⁵⁵tʃe⁵³醋　xjɔ⁵³phəu³³丢脸　ŋjuŋ⁵³zɔ³³穷人　nɔ³¹səu³³病人
酸 水　　　羞 脸　　　穷 孩子　　疼 人

⑤名中心语素＋量修饰语素。

ʃɿ⁵⁵lɔm³¹果子　　mɔu³¹sɔu³³pəu³¹书

果　个　　　　　纸　　　　本

⑥名修饰语素＋动中心语素。

ʃam³¹khɔʔ⁵³手术　　　nuat⁵³khaŋ³³兔唇

刀　开　　　　　　嘴　裂

thaŋ³¹kjɔu⁵⁵迟到、耽误　lɔp³¹jəu³³上坟

后面　掉　　　　　坟　看

⑦动修饰语素＋动中心语素。

tʃhaŋ⁵³tuɔn³¹赶得上　　mɛi³¹tsui³³勤劳　　ləu³³ŋjau⁵³打扰

跟　跟　　　　　愿意劳动　　　玩耍　耽误

（3）支配式。由名词语素和动词语素结合而成。其结合方式是"名语素＋动语素"。例如：

jɔm³¹kat⁵³使劲　　　tsɔ³¹juɔm³³收成　　nuŋ³¹phan³³反面

力气　放　　　　粮食　收　　　　背　翻

tsɔ³¹jɔu³³丰收　　　tje³³jam⁵³墙　　　thjɛ⁵⁵kɔʔ⁵³鞋子

饭　有　　　　　墙　围　　　　板子　穿

kuŋ³¹tʃhɛi³³洗澡　　zɔ³³wɔn⁵³怀孕　　lɔʔ³¹jəu³¹算命

身体　洗　　　　孩子　背　　　　手　看

（4）主谓式。两个语素存在陈述与被陈述关系，被陈述语素在前，陈述语素在后。例如：

naiʔ⁵³jɔu³³生气　　ljɔ³¹thəu⁵⁵胡说　　ʃɔ³³tshəu³¹油

心　痒　　　　舌头　厚　　　　肉　肥

naiʔ⁵³ŋje³¹伤心　　pui³¹lap⁵³阳山　　jɔ³³lain⁵³脱白

心　小　　　　太阳　晒　　　　骨　脱

jəi³¹khjuat⁵⁵蜕皮　　tsɔ³¹jɔ³¹丰收　　wɔm³⁵ʃuɔn³¹疟疾

皮　蜕　　　　粮食　有　　　　肚子　拉

（5）补充式。由述语和补语组合而成。述语主要由动词性、形容词性等语素充当，补语则由动词性、形容词性、副词性等语素充当。例如：

ŋam³³sau³³想念　　kjɔu³¹ʃuat⁵³误解　　ne⁵³pu³³擀　　lain⁵³tsɔ³³摔跤

想　起　　　听　错误　　　压　薄　　　倒　摔

2. 形态构词

茶山语的形态构词法有附加式（加词缀）、音变构词、重叠构词等。

（1）附加式。

附加式是在词根上添加前缀或后缀构成新词，有前加式和后加式两类。词缀以后缀为多。前缀意义很虚，只能依附在词根上而存在。后缀大多是由实词语法化而来的，但语法化的程度不一致，语法化程度低的还带有一定的词汇意义，甚至还能作为词根构词。

①前加式：在词根前加前缀。

茶山语前缀 a^{33}-（有的变读 a^{31}-）兼有构词、构形等方面的功能。

A. 构词功能是指加在表示亲属称谓、植物、事物、方位、时间等名词素之前，构成双音节或多音节名词。例如：

a^{31}thje?^{55} 曾祖父、曾祖母　　a^{31}phɔu^{33} 爷爷、外祖父　　a^{33}jɔ^{ɔ1} 奶奶、外祖母

a^{31}pa^{33} 爸爸　　　　　　　　a^{33}ŋuɛ^{33} 妈妈　　　　　　a^{33}pɔm^{53}mu^{33} 伯父

a^{33}mɛ^{53}mu^{33} 伯母　　　　　　a^{31}ji^{33} 姑姑、姑父　　　　a^{33}maŋ^{33} 哥哥、姐夫

a^{31}mu^{55} 白齿　　　　　　　　a^{33}ŋɔu^{33} 种子　　　　　　a^{31}ŋe^{55} 盖子

ɔ^{33}ma^{33} 下　　　　　　　　　a^{33}jam^{53} 边儿　　　　　　a^{31}thuŋ^{31} 角儿

a^{33}khɔu^{33}ma^{33} 里面　　　　　a^{31}thaŋ^{33} 末尾　　　　　　a^{33}tɘu^{33} 对面

a^{31}kuŋ^{53} 中间　　　　　　　　a^{31}nai?^{53} 去年　　　　　　a^{31}sɿ^{33}ja^{31} 政府

a^{31}tu^{55} 利息　　　　　　　　　a^{31}jiŋ^{33} 本钱　　　　　　ɔ^{55}kuŋ^{31}phɔu^{33} 工钱

a^{31}sɔ?^{53} 气味　　　　　　　　a^{31}sai?^{53} 新　　　　　　　a^{31}tshau^{55} 旧

a^{31}sat^{53} 寿命　　　　　　　　a^{31}tʃaŋ^{33} 经常　　　　　　a^{31}kuɔm^{31} 白（跑）

a^{31}pe^{33} 姐姐、嫂子　　　　　a^{31}nɘu^{55} 弟弟、弟媳、妹妹、妹夫

个别亲属词尊称前缀是 ɔ^{33}-。例如：

ɔ^{33}u^{53} 父亲　　ɔ^{33}ŋuɛ^{31} 母亲

B. 构形功能是指附加在形容词或动词前构成名词。例如：

a^{33}lu^{33} 公的　　a^{33}tsɛŋ^{53} 母的　　　a^{31}sai?^{53} 新的　　　a^{31}tshau^{33} 旧的

a^{33} 与个称量词结合，用在形容词之后，具有指称作用。例如：

ŋja^{55} zɔ^{33} ai?^{55}jɘu^{31}, ku^{55}a^{33} jɘu^{31}tʃai^{31}zɔ^{33}kuɔt^{53}, ŋɛi^{31}a^{33} jɘu^{31}tʃuŋ^{31}tɔ^{33}ŋjɛi^{31}.
他的孩子两 个　大的　兵　当　小的　读书　在
他的两个孩子，大的当兵，小的在家读书。

②后加式：在词根后加后缀。

茶山语的后缀比较丰富，可以看出，有的是由实词虚化而来的。如 phɔ^{31}、ŋji^{31}、zan^{31}、lu^{31}、ku^{33}、zɔ^{33} 等，这些后缀主要出现在表示"阴、阳、大、小"等义的词根后。这类后缀有的虚化程度不高，能够出现在合成词词首，是词根性语素，如 zan^{31}、zɔ^{33} 等。有的虚化程度较高，已很难看出实词义，如

名物化助词 tsəi^{31} 等。

A. -phɔ^{31}：表阳性。用于人和鸟类，还可用于人和家养动物。来源于 a^{31} phɔu^{33} "爷爷、外祖父"。例如：

tʃhɔ^{55}phɔ^{53} 鳏夫　　　　 juʔ^{31}phɔ^{53} 舅舅　　　　jɛ̠ŋ^{33}sɛŋ^{33}phɔ^{53} 丈夫

tʃhiŋ^{31}tʃa^{33}phɔ^{53} 亲家公

B. -ŋji^{31}：表阴性，多用于人。例如：

zɿ̌^{33}ŋji^{33} 女儿　　　　juʔ^{31}ŋji^{33} 舅妈　　　　jɛ̠ŋ^{33}sɛŋ^{33}ŋji^{53} 妻子

tʃhiŋ^{31}tʃa^{33}ŋji^{31} 亲家母　　khǎ^{33}kham^{33}ŋji^{53} 王后

C. -tsɛŋ^{53}：表阴性，多用于家畜（详见第四章第一节"名词的性"）；还表"大"义。例如：

ʃam^{33}tsɛŋ^{53} 大刀　　　　nɔ^{33}tsɛŋ^{33} 大病

D. -ku^{33}："盛、装"义。例如：

khuʔ^{53}ku^{33} 大碗　　nai^{53}lɔm^{31}ku^{33} 大胆　　nai^{53}ku^{33} 勇敢　　əu^{31}ku^{33} 大肠

E. -zɔ^{33}：用于含"小"义的词汇或表示晚辈。例如：

khuʔ^{53}zɔ^{33} 小碗　　　pan^{53}zɔ^{33} 碟子　　　tʃəi^{31}laŋ^{31}zɔ^{33} 小溪

ʃam^{33}zɔ^{33} 小刀　　　əu^{33}zɔ^{33} 小肠　　　nɔ^{31}zɔ^{33} 小病

F. -zan^{31}：原义"年、夏天"，也用于属相后。例如：

tʃha^{33}zan^{31} 属相　　　kjuʔ^{55}zan^{53} 子、属鼠　　　nu^{55}zan^{53} 丑、属牛

lu^{55}zan^{53} 寅、属虎　　thaŋ^{55}lɔʔ^{53}zan^{53} 卯、属兔　　sɛ̠ŋ^{33}zan^{53} 辰、属龙

ŋji^{33}zan^{53} 巳、属蛇　　ŋjaŋ^{35}zan^{53} 午、属马　　ʃɔ^{55}pɛ^{33}zan^{53} 未、属羊

ŋju^{35}zan^{53} 申、属猴　kjɔʔ^{33}zan^{53} 酉、属鸡　　khui^{55}zan^{53} 戌、属狗

wuʔ^{55}zan^{53} 亥、属猪

也能用于合成词词首。例如：

zan^{31}waŋ^{31} 春天　　　zan^{31}saiʔ^{53} 过年　　　　　zan^{31}khaŋ^{33}zan^{53} 每年

zan^{31}wɔm^{33} 上半年　　zan^{53}thaŋ^{33} 下半年

有的后缀虽然由实词语法化而来，但语法化的程度不高，既保留其原义，又具有后缀的功能，是一种半实半虚的后缀，我们称之为"类后缀"。如 phɛ^{33} "方向、处、地方"用于名词、动词、形容词或谓词性短语之后，可构成表示方所的名词。例如：

nuŋ^{31}phɛ^{33} 后面、背面　xjeʔ^{31}phɛ^{33} 前面、面前　　ŋɛ^{31}phɛ^{33} 外面
背　面　　　　　　　前　面　　　　　　　外　面

（2）音变构词。

音变构词是通过改变音节内部结构来构造音义相关的新词。茶山语的音变

构词主要有变调、声母变异和韵母变异等几种方式。

①变调。通过声调的变化，构造新词或表示相关、相近的概念。茶山语变调能表示一定的语法范畴，如部分自动动词通过声调变化表示使动的语法范畴。例如（前者为自动，后者为使用，下同）：

tsɔu³³吃——tsɔu⁵⁵喂　　　　　　tap³¹燃烧——tap⁵³点（火）

②声母变异。通过声母的变化，构造新词或表示相关、相近的概念。例如：

kui³³破——khui³³（打）破　　　kjau³³断——khjau³³（打）断

③韵母变异。通过元音松紧等韵母的变化，构造新词或表示相关、相近的概念。例如：

ŋai⁵⁵着火——ŋa̱i⁵⁵点着　paŋ³¹亮——pa̱ŋ³¹点亮　lain⁵³倒——la̱in⁵³（砍）倒

语音的改变往往不是声调、声母、韵母中某一要素的单一变化，而是表现为几种要素的综合变化，如声调变化往往伴随元音松紧变化，声母送气不送气伴随声调变化等。例如：

pui³¹开——phui³³（鞋带）开　　　ŋai⁵⁵着火——ŋa̱i⁵³点着

ŋjəi³³关——ŋjɛ̱i³³被关　　　　　tjət⁵³断——thjɛ̱t⁵³（弄）断

paŋ⁵⁵破——phaŋ⁵³（打）破

（3）重叠构词。

重叠构词指语素重叠构成新词的方法，其构成的词也称叠音词。例如：tɔp³³tɔp³³老实。

有的加前缀的词也能重叠后一音节。例如：

naŋ³¹tʃəŋ³³tʃəŋ³³a³¹lɔu⁵⁵la³³？你真的去吗？

　你　真的　　　　去　吗

有的复合词有多层结构关系。如 tsham³¹ŋjəi³³nɔu³¹ "感冒"，是由名语素 tsham³¹ "头发" 和 ŋjəi³³ "盖儿" 构成修饰式，再与谓词性成分的动语素 nɔu³¹ "病" 构成主谓式。例如：

naiʔ⁵³jəu³³ŋjan³¹可怜（支配式＋主谓式）

　心　看　怜

tji⁵⁵tʃhɔp⁵³tʃak⁵⁵缝纫机（支配式＋修饰式）

　衣　缝　　机器

ŋui³¹suɔn³³kɔ³³算账（支配式＋附加式）

　钱　算　互相

pui³¹pan³³ʃ̩³³葵花籽（修饰式＋修饰式）

　太阳花　籽

第二节 借词

借词指从外民族语言中借到本民族词汇系统里的词。茶山语借词是在与其他民族长期交往过程中逐渐借用形成的，以借自汉语为主，还有少量借自缅语、傈僳语、其他支系语言等的借词。茶山语有大量的汉语借词。借词涵盖范围广，包括名词、动词、量词等多种词类。借入方式有全词借入和音译加意译两种。

一、全词借入

全词借入也称音译外来词，是用茶山语的语音材料读外来词。

（1）借自汉语的。例如：mə^{35}təu^{31}"墨斗"、jan^{33}tsui^{31}"烟嘴"、juə^{31}piŋ^{33}"月饼"、jaŋ^{33}than^{53}"毯子（洋毯）"、jaŋ^{33}xu^{33}"火柴"、thui^{33}phau^{33}"刨子"、fu^{31}ʃaŋ^{33}"互相"、lɔ^{33}pan^{33}"老板"、khjaŋ^{53}tɔu^{31}"强盗"等。

（2）借自缅语，缅语又借自英语的。例如 nan^{31}pat^{33}"第"，借自缅语，缅语借自英语 number。

二、音译加意译

借词是由两个语素构成的合成词。借入时，一个语素取音译，另一个语素取自本语词。

（1）汉语词根 + 茶山语词根。

ʃəu^{53}tjəu^{31}熟人　jɔʔ^{31}xuaŋ^{55}khai^{33}开荒

熟人　　　　　地　荒　开

这类借词同时借入了汉语词序，如茶山语固有词序 tjəu^{31}puŋ^{33}"生人"与"熟人"不同。

（2）茶山语词根 + 汉语词根。

jɔʔ^{31}xuaŋ^{33}荒山　ŋui^{31}suɔn^{33}算账　mjei^{31}lan^{33}sɛ^{55}蓝布　ʃɿ^{55}ljei^{55}梨

山　荒　　　　钱　算　　　布　蓝色　　果　梨

茶山人与傈僳人相邻而居或杂居，但傈僳语借词极少，如 a^{55}ta^{53}ʃɿ^{31}"划拳"。茶山语中有少量缅语借词，分全词借入和茶山语加缅语两种方式，以后者居多。如：

sɿ⁵⁵tʃe̱³¹衬衫　san³³pɛ³³考试　tʃhɔ³³khɔʔ⁵³路费
（缅）　　　（缅）　　　路　税（缅）

有些新词术语是茶山语固有词汇系统中没有的，就借用外来词的语义，用茶山语的词翻译得出来。例如：

tʃe³³tap³³部队驻地　　mǎ³³tʃhəi³³ka̱i³³药店
兵　站　　　　　　药　　　店

第四章　词类

词类是词的语法分类，即根据词的语法特征兼顾词的概念意义划分出来的类别。根据词的意义和语法功能，茶山语主要有名词、代词、动词、数词、量词、形容词、副词、结构助词、体助词和语气词等十类。

第一节　名词

从语义看，名词表示人、事物和概念的名称。其语法特点有：①名词词缀的虚化程度具有层次性：有的无任何意义，有的是"半实半虚前缀"。②名词的性范畴依靠后缀表示。③名词的数范畴表现形式比较简单。④部分名词通过添加后缀表示大称和小称。⑤名物化的表现形式主要有前加名词词缀 a^{33}，或后加名物化标记 $tsəi^{31}$，或使用类名物化标记 lji^{31}。⑥名词的主要句法功能是作主语、宾语、定语、状语、谓语。

一、名词的类别

茶山语名词包括普通名词、专有名词、时间名词、方位名词等几类。

（1）普通名词。又分具体名词和抽象名词两类：

①具体名词。表示人和具体事物，包括天文地理、动物植物、食品、人物服饰、房屋建筑、文化娱乐、用品用具、亲属称谓、思想观念等。例如：$kju^{35}tʃhɛn^{31}$ "冰雹"、$phɛʔ^{55}ləu^{31}$ "灰尘"、man^{55} "草"、$kjuʔ^{33}nɔ^{33}$ "老鼠"、$khuʔ^{31}$ "碗"、$u^{55}kjɔp^{53}$ "帽子"、$kɔʔ^{55}tɔʔ^{53}$ "肩膀"、$mje^{31}sɛ^{33}$ "布"、$wɔm^{35}ʃuɔn^{31}$ "痢疾"、$phɔu^{33}thje^{33}$ "祖宗"、$a^{33}jɔ^{31}$ "奶奶"、$a^{33}pɔm^{53}mu^{33}$ "伯父"、$a^{33}mɛ^{53}mu^{33}$ "伯母"、$phɛ^{55}lat^{31}$ "叔父"、$mɛ^{31}lat^{33}$ "叔母"、$a^{31}ji^{33}$ "姑姑、姑父"、$me^{33}thaŋ^{33}$ "姨"、$phɛ^{55}thaŋ^{53}$ "姨父"、$ŋjəi^{31}pe^{33}$ "弟兄"、

nam³¹pe³³"姊妹"、a³¹pe³³"姐姐、嫂子"、a³³maŋ³³"哥哥、姐夫"、a³¹
nəu⁵⁵"弟弟、弟媳、妹妹、妹夫"、zʅ̥³³ʃaŋ³³"小孩统称（男童、女童）"、
təu³¹mu³³"儿媳妇"、tʃhɔ³³mu³³"寡妇"、khǎ³³kham³³"国王"等。

②抽象名词。表示抽象的概念。例如：se³³tjɔʔ³¹"灵魂"、xuɛʔ⁵³"法
术"、jəu³¹"鬼"、tso³³xa³³"寿命"、ka̱m⁵³"运气"等。

（2）专有名词。表示特定的人或物，包括人名、地名、国名、民族名、
机关团体名、作品书刊名及节日名称等，多为汉语借词。例如：thjɛ³³mu³³
"片马"、lu³³khuʔ⁵³"六库"、pɛ³¹kjen³³"北京"、khui³³miŋ³¹"昆明"、ta⁵⁵
lji³¹"大理"、a³¹sʅ³³ja³¹"政府"、kaŋ⁵⁵faŋ³¹"岗房"、kǎ³¹lam⁵³paŋ³³"古
浪"、tʃe³¹tʃɔʔ³¹"春节"、pu³¹ŋjɔʔ³³kjam³¹"茶山山"等。

（3）时间名词。表示时间或节令。例如：zan⁵³"夏天"、ə³³juɛ³³"二
月"、la³¹pa⁵³n³¹ŋjəi³³"星期天"、zan³¹xje³³"年初"、kɔ³³zan⁵³"往年"、
khǎ⁵⁵ŋjəi⁵³"今天"、ŋjan⁵⁵"夜晚"、xjeʔ³¹phɛ³³"以前"、thaŋ³¹phɛ³³"以
后"、ta³¹tshai⁵³"一辈子"等。

（4）方位名词。表示方向位置，包括方位词和处所词。例如：lɔʔ³¹pa̱i⁵⁵
"左边"、lɔʔ³³jɔ³¹"右边"、a³¹kuŋ⁵³"中间"、xjeʔ³¹phɛ³³"前面"、nuŋ³¹
phɛ³³"后面"、a³¹thaŋ³³"末尾"、a³³təu³³"对面"、ŋɛ³¹phɛ³³"外面"、a³³
jam³³ma³¹"旁边"、pɔm³¹lat³³"山腰"、tɔʔ⁵⁵jɔʔ³¹"阴山"、pui³¹thuʔ⁵⁵
"东"等。

二、名词的词缀

有的名词词缀只有语法意义，无词汇意义，属于构形词缀，如前缀a³¹加
在形容词、动词前起名词化的作用。有的是"半实半虚前缀"，不仅具有前缀
的主要特点，还具有一定程度的实词意义，属于构词词缀。

1. 前缀

（1）前缀a³¹-。a³¹-是茶山语的主要前缀之一。其功能有构词和构形：

①构词功能是加在表示亲属称谓、植物、事物、方位、时间等名词素之
前，构成双音节或多音节名词。

a³¹phɔu³³爷爷、外祖父　　a³³jɔ³¹奶奶、外祖母　　a³¹pa³³爸爸

a³³ŋuɛ³¹妈妈　　　　　　　a³³pɔm⁵³mu³³伯父　　　a³³mɛ⁵³mu³³伯母

a³³maŋ³³哥哥、姐夫　　　a³¹pe³³姐姐、嫂子　　a³¹mu⁵⁵白齿

a³¹nəu⁵⁵弟弟、弟媳、妹妹、妹夫　　　　　a³³ŋjɔu³³种子

a³¹ŋje⁵⁵ 盖子　　　　a³³jam̠⁵³ 边儿　　　　a³¹thuŋ³¹ 角儿

a³³khɔu³³ma³³ 里面　　a³¹thaŋ³³ 末尾　　　a³³tə̠u³³ 对面

a³¹kuŋ⁵³ 中间　　　　a³¹naiʔ⁵³ 去年　　　a³¹sʅ³³ja³¹ 政府

a³¹tu⁵⁵ 利息　　　　a³¹jiŋ³³ 本钱　　　ɔ⁵⁵kuŋ³¹phɔu³³ 工钱

a³¹saiʔ⁵³ 新　　　　a³¹tshau⁵⁵ 旧　　　a³¹tʃaŋ³³ 经常

a³¹kuɔm³¹ 白（跑）　a³¹sat⁵³ 寿命　　　a³¹sɔʔ⁵³ 气味

②构形功能是附加在形容词或动词前构成名词。例如：

a³³lu³³ 公的　　　a³³tsɛŋ⁵³ 母的　　　a³¹saiʔ⁵³ 新的　　　a³¹tshau³³ 旧的

（2）前缀ɔ³³-。个别亲属词尊称前缀是ɔ³¹-，如：

ɔ³³u⁵³ 父亲　　　ɔ³³ŋuɛ³¹ 母亲

2. 后缀

茶山语后缀主要有-zɔ³³、-ʃʅ⁵⁵、-puŋ³³、-səu³³（或-su³¹）、-sʅ³¹lja³³、-tjəu³¹等，还有标识名词阴阳、大小的后缀，如-phɔ⁵³/³¹、-ŋji³³/³¹、-lu⁵³、-tsɛŋ⁵³等（详见下文）。这些后缀有的可以看出是由实词虚化而来的，多用于实词语素之后。有的后缀还能看到其虚化轨迹，保留了较强的实词语义，在一些合成词中位于词首，是实词义词根，如-zɔ³³、-ʃʅ⁵⁵、-puŋ³³等。

（1）后缀-zɔ³³，实词意义为"儿子"，后虚化为"小、幼、少"义。用于表示晚辈的亲属称谓词，或含有"小、幼、少"义的合成词中。例如：

a³¹nu⁵⁵zɔ³³ 小妹妹　　　juʔ³³kui⁵³zɔ³³ 男孩子　　　nam³³zɔ³³ 表姐、表妹

ɔu³³zɔ³³ 表哥、表弟　　təu³³zɔ³³ 侄女、外甥女　ŋjəi³³zɔ³³ 孙女、外孙女

ŋjɛt³⁵zɔ³³ 重孙　　　　tʃhɔu³³zɔ³¹ 孤儿　　　　ŋji³³zɔ³³ 孙子

ŋji³³ɛ⁵⁵zɔ³³ 女孩　　　phɔ³¹pe³³zɔ³³ 男孩　　　təu³¹zɔ³³ 侄子

ŋjaŋ³³zɔ³³ 马崽　　　　nu³³zɔ³³ 牛犊　　　　ŋjuŋ⁵³zɔ³³ 穷人

ŋ³³zɔ³³ 鱼苗　　　　　kǎ³³luŋ³³zɔ³³ 蝌蚪　　　pɔ³³zɔ³³ 蚕蛹

wɔm³³zɔ³³ 小腹　　　　pha³³tʃuat⁵³zɔ³³ 手绢　　tʃaŋ³¹zɔ³³ 跩子

tji³³zɔ³³ 衬衫　　　　ŋui⁵³zɔ³³ 零钱　　　　tʃuŋ³¹zɔ³³ 学生

zɔ³³也用于合成词词首，多为其实词义"儿子、孩子"，这类词较少。例如：

zɔ³⁵tʃan⁵³ 子女　　　zɔ³³tsɔm⁵³ 双胞胎　　　zɔ³⁵wɔn⁵³ 怀孕

zɔ³⁵khəu³¹ 分娩　　　zɔ³³wɔp³¹ 坐月子　　　zɔ⁵⁵mɔ³¹ 女婿

从后缀-zɔ³³的这种用法中，能够清晰地看到茶山语后缀实词虚化的痕迹，即与同一语义语素结合，zɔ³³在词首主要是"儿子"义，在词尾主要是"幼、小"义。例如：

zɔ⁵³au³¹ 外甥　　　　　ɔu³³zɿ³³ 表兄弟

儿子兄弟　　　　　兄弟小

（2）后缀-ʃɿ⁵⁵，原义为"水果、籽"，虚化为表示圆形、颗粒状的事物，居主要词根之后，表性状。例如：

nui³¹ʃɿ³³ 葡萄　　ljau³¹ʃɿ³³ 樱桃　　su⁵⁵ʃɿ⁵⁵ 钥匙　　xjuʔ⁵³ʃɿ⁵⁵ 松球

ʃɿ⁵⁵ 能用在水果或食物类名词中，多居词首，且主要是实词语义"果"。例如：

ʃɿ⁵⁵wɔm⁵⁵ 桃子　　　　　ʃɿ⁵⁵ljei⁵⁵ 梨　　　　　ʃɿ⁵⁵saŋ⁵⁵ 李子

ʃɿ⁵⁵tau⁵³ 橘子、橙子　　ʃɿ⁵⁵khjam³³ 果园　　ʃɿ⁵⁵tʃe³³ 桃核、核儿

ʃɿ⁵⁵waŋ⁵³ 枇杷　　　　　ʃɿ⁵⁵pan⁵³ 瓜果盘　　ʃɿ⁵⁵kuk⁵³ 果皮

ʃɿ⁵⁵kjuʔ⁵³ 果干

（3）表示职业、人群的后缀或实词语素主要有三个：-səu³³（也读为-su³¹）、-sɿ³¹lja³³、-tjəu³¹。三者中-səu³³ 的虚化程度和黏合度最高，其次是-səu³³，-sɿ³¹lja³³ 的虚化程度最低。

后缀-səu³³（也读为-su³¹）用在部分动词或动词性成分后，表示某种身份的人，相当于汉语的"者"。例如：

mu³³tsui³³səu³³ 庄稼人　　　ŋjɔ³³tʃɿʔ⁵³səu³³ 瞎子　　　nuŋ³¹ku⁵⁵su³¹ 驼子

事　做　人　　　　　眼　瞎　人　　　　　背　大　人

nɔ³⁵tʃɿʔ⁵³səu³³ 聋子　　　　kɔ³³səu³³ 哑巴　　　　zɔ³⁵wɔɲ⁵³su³³ 孕妇

耳　聋　人　　　　　哑　人　　　　　　　怀孕　人

tji³¹tʃhuɔɲ³³su³¹ 裁缝　　　uʔ⁵⁵jəu³¹su³³ 理发师　　zɔ⁵⁵kam⁵³səu³³ 接生婆

衣　剪　人　　　　　头　个　人　　　　　孩子　分　人

xju⁵³səu³³ 徒弟　　　　　kuŋ³¹uŋ⁵⁵su³¹ 妓女　　　khɔu³³su³¹ 贼

学　人　　　　　　　身体　卖　人　　　　偷　人

-sɿ³¹lja³³，本义为"老师、师傅"，用于受尊敬的教师、手艺人等职业名词词尾。例如：

ɔu³³phɔ³¹sɿ³¹lja³³ 补锅匠　　saik⁵³sɿ³³lja³³ 木匠

锅补　　师傅　　　　　　木　　师傅

thjɛʔ³³sɿ³³lja³³ 铁匠　　　　wɔm³¹tshɔn³³sɿ³³lja³³ 厨师

铁　　师傅　　　　　　　肚子　饭　　师傅

-tjəu³¹，本义"人"，用于表示普通职业或者地域身份人群的名词，是实词虚化。例如：

lɔʔ³¹mu³³tjəu³¹手艺人　　　məŋ³³tjəu³¹老百姓

手　事　人　　　　　　国家　人

phɔ⁵⁵ka³³tjəu³¹商人　　　ʃəu⁵³tjəu³¹熟人

钱　　　人　　　　　　熟　人

-tjəu³¹也能用于词首。如 tjəu³¹puŋ³³ "生人" 等。例句：

saik⁵³sʅ³³lja³³ja⁵⁵wu⁵³khəu³³ma³³lɔ³¹ku³¹. 木匠到我们村里来了。

木匠　　　　我们村　　（方）来 了

ŋ³¹ka³¹jun³³nan³³tjəu³¹，ŋjaŋ⁵⁵ka³¹kui⁵⁵tsəu³³（ma³¹）tjəu³¹.

我(话) 云南　人　　他（话）贵州　　　　　人

我是云南人，他是贵州人。

ŋ³³ka³³ou³³phɔ³¹sʅ³¹lja³³，ŋjaŋ³⁵ka³¹thjɛʔ³³sʅ³¹lja³³，naŋ³³ka³³mu³³tsui³³səu³³.

我(话)锅补　师傅　　他（话） 铁　师傅　你 (话)庄稼　人

我是补锅匠，他是铁匠，你是庄稼人。

kə³¹ʃʅ³³ŋjɔ³³tʃɛʔ⁵³səu³³，nɔ³⁵tʃɛʔ⁵³səu³³kɔ³³səu³³ta³¹ŋɛ⁵⁵ja³³tsɔ³³xjɔu³³

现在　眼　瞎人　耳聋　人　哑巴　都　　　饭 有

tsɔ³¹ku³¹. 现在瞎子、聋子、哑巴都可以有饭吃了。

吃 了

（4）后缀-puŋ³³，来源于实词 "蒸笼、甑子"，虚化后用于器皿、箱桶类实词词尾。例如：puŋ³³tjɔ³³puŋ³³ "蜂箱"，tʃəi³¹puŋ³³ "水桶"，tap⁵³puŋ³³ "相片" 等。

-puŋ³³也用于词首，如 puŋ³⁵kjɔʔ⁵³ "笼屉" 等。

三、名词的性

名词的阴性与阳性依靠后缀表示。人物和动物使用不同的后缀表示阴阳性，动物中还有兽类与禽类之分。

1. 表人物性别的后缀

表人物性别的性别后缀有两类：

在表人名词中，区分人物性别的通常为：带-phɔ⁵³ᐟ³¹的表男性，带-ŋji³³ᐟ³¹的表女性。-phɔ⁵³ᐟ³¹来源于 a³¹phou³³ "爷爷、外祖父"。例如：

juʔ³³phɔ³¹岳父　　　juʔ³¹ŋji³³岳母　　　　juʔ³¹phɔ⁵³舅舅

juʔ³¹ŋji³³舅妈　　　phɔ⁵³pe³³男人　　　ŋji³³zɔ³³女孩

tʃhiŋ³¹tʃa³³phɔ⁵³亲家公　tʃhiŋ³¹tʃa³³ŋji³¹亲家母　tʃhɔ⁵⁵phɔ⁵³鳏夫

khǎ³³kham³³ŋ̊ji³¹ 王后　　　jɛn³³sɛŋ³³pʰɔ⁵³ 丈夫　　　jɛn³³sɛŋ³³ŋ̊ji⁵³ 妻子

zĭ³³ŋ̊ji³³ 女儿　　　　　　ŋ̊ji³¹mu³³ 婆婆　　　　　ŋ̊ji³³zɔ³³zĭ³³ʃaŋ³³ 女童

阴性义语素和阳性义语素能够构成并列复合词。例如：

a³³pu³¹a³¹mɛ³¹ 父母　　　ŋ̊ji³¹jɛ³³jəuʔ³³kei³¹ 夫妻

父　　母　　　　　　媳妇　丈夫

在诸如"父子、父女、母子、母女"这类并列复合词中，以长者的性别为主要成词语素。例如：

ŋ̊³³pʰɛ⁵³taŋ³¹ 父子、父女　　ŋ̊³³mɛ³¹taŋ³¹ 母子、母女

我的父俩　　　　　　　我的母俩

茶山语中一般没有兄妹、姐弟这类复合词。在表达这类关系时，如偏重男性则用 ŋ̊³³məŋ³¹，义为"亲生哥哥、亲生弟弟"；偏重年纪小的妹妹或弟弟时用 a³¹nu³³；偏重姐姐时用 a³³pe³³。

2. 表动物性别的后缀

兽类和禽类分别使用不同的后缀。

（1）兽类：雄性的加 -lu⁵³，雌性的加 -tsɛŋ⁵³。例如：

wuʔ⁵⁵lu⁵³ 公猪　wuʔ⁵⁵tsɛŋ⁵³ 母猪　khui⁵³lu⁵³ 公狗　khui⁵³tsɛŋ⁵³ 母狗

猪　雄性　　　猪　阴性　　　狗　雄性　　　狗　阴性

nu³³lu³³ 公牛　nu³³tsɛŋ⁵³ 母牛　ŋjaŋ³³lu⁵³ 公马　ŋjaŋ³³tsɛŋ⁵³ 母马

牛　雄性　　　牛　阴性　　　马　雄性　　　马　阴性

ŋjau⁵³lu⁵³ 公猫　ŋjau⁵³tsɛŋ⁵³ 母猫　ʃɔ³³pe³³lu⁵³ 公羊　ʃɔ³³pe³³tsɛŋ⁵³ 母羊

猫　雄性　　　猫　阴性　　　羊　雄性　　　羊　阴性

tʰaŋ⁵⁵lɔ⁵³ŋjaŋ³⁵lu⁵³ 公驴　　　　　tʰaŋ⁵⁵lɔ⁵³ŋjaŋ⁵⁵tsɛŋ⁵³ 母驴

驴　　　雄性　　　　　　驴　　　阴性

ŋja³³jɛn³³ma³³khui⁵³lu⁵³ai ʔ⁵⁵tu³³, wuʔ⁵⁵tsɛŋ⁵³ai ʔ⁵⁵tu³³ja³³ʃɔ³³pe³³tsɛŋ⁵³

他家（方）　公狗　两 只 母猪　　两 只 和 母羊

sɔm³³tu³³ŋjəu³¹tɔu³³. 他家有两只公狗、两头母猪和三只母羊。

三 只 有 着

（2）禽类：雄性的加 -pʰɔ⁵³，雌性的加 -tsɛŋ⁵³。例如：

kjɔʔ³³pʰɔ⁵³ 公鸡　　kjɔʔ³³tsɛŋ⁵³ 母鸡　　kjɔʔ³¹maŋ³¹tsɛŋ³¹ 老母鸡

鸡　雄性　　　　鸡　雌性　　　　鸡　老　雌性

ŋɔʔ⁵⁵pʰɔ⁵³ 公鸟　　pʰɔ⁵³tsɛŋ⁵³ 母鸟

鸟　雄性　　　　鸟　雌性

xɛ³³tu³³ka³¹kjɔʔ³³phɔ⁵³thji³³a³¹tu³³ka³¹kjɔʔ³³tsɛŋ⁵³.

这 只(话)公鸡 那 只（话）母鸡

这只是公鸡，那只是母鸡。

四、名词的数

名词没有数的形态变化，数主要靠数量词和数标记表示，有以下几种语法形式：

（1）加数量短语，语序多为"名词＋数词＋量词"。例如：

tjəu⁵³sɔm³³jəu³¹ 三个人 kjɔʔ³³ta³⁵tsəi³¹ 一些鸡

人 三 个 鸡 一些

jə̱i³³ta³¹thəuʔ⁵⁵ 一壶酒 ʃɔ̱³³jəi⁵³thjɛʔ⁵³kɔʔ⁵³ta³¹tsɔm³³ 一双皮鞋

酒 一 壶 皮鞋 一 双

thji³³tjəu⁵³sɔm³³jəu³¹ta³¹ŋɛ³³ŋa³³mɔ³¹wu⁵⁵khɔ³³ma³³tjəu⁵³.

那人 三 个 都 我们 村 （方）人

那三个人都是我们村里的。

ŋa³³jɛ̱m³³ma³³kjɔʔ³³ta³⁵tsəi³¹wuʔ⁵⁵ta³⁵tsəi³¹ŋuəu³¹tɔu³³.

我家 （方）鸡 一些 猪 一些 养 着

我家养了一些鸡和猪。

（2）后加表示复数的语法成分。又分为两种情况：

①在动物或人物名词后加-tʃɛn⁵³、-phuŋ³¹，表示复数"们、群"。二者用法上无多大区别，在使用时可以互换。但茶山人语感上更习惯使用 tʃɛn⁵³，尤其在表示人的复数中，认为 tʃɛn⁵³ 更合适。例如：

tjəu³¹phuŋ³¹ 人群 ʃɔ³³pɛ³³phuŋ³¹ 羊群 nu⁵³phuŋ⁵³ 牛群

人 群 羊 群 牛 群

kjɔʔ³³phuŋ³¹ 鸡群 tjəu³¹tʃɛn⁵³ 人群 ʃɔ³³pɛ³³tʃɛn⁵³ 羊群

鸡 群 人 群 羊 群

nu⁵³tʃɛn⁵³ 牛群 kjɔʔ³³tʃɛn⁵³ 鸡群 ŋɔʔ⁵³ta³¹phuŋ⁵³ 一群鸟

牛 群 鸡 群 鸟 一 群

tjəu³³ta³¹phuŋ⁵³ 一群人 zɿ³³ʃaŋ³³tʃɛn⁵³ 孩子们 zɿ³¹ŋji³³tʃɛn⁵³ 姑娘们

人 一 群 孩子 们 姑娘 们

zɿ³³ʃaŋ³³tʃɛn⁵³nəu³¹jəu³³lɔ³³ku³³. 孩子们放牛去了。

孩子 们 牛 看 去 了

ŋɕʔ⁵³ta³¹tʃɛn⁵³mɔ³⁵khuŋ³³taŋ³¹lɔ³³taŋ³⁵lɔ³¹. 一群鸟在天上飞来飞去。

鸟　一　群　天上　　　飞　去飞　来

zʅ³¹ŋji³³tʃɛn⁵³wu⁵⁵jam⁵³ma³³mɔ³¹khuɔn³³khuɔn³³ŋəi³¹.

姑娘　　们　村边　（方）歌　　　唱　在

姑娘们正在村边唱歌。

②在人物名词后加成词语素 taŋ³¹ "俩" 或数量短语 aiʔ⁵⁵jəu³¹ "两个"，表示双数。taŋ³¹ 义为 "俩"，常与人称代词连用。在强调家庭的血缘至亲关系时，与 ŋa³³ "我的" 形成构式 ŋa³³……taŋ³¹，中间是表示阴性或阳性的语素。例如：

ŋa³³phɛ⁵³taŋ³¹ 父子俩、父女俩　　　ŋa³³mɛ³¹taŋ³¹ 母子俩、母女俩

ŋa³³nɛʔ⁵³taŋ³¹ 夫妻俩　　　　　　ŋa³³phɔ⁵³taŋ³¹ 兄弟俩、姐妹俩

上述例子强调家庭的血缘至亲关系，在这类语义并列的复合词中，中间词缀的选择有一定规则：有长辈的选择长辈的性别 phɛ⁵³ 或 mɛ³¹，同辈中选择阳性语素词 phɔ⁵³ 搭配。上述多用于自称，茶山人在表达他称时也能用 taŋ³¹，例如：

a³³mɛ³¹a³³zɔ³³ta³¹mɛ⁵⁵taŋ³¹ 母女俩

母亲　孩子　一娘母

这些名词也可以与数量短语 aiʔ⁵⁵jəu³¹ "两个" 连用，意义相近。例如：

a³¹pu³¹a³¹zɔ³³aiʔ⁵⁵jəu³¹ 父子俩　　ŋji³¹je³³jəuʔ³³kei³¹aiʔ⁵⁵jəu²¹ 夫妻俩

父亲　儿子　两　个　　　　　媳妇　丈夫　　两　个

a³¹maŋ³³⁄³⁵a³¹nəu³³aiʔ⁵⁵jəu³¹ 兄弟俩

哥哥　　弟弟　两　个

老年茶山人用 aiʔ⁵⁵jəu³¹ 比较多。这类双数，除了可用数量短语 aiʔ⁵⁵jəu³¹ "两个" 表示外，还可以用量词 "双" 表示。例如：

a³¹pei³³⁄³⁵a³¹nəu³³ta³¹tsuɔm³³ 姐妹俩

姐姐　　妹妹一　双

（3）茶山语名词均量 "每" 有几种表达方式。

① "名词 + jau³¹/khaŋ³³ + 名词"。其中 khaŋ³³ 除了与时间名词搭配使用，还能与一般借用名词的量词搭配。例如：

khjap⁵⁵khaŋ³³khjap³¹ 每月　jəu³¹khaŋ³³jəu³¹ 每人　ŋəi³³jau³¹ŋəi³³ 每天

jau³¹、khaŋ³³ 都能表示时间，二者意义相同。例如：

zan³¹jau³³zan³¹ 每年　　　　zan³¹khaŋ³³zan³¹ 每年

② "ta³¹ + 量词"。例如：

ŋa³³mɔ³¹ta³¹ŋjəi³³tsɔ³¹sɔm³³tɔn³¹tsɔu³³. 我们每天吃三顿饭。

我们　一天　饭　三　顿　吃

zɿ³³jam⁵³ta³¹jəu³³sɔm³³thuŋ³³wuʔ³¹a³¹. 每个青年挑三担。

青年　一个　三　担　扛（祈）

③ "量词 + khaŋ³³mu³³"。这一形式使用比较广泛，量词使用不受语义限制，修饰名词时表示名词均量。例如：

kjɔʔ³¹təu³¹khaŋ³³mu³³sɔ³³sɔ³³tshəu³¹. 每只鸡都很肥。

鸡　每只　　　很　肥

jəu³¹khaŋ³³mu³³mɔ³¹khuɔu³³ta³¹khuɔn³³. 每个人都会唱歌。

每个人　　　歌　　会　唱

xɤ⁵⁵nəu³³tʃɛn³¹təu³¹khaŋ³³mu³³sɔ³³sɔ³³tshəu³¹. 这群牛头头都很肥。

这　牛群　每头　　　很　肥

khaŋ³³mu³³有强调"每一"的功能，在不用特意强调量词的句子里，量词可以省略。例如：

saik⁵³tuŋ³³khaŋ³³mu³³ta³¹jaŋ³¹tɛ³³ku³³. 根根木头一样大。

木头　根根都　　　一样　地大

五、名词的性状

名词的性状由名语素加表示性状的量词构成。有以下几种：

（1）名语素后加量词 lɔm³¹ "个"，多用于名词为球状或颗粒状物体。例如：

ʃɿ⁵⁵lɔm³¹果子　　　ŋjɔʔ³³thju³³lɔm³³眼白　　　wuʔ⁵⁵tʃiŋ³³lɔm⁵³猪腰子

果　个　　　　　眼　白　个　　　　猪　肾　个

naiʔ⁵³lɔm³³心、心脏　tʃiŋ⁵⁵lɔm⁵³肾　　　u⁵⁵lɔm³¹头

心　个　　　　肾　个　　　　头　个

（2）名语素后加量词 tsɛŋ⁵³ "棵"，表示棵状的植物。例如：

xju⁵⁵tsɛŋ⁵³松树　　　lɔu³³tsɛŋ³¹杉树　　　kjuɛn³³tsɛŋ³¹樟树

ŋjaŋ³¹tsɛŋ³¹桑树　　　tʃɛi⁵⁵tsɛŋ⁵³漆树　　　nɔu³³tsɛŋ⁵³水冬瓜树

tjɔm⁵³tsɛŋ³¹棕树　　　xjaŋ³³tshɔn³³tsɛŋ³¹椿树

（3）名语素后加量词 khjap⁵³ "片"、khjaŋ³³ "块、片"，表示薄片状、扁平状的物体。例如：

nǎ³³khjap³¹耳朵　　　　pan³⁵khjap⁵³花瓣

耳　片　　　　　　　　花　片

（4）名语素后加量词 khuʔ⁵³ "碗、丸"，表示与碗有关的名词。例如：

tsɔ³¹khuʔ⁵⁵饭碗　　　　saik⁵³khuʔ⁵³木碗

饭　碗　　　　　　　　木　碗

（5）名语素后加量词 pəu³¹ "本、片"，表示片状、薄片状的物体。例如：

mɔu³¹sɔu³³pəu³¹本子　　　ŋjɔʔ³¹pəu⁵³眼皮

纸　本　　　　　　　　眼　片

六、名词的指大/指小

茶山语名词的大称、小称标记存在不对称的特点。从语义看，大称多指物体形状、体积、规模大；小称除了指物体形状、体积、规模小以外，还能表示年幼、排行在后、可爱等。从大称、小称标记虚化程度看，大称标记 ku³³、tsɛŋ³¹虚化程度较高，与名词或名词语素的黏合度不太高（tsɛŋ³¹的黏合度略高于 ku³³），表示抽象意念的"大"的名词比较少见，但可与名词语素结合构成形容词；小称标记 zɔ³³则能用于事物、抽象等多类名词，语义虚化程度更深，在一些合成词中与名词语素黏合度较高。

1. 指大

（1）名词后加-tsɛŋ³¹，多表示体积大、规模大，后缀-tsɛŋ³¹虚化程度较高，一般不单独使用。例如：

puŋ⁵⁵tsɛŋ⁵³缸　　　　tʃhɔ³³tsɛŋ⁵³大路　　　kjuʔ⁵³tsɛŋ⁵³大雪

缸　大　　　　　　　路　大　　　　　　　雪　大

mjuʔ⁵³tsɛŋ⁵³大城市　khɔm⁵⁵tsɛŋ⁵³大门　　saik⁵³tsɛŋ⁵³大树

城市　大　　　　　　门　大　　　　　　　树　大

（2）名词加 ku³³。ku³³来源于形容词"大、宽"，与名词语素组合，一般表示名词"大"义。ku³³在一些合成词中还保留了较明显的实词义，能单独使用。例如：

tʃɛn⁵⁵ku³³大山　　　　nu³³ku³³大牛　　　　ʉu³¹ku³³大肠

山　大　　　　　　　牛　大　　　　　　　肠　大

mɔu³¹ku³³大雨　　　　khuʔ⁵³ku³³大碗　　　wuʔ⁵⁵tuŋ³³ku³³大肥猪

雨　大　　　　　　　碗　大　　　　　　　猪　肥　大

（3）-ku³³既可指实物名词，也能与名词语素构成形容词等。例如：

nai?⁵³ku³³ 勇敢　　　　　nai?⁵³lɔm³¹ku³³ 大胆

心　　大　　　　　　　心脏　　大

（4）ku³³能够在句中单独使用。例如：

xɛ⁵⁵pɔm⁵³ŋjaŋ³⁵ɛʔ⁵³ŋjaŋ³³ku³³ɛʔ⁵³ku³³. 这些山又高又大。

这　山　高　也　高　大　也　大

nu³³lu³³jɔm³³nu³³tsɣɛ⁵³tʃʰɔʔ⁵³lji³¹ku³³. 公牛的力气比母牛大。

公牛　力气　母牛　比　　大

（5）-ku³³和-tsɛŋ⁵³能修饰相同的名词语素，二者语义几乎无差别，只在特定场合略有侧重，-tsɣɛŋ⁵³比-ku³³的"大"义略抽象。例如：

ʃam³³ku³³ 大刀　　　　　ʃam³³tsɣɛŋ⁵³ 大刀

刀　大　　　　　　　刀　大

上例中，ʃam³³ku³³略强调刀的形体"大"，ʃam³³tsɣɛŋ⁵³强调意念中刀"大"。

2. 指小

（1）名词后加-zɔ³³，表示体积、规模小，或表示年幼、排行在后、可爱。例如：

khuʔ⁵³zɔ³³ 小碗　　tʃʰɔ³³zɔ³³ 小路　　ʃam³³zɔ³³ 小刀　　ŋui⁵³zɔ³³ 零钱

碗　小　　　　路　小　　　　刀　小　　　　钱　小

mɔu³³zɔ³³ 小雨　　pɔm⁵³zɔ³³ 小山　　pɔ³³zɔ³³ 蚕蛹　　phɛ⁵⁵ljam³¹zɔ³³ 飞蛾

雨　小　　　　山　小　　　　蚕　小　　　　蝴蝶　　小

tʃɛi³¹laŋ³¹zɔ³³ 小溪　　ŋ³³zɔ³³ 鱼苗　　nu³³zɔ³³ 牛犊　　ŋjaŋ³³zɔ³³ 马驹

河　　小　　　　鱼　小　　　　牛　小　　　　马　小

ʃɔ̆³¹pɛ³¹zɣɛ³³zɔ³³ 羊羔　kjɔʔ⁵³zɔ³³ 鸡崽　taŋ⁵³zɔ³³ 小板凳　ta³⁵ʃɛn³¹zɔ³³ 小电视

羊　　小　　　　鸡　小　　　　凳子　小　　　电视　　小

pan⁵³zɔ³³ 碟子　　əu³³zɔ³³ 小肠　　wɔm³³zɔ³³ 小腹　　nɔ³¹zɔ³³ 小病

盘　小　　　　肠　小　　　　肚子　小　　　　病　小

ŋji³³zɔ³³ 孙子、外孙　　　　təu³¹zɔ³³ 侄子

儿子　小　　　　　　　　侄子　小

（2）zɔ³³能用于合成词中间，表示"小"义，这类词比较少。例如：

tʃɛi³¹zɔ³³laŋ³¹ 小河

河　小　河

七、名物化

茶山语在谓词或部分谓词性短语前加名词词缀 a³³，或后加名物化标记 tsəi³¹，构成名物化结构，使该结构具有名词的某些语法功能。还有一个比较特殊的类名物化标记 lji³¹，lji³¹ 可能来源于汉语"哩"，语气上有停顿作用；结构上连接上下成分，取消该成分或小句的独立性；语法上既有话题标记功能，又有名物化功能，相当于汉语"者"。lji³¹ 的这种用法比较特殊，可视为比较特殊的类名物化标记。

（1）名物化标记 tsəi³¹ 的使用频率最高，能与动词、形容词、代词、处所名词及其他谓词性短语等结合，构成名物化结构。例如：

ku³³tsəi³¹ɔu³³，ŋɛi³¹tsəi³¹ 大的小的
大　的　啊　小　的

naŋ³¹ŋam³³tsəi³¹sɔ³³sɔ³³kei³¹. 你的想法很好。
你　想得　很　好

ŋjaŋ⁵⁵ja³³ŋ³¹　ka³¹ta⁵³zan⁵³tsəi³¹. 她和我是同年。
她　和我（话）一年　的

kuɔn³¹su³³ka³¹thjɛi⁵³ja³³kuɔt⁵³tsəi³¹. 犁头是用铁做的。
犁头　（话）铁　用做　的

naŋ³¹ku⁵⁵tsəi³¹ɔu³¹la³³ŋɛi³¹tsəi³¹ɔu³¹la³³？你要大的还是要小的？
你　大的　要吗　小的　要吗

ŋjaŋ³³taŋ⁵³tsəi³³ta³³xjɔu³¹ai?⁵⁵tshəi³¹kjɛn³³. 她挑的一百二十斤。
她　挑　的　一百　二十　斤

xɛ⁵⁵thjɛ⁵⁵kɔ³¹tsuɔm³³ka³¹ŋa⁵⁵ŋue³¹ŋ̍³¹lji³¹kuɔt⁵³tjəi³³tsəi³¹.
这鞋　　双　（话）我母亲我（宾）做给　的
这双鞋是我母亲帮我做的。

tʃɛŋ⁵⁵tsəi³¹tʃhau⁵⁵tsəi³¹khɔ⁵⁵tsəi³¹thjɵu³¹tsəi³¹ta³¹ŋɛ³³tsɔu³³，pan⁵⁵tsəi³¹
酸　的甜　的苦　的辣　的　都吃　涩的
ma³¹tsɔ³³. 酸甜苦辣的东西他都吃，就是不吃涩的。
不吃

khə³³zan⁵³jaŋ³¹xjɵu³¹ta³³nuk³¹sɔ³³sɔ³³kei³¹，na³³tsəi³¹ŋa⁵⁵tsəi³¹thɔ?⁵³lji³¹
今年　我们种　的豆子很　好　你的我的　比
sɔ³³sɔ³³kei³¹. 今年我们种的豆子都很好，你的比我的更好。
很　好

人称代词的关系化结构中，人称代词为属格。例如：

xɛ⁵⁵tsɔ³¹pɛ³³ka³¹ŋja³³tsəi³¹. 这张桌子是他的。

这 桌子 （话）他的

指示代词构成的名物化结构具有特指功能。例如：

xe³¹tɛi³³tsəi³¹xaŋ⁵³ɛʔ⁵³ma³¹tsɔ³³. 这种东西谁都不吃。

这种 的 谁 也 不 吃

在强调处所名词所属关系的句子中，处所名词后可加名物化标记，这种语法形式使用频率较低。例如：

tʃuŋ³¹tsɔ³³xɛ⁵⁵a³¹pan³³，ŋjɔ³³thjaŋ³¹ka³¹ŋa³³mɔ³¹wu³³khɔu³³ma³³，

学生 这班 大半 话 他们 村

nɛŋ⁵⁵thjaŋ⁵⁵ka³¹kɔ³³wu⁵³khɔu³¹ma³³tsəi³³.

小半 是 外村 的

这班学生，大半是他们村的，小半是外村的。

（2）名词化前缀 a³³- 多用于形容词或性别词缀前，形成名物化结构。例如：

ŋjaŋ³³ka³¹tʃi⁵⁵kjuaŋ⁵³a³¹saiʔ³³ta³³khjap³³ŋui⁵³. 她买了一件新的花衣服。

她 （话）衣服 花 新 一件 买

kai⁵⁵jɛn³¹ma³¹mje³¹sɛ³³ŋjəi⁵⁵ʃɔ³¹pou³¹，a³³nɛ³¹，a³³xjui³¹，a³³ŋjau³¹.

商店 布 很多 有 红的 黄的 花的

商店里的布真多，红的、黄的、花的都有。

lai̱n³¹tou³³xɔ⁵⁵a³¹təu³³ka³¹a³³lu³³，ljap⁵⁵tʃjau³¹xɔ⁵⁵a³¹təu³³ka³¹a³³tsɛŋ⁵³.

躺着 那头 （话）公的 站（貌）那头 （话）母的

躺着的那头是公的，站着的那头是母的。

（3）茶山语动词作主语时，多使用 lji³¹ 连接主谓成分。lji³¹ 可能来源于汉语"哩"，语气上有停顿作用；结构上连接上下成分，取消该成分或小句的独立性；语法上既有话题标记功能，又有名物化功能，相当于汉语"者"。这类用法比较特殊，可视为比较特殊的类名物化标记和名物化结构。例如：

jət⁵³lji³¹kei³¹，lai̱n³³lji³¹ma³¹kei³¹. 睡着好，躺着不好。

睡 （话）好 躺 （话）不 好

jəu³³lji³¹kei³¹，ma³¹jəu³³lji³¹ɛʔ⁵³kei³¹. 看可以，不看也可以。

看 （话）可以 不 看 （话）也可以

tʃhɔ³³su³³lji³¹ma³¹ŋjap³¹，wui⁵⁵lji³¹ŋjap³¹. 走不快，跑快。

路 走 （话）不 快 跑 （话）快

ja⁵⁵mɔ³¹jɔm³¹ka³¹mu⁵⁵tsui³³lji³¹，ka³¹tsɔ⁵⁵ta³¹tsɛi³¹、wuɔt⁵⁵ta³¹tsəi³¹ma³¹tshəu³¹.

我们 力气 使 劳动 （连）（话）吃的　　穿的　　　不 愁

只要我们努力劳动，吃的、穿的都不愁。（其中 ta³¹ 可省略）

上述这种结构与"动词/动词性短语 + tsəi³¹"语法形式表达意义相同，"动词/动词性短语 + tsəi³¹"后多与话题标记 ka³¹ 连用，语义上有强调作用。例如：

taŋ⁵⁵lɔu³³ŋjəi³¹tsəi³³ka³³kɔ³³nɔʔ⁵³. 飞的那只是乌鸦。

飞 去 那只的 （话）乌鸦

tsɔu⁵⁵tsəi³¹ka³¹ma³¹jɔu³³nain³³. 吃是少不得的。

吃 的 （话）不 能 少

（4）名物化标记常与定语助词 ta³³ 连用，ta³³ 有时在句中变读为 ta⁵³，加或不加 ta⁵³ 不影响句意。例如：

xje³¹phɛ³³ka³¹tsɔ³⁵ta⁵³tsəi³³ma³¹ɔj³³，wɔt⁵⁵ta⁵³tsəi³³ma³¹jɔ³³.

以前 （话）吃的　　　　没有 穿的　　　没有

以前没有吃没有穿。

八、名词的句法功能

名词在句中主要充当主语、宾语、定语，此外时间、处所名词以及合成的方位词还可以充当状语、谓语。

（1）作主语。例如：

tuŋ³³khuɔn³³xuʔ⁵³xuʔ⁵³taŋ³³ŋjəi³¹. 红旗哗啦哗啦地飘。

红旗　　　哗啦哗啦飞 在

pu⁵⁵ŋjau⁵³ta³¹kja³³ta³¹kja³³kɔu³¹. 青蛙一蹦一蹦地跳。

青蛙　　一 蹦 一 蹦 跳

saik⁵³ku³¹tʃhuaŋ³³tʃhuaŋ³³kjui³¹kjɔu³³lɔu³¹. 树叶纷纷地落下来。

树叶　　纷纷地　　落 下 来

kjuʔ⁵⁵əuʔ³¹a³³ku⁵³ku³¹ɔŋ⁵⁵，a³¹kjɛn³³ma³¹ɔŋ⁵⁵. 鸡蛋论个卖，不论斤卖。

鸡蛋　　个 卖　　斤 不 卖

（2）作宾语。例如：

ŋjaŋ³³ʃəu³³pɛ³¹ʃəu³³ma³¹tsɔ³³. 他不吃羊肉。

他 羊 肉 不 吃

ŋjaŋ⁵⁵ wuʔ⁵⁵tsɔ³¹ mɕɔ³¹ xjɔm³¹ ŋjəi³¹. 他正在剁猪食。

他 猪食 剁 在

zղ³¹ ʃaŋ³³ saik⁵³ mu³¹ kuɔn³³ a³¹ thəu ʔ³¹. 小孩不要乱砍树。

小孩 树 乱 别 砍

ŋa⁵⁵mɔ⁵⁵ khǎ³¹ ʃղ⁵⁵ xɛ⁵⁵sղ³¹ xjam³¹ kau³³ ŋjəi³¹. 我们正在商量这个问题。

我们 刚才 这事 商 量 在

（3）作定语。普通名词作定语位于中心语之前，二者之间通常使用结构助词 ta³³；地点名词作定语时，可不用 ta³³。例如：

zɔ³³ ta³³ jɛn³³ ka³¹ jau³³ sau⁵³ tɔ⁵⁵ ku³¹. 儿子的房子已经修好了。

儿子的 房子（话）完 修 完 了

tshun³³ tsaŋ⁵³ ta³³ zɔ³³ tʃuŋ³¹ tɔ³¹ lɔ³³ ku³¹. 村长的儿子上学去了。

村长 的 儿子学 上 去了

ŋja³³ jɛn³¹ ma³³ ta³³ ŋjaŋ³³ ka³¹ sղ³³ pei³³ ja³³ khau³³ lɔ³³ ku³¹.

他家 的 马（话）别人 被 偷 去 了

他家的马昨天被人偷了。

tʃəi³³ laŋ⁵³ ma³³ ŋ⁵⁵ tɔ³¹ ka³³ tʃəi³¹ thɔm³³ ma³³ ŋ⁵⁵ tɔ³¹ tʃhɔ ʔ⁵³ lji³¹ tsɔ³³ kei³¹.

河 （方）鱼 （话）塘 （方）鱼 比 吃 好

河里的鱼比塘里的鱼好吃。

（4）作状语。时间名词和方位名词在句中能作状语，居谓语动词之前。例如：

ŋjɛt⁵³ xjɛt⁵³ khjap⁵³ lji⁵³ la³³ mjei⁵³ khjau³³. 七八月里收玉米。

七 八 月 时候 玉米 掰

ŋjaŋ³³ tʃhɔ³³ jam⁵³ ma³³ tsuŋ³³ nɔ³³ ŋjəi³¹. 他坐在路旁边休息。

他 路 边 （方）坐 休息 在

ŋ³³ ŋja³³ jɛn³³ ja³³ tui³³ tui³³ ji³³ ma³³ ŋjəi³¹. 我住在他家的对面那里。

我 他 家 的 对面 （方）住

zɔ³³ khɔ⁵³ tʃɛn³³ saik⁵³ tsɛn⁵³ khjei³¹ ma³³ tsuŋ³³ nɔ³³ ŋjəi³¹.

老人们 树 底 （方）坐 休息 在

老人们都坐在树下乘凉。

（5）作谓语。例如：

khǎ⁵⁵ ŋjəi⁵³ ai ʔ⁵⁵ khjap⁵³ ta³¹ tshəi³³ ta³¹ ŋjəi³³. 今天二月十一。

今天 二 月 一 十 一 日

第二节 代词

代词是代替名词、动词、形容词、副词和数量短语等的词，其语法作用与所代替的语言单位的语法作用大致相当。茶山语代词的主要特点是：①根据意义和功能可分为人称代词、指示代词和疑问代词；②有数范畴；③人称代词有非典型格范畴的形态变化，如主格、宾格同形，属格有形态变化等，没有性范畴的形态变化；④指示代词有位范畴。

一、人称代词

人称代词有数范畴和格范畴，没有性范畴，第三人称根据上下文判断其性别。

1. 人称代词的数

数分单数、双数、复数。第一人称复数分排除式和包括式。详见表4－1：

表4－1 人称代词的数

数	人称		
	第一人称	第二人称	第三人称
单数	ŋ^{31} "我"	naŋ^{31} "你"	ŋjaŋ^{55} "他、她"
双数	ja^{33}ai$ʔ^{55}$jəu^{31} "我俩"	na^{33}ai$ʔ^{55}$jəu^{31} "你俩"	ŋja^{33}ai$ʔ^{55}$jəu^{31} "他俩"
复数	ŋɔ^{33}mɔ^{33}（排除式）；ja^{33}mɔ^{31}（包括式）；jaŋ^{55}；ŋa^{33}mɔ^{31} "我们"	na^{33}mɔ^{33} "你们"	ŋja^{33}mɔ^{33} "他们"

人称代词的数有标记形式，同时伴有形态变化。单数是零形式；双数的语法形式是：单数人称的形态变化加数量短语 ai$ʔ^{55}$jəu^{31} "两个"；复数的标记是 mɔ^{33}，复数的语法形式是：单数人称的形态变化加复数标记 mɔ^{33} "们"。

（1）单数。例如：

ŋ^{31} ka^{31} kan^{33}pu^{33}, naŋ^{33}ka^{31}mu^{33}tsui^{33}səu^{31}, ŋjaŋ^{33}ka^{31}tʃuŋ^{31}zɔ^{33}.

我 （话）干部　　你 （话）农民　　　他 （话）学生

我是干部，你是农民，他是学生。

（2）双数。例如：

ja³³ai?⁵⁵ jəu³¹ jəu³¹ phɔ³¹, na³³ai?⁵⁵ jəu³¹ jəu³¹ kjai³¹, ŋja³³ai?⁵⁵ jəu³¹ lji³³ nuat³¹.

我 俩个 田 犁 你 俩个 田 耙 他 俩个 秧苗 拔

我俩犁田，你俩耙田，他俩拔秧。

（3）复数。在单数形式后加"mɔ³¹/³³"构成复数。例如：

na³³mɔ³³ kha³¹tha³¹ ŋjəi³¹？你们住在哪里？

你们 哪里 在

ŋja³³mɔ³³ ta³¹ŋɛ³³lɔ³¹ku³¹. 他们都来了。

他们 都 来 了

ja³³mɔ³¹lji³¹ ŋjaŋ⁵⁵ ja³³xua³³ku³¹. 我们被他骗了。

我们（受）他（施）骗 了

ŋɔ³³mɔ³³sɔm³¹ jəu³¹ ta³¹ŋɛ³³ thji⁵⁵wu⁵³khɔu³¹ ma³¹ŋjəi³¹.

我们 三 人 一起 那 村子 （方）在

我们三个都住在那边的村子里。

khǎ⁵⁵ŋjəi⁵³ ŋɔ³³mɔ³³saik⁵³lɔ³³thəu³¹, ŋja³³mɔ³³jəu³¹lɔ³³khuɔm³¹.

今天 我们 树 去 砍 他们 地 去 挖

今天我们去砍树，他们去挖地。

na³³mɔ³³man³³lɔ³³jət³¹, phɛ³³na³¹ŋjəi³³jɔ³¹ ja³¹mɔ³³ ʃɔ³³lɔ³³pai³¹.

你们 草 去 割 明天 咱们 肉 去 打

你们去割草，明天咱们去打猎。

第一人称复数语法形式，除了在单数人称后加语法标记，还有词汇形式。例如：

jaŋ⁵⁵ paŋ⁵⁵ kɔ³³ tʃha³³. 我们大家相互帮助。

我们 帮（互） 应该

jaŋ⁵⁵ ta³¹ŋɛ⁵⁵mɔ³¹ ja³³ jɔm³³ kat³¹la³³mu³³tsui³³tʃha³³.

我们 大家 努力 地 劳动 应该

我们大家应该努力劳动和工作。

第一人称复数有包括式和排除式之分。在不需要强调包括、排除意义时可通用 ŋɔ³³mɔ³³、ŋa³³mɔ³¹、jaŋ⁵⁵ 等；如需要强调，则 ŋɔ³³mɔ³³ 是排除式，ja³³mɔ³¹、jaŋ⁵⁵ 是包括式。

可通用的情况，例如：

ŋa⁵⁵mɔ³³ tʃhɔ³¹su³³ su⁵⁵ŋjuŋ³¹ ku³¹. 我们走路走累了。

我们 路 走 走 累 了

ŋa³³mo³¹ ta³¹ŋiei³³ tso³¹ som³³ ton³¹ tsou³³. 我们每天吃三顿饭。

我们　　　一天　　　饭　三　顿　　吃

ŋa³³mo⁵³ som³³ jəu³³ ma³¹ mu⁵⁵su³¹ a³¹sat⁵³ lo³³thaŋ³¹ku³³.

我们　　　三个　　（方）他年纪　　　　最　　　大

我们三个里面他年纪最大。

ŋa³³mo³¹ wu³³khou³³ ma³³ tjeu³¹ ta³¹ŋɛ³³ta⁵³xjau³³ ŋ³³tshəi³¹ jou³¹.

我们　　村　　（方）　人　一共　　　　　五十　　　人

我们村一共有一百五十人。

包括式是 jaŋ⁵⁵、ja³³mo³¹。例如：

jaŋ⁵⁵ thuʔ⁵³lou⁵⁵ su³³lou⁵⁵ jəu³³（ko³³ pa³³）. 我们出去走走吧。

我们　出去　　　走去　看　（商量）

ja³³mo³¹ta³¹ŋɛ³³mo³¹ja³³ʃŋ⁵⁵ kam⁵³ko³³ko³³, ta³³jəu³³ta³¹lom³³.

我们　　大家　　　　果子 分　　　一　人　一　个

我们大家来分果子，一人一个。

排除式是 ŋo³³mo³³。例如：

ŋo³³mo³³ ma³¹ lo³³ ləu³¹, nǎ³³ŋjaŋ³³ lo³³ a³¹. 我们不去了，你自己去。

我们　　不　去　了　你自己　去　吧

naŋ³¹ ma³¹ ou⁵⁵təu³¹no³³, ŋa³³mo³³ a³¹tʃaŋ³³ lou³¹.

你　别　不好意思　　我们　　　经常　来

不要客气，我们经常来的。

2. 人称代词的格

茶山语人称代词的主格、宾格同形，属格有形态变化。在句法结构中，主格为零标记；宾格表示前面的语义角色是受事者、接受者或受益者，语法形式是在宾语后加宾格助词 lji³³ 等，是否加宾格助词有其使用条件；属格表示前面的人称代词是领属者。详见表 4-2：

表4-2　人称代词的格

属格		人称		
		第一人称	第二人称	第三人称
单数	一般格	ŋ³¹ "我"	naŋ³¹ "你"	ŋjaŋ⁵⁵ "他、她"
	领格	ŋa³³ "我的"	na³³ "你的"	ŋja³³ "他的"

（续上表）

属格		人称		
		第一人称	第二人称	第三人称
复数	一般格	ŋɔ³³mɔ³³；ja³³mɔ³¹（包括式）；jaŋ⁵⁵ "我们、我俩"；ŋa³³mɔ³¹ "我们"	na³³mɔ³¹ "你们"	ŋja³³mɔ³¹ "他们"
	领格	ŋa³³mɔ³¹ "我们的"；ja³³mɔ³¹ "我们的"	na³³mɔ³¹ "你们的"	ŋja³³mɔ³¹ "他们的"

（1）主格。例如：

naŋ³¹ ŋam³³tsəi³¹ sɔ³³ sɔ³³ kei³¹. 你的想法很好。

你 想 的 很 好

na⁵⁵mɔ³¹ jəi³¹ wui³¹ lɔu³¹ aʔ⁵³! 你们买酒来!

你们 酒 买 来（祈）

ŋa⁵⁵mɔ³³ tʃhɔ³¹su³³ su⁵⁵ŋjuŋ³¹ ku³¹. 我们走路走累了。

我们 路 走 走 累 了

ŋjaŋ⁵⁵ khǎ⁵⁵nam³¹ɛʔ⁵³ ma³¹ xua³³ ku³¹. 她从来没有说过假话。

她 从来 也 不 骗 过

ŋjaŋ⁵⁵ tshɔu⁵⁵jan³³ ma³¹ tap⁵⁵, jəi³³ ma³¹ ʃuɛʔ³¹. 他不抽烟，不喝酒。

他 烟 不 抽 酒 不 喝

ŋ³¹ ja³³ŋjaŋ⁵⁵ ta³¹kɛ³³ja³³ pɔm⁵³ ma³¹ thaŋ³³ lɔu³³ xjɔu³¹.

我 和 他 一起 山（方）柴 去 找

我和他一起上山砍柴。

（2）宾格。例如：

khǎ⁵⁵ŋjan⁵³ŋ³³ ŋjaŋ³³ lji⁵³ lɔ³³ xjɔ³¹ ta³³. 今天晚上我去找他。

今晚 我 他（宾）去 找 要

ŋ³¹ naŋ³³ lji³¹ŋjaŋ⁵⁵ lji³¹ mɔu³¹sɔu³³ ta³¹ khjap⁵³ lɔu³³ pɔu³¹ tjəi⁵⁵ naŋ³¹.

我 你（宾）他（宾）信 一 封 去 帮 给 让

我托你带封信给他。

（3）属格。例如：

ŋa³³ jɛn³¹ 我家　　　　　　na³³ jɛn³¹ 你家　　　　　　ŋa³³ ŋuɛ⁵³ 我母亲

我 的 家　　　　　　你 的 家　　　　　　我 的 母亲

na³³a³¹nu³³你弟弟　　　　　ŋa³³mɔ³¹jɛn³¹我们家

你的 弟弟　　　　　　　　我们 的 家

ŋa³³ a³¹ji³³我姑妈　　　　　na³³a³¹pa³³你爸爸

我的 姑妈　　　　　　　　你的 爸爸

ja³³tshun³¹我们村　　　　　ŋa⁵⁵mɔ³¹tshun³³我们村

我们 的 村　　　　　　　　我们的 村

ŋja³³maŋ³³他哥哥　　　　　ŋja³³a³¹pa³³我爸爸

他的 哥哥　　　　　　　　我的 爸爸

ŋa³³mɔ³¹sɿ³³lja³³我们老师　na³³mɔ³¹jɛn³³你们家

我们的 老师　　　　　　　你们的 家

表示所属关系的偏正短语中，可加助词ta³³"的"，也可省略。下文都用（ta³³）表示，义为可加可不加。例如：

ŋa³³（ta³³）a³¹jɔ³¹我的奶奶　　　na³³（ta³³）a³¹jɔ³¹你的奶奶

我的 的　奶奶　　　　　　　　你的 的　奶奶

ŋa³³（ta³³）a³¹maŋ³³我的哥哥　　na³³（ta³³）a³¹maŋ³³你的哥哥

我的 的　哥哥　　　　　　　　你的 的　哥哥

ŋa³³（ta³³）tji³³我的衣服　　　na³³（ta³³）tji³³你的衣服

我的 的　衣服　　　　　　　　你的 的　衣服

ŋja³³（ta³³）sɿ³³lja³³我的老师　na³³（ta³³）tʃuŋ⁵³jɛn³³你的学校

我的 的　老师　　　　　　　　你的 的　学校

ŋja³³（ta³³）tsui⁵³他的牙齿　　ŋja³³（ta³³）jɛn³¹他的房子

他的 的　牙齿　　　　　　　　他的 的　房子

ŋa³³（ta³³）u⁵⁵kjɔp⁵³我的帽子　na³³（ta³³）mɔu³¹sɔu³³你的书

我的 的　帽子　　　　　　　　你的 的　书

na³³mɔ³³（ta³³）puŋ⁵⁵wu⁵³你们的客人

你们的 的　客人

ŋja³³mɔ³¹（ta³³）tjan³¹tʃhaŋ³³他们的伙伴

他们的 的　伙伴

na³³mɔ³¹（ta³³）tan³³你们的水田

你们的 的　水田

ŋa³³mɔ³¹（ta³³）muŋ⁵⁵tan³³我们的祖国

我们的 的　祖国

ŋa³³ thaŋ³³xjɔʔ³¹ʃam³³我的柴刀　　　na³³ thaŋ³³xjɔʔ³¹ʃam³³他的柴刀

我的　柴刀　　　　　　　他的　柴刀

ja³³aiʔ⁵³jəu³¹（ta³³）təu³¹kɔ³³tsəi³¹我俩的友谊

我们俩　个　的　　友谊

ŋja³³aiʔ⁵³jəu³¹（ta³³）mɔu³¹sɔu³³tsɤ̆³¹pɛ³³他俩的书桌

他俩的　个　　的　书桌

ŋja³³ jam³³ ma³³ŋjaŋ³³zɔ³³suat³³ku³¹. 他家的骒马下马崽了。

他家　　（方）马崽　下　了

ŋja³³ mɔ⁵³sʅ³³lja³³ka³³juən³³nan³³ma³¹ta³³tjəu⁵³. 他们的老师是云南人。

他们　　老师　（话）云南　（方）的　人

ŋa³³mɔ⁵³wu³³khɔu³³ma³³ta³³ma³¹jau³³ʃʅ³³ɛ³³tʃɛi³³ʃʅ³³.

我们　村　　（方）的　没有　拉　　到　还

我们村的电灯还没有拉通。

ŋa⁵⁵mɔ³¹（ta³³）taŋ³³na⁵⁵mɔ³¹（ta³³）taŋ³³ja³³ma³¹təu³¹kɔ³³.

我们　的　话 你们　的　话　跟　不同　（互）

我们的话跟你们的话不同。

代词属格能直接与名物化标记 tsəi⁵³ 连用，强调所属意义。例如：

xɛ³³tsəi⁵³ka³¹na³³tsəi⁵³, thji⁵⁵tsəi⁵³ka³¹ŋja³³tsəi⁵³. 这是你的，那是他的。

这　（话）你的 的　　那　（话）他的 的

代词属格作定语时，如果中心语前后一致，则属格代词可以直接加中心语，也可以加名物化标记 tsəi⁵³ 表示，代指上文中心语。两类句型句义相同。以 "这座房子是他的" 为例。

xɛ⁵⁵ jɛn³¹lɔm³¹ka³¹ŋja³³jɛn³¹. = xɛ⁵⁵ jɛn³¹lɔm³¹ka³¹ŋja³³tsəi³¹.

这 房子 座（话）他的 房子　这 房子座 （话）他的 的

3. 反身代词（见表4-3）

表4-3　反身代词

数	人称
反身代词	ŋǎ³¹ŋjaŋ³³ "我自己"；nǎ³³ŋjaŋ³³ "你自己"；a³³sɛŋ³³、kjiŋ³³ "自己"
总称代词	ta³¹ŋɛ³³mɔ³¹ "大家"；jaŋ³¹xaŋ⁵⁵；jaŋ³³ta³¹ŋɛ⁵⁵mɔ³¹ "我们大家"；ta³¹ŋɛ³³ "全部、都、全"
旁称代词	sʅ⁵⁵pei³³、kɔ³³jəu³¹ "别人、人家"

茶山语的反身代词多为在代词属格后加 ŋjaŋ³³，形成"你自己、我自己"等反身义。例如：

jaŋ³³ ŋjaŋ³³ 我自己　　　　ŋja³³ ŋjaŋ³³ 他自己　　　　nǎ³³ ŋjaŋ³³ 你自己

ŋɔ³³ mɔ³³ ma³¹ lɔ³³ ləu³¹, nǎ³³ ŋjaŋ³³ lɔ³³ a³¹. 我们不去了，你自己去吧。
我们　　不 去 了　你自己　去 吧

反身代词"自己"能在句中作主语、宾语、定语等成分。

（1）充当主语。例如：

ŋǎ³¹ ŋjaŋ⁵⁵ sɛiʔ⁵³. 我自己知道。

我自己　知道

a³³ sɛŋ³³ ŋjaŋ³³ jɔm³³ ka³¹ tʃha³³, sɿ⁵⁵ pei³³ lji³¹ a³¹ khɔu³³.
自己　　　努力 应该　　　别人（宾）不靠

应该自己努力，不要光靠别人帮助。

（2）充当宾语。例如：

naŋ³¹ ŋǎ³¹ ŋjaŋ³³ maŋ⁵⁵ aʔ⁵³. 你忙你的。

你　你自己　忙　（祈）

（3）充当定语。例如：

ŋja⁵⁵ mɔ³¹ lɔu⁵⁵ thaŋ³¹ lji³¹ ŋ³¹ tsuŋ³¹ kjɔ³³ lɔ³¹ la³³ nǎ³¹ ŋjaŋ³³ sɿ⁵⁵ tshiŋ³¹ tə³³
他们　　走 后（宾）我 坐 下 来（非）我自己　事情　　才

jɔu³³ kuɔt⁵³. 他们走了我才能坐下来做自己的事。
能　做

4. 泛指人称代词

又包括总称代词和旁称代词两类。

（1）总称代词。指在一定范围内的所有人。茶山语总称代词有：ta³¹ ŋɛ³³ mɔ³¹ "大家"；jaŋ³¹ xaŋ⁵⁵、jaŋ³³ ta³¹ ŋɛ⁵⁵ mɔ³¹ "我们大家"；ta³¹ ŋɛ³³ "全部、都、全"。

①充当主语。例如：

ta³¹ ŋɛ³³ mɔ³¹ ta³¹ kai³³ lɔu³³. 大家一道去。

大家　　一 道 去

ta³¹ ŋɛ³³ mɔ³¹ ta³¹ jaŋ³¹ tɛ³³. 大家都是一样的。

大家　　一样（单）

ta³¹ ŋɛ³³ mɔ³¹ ja³³ lɔu³¹ ku³¹. 大家都来了。

大家　　　来 了

ta³¹ŋɛ³³mɔ³¹tai̯³¹ɛʔ⁵³tai̯³¹ji³¹ɛʔ⁵⁵ji³¹. 大家有说有笑。

大家　　说也说　笑也笑

xɛ⁵⁵zɿ³³ʃaŋ³³lji³¹ jaŋ³¹xaŋ⁵⁵ɛʔ⁵³ʃɿ³³xuan³³. 这个孩子，大家都喜欢他。

这　孩子（宾）我们　　都　喜欢

ta³¹ŋɛ³³mɔ³¹ta³¹xja³³nɔu⁵⁵la³¹tuɔm³¹tsui³³kɛ³³. 大家歇歇再干。

大家　　　一　下 歇（非）再　做　吧

khuɔm³³phaŋ⁵³ku³³, ta³³ŋɛ³³mɔ³¹waŋ³¹lɔ³³kɛ³³. 门打开了，大家进去吧。

门　　开　了 大家　　进 去 吧

ta³¹ŋɛ³³mɔ³¹mu³³tsui³¹tʃha³³, a³³kuɔm³³tsɔ⁵⁵ma³¹kei³³.

大家　　劳动　要　空　　吃 不　能

大家都要劳动，不能白吃。

ŋjaŋ⁵⁵ta³¹khjɔu³¹tai̯³¹ŋjəi³¹lji³¹, taŋ³¹ŋɛ⁵⁵mɔ³¹ja³³xɛ³¹ʃɿ³³ma³³sɛʔ⁵³.

他　半天　　说（连）大家　　　　还是　不　懂

他说了半天，大家还是不懂。

ta³¹ŋɛ³³mɔ³¹有表示"每人都"之义。例如：

ta³¹ŋɛ³³mɔ³¹ja³³pei³¹kjɛn³³ma³¹ta³¹tʃuɔn³³lɔ³³mɛi³¹.

大家都　　　　北京（方）一　趟　　去 想

每个人都想去北京一趟。

强调施动时，其后一般加施动助词 ja³³。例如：

ta³¹ŋɛ³³mɔ³¹ja³³naŋ³¹lji³¹pɔu³¹tʃhɿ³¹tje³³. 大家都替你担心。

大家　　　　你（宾）替　担心　给

ta³¹ŋɛ³³mɔ³¹ja³³thji⁵⁵su³¹lɔu³³lui³³ləu³¹aʔ⁵³. 大家去叫那个人来。

大家　　　　那人 去 叫　来（祈）

jaŋ³³/³⁵ta³¹ŋɛ³³mɔ³¹ja³³xaŋ⁵⁵ɛʔ⁵³a³¹tɔ³³ŋjen³¹ku³³. 我们大家谁也别忘了谁。

我们 大家　　　谁 也　不要 忘 了

ta³¹ŋɛ³³mɔ³¹ja³³tsɔ⁵⁵thaŋ³¹lji³¹, ŋjaŋ⁵⁵ta³¹tsɔu³³. 大家都吃完了，他才吃。

大家都　　　吃后　（连）他 才 吃

ja³³mɔ³¹ta³¹ŋɛ³³mɔ³¹ja³³ʃɿ⁵⁵kam⁵³kɔ³³kɔ³³, ta³³jəu³³ta³¹lɔm³³.

我们 大家　　　果子 分　　　　一　人 一　个

我们大家来分果子，一人一个。

②充当定语。例如：

ta³¹ŋɛ³³mɔ³¹sɿ³³tshiŋ³¹, ta³¹ŋɛ³³mɔ³¹kuɔt⁵³. 大家的事情，大家做。

大家　　　事情　　大家　　　做

（2）旁称代词。泛指说话双方以外的人，不定指。茶山语旁称代词有 sɿ⁵⁵ pei³³、kɔ³³ jəu³¹ "别人、人家"，ŋja⁵⁵ mɔ³¹、ŋja⁵⁵ tjəu³¹ "别人"，ŋjan³³ ʃaŋ³³ "别人"等，能充当句子的主语、宾语、定语等语法成分。其中 sɿ⁵⁵ pei³³ 的使用频率最高，范围最广，可用于定指、不定指，kɔ³³ jəu³¹ 适用范围略低于 sɿ⁵⁵ pei³³，而 ŋja⁵⁵ mɔ³¹、ŋja⁵⁵ tjəu³¹、ŋjan³³ ʃaŋ³³ 使用范围较受限，多为不定指，ŋjan³³ ʃaŋ³³ 的使用频率最低。

①充当主语。例如：

kɔ³³ jəu³¹ ma³¹ kju⁵³ lji³¹, naŋ³¹ tʃha³³ kju³¹? 别人都不怕，你怕什么？

别人　　不　怕（连）　你　什么　怕

xɔ⁵⁵ jɛn³¹ jap³³ nɔ³¹ ja³³ ŋja³³ mɔ³¹ lji³¹ tsu³³ tjəi³¹ ku³¹.

那　房间　　早　就　别人（宾）租　给　了

那间房子早就租给别人了。

②充当宾语。其后多有宾格标记 lji³¹。例如：

naŋ³¹ kɔ³³ jəu³¹ lji³¹ a³¹ ta̠i³¹ tjəi³¹. 你别告诉别人。

你　别人　（宾）别　说　给

ŋjaŋ³⁵ ma³¹ lɔ³³ kɔ³³ jəu³¹ lji³¹ lɔ³³ naŋ³¹. 他不去让别人去。

他　不　去　别人　（宾）去　让

ŋja³³ jɛn³¹ ma³³ ta³³ ŋjaŋ³³ ka³¹ sɿ³³ pei³³ ja³³ khau³³ lɔ³³ ku³¹.

他家（方）的　马　（话）别人（施）偷　去　了

他家的马昨天被人偷了。

③充当定语。例如：

ja³³ mɔ³³ sɿ³³ pei³³ a³¹ jaŋ³³ ma³¹ ɔu³¹. 咱们不要人家的东西。

咱们　人家　东西　不要

ŋjaŋ⁵⁵ sɿ⁵⁵ pei³³ lji³³ ka³¹ ma³³ mɛiʔ⁵³ paŋ³³ tsai³¹ la³³, sɿ⁵⁵ pei³³ lji³¹ taŋ³¹ kaŋ³³ san³¹.

他　别人（宾）（话）不　愿意　帮　不但　别人（宾）话　坏　说

他不但不肯帮助别人，还说别人的坏话。

此外，ŋja⁵⁵ mɔ³¹、ŋja⁵⁵ tjəu³¹ 多用于不定指句中，ŋja⁵⁵ mɔ³¹ 与 ŋja⁵⁵ tjəu³¹、ŋjan³³ ʃaŋ³³ 可互换。例如：

ŋja⁵⁵ mɔ³¹（ŋjan³³ ʃaŋ³³）a³³ jaŋ³³ pou³¹ kuɔt⁵³. 为别人做事。

别人　　　　　事情　做

naŋ³¹ ŋjaŋ⁵⁵ kɔ⁵⁵ jəu³¹ thɔʔ⁵³ lji³¹ ŋjəi³¹ a³¹ jəu³³, tsui⁵⁵ tsəi³¹ kɔ⁵⁵ jəu³¹ thɔʔ⁵³ lji³¹ kei³¹.

你　他　别个　比　　小　不要　做得　别个　比　　好

别看他比别人小，可是做得比别人好。

ŋa³³ta³³kjɔʔ³¹maŋ³¹tsɛŋ³¹ŋja⁵⁵mɔ³¹（ŋja⁵⁵tjəu³¹）ja³³khau⁵⁵lɔ³³ku³¹.

我的　鸡　老　母　别人　　　　　　被　偷　去了

我的老母鸡已经被人偷走了。

二、指示代词

指示代词具有指示功能、替代功能。能够代名词、动词、形容词、副词、数量短语等，包括人、物、时间、处所、动作、性状、方式、数量、程度等。

1. 指示代词的类别

根据指代内容的不同，指示代词可分为人称、事物、方位、时间、方式和程度等几类。

（1）人、物、数量类指示代词及其数范畴。

指代人、物或事物数量时，都使用相同的指示代词 xɛ⁵⁵"这"或者 thji⁵⁵"那"。数范畴包括单数和复数，二者同形，或直接加数量短语表示。例如：

xɛ⁵⁵pɔm⁵³sɔ³³sɔ³³ŋjaŋ³¹. 这座山很高。

这　山　很　高

xɛ⁵⁵tjɛ⁵⁵jam³¹ma³¹ʃ\r\1³¹xui³³tʃuat⁵³. 为这面墙刷石灰。

这　面　墙（方）石灰　　刷

xɛ³³tsəi⁵³ka³¹na³³tsəi⁵³, thji⁵⁵tsəi⁵³ka³¹ŋja³³tsəi⁵³.

这　　（话）你的　　那　　（话）他的

这是你的，那是他的。

xɛ³³tu³³ka³¹kjɔʔ³³phɔ⁵³, thji³³a³¹tu³³ka³¹　kjɔʔ³³tsɛŋ⁵³.

这　只（话）公鸡　　　那　　只（话）母鸡

这只是公鸡，那只是母鸡。

xɛ³³sɿ³³kuɔt⁵³lji³¹ta³¹kei³¹, cɔ³¹su³³kuɔt⁵³ma³¹kei³¹.

这样　做　（话）才好　那样　　做　不　好

这样做才好，那样做不好。

指示代词的复数形式与单数同形的。例如：

xɛ⁵⁵tsɔ³³sɔ³³sɔ³³tshəu³¹. 这些土都很肥。

这　土　很　肥

thji⁵⁵saik⁵³tsɛŋ³¹sɔ³³sɔ³³pai⁵³tshəu³¹. 那些树长得很茂盛。

那　树　很　长肥

xɛ⁵⁵pɔm⁵³ŋjaŋ³⁵ɛʔ⁵³ŋjaŋ³³ku³³ɛʔ⁵³ku³³. 这些山又高又大。

这　山　高　也　高　大　也　大

xɛ⁵⁵ŋ⁵⁵tɔ³¹sɔ³³sɔ³³ma³¹ku³³，təu³³kuɔn³³lji³³a³¹.

这些鱼　太　不大　整条　煎　吧

这些鱼不太大，整条煎吧。

"指示代词＋数量短语"表示指示代词的复数形式。例如：

thɔʔ⁵³phɛ³³xɛ⁵⁵sɔm³³təu³³（ka³¹）ŋja³³tsəi³¹，ɔ³¹phɛ³³thji⁵⁵sɔm³³təu³³ka³¹

上面　这　三　只　是　他的　下面　那　三　只　是

ŋa³³tsəi³¹. 上面这三只是他的，下面那三只是我的。

我　的

此外，指示代词与名词可直接结合，不用数词或量词。例如：

xɛ⁵⁵zɿ³³ʃaŋ³³sɔ³³sɔ³³juŋ³³！那个孩子漂亮得很哪！

那　孩子　很　好看

（2）方位指示代词及其位范畴。

位范畴，即指示代词指代事物的方位。根据所指人或物与说话人、听话人距离的远近，可以分为近指、远指两类。远指代词又依据其位置的水平高低不同而分为平指、上指、下指三类。如果是更远指，用变调方式表达；最远指则用拖长声调的方式表达；声音拖得越长，表示距离越远。茶山语指示代词的位范畴与方位指示代词的关系最为密切。

近指：xɛ³³ma³¹"这里"，指代距离说话人较近的人或事物。

远指：mu³³ma³³、mu³³su³³"那里"，指代距离听话人较远的人或事物，多用于与thji⁵⁵ma³¹相对的句子中，比thji⁵⁵ma³¹略近，使用频率不高。

更远指：thji⁵⁵ma³³"那里"，指代距离听话人更远的人或事物，使用频率较高，多与xɛ³³ma³¹相对。

最远指：thji⁵⁵thji³³ma³³（声调拖长）"那里"，指代距离听话人最远的人或事物。

平指：tshu³⁵ka³¹"平行"，指代与说话双方位置平行的人或事物。

上指：xɛ⁵⁵thɔʔ⁵³ma³¹"上方"，指代位置高于说话人的人或事物。

下指：xɛ⁵⁵ɔ³³ma³¹"下方"，指代位置低于说话人的人或事物。

例如：

xɛ³³ma³¹这里　　thji⁵⁵ma³³那里

xɛ³³thaʔ⁵³ja³³mjuʔ⁵³ma³¹kha³³xuɛ⁵³pɔu³¹ʃɿ³³？从这里到城里还有多远？

这里　从　城里　多远　有　还

naŋ³¹ xɛ³³ ma³¹ lɔu³¹ thaŋ³³ lji³³ kha³³ ŋjaŋ⁵³ ŋuat⁵³ ku³¹?

你　　这里　来　后面　　多久　　是　了

你到这里来有多久了？

naŋ³¹ xɛ⁵⁵ mɔu³¹ ma³¹ ku⁵⁵ lam⁵³ tshun³³ a³¹ ŋuat⁵³ la³³? 你这地方是古浪吗？

你　这地方　　　古浪村　　　是不是（疑）

xɛ³³ ma³³ tan³³ (ta³¹ khjaŋ³³) pɔu³¹, mu³³ ma³³ tʃəi⁵³ ta³¹ laŋ⁵³ pɔu³¹,

这里　　田　一块　有　那里　河 一条　有

thji⁵⁵ ma³³ pɔm⁵³ ta³¹ lɔm³³ pɔu³¹.

那里　　山　一座　有

这里有一块田，那里有一条小河，那里有一座大山。

xe³³ ma³³ ja³³ mu³³ su³³ lɔu³³ lji³¹, ʃaŋ³¹ tsəŋ³³ fu³¹ ma³¹ tʃuɛ³³ ku³¹.

这里　从　那里　去（非）　乡政府　　（方）到　了

从这里往西，直接就到乡政府。

wu³³ khɔu³³ ma³¹ ja³³ suɔn³¹ lji³¹, xe³³ a³¹ tʃuɛ³¹ lji³¹ ta³¹ tshəi³³ man³¹ tʃiɛn/tʃan³³.

村口　　　从　算　（非）这儿 到（非）一 十　里　　多

从村口算起，到这儿大概有十多里。

ŋ³³ xe³³ ma³¹ ŋjəi³¹, naŋ³¹ xɔ³³ ma³¹ ŋjəi³¹, a³¹ lɔm³³ mu³³ jəu³³ ŋjəi³¹ a³¹,

我　这　在　你　那　在　好好　看　在（祈）

a³³ phaŋ³³ lɔ³³ naŋ³¹ lɔ³³. 我在这，你在那，好好看着，别让他跑了。

别跑　去　让　了

（3）时间指示代词。

kǎ³¹ ʃʅ³³ 这时　　khǎ³¹ ʃʅ³³ 这会儿（指现在）　　　a³³ khaŋ³¹ 那会儿

xje³¹ phɛ³³ 以前　　thaŋ³¹ phɛ³³ 以后

例句：

kǎ³¹ ʃʅ⁵⁵ ŋjaŋ³¹ tʃha³¹ kuɔt⁵³ ŋjəi³¹? 这会儿他在干什么？

这会儿　他　什么　做　在

khǎ³¹ ʃʅ³³ a³¹ khjen³³ ma³¹ jɔu³³ wui³¹ lɔ³³. 现在这会儿也买不到了。

现在　　时间　不　能　买　去

ŋjaŋ⁵⁵ kǎ³¹ ʃʅ³³ ʃiəu³¹ lji³¹ ja³³ khei³¹ ləu³³ ku³¹. 他这个时候被小李请去了。

他　　这时　小李　被　请　去 了

ŋjaŋ⁵⁵ ka³¹ mɔu⁵⁵ ma³¹ tʃhuat³³ ʃʅ³³ lji³³ ja³³ lji³³ tʃha³³.

他　（话）天　　黑　　以前　回来 应该

他必须在天黑以前回来。

thaŋ³¹ phɛ³³ tʃəi³¹laŋ³³ jam³³ ai?⁵⁵ ʃuat⁵³ saik⁵³ tsuŋ⁵⁵ ta³¹.

以后　河边　　　　两边　树　种　要

将来河岸两边要种树。

xje³¹ phɛ³³ ka³¹ tsɔ³⁵ta⁵³tsəi³³ ma³¹ jɔ³³, wɔtʃ⁵⁵ta⁵³tsəi³³ ma³¹ jɔ³³.

以前　（话）吃的　　　没　有　穿的　　　没有

以前没有吃没有穿。

phɛ⁵⁵ na⁵³ ŋjəi³³ jɔ³¹ kǎ³¹ ʃ˞³³ əu?⁵⁵ lji³¹ ŋjaŋ⁵⁵ nɔu³¹ ja³³ jɛn³³ ma³¹ tʃuɛ⁵⁵ ku³¹.

明天　　　　　这时候　（话）他　早早地　　家里　到　了

明天这时候他早就到了家了。

ŋ³¹ ka³¹a³¹ sɛ⁵³ wui³¹ xɛ⁵⁵ təu³³ɔu³³, ŋjaŋ⁵⁵ ka³¹ xje?³¹lji³¹ wui³¹ ta³³ thji⁵⁵a³¹təu³³

我(话)刚　买　这匹　喜欢　他　（话）以前　　买　的　那　　　匹

ɔu³³. 我喜欢刚买的这匹，他喜欢以前买的那匹。

喜欢

（4）性状、程度、方式指示代词。

①指代性状、程度，多修饰形容词或副词。

xɛ⁵⁵ ji³¹这么、这样　　　　　　xɔ³⁵ ji³¹那么、那样

khǎ³¹s˞³³ xɛ⁵⁵ji³¹tʃaŋ³³? 怎么这么贵?

怎么　　这么　贵

xɔ³¹! xɛ⁵⁵ji³¹tɛ³³ ŋ⁵⁵tɔ³¹! 嚯！好大的鱼！

嚯　　这么　大　鱼

xɛ⁵⁵tjəu³¹ xɔ³⁵ji³¹ ma³¹kei³¹. 这人怎么那么坏。

这人　　　那么不　好

a³⁵ka⁵³, xɛ⁵⁵ji³¹tɛ³³ ʃ˞³³kua³³! 喔唷，这么大的西瓜！

喔唷　　这么　大　西瓜

a³³ja³³, naŋ³¹ khǎ³¹ʃ˞³³ xɛ⁵⁵ji³¹ kji³³! 哎呀，你怎么这么瘦呀！

哎呀　你　怎么　　这么　瘦

a³³ja³³, ŋ⁵⁵ wɔm³¹təu³³ xɛ⁵⁵ji³¹ nɔu³¹! 哎哟，我肚子好痛！

哎哟　我　肚子　　这么　疼

xɛ⁵⁵ ŋjaŋ³¹ ku³³ lji³¹, tsɔ³¹ ma³¹ tsɔ³³ ʃ˞³³. 这么晚了，还没有饭吃。

这　晚　了(非)　饭　不　吃还

tsham³³ xɛ³³ jeŋ⁵³tɛ³³ u?⁵⁵, jəu³¹ kei³¹ku³¹!

头发　这么　长的　发　理　该　了

头发长得这么长，要理一理啦！

a³¹ja⁵³, xɛ⁵⁵ji³¹nɔ³¹ja³³kju³³kjɔ³³ku³¹！啊呀，这么早下雪了！

啊呀　这么　早地雪　下　了

a³¹ja³³, uʔ⁵⁵lɔm⁵³xɛ⁵⁵ji³¹nɔu³¹, ɛ³³ja³³ja³³！

哎哟　头　　这么痛　哎呀呀

哎哟，脑袋好痛的，哎呀呀！

xɛ⁵⁵ji³¹mɔu³¹tʃhuat⁵³ku³¹, ŋ³¹tai̠³¹, lɔu⁵⁵ku³¹. 这么晚了，我说，走了。

这么　天　晚　　了　我说　走了

lu³¹khuʔ³³tʃha³³məu³¹la³³xe⁵⁵ŋjau⁵³mɔu⁵⁵wu⁵³？

六库　　为什么　　这么多　雨　下

六库为什么会有这么多雨呢？

xɛ⁵⁵ji³¹kei³¹ʃ̩³³ta³³tji³³təu³³tjam³¹, jəu³³′³⁵ku³¹！

这么　好　还　的衣服　丢掉　　可惜　了

这么好的衣裳丢了，太可惜了！

xe⁵⁵ŋjɔʔ⁵³zɔ³³jau⁵⁵lji³¹naŋ³¹ma³¹pɛ³³lɔu³¹la³³kjuʔ⁵³ku³¹la³³？

这么　点　困难（话）你　不　得了　了　怕　了（疑）

难道这点困难就把你吓住了？

ŋui³¹ta³¹ŋɛ³³jəu³¹thu⁵³lɔu³¹ku³¹, xe³³ŋjau³¹zɔ³³tuŋ⁵⁵ŋuat⁵³.

钱　都　拿　出来　了　这么　点　就　是

钱都拿出来了，就这么一点儿。

②指代方式，多修饰动词。

xe³¹s̩³³ku³¹就这样吧　　　　　　mu³¹su³³ku³¹就那样吧

xɔ³¹su³³a³¹kuɔt⁵³. 不要那样做。

那样　别　做

naŋ³¹khǎ⁵⁵tan³¹xɔ³¹tɛ³³tsui³¹. 你那么拿笔。

你　笔　　那么　抓

ŋjaŋ⁵⁵xɔ³¹su³³a³¹kuɔt⁵³kai³³. 他不让那样。

他　那样　别　做　说

xe³³s̩³³kuɔt⁵³lji³¹ta³¹kei³¹, xɔ³¹su³³kuɔt⁵³ma³¹kei³¹.

这样　做　（话）才好　那样　做　　不好

这样做才好，那样做不好。

2. 指示代词的语法特点

（1）单纯指示代词有 xe³¹/xɛ⁵⁵′³³"这"、thji⁵⁵/xɔ³¹"那"。其中 xɛ³³"这"、thji⁵⁵"那"用于指代方位、人、物或事物数量，指代方位时不能单用，要与其他方位词连用。xe³¹/xɛ⁵⁵ᐟ³³ "这"、xɔ³¹ "那" 能修饰形容词、副词或动词，表示程度或方式。例如：

xɛ⁵⁵ɔ̠³³ma³¹这下面　　　　　　thji⁵⁵ɔ̠³³ma³¹那下面

xɛ⁵⁵thɔʔ⁵³ma³¹这上面　　　　　thji⁵⁵thɔʔ⁵³ma³¹那上面

xɛ³³ma³¹、xɛ³³thaʔ⁵³这里　　　mu³³ma³³、mu³³su³³、thji⁵⁵ma³³那里

例句：

xɛ³³ma³³ tʃuŋ³¹ a³¹ŋuat⁵³ la³³? 这里是学校吗？

这里　　学校　　是不是（疑）

mɔu³¹sɔu³³pəu³¹ xɔ⁵⁵ma³¹ tɔu³³. 书放那儿。

书　　　　　　那儿　　放

xɛ³³thaʔ⁵³ ja³³ mjuʔ⁵³ma³¹ kha³³xuɛ⁵³ pɔu³¹ ʃ̩³³? 从这里到城里还有多远？

这里　　从　城里　　多远　　有　还

ŋ³¹ xɛ⁵⁵ma³³ ta³¹ tʃuɛi⁵⁵ku³¹, kɔ⁵⁵jɔ³¹ma³¹ tʃuɛi⁵⁵ ku³¹.

我　这里　只　到　过　别地方没　到　过

我只到过这里，没有到过别的地方。

单纯指示代词能直接作定语。例如：

ŋɔ³³mɔ³³ sɔm³³jəu³¹ ta³¹ɛ̠³³ thji⁵⁵ wu⁵³khɔu³¹ ma³¹ ŋjəi³¹.

我们　三人　一起　那　村子　（方）在

我们三个都住在那边的村子里。

单纯指示代词能单独做主语，或与名物化标记 tsəi³¹ 结合后作主语，这类句子一般都用话题标记 ka³¹。例如：

xeʔ³³ ka³¹ xaŋ⁵³ tji³¹? 这是谁的衣服？

这（话）谁　衣服

xɛ⁵⁵tsəi³¹ ka³¹ tʃha³³ pan³¹pu³³? 这是什么花？

这个　（话）什么　花

xɛ³³tsəi⁵³ ka³¹ na³³tsəi⁵³, thji⁵⁵tsəi⁵³ ka³¹ ŋja³³tsəi⁵³.

这　（话）你的　那　（话）他的

这是你的，那是他的。

（2）指示代词与名词连用。

指示代词修饰名词，二者与不同的量词、数量短语能构成多种语序。

①指示代词能直接修饰名词，结构形式为"指示代词 + 名词"。例如：

xɛ⁵⁵ tjəu³¹这人　xɛ⁵⁵ tji³¹这衣服　　xɛ⁵⁵ sɿ³¹ sɔ³³sɔ³³ maŋ³³. 这件事很急。

这　人　　　这衣服　　　这　事　很　急

xɛ⁵⁵ man³³ kɔ³³ jɔ³¹ ma³¹ təu³¹ kɔ³³. 这草长得和其他地方的草完全两样。

这 草 别地方 不像（互）

xɛ⁵⁵ zɿ³¹ ʃaŋ³³ a³¹ ləu³¹ ta³¹ tshəi³³ aiʔ⁵³ sɔm³³ zan⁵³.

这 孩子 大约 一 十 二 三 岁

这个孩子大约有十二三岁。

xɛ⁵⁵ kja³¹ xɔ³¹ a³¹ jaŋ³ kuɔt⁵³ lji³¹ kɔ³³ jəuʔ³¹ ma³¹ təu³¹ kɔu³³.

这 家伙 事情 做 （话）别人 不像 （互）

这家伙做事跟别人不一样。

xɛ⁵⁵ ŋjaŋ³³ lu⁵³ juŋ³³ ɛʔ³¹ juŋ³³, wui⁵⁵ ɛʔ⁵³ sɔʔ⁵³ sɔ³³ jau³³ wui⁵⁵.

这 公马 好看也 好看 跑 也 很 跑得 快

这匹公马既好看又跑得快。

②指示代词修饰名词，可位于名词之后，但多与量词结合，其结构形式为"名词＋指示代词＋量词/数量短语"。量词多与 a³¹ 结合，a³¹ 有特指和名词化的功能。例如：

na⁵⁵ tji³³ xɔ⁵³ khjap⁵³ 你那件衣服

你的衣服 那 件

ŋjaŋ⁵⁵ mɔu³¹ sɔu³³ xɔ⁵³ pəu³¹ 他的那本书

他的书 那 本

tjəu³¹ mu³³ a⁵³ jəu³³ ŋjau³³/³⁵ jeiʔ³³ ku³¹. 他那个人太聪明了。

人 那 位 多 聪明 了

jəu³¹ thji⁵⁵ a³¹ khjaŋ³³ a³¹ saiʔ⁵³ zan³¹ jɔ³³ la³¹ mjei³³ xjau³³.

地 那块 新 年 地 玉米 种

那块地第一年种玉米。

ŋja³³ wuʔ⁵⁵ nɔu³¹ tuŋ³³ thji⁵⁵ sɔm³³ təu³³ thɔʔ⁵³ lji³¹ tshəu³¹.

他 猪 黑肥 那 三 头 比 肥

他的这头黑猪比那三头都肥。

③指示代词能直接修饰名词，名词后再加量词或数词（主要是量词，数词出现的频率很低），量词具有强调、定指功能，其结构形式为"指示代词＋名词＋量词/数词"。例如：

xɔ⁵⁵/³⁵ mɔu³¹ sɔu³³ khjap⁵³ 那张纸　　xɔ⁵⁵/³⁵ phuŋ³³ teŋ³³ khat⁵³ 那只钢笔

那 纸 张　　　　那 钢笔 只

xɔ⁵⁵/³⁵ pan³¹ ku³³ 那朵花　　xɛ⁵⁵ tjəu³¹ jəu³³ ŋjaŋ³¹. 这个人个儿高。

那 花 朵　　　　这 人 个 高

xɛ⁵⁵ jɛŋ³¹ lɔm³¹ ka³¹ ŋja³³ jɛŋ³¹ /tsɛi³¹. 这座房子是他的。

这　房子　座　（话）他的房子/的

xɛ⁵⁵ ŋui³¹ ta³¹ aiʔ⁵⁵ tshɛi³¹ ŋaŋ³¹ ʃɻ³³ juŋ³¹ aʔ⁵³. 这几十块钱你拿去先用着。

这　钱　一　二十　你　先　用（祈）

xɛ⁵⁵ nəu³³ tʃɛn³¹ təu³¹ khaŋ³³ mu³³ sɔ³³ sɔ³³ tshəu³¹. 这群牛头头都很肥。

这　牛　群　每头都　　很　肥

xɛ⁵⁵ kuk³¹ khjaŋ³³ ka³¹ ŋjɛt⁵³ xjɛt⁵³ pɔm⁵³ ŋjiŋ⁵³ ku³¹.

这　稻子　片　（话）七八　分　熟　了

这片稻子成熟七八成了。

xɛ⁵⁵ mɔu⁵³ sɔu³³ khjap⁵³ ŋjaŋ³¹ lai³³ tsɛi⁵³ ŋuɔt⁵³ ma³¹ ŋuɔt⁵³？

这　信　　封　他　写　的　是　不　是

这封信是不是他写的？

xɛ⁵⁵ ʃɻ⁵⁵ pɔm⁵³ thji⁵⁵ ʃɻ⁵⁵ pɔm⁵³ thɔʔ⁵³lji³¹ sɔm³³ pɔm⁵³ ŋjau³³.

这　果子堆　那　果子　堆　　比　三　倍　多

这堆果子比那堆果子多三倍。

④指示代词＋量词/数词＋名词。数词出现频率极低的，量词前可加 a³¹。例如：

xɛ⁵⁵ ta³³ ʃɛŋ³¹ a⁵⁵ kei³¹ la³³？ 这个电影好吗？

这　一　电影　好不好（疑）

xɛ⁵⁵ tjɛ⁵⁵ jam³¹ ma³¹ ʃɻ³¹ xui³³ tʃuat⁵³. 为这面墙刷石灰。

这　面　墙　（方）石灰　刷

ŋ³¹ xɛ⁵⁵ lu³³ sɔ³¹ tʃhuɔp³¹ la³¹ wɔt⁵⁵ ku³¹. 我穿这条裤子吧。

我　这　条　裤子　　　穿　了

xɛ⁵⁵ a³¹ l̪ain³³ khjaŋ³¹ kɔu³³ jaŋ³³/³⁵ kha³¹ sɻ³³ ljɛt⁵³ ɔŋ⁵⁵ ta³¹.

这　场　　比赛　我们　一定　　　赢要

这场比赛我们一定要赢。

na³³ zɻ³³ ʃaŋ³³ ta³³ nɔ³¹, khǎ³¹ sɻ³³ ljɛt⁵³ xɛ⁵⁵ tʃa³³ mǎ³¹ tʃhɛi³³ tsɔ⁵⁵ tʃha³³.

你　孩子的　病　必须　　　这　种　药　　吃要

你孩子的病，非要吃这种药不可。

⑤指示代词＋名词＋数量短语。例如：

xɛ⁵⁵ paŋ³³ təŋ³³ ta³¹ khjap⁵³ 这面镜子

这　镜子　一面

thji?^{55}tjəu^{53}jəu^{33}sɔm^{33}tshe^{31}zan^{31}tho?^{53}ɔ̠^{31}. 那个人有三十岁上下。

那　　　人个　三　十　　岁　上下

thji^{33} tjəu^{53} sɔm^{33}jəu^{31} ta^{31}ŋ^{33} ŋa^{33}mɔ^{31} wu^{55}khɔu^{33}ma^{33} tjəu^{53}.

那　人　三个　　都　　我们　村　（方）人

那三个人都是我们村里的。

（3）指示代词＋数词/量词/数量短语。例如：

xɛ^{55}a^{31}jəu^{31} ka^{31} ŋa^{33}a^{33}maŋ^{33}. 这位是我哥哥。

这　位　　（话）我哥哥

xɛ^{55}a^{31}lain^{33} ŋ^{31} lji^{31} tʃuɛ^{55}ku^{31}. 这次轮到我了。

这　次　　我（宾）到　了

xɛ^{55}a^{31}thjɔu^{33} suɔm^{33}, thji^{55}a^{31}thjɔu^{33} ljəi^{33}. 这挑轻，那挑重。

这　挑　　轻　　那　挑　　　　重

xɛ^{55}a^{31}lain^{33} ŋ^{31} ŋjaŋ^{55} lji^{31} suɔm^{33} tjəi^{31} ku^{31}. 这一回我还是输给他了。

这　一回　　我　他（宾）　输　给　了

xɛ^{33} tu^{33} ka^{31} kjɔ?^{33}phɔ^{53}, thji^{33} a^{31}tu^{33} ka^{31} kjɔ?^{33}tsɛŋ^{53}.

这　只（话）公鸡　　　　　那只　　（话）母鸡

这只是公鸡，那只是母鸡。

（4）茶山语的体助词与名物化标记连用时，也能形成定指功能。例如：

taŋ^{55}lɔu^{33} ŋjəi^{31} tsəi^{31} ka^{33}kɔ^{33}nɔ^{53}. 飞的那只是乌鸦。

飞　去　在　　的（话）乌鸦

三、疑问代词

1. 疑问代词的类别

疑问代词是对人、事物或数量等进行询问的代词。茶山语的疑问代词多数带有 kha^{31} 标记。根据询问内容，疑问代词有如下几类，详见表4-4：

表4-4　疑问代词的类别

询问对象	疑问代词
问人	xaŋ^{53}、kha^{55}jəu^{31} "谁、哪个"，kha^{55}jəu^{31} "哪个"，kha^{31}jam^{33}paŋ^{31} "哪些"

（续上表）

询问对象	疑问代词
问事物	tʃha⁵⁵ "什么"、khǎ³³pəu³¹ "哪"、tʃha³¹kuɔt⁵³ "干什么"
问时间	tʃha⁵⁵a³¹khjiŋ³³ "几点"，khǎ³¹ŋjəi³³ "哪天"，khǎ³¹jou³¹、khǎ⁵⁵nam³¹ "什么时候"，kha³³ŋjaŋ⁵³ "多久"
问处所	khǎ³¹phɛ⁵⁵ "哪儿"，kha³³lji³¹、kha³¹thaʔ⁵³ "哪里"
问数量	khǎ⁵⁵ŋjau³¹ "多少"
问方式、情状、程度	khǎ⁵⁵sɿ³³ "怎么"、tʃha⁵⁵nɔm³¹ "怎么样"
问原因	tʃha³³məu³¹ "为什么"
问距离	kha³³xuɛ⁵³ "多远"

（1）问人。例如：

xaŋ⁵³ tai̠³¹ tsəi³¹？谁说的？　　　kha³¹jam³³paŋ³¹ lɔu³¹ ku³³？哪些人来了？
谁　　说　的　　　　　　　　哪些人　　　来　　了

na⁵⁵tshun³¹ xaŋ⁵³ lji³¹ khjɛn³¹？你村选谁？
你的村　　谁（宾）　选

puŋ³³kjaŋ³³ ka³¹ xaŋ⁵³？崩江是谁？
崩江　　（话）谁

kha⁵⁵jou³¹ jɔ³³khɔ³³ma³¹ mɔ³¹khuɔn³³khuɔn³³ ŋjəi³¹？谁在里面唱歌？
哪个　　　屋子里　　　唱歌　　　　　　在

（2）问事物。例如：

ŋjaŋ⁵⁵ tʃha³¹ tsɔ³³ ŋjəi³¹？他在吃什么？
他　　什么　吃　在

naŋ³¹ tʃha³³ kuɔt⁵³ aʔ⁵³？你要做什么？
你　　什么　做　呢

a³¹pei³³lat³¹ tʃha⁵⁵ tai̠³¹？二姐说什么？
二姐　　　什么　说

naŋ³¹ lji³¹ tʃha⁵⁵ ja³¹ ŋat⁵³？什么东西咬你？
你（宾）什么（施）咬

（3）问地点。例如：

kai̠⁵⁵jɛn³¹ kha³¹thaŋ³¹ ŋuat⁵³？商店在哪儿呢？
商店　　哪儿　　是

naŋ³¹ khǎ³¹ phɛ³³ lɔu³³？你去哪里？

你　　哪里　　去

naŋ³¹ khǎ³¹ thaʔ⁵³ ŋjəi³¹？你在哪儿？

你　　哪儿　　在

（4）问时间。例如：

naŋ³¹ khǎ³¹ ŋjəi³³ lɔu³³ ta³¹？你哪一天走啊？

你　　哪天　　走　将

naŋ³¹ khǎ³¹ jɔu³¹ lɔu³¹ ta³¹？你多会儿来的？

你　　多会　来　将

naŋ³¹ xɛ³³ ma³¹ lɔu³¹ thaŋ³³ lji³³ kha³³ ŋjaŋ⁵³ ŋuat⁵³ ku³¹？

你　这里　来　后面　　多久　　　　是　了

你到这里来有多久了？

（5）问数量。例如：

ŋui³¹ khǎ⁵⁵ ŋjau³¹ kjap⁵³？多少元钱？

钱　多少　　元

khǎ⁵⁵ ŋjau³¹ lai̱n³¹ xjam³¹ kɔ³³？商量多少次？

多少　　　次　　商量

naŋ³¹ mɔu³¹ sɔu³³ khǎ⁵⁵ ŋjau³¹ pəu³³ wui³¹？你买多少本书？

你　书　　　多少　　本　买

aŋ³¹ thjəu³¹ kha³³ ŋjau⁵³ ŋui⁵³ ta³¹ kjɛn³³？白菜多少钱一斤？

白菜　　　多少　　钱　一　斤

pɔm⁵³ khjei³³ ma³¹ ja³³ pɔm⁵³ thɔʔ⁵³ ma³¹ khǎ⁵⁵ ŋja̱ŋ³¹ pɔu³¹？

山脚　（方）从　山顶　（方）　多高　　有

从山脚到山顶有多高？

ta³¹ tshəi³³ sɔm³³ ma³¹ ŋjɛ̱t⁵³ jəu³¹ khjɔu³³ /tjam³¹ lji³¹ khǎ⁵⁵ ŋjau³¹？

一　十　三（方）　七　减　去　掉　（话）多少

十三减七是多少？

na³³ mɔ³¹ wu³³ khɔu³³ ma³³ kha³³ ŋjau⁵³ jɛn³³？pɔu³³ tjəu³¹ kha³³ ŋjaŋ⁵³ jəu³³ pɔu³³？

你们　村子（方）多少　家　有　人　　多少　个　有

你们村子有几家人？几个人？

（6）问性质、状态、方式、程度。例如：

naŋ³¹ tʃha⁵⁵ nɔm³¹ ɔuʔ³¹？什么你才要？

你　什么样　要

ŋ³¹ khǎ³¹ sʅ³³ sɛi⁵³ ta³¹？我怎么知道呢？

我　怎么　知道　呢

khǎ³¹ sʅ³³ xɛ⁵⁵ ji³¹ tʃaŋ³³？怎么这么贵？

怎么　　这么　贵

naŋ³¹ khǎ³¹ sʅ³³ kuɔt⁵³ mɛi³¹？你想怎么样呢？

你　　怎么　做　想

naŋ³¹ khǎ³¹ sʅ³³ ma³¹ lɔu³¹ lɔ³³？你怎么不来了呢？

你　　怎么　不　来　喽

ŋjaŋ⁵⁵ khǎ⁵⁵ sʅ³³ ma³¹ lɔu³¹ ʃʅ³³？他怎么还不来？

他　　怎么　不　来　还

xɛ⁵⁵ sʅ³³ khjeŋ³³ khǎ³¹ sʅ³³ pan³¹ ta³¹？这件事怎么办呢？

这　事情　　怎么　办　将

luk³¹ tʃaŋ³³ tsən³³ ma³¹ khǎ³³ tʃhɔu³¹ lɔu³³？到鲁掌怎么走？

鲁掌　　　　（方）怎么　路　去

khǎ³¹ sʅ³³ kuɔt⁵³ lji³¹ jɔu³³ waŋ⁵³ lɔu³³ ta³³？怎样才能进去呀？

怎么　做　（非）能　进去　　将

naŋ³¹ tʃha³³ məu³¹ tsɔ³¹ ma³¹ tsɔ³³？你怎么不吃饭哪？

你　　怎么　　饭　不　吃

naŋ³¹ khǎ³¹ sʅ³³ ŋam³³ tsɔi³¹，la⁵⁵ ŋjap⁵³ tɑi̠³¹ ɑʔ⁵³！

你　　怎么　想的　　快点　说（祈）

有什么想法，你就快讲啊！

（7）问原因。例如：

naŋ³¹ tʃha³³ məu³¹ ma³¹ lɔu³³ ʃʅ³³？你怎么还不去？

你　为什么　不　去　还

lu³¹ kjuʔ³³ tʃha³³ məu³¹ la³³ xɛ⁵⁵ ŋjau⁵³ mɔu⁵⁵ wu⁵³？

六库　　为什么　这么多　　雨　下

六库为什么会有这么多雨呢？

（8）问距离。例如：

xɛ³³ thaʔ⁵³ ja³³ mjuʔ⁵³ ma³¹ kha³³ xuɛ⁵³ pɔu³¹ ʃʅ³³？从这里到城里还有多远？

这里　从　城里　　多远　有　还

na³³ jɛn̠³¹ ma³¹ ja³³ sɛŋ³³ tshən⁵³ ma³¹ tʃhɔ³³ kha³³ xuɛ⁵³ pɔu³¹？

你家（方）从　县城　（方）路　多少　有

从你家到县城有多少路程？

茶山语疑问代词没有数范畴，单数和复数同形。例如：

kha³¹ jam³³ paŋ³¹ lɔu³¹ ku³³？哪些人来了？

哪些　　人　来　了

naŋ³¹ ma³¹ thəŋ³³ lap³³ ŋjəi³¹ tʃha⁵⁵ xjɔ³³ ŋjəi³¹？你掏呀掏的在找些什么？

你　不停　　　掏　在　什么　找　在

2. 疑问代词的非疑问用法

疑问代词的非疑问用法有任指、特指、虚指和反诘等几种。

（1）任指。例如：

tʃhɛʔ⁵³　ma³¹pɔu³¹. 什么都没有。

什么都　没　有

ŋjaŋ⁵⁵ tʃhəi³¹ ma³¹ kjuʔ³¹. 他什么都不怕。

他　　什么都不　怕

mɔu⁵⁵ khǎ³¹sɿ³³ ljɛt⁵³ ma³¹ phaŋ³³. 天偏不晴。

天　　怎么都　不　晴

naŋ³¹ khǎ³³ pəu³¹ tjəi⁵⁵ lji³¹ kei³¹. 你给哪一本都行。

你　哪　本　给　（话）好

ŋ³¹ tsɔ⁵⁵ tsəi³¹ xaŋ⁵³ thɔʔ⁵³lji³¹ tʃuʔ³³. 我吃得比哪个都饱。

我　吃的　哪个　比　　饱

xɛ⁵⁵ sɿ³¹ xaŋ⁵⁵ ŋuat⁵³ ljɛt⁵³ ma³¹ sɛʔ⁵³. 这事不管谁都不懂。

这事　谁　不管　　不　懂

xe³¹ tɛi³³ tsəi³¹ xaŋ⁵³ ɛʔ⁵³ ma³¹ tsɔ³³. 这种东西谁都不吃。

这　种　的　谁　也　不　吃

xɛ⁵⁵ tjəu³¹ jəu³¹ xaŋ⁵⁵ ɛʔ⁵³ ma³¹ sɛʔ³¹. 这个人谁都不认识。

这　人　个　谁　也　不　认识

xɛ⁵⁵ tjəu³¹ jəu³¹ xaŋ⁵⁵ lji³¹ ma³¹ sɛʔ³¹. 这个人他谁都不认识。

这　人　个　谁（宾）不　认识

xɛ⁵⁵ tjəu³¹ jəu³¹ lji³¹ xaŋ⁵⁵ ɛʔ⁵³ ma³¹ sɛʔ³¹. 这个人谁都不认识他。

这　人　个（宾）谁　也　不　认识

ŋjaŋ⁵⁵ tʃha³³ mɔu³¹ sɔu³³ ma³¹ mɛʔ⁵³ ŋjap³³. 他什么书也不愿读。

他　　什么　书　　不　喜欢　读

naŋ³¹ tʃha⁵⁵ mɛiʔ⁵³ tsɔ³³？ŋ³¹ tʃhəiʔ³¹ jɔuʔ³³ tsɔu³³.

你　什么　爱　吃　我　什么都　能　吃

你爱吃什么？我吃什么都行。

xaŋ⁵⁵ ŋuat⁵³ ljɛt⁵³ ma³¹ tʃha³³, sʅ³¹ jɔu³³ pan³¹ ku³³ kei³¹ ku³¹.

谁　　不管都　不　错　　事情　　办　成　好　了

不管谁都行，只要把事办成。

kə³¹ ʃʅ³³, naŋ³¹ kha³¹ ji³¹ ŋjap³³ ŋjap³³, jəu³³ lji³¹ ma³¹ ŋjaŋ³¹ lɔ³³.

现在　　你　怎么都　非常快　　看（非）不　见　了

现在，你就是非常快地看，也来不及了。

（2）特指。例如：

tʃha³³ pɔu³¹ tʃha³³ tjəi³³. 有什么给什么。

什么　有　　什么　给

kha⁵⁵ jɔ⁵³ juət³³，kha⁵⁵ jɔ⁵³ tsau³³. 什么时候饿了，什么时候吃。

什么时候饿　　什么时候　吃

jaŋ³³/³⁵ ta³¹ ŋɛ³³mɔ³¹ ja³³ xaŋ⁵⁵ ɛʔ⁵³ a³¹tɔ³³ ŋjen³¹ ku³³.

我们　大家　　　　谁　也　不要　忘　了

我们大家谁也别忘了谁。

（3）虚指。例如：

a³³khaŋ³³ xaŋ³¹ lɔu³¹ ku³³. 刚才是谁来过。

刚才　　谁　来　过

kuat⁵³laʔ⁵³, tʃhɛ⁵⁵ ma³¹sɛʔ⁵³ tjə³¹ kjɔ³³ lɔ³¹.

呱嗒　　　什么 不　知　落　下　来

呱嗒，不知什么东西落了下来。

tʃha⁵⁵ pan⁵⁵fa³¹ kei³¹tsəi³¹ pa³³，ŋ³¹ ŋam³³ jəu³³ pa³³.

什么 办法　　好的　吧 我　想　看　吧

有什么好办法，让我再想想看。

jəu³³ta³³mɔu³¹ ŋjau³³，khǎ³¹thaʔ⁵³ jəu³³ta³³tsəi³¹ɛʔ⁵³ ma³¹ sɛʔ⁵³.

看　的　地方　什么地方　看　的　也　不 知道

看的地方多，不知看哪里好。

ŋjaŋ⁵⁵təu⁵⁵ka³¹təu⁵⁵，kǎ³¹ʃʅ³³a³³khjeŋ³³ ma³¹pɔu³¹ khǎ⁵⁵nam³¹ma³¹lɔu³³kuət⁵³.

他 答应是 答应 现在　时间　没有　什么时候　没 去 办

他答应是答应了，只是现在没时间去办。

（4）反诘。例如：

xaŋ⁵⁵ naŋ³¹ lji³¹ mɔ³¹ kuɔn³³ lai³³ naŋ³¹？谁要你乱写呀？

谁　　你（宾）乱　　写　让

xaŋ⁵⁵ naŋ³¹ lji³¹ ta³¹ khau³³ ja³³ wui³³ jan³³ naṇ³¹？谁叫你乱跑啊？

谁　你（宾）到处　地　跑　转　让

3. 疑问代词充当的句法成分

疑问代词在句中能作主语、宾语、定语、状语，或者谓语、补语等。

（1）作主语。例如：

xaŋ⁵³ ka³¹ tsun³³ tʃaŋ³¹？谁是村长？

谁　（话）　村长

tʃəi³¹ kha³¹ thaʔ⁵³ pɔu³¹？哪里有水？

水　哪里　　有

ŋjaŋ⁵⁵ ŋɔu³¹ ŋjəi³¹，tʃhɛ⁵⁵ ma³¹ tsɔ³³．她正哭着呢，什么也不吃。

她　哭　正　什么　不　吃

（2）作宾语。例如：

naŋ³¹ tʃha³³ kuɔt⁵³ aʔ⁵³？你要做什么？

你　什么　做（祈）

naŋ³¹ ŋjaŋ⁵⁵ lji³¹ kha³¹ thaʔ³¹ lɔu⁵⁵ xjɔʔ³¹ naṇ³¹．你叫他到哪里去找？

你　他（宾）哪里　到　找　让

（3）作定语。例如：

xeʔ³³ ka³¹ xaŋ⁵³ tji³¹？这是谁的衣服？

这　（话）谁衣服

kha³³ mɔu³¹ sɔu³³ pəu³¹ ka³¹ na³³ tsəi³¹？哪一本书是你的？

哪书本　　　　　（话）　你的

ŋ³¹ ma³¹ lɔu³³ ljɛt⁵³，naŋ³¹ ja³³ tʃha³³ sɛŋ³¹？

我不　去　就算　你　和　什么　关系

就算我不去，和你有什么关系？

（4）作状语。例如：

luk³¹ tʃaŋ³³ tsəŋ³³ ma³¹ khǎ³³ tʃhɔu³¹ lɔu³³？到鲁掌怎么走？

鲁掌　　　（方）怎么　路　去

khǎ³¹ sɿ³³ kuɔt⁵³ lji³¹ jɔu³³ waŋ⁵³ lɔu³³ ta³³？怎样才能进去呀？

怎么　做（非）　能　进　去　将

（5）作谓语、补语等。例如：

khə⁵⁵ jan³¹ na⁵⁵ kuŋ³¹ tuɔm³³ kha³¹ sɿ³³ tɛ³³？最近你身体怎么样？

最近　　你身体　　怎么样

第三节　动词

动词是表示动作、行为、状态、存现以及心理活动等的一类词，在句法结构中占有核心地位。茶山语动词的主要特点有：①有态、式、体、貌范畴。态范畴包括自动态、使动态、互动态：自动态多数是零标记。使动范畴的语法形式主要有屈折式、分析式、屈折与分析兼用式三种，动词后加 kɔ³³ 表示互动态。茶山语动词的体助词不丰富，茶山语的式有禁止式、祈使式、否定式、疑问式等，通过形态变化和句法手段表现。茶山语动词有貌范畴，如"尝试貌""站立貌""到处貌""极限貌"等，有的貌范畴由状词充当。②茶山语单音节动词可以重叠，形成 AA 式，表尝试义，能接受否定词修饰；双音节动词重叠多表示动作的状态，形成 AABB、ABAC 式。③茶山语动词及其构成短语在句中能直接作主语、宾语，还能作谓语、状语、定语等语法成分。

一、动词的分类

1. 根据语法、语义特点分类

根据语法、语义特点，茶山语动词分为动作动词、存现动词、变化动词、能愿动词、趋向动词、心理动词、泛化动词等。

（1）动作动词：表示动作行为的词，这类动词数量最多。例如：khuɔn³³ "唱"、wuʔ³¹ "扛"、tsɔu³³ "吃"、thəuʔ³¹ "砍"、khjau³³ "掰"、pat⁵³ "打"、lai³³ "写"等。例如：

xɔ⁵⁵tsɔ³¹pɛ³³aiʔ⁵⁵lɔm³¹tʃhɛi⁵⁵lɔu³¹aʔ⁵³. 把那两张桌子搬回来。

那　桌子　两　张　搬　过来（祈）

zη³¹ʃaŋ³³saik⁵³mu³¹kuɔn³³a³¹thəuʔ³¹. 小孩不要乱砍树。

小孩　树　乱　别　砍

ŋjɛt⁵³xjɛt⁵³khjap⁵³lji⁵³la³³mjei⁵³khjau³³. 七八月里收玉米。

七　八　月　时候　玉米　掰

ŋ³¹ʃɔ³³mɔu³³tji³³jɔuɔ³³thəuɔ³³tɔ³³tjə³¹kəu³¹. 毛线衣我给你织成了。

我　毛衣　成　织　放　给　了

xɛ⁵⁵mɔu⁵³sɔu³³khjap⁵³ŋjaŋ³¹lai³³tsɛi⁵³ŋuɔt⁵³ma³¹ŋuɔt⁵³?

这　信　封　他　写的　是　不　是

这封信是不是他写的？

xɛ⁵⁵ thjɛ⁵⁵kɔ³¹ tsuɔm³³ ka³¹ ŋa⁵⁵ŋuɛ³¹ ŋ³¹ lji³¹ kuɔt⁵³ tjəi³³ tsəi³¹.

这 鞋 双 （话）我母亲 我（宾）做 给 的

这双鞋是我母亲帮我做的。

ŋja⁵⁵mɔ³¹ ŋjəi³¹tsəi³¹ ka³¹ wa⁵⁵jɛ̠n³¹, tsɔ⁵⁵tsəi³¹ ka³¹ kuk⁵³tʃan³³.

他们 住的 （话）瓦房 吃的 （话）米饭

他们住的是瓦房，吃的是米饭。

（2）存现动词：表示存在、消失或出现的动词，主要有 ŋjəi³¹ "在"、pɔu³¹ "有"、tʃau³³ "有"、thjəu³¹ "丢失"、ʃəi³³ "死亡" 等。例如：

nɔ³¹səu³³ ʃəi³³ ku³¹. 病人死了。

病人 死 了

xɛ⁵⁵tsɔ³¹ pɛ³³ ŋjəi³⁵khjei³¹ tap³³. 这张桌子有四条腿。

这 桌子 四 脚 在

xjeʔ³¹phɛ³³tʃəi³¹ zɔ³³ta³¹laŋ³¹ pɔu³¹, 前面有条小河，

前面 小河 一 条 有

nuŋ³¹phɛ³³tʃɛn⁵⁵ku³¹ta³¹lɔm³³ pɔu³¹. 后面有座大山。

后面 大山 一 座 有

ʃ̩⁵⁵tsɛŋ⁵³ma³¹ ʃ̩⁵⁵aiʔ⁵⁵lɔm³¹ tap³¹ʃ̩³³. 树上还有两个果子。

树 （方）果子 两 个 结 还

jɔ³³khɔu³³ma³³ tjəu⁵³taŋ³³ tʃuʔ⁵³ ŋjəi³¹. 屋子里有人说话。

屋子（方） 人 话 说 在

jap³¹mu³³ma³¹ tsɔ³³pɛ³³ ta³¹lɔm³³ pɔu³¹. 堂屋当中放着一张小方桌。

堂屋（方） 桌子 一 张 有

tjəi³³jam⁵³ma³¹ san³³ta³¹ku³¹laŋ³³ tɔu³³. 墙上挂着一把伞。

墙上 伞 一 把 挂着

tsɔ³³pɛ³³thɔʔ⁵³ma³³ jəi³³ta³¹thəuʔ⁵⁵ pɔu³¹. 桌子上有一壶酒。

桌子 上（方）酒 一 壶 有

ŋja³³thjɛʔ³³kɔʔ⁵³tʃuŋ³⁵tʃiən⁵³ma³¹tʃau³¹. 他的鞋子在床底下。

他的 鞋子 床 下 （方）在

pu³¹ŋjɔʔ³¹cʔ kjam³¹ma³¹kjuʔ³³ xjɔu³³ ŋjəi³¹. 茶山山有竹鼠。

茶山 山（方）竹鼠 在

tsɔ³¹pɛ³³thɔʔ³³ma³¹mɔu³¹sɔu³³ta³¹pɔu³³tʃau³³. 有一本书在桌子上。

桌子 上（方）书 一 本 有

ʃŋ³³ljei³³tsɛŋ⁵³ma³¹ʃŋ³³ljei³³nɛʔ⁵³ʒɛʔ⁵³ta³¹lɔm³³tap³¹. 树上有个红红的梨。

梨树　　　（方）梨　红红的　一　棵　结

xɛ³³ma³³ka³³wuʔ⁵⁵ɔu⁵⁵tə³³ŋiɛi³¹，ʃɔ³³tʃhəi³³ma³¹ŋiəi³¹.

这里　（话）野猪　　在　　麂子　不　在

这里有野猪，没有麂子。

jɛn̠³³xjeʔ⁵³phɛ³³saik⁵³tsɛŋ³¹khaʔ³³ŋjaŋ⁵³tɛ³³ta³¹tsɛŋ⁵³pɔu³¹.

房　前面　　树　　　　高高的　　　一　棵　有

房子前面有一棵高高的树。

tʃəi³³laŋ³³jam³³ma³¹zɿ³¹ŋiŋ³³sɔm³³ŋiəi³³jəu³¹tji³³tʃhəi³³ŋiəi³¹pɔu³¹.

河边　　（方）姑娘　三　四　个　衣服　洗　在　有

河边有三四个姑娘在洗衣服。

（3）变化动词：表示变化的动词，主要有 pai³¹ "长（得高）"、pɛ⁵³ŋjaŋ³¹ "生长" 等。例如：

pɛ³¹ku³³lɔu̠³¹tai̠³¹kɔ³³. 长大了再说。

长　大　后　商量

thji⁵⁵saik⁵³tsɛŋ³¹sɔ³³sɔ³³pai⁵³tshəu³¹. 那些树长得很茂盛。

那　树　　　很　长　肥

tan⁵⁵ma³¹ljəi³³zɔ³³tsai³³pai³¹tsai³³kei³¹. 田里的秧苗越长越好。

田里　秧苗　越　长　越　好

thji⁵⁵ʃɿ⁵⁵tsɛŋ³¹a³¹ŋu̠i³³a³¹kəuk³³pai³¹ma³¹juŋ³³.

那　果树　歪歪扭扭　　　长　不　好看

那棵果树长得歪歪扭扭的不好看。

（4）能愿动词：表示意愿的动词，主要有 ta³¹ "能、会"、kei³¹ "行、可以"、mai³¹ "肯、愿意"、tʃha³³ "应该"、khau³¹ "得"、pɔu³³ "愿意"、wɔm³³ "敢" 等。能愿动词在肯定句中一般居于句末或其他动词前，为主要谓语动词或状语成分。在否定句中，受否定副词修饰，多居其他动词前，为状语成分。

①肯定句。例如：

tji⁵⁵tʃhəi³³ʃaŋ³¹tʃha³³. 衣服应该洗干净。

衣服　洗　干净　应该

jaŋ⁵⁵paŋ⁵⁵kɔ³³tʃha³³. 我们大家应该相互帮助。

我们　帮　（互）应该

taŋ³³/³⁵ sɔ³³ sɔ³³ wɔm³³ tai³¹. 非常敢于说话。

话　　很　　敢　说

ŋjaŋ³¹ jəu³³ tɔ³³ lɔ³³ ta³¹ la³¹? 他爬得上去吗？

他　能　爬　上去（疑）

ŋ³¹ kei³¹ ku³¹, jɔu³³ tɔ³¹ ku³¹. 我病好了，能下床了。

我　好　了　能　起来了

naŋ³³ ŋjaŋ³³ lji⁵³ a³¹ pɔu³³ la³³? 你肯嫁给他吗？

你　他（宾）愿不愿（疑）

ŋjaŋ⁵⁵ lji³¹ su³³ ŋjeŋ³³ ta³³ tai⁵³. 他会讲傈僳话。

他　傈僳　话　会　讲

naŋ³¹ tsat⁵⁵ a³¹ ta³¹ kɔu³¹ la³³? 你会跳舞吗？

你　舞　会不会　跳（疑）

ŋjaŋ⁵⁵ a³¹ jɔu³³ tu³³ tɔu³¹ lɔ³³ ta³¹ la³³? 他能爬上去吗？

他　能不能　爬　上　去(疑)吗

jəu³¹ kha³³ mu³³ mɔ³³ khɔu³³ ta³¹ khuɔn³³. 每个人都会唱歌。

每个人　　歌　　会　唱

ŋjaŋ⁵⁵ ka³¹ ŋja³³ ŋji³³ ljet³¹ wɔm³³ pat³³. 他敢打他老婆。

他（话）他老婆（宾）　敢　打

ŋjaŋ⁵⁵ ka³¹ mɔu⁵⁵ ma³¹ tʃhuat⁵³ ʃʅ³³ lji³³ ja³³ lji³³ tʃha³³.

他　（话）天黑　　　以前　　回来　应该

他必须在天黑以前回来。

②否定句。例如：

ŋjaŋ⁵⁵ ma³¹ mɛ⁵³ tai³¹. 他不愿意说。

他　不　愿意说

ŋjaŋ⁵⁵ mɔu³¹ khuɔn³³ ma³¹ ta³¹ khuɔn³³. 她不会唱歌。

她　歌　　不会　唱

jɔ³¹ ma³¹ xjuʔ⁵³ phəu³¹ lji³¹ ma³¹ ta³³ phəu³¹. 犁田不学不会。

田　不　学　犁（非）不会　犁

ŋjaŋ⁵⁵ jɔu³³ lɔu³¹ ta³¹ la³³ ma³¹ jɔu³³ lɔu³¹ ta³¹ la³³? 他能来不能？

他　　能来　呢　不　能　来　呢

na³³ zʅ³³ ʃaŋ³³ ŋa³³ zʅ³¹ ʃaŋ³³ thɔʔ⁵³ lji³¹ ma³¹ ta³³ ji³¹.

你的孩子　我的孩子　比　　不　会　笑

你的孩子没有我的孩子爱笑。

naŋ³¹ tʃha³³ mɛ⁵³ tsɔ³³? ŋ³¹ tʃha³³ ɛʔ⁵³ ma³¹ mɛ⁵³ tsɔ³³!

你　什么　想　吃　　我　什么也　　不　想　吃!

你想吃点什么？我什么也不想吃!

ŋ³¹ mɔ³¹ khuɔn³³ ma³¹ ta³¹ khuɔu³³, naŋ³¹ a³¹ ta³¹ khuɔn³³ la³³?

我　歌　　不　会　唱　　你　可　会　唱　（疑）

我不会唱歌，你会唱歌吧？

（5）趋向动词：表示趋向的动词，主要有 tɔʔ³¹ "上"、kjɔʔ⁵⁵ "下"、waŋ³¹ "进"、thuʔ⁵³ "出"、tau⁵⁵ "回"、lɔu³¹ "来"、tɔʔ³¹ lɔu³³ "上去"、waŋ³¹ lɔu³³ "进去"、thuʔ⁵³ lɔu³³ "出来"、tau⁵⁵ lɔu⁵³ "回来"、ɛʔ⁵³ "回去"等。例如：

ŋjaŋ³³ a³³ khaŋ³³ lɔu⁵⁵ ku³¹. 她已经走了。

她　刚刚　　走　了

ŋjaŋ⁵⁵ kai⁵⁵ ma³¹ lɔu⁵⁵ ku³¹. 他到街上去了。

他　街　（方）去　了

ŋjaŋ⁵⁵ jɔ³¹ ma³¹ lɔu⁵⁵ ku³¹. 他去了地里了。

他　地里　去　了

ŋjaŋ⁵⁵ kha³¹ thaʔ⁵³ tʃuɛ⁵⁵ ʃɔ³³ lɔu⁵⁵ ta³¹? 他要到哪里去？

他　哪里　　到　要　去　要

ŋ³¹ ŋja⁵⁵ mɔ³¹ lji³¹ aŋ⁵⁵ lɔu⁵⁵ pɔu³¹ tsuŋ³³. 我去帮他们种菜。

我　他们　（宾）菜　去　帮　　种

ŋ³¹ ŋjaŋ⁵⁵ lji³¹ tʃuŋ³¹ ma³¹ lɔu⁵⁵ ʃui³³ kat³¹. 我送她去上学。

我　她　（宾）学校　　去　领　放

ŋ³¹ ŋjaŋ⁵⁵ lji³¹ mɔ³³ tu³³ ma³¹ lɔu⁵⁵ ʃui³³ kat³¹. 我送她上车。

我　她（宾）车　　（方）去　领　放

naŋ³¹ xɛ³³ ma³¹ lɔu³¹ thaŋ³³ lji³³ kha³³ ŋjaŋ⁵³ ŋuat⁵³ ku³¹? 你到这里来有多久了？

你　这里　　来　后面　多久　　是　了

ŋa³³ a³¹ pei³³ ja³¹ a³¹ nəu³³ a³³ jɔ³¹ jɛn³³（ma³¹）lɔu³³ ku³³.

我　姐姐　和　妹妹　　外婆家　（方）　去　了

我大姐跟幺妹到外婆家去了。

ŋ³¹ wɛ³³ wɛ³³ ma³³ ja³³ naŋ³¹ lɔu³¹ ŋjəi³¹ tsɛi³¹ ŋjaŋ³¹ ku³¹.

我　远远　（方）　你　来　着　的　看见　了

我远远就看见你来了。

pɔm⁵³khjei³³ ma³³ ta³¹tam⁵³lji³¹ tjəu³¹ ŋ³³ jəu³¹ thuʔ⁵³ la³³.
山脚　　　（方）突然　　　人　五　个　出来　了
山脚下突然钻出五个人来。

tjəu³¹ ŋjəu⁵⁵ʃɔ⁵³jəu³³ saik⁵³khjam³¹ ma³¹ja³³ su⁵⁵ thuʔ⁵³lji³³.
人　很多　　人　树林　　（方）从　走　出来
有很多人从树林里走出来。

ŋja³³jɛn³¹ma³³ ta³³ ŋjaŋ³³ ka³¹ sɿ³³pei³³ ja³³ khau³³ lɔ³³ ku³¹.
他家　（方）的　马（话）别人　被偷　去　了
他家的马昨天被人偷了。

ŋjaŋ³³nap³³jɔ³³xjɛt⁵³na³³ ju³³ kə³¹sɿ³³ lji⁵³ xɛ³³ma³¹ lɔ³¹ ta³¹.
他　明天　八　时间　左右　　这里　来要
他明天八点左右来这里。

ŋjaŋ⁵⁵mǎ³³nap⁵³kai⁵⁵ma³¹lɔu⁵⁵mje³¹sɛ⁵⁵wui³¹ tji⁵⁵　lji³³ tʃhuɔp⁵³.
她　街子　　（方）去布　买　衣服回来做
她上街去买布回来做衣服。

ŋ³¹mǎ³³nap³³kai⁵⁵ma³¹ lɔu⁵⁵ khuɔm³¹mu³³ ta³¹ tʃham³³ lɔu⁵⁵ wui³¹ ta³¹.
我街子　　（方）去锄头　一　把　去买要
我要上街买一把锄头。

a³¹maŋ⁵⁵pɔm⁵³ma³¹ʃɔ⁵⁵pai³¹lɔu³³, a³¹nəu³³tʃɛi³³laŋ³³ma³¹ŋ⁵⁵tɔ³³jəu³¹lɔu³³.
哥哥　山（方）打猎去弟弟河（方）鱼抓去
哥哥上山打猎，弟弟下河抓鱼。

ŋjaŋ⁵⁵tʃuŋ⁵⁵thɔ⁵³ma³¹ja³³tɔu³³lɔu³³ la³³lji³³ wui³³ jəu³¹.
她　床上　（方）从爬起来出来跑看
她翻身下床跑出来看。

（6）心理动词：表示心理活动的动词，有 ŋui³¹ "爱"、xəŋ³¹ "恨、讨厌"、kjəu³¹ "怕"、xjau⁵³ "害羞"、naiʔ⁵³jɔu³¹ "害怕"、kuai³¹ "责怪"、ŋjɔʔ⁵³nau³¹ "嫉妒" 等。例如：

thʃi⁵⁵tjəu³¹jəu³¹lji³³sɔ³³sɔ³³xəŋ³¹. 那人简直讨厌死了。
那人个（话）很讨厌

ŋja⁵⁵mɔ³¹ai?⁵⁵jəu³¹sɔ³³sɔ³³ŋui³¹kɔ³³. 他们俩很相爱。
他们俩个很爱（互）

naŋ³¹tsɔ³¹tuŋ³³a³¹mɛ³²⁵³tsɔ³³/³⁵la³³? 你爱不爱吃干饭？
你干饭爱不爱吃（疑）

ŋjaŋ⁵⁵ ta̠i³¹ ŋjaŋ⁵⁵ tʃuŋ³¹ tɔ³³ mai⁵³ kai³³. 他说他想读书。

他　　说　他　　上学　　想　该

kɔ³³ jəu³¹ ma³¹ kju⁵³ lji³¹, naŋ³¹ tʃha³³ kju³¹？别人都不怕，你怕什么？

别人　不　怕（连）你　什么　怕

ŋ³¹ san⁵⁵ tʃhŋ³¹ tɔ³³, mɔu⁵⁵ wu⁵³ ljɛt⁵⁵ ma³¹ kjuʔ³¹. 我带着伞，不怕下雨。

我　伞　带　着　雨　下　也　不　怕

naŋ³¹ tʃha⁵⁵ mɛiʔ⁵³ tsɔ³³？ŋ³¹ tʃhəiʔ³¹ jɔuɜ³ tsɔuɜ³.

你　什么　爱　吃　我　什么　都　能　吃

你爱吃什么？我吃什么都行。

xe⁵⁵ ŋjɔʔ⁵³ zɔ³³ jau⁵⁵ lji³¹ naŋ³¹ ma³¹ pɛ³³ lɔu³¹ la³³ kjuʔ⁵³ ku³¹ la³³？

这么　　点　困难（话）你　不　得了　了　怕　了　吗

难道这点困难就把你吓住了？

（7）泛化动词：动作动词 mu³³ "做" 与副词结合使用，强调动作状态，有泛指功能。例如：

mu³³ a³¹ luɔm³³ mu³³ tsui³³ aʔ⁵³. 好好干活。

做　好好地　做劳动（祈）

xjuʔ⁵³ a³¹ luɔm³³ mu³³ xjuʔ⁵³ aʔ⁵³. 好好学。

学　好好地　做　学（祈）

tsɔ³³ a³¹ luɔm³³ mu³³ tsɔ⁵⁵ aʔ. 好好吃。

吃　好好地　做　吃（祈）

nəu⁵⁵ a³¹ luɔm³³ mu³³ nəu⁵⁵ aʔ⁵³. 好好休息。

休息　好好地　做　休息（祈）

2. 按照论元数目分类

按照论元数目可分为不及物动词、及物动词、双及物动词三大类。

（1）不及物动词。只有一个论元，且论元一般在句中必须出现。例如：

mɔu⁵⁵ wu³³ ku³¹. 下雨了。　　　　　nɔ³¹ səu³³ ʃei³³ ku³¹. 病人死了。

雨　下　了　　　　　　　病人　　死　了

khuɔm³³ a³¹ lɔ³³ mu³³ / ŋə̠i³³ təu³³ aʔ⁵³. 把门关好。

门　　好好地　关　起（祈）

（2）及物动词。带两个论元，在句中一般都出现，也可以只出现一个。例如：

ŋjaŋ⁵⁵ kai⁵⁵ ma³¹ lɔu⁵⁵ ku³¹. 他到街上去了。

他　街（方）去　了

ŋjaŋ⁵⁵ thaŋ³³ xjɔ³¹ lɔu⁵⁵ ku³¹. 他砍柴去了。

他　　柴　找　去　了

ɔu³³ phɔ³¹ sʅ³¹ lja³³ ja⁵⁵ wu⁵³ khɔu³³ ma³³ lɔ³¹ ku³¹. 补锅匠到我们村里来了。

锅补　师傅　我们村　　（方）来了

ŋa³³ jam³³ ma³³ kjɔʔ³³ ta³⁵ tsɛi³¹ wuʔ⁵⁵ ta³⁵ tsɛi³¹ ŋjəu³¹ tɔu³³.

我家　（方）鸡　一些　猪　一些　养　着

我家养了一些鸡和猪。

（3）双及物动词，有三个论元。例如：

ŋjaŋ⁵⁵ ŋa⁵⁵ jəi̠³³ aiʔ⁵⁵ ljiŋ⁵⁵ ʃɔu³¹. 她喝我两瓶酒。

她　我　酒　两　瓶　喝

ŋjaŋ⁵⁵ ŋa⁵⁵ ʃɔ⁵⁵ pɛ³¹ aiʔ⁵⁵ təu³¹ wui³¹. 她买我两只羊。

她　我　羊　两　只　买

ŋ³¹ na³³ mɔ³³ tsɔ³¹ tʃau³¹ kam³¹ tsau³³. 我做饭给你们吃。

我　你们　饭　煮　给　吃

ŋ³¹ ŋjaŋ⁵⁵ lji³¹ tsɔ³¹ ŋ⁵⁵ lu⁵⁵ ŋɔu⁵⁵ tjəi³³. 我借给他五箩粮食。

我　他（宾）粮食　五　箩　借　给

ŋ³¹ ŋjaŋ⁵⁵ lji³¹ mɔu³¹ sɔu³³ ta³¹ pəu³³ tjəi³¹. 我给他一本书。

我　他（宾）书　　一　本　给

ŋ³¹ mɔu³¹ sɔu³³ ta³¹ pəu³³ ŋjaŋ⁵⁵ lji³¹ tjəi³¹. 我把一本书给他。

我　书　　一　本　他（宾）给

ŋjaŋ⁵⁵ nəu³³ lji³¹ tʃəi³¹ lɔu⁵⁵ ʃɛ̠³¹ kam³¹ ʃɔ̠u³¹. 她拉牛去喝水。

她　　牛（宾）水　去　牵　喂　喝

ŋ³¹ ŋjaŋ⁵⁵ lji³¹ tji³³ sai⁵³ ta³¹ khjap³³ suŋ⁵⁵ tjəi³¹. 我送她一件新衣服。

我　她（宾）衣服　新　一　件　送　给

a³³ ŋuɛ³¹ ŋjaŋ⁵⁵ lji³¹ tsɔ³¹ la⁵⁵ ŋja³¹ lji³³ tsɔ⁵⁵ aʔ⁵³ kai³³.

妈妈　　他（宾）饭　快快　回来吃　　说

妈妈叫他快回去吃饭。

ŋjaŋ⁵⁵ ŋ³¹ lji³¹ ʃʅ⁵⁵wɔm⁵⁵ sɔm³¹ kjɛn³³ kam⁵³ tjəi³³. 他分给我三斤桃子。

他　我（宾）桃子　三　斤　借　给

ŋui³¹ juŋ⁵⁵ma³¹ ŋui³¹ ŋjaŋ⁵⁵ lji³¹ aiʔ⁵⁵xjɔ³¹ ŋɔu⁵⁵ tjəi³¹.

银行　　（方）钱　他（宾）　两　百　借　给

银行借给他两百块钱。

兼语句、使动句中的双及物动词有的可以带四个论元。例如：

ŋa⁵⁵mɔ³¹ ŋjaŋ⁵⁵ lji³¹ tshun³³tsaŋ³¹ khjan̪³¹ la³³ tshun³³tsaŋ³¹ kɔn³¹na³¹.

我们　　他（宾）　村长　　　选（非）村长　　　　当

我们选他当村长。

naŋ³¹ ŋjaŋ⁵⁵ ʃɛi³¹ la³³ ŋjaŋ⁵⁵ lji³¹ la³¹ mjei³³lɔu⁵⁵pɔu³¹ thuʔ⁵⁵ aʔ⁵³.

你　马　拉（非）她（宾）玉米　去　帮　　驮（祈）

你拉马去帮她驮玉米。

ŋja³³ ŋuɛ³¹ ŋjaŋ⁵⁵ lji³¹ a³¹ nəu³³lji³¹ la³¹ phɔʔ³¹ ta³¹ khuʔ³¹ khəu³³ tjəi³¹ ja³³kai³³.

他　妈　他（宾）弟弟（宾）粥　　一　碗　舀　给（施）说

他妈叫他盛一碗粥给弟弟吃。

茶山语使动句中，有主语回指情况，句尾回指词强调并指向全句施事者，并与施事者人称数一致。例如：

ŋ³¹ ŋjaŋ⁵⁵ lji³¹ naŋ³¹lji³¹lɔu⁵⁵ xjɔ⁵⁵ aʔ⁵³ ŋ³¹. 我让他去找你。

我　他（宾）你（宾）去　找（祈）我

ŋ³¹ tʃa⁵⁵tʃu³¹ ta³¹ jam³³ wui³¹ ku³¹, tsai̪³³ta³¹ jam³³ wui³¹ ʃɻ⁵⁵ ta³¹ ŋ³¹ sɔn³³.

我　已经　　一　些　买了　再　一　些　买　还　我　计划

我已经买了一些了，还准备再买一些。

二、动词的态

茶山词通过一定的语法手段表达自动态、使动态、互动态等。

1. 自动态与使动态

所谓"自动态"，是指某种动作行为并非由外力引起，而是行为者本身所发出的；"使动态"，是指某种动作行为是由外力引起的，主体不直接执行动作，而是"致使"客体去完成。茶山语动词多数自动态是零标记，而使动态则有标记。

使动范畴的语法形式主要有三种：屈折式、分析式、屈折兼分析式。

（1）屈折式：通过语音变换表示自动、使动。属于这一类变化的使动词不多。主要有：①送气不送气交替。不送气表自动，送气表使动。②松元音与紧元音交替。松元音表自动，紧元音表使动。③以不同声调交替来表示自动、使动。

①送气与不送气交替：

自动　　　　　　　　　使动

kui³³破　　　　　　　　khui³³打破

例如：

khuʔ⁵³kui³³ku³¹. 碗破了。（主动态）

khuʔ⁵³ljəu³¹khui³³ku³¹. 碗被打破了。（被动态）

ʃ̩⁵⁵ŋjau³¹ʃ̩⁵⁵la³¹, ʃ̩⁵⁵kɔ̩³¹ta³¹jam³³kjau³³ku³¹.

果子 多 结了 树枝 一些 断 了

果子结得太多，有些树枝断了。（主动态）

khui³³zɔ³³khjei³³ta³¹khjei³³pat³¹khjau³³tɔ³³ku³¹.

小狗 腿 一条 打 断 掉 了

小狗被打断了一条腿。（被动态）

②松元音与紧元音交替：

自动　　　　　　　　　　　使动

ŋai⁵⁵着火　　　　　　　　　ŋa̱i⁵⁵点着

例如：

jɛn³³ŋji³³ŋai⁵⁵ku³¹. 房子着火了。（主动态）

房子 火 点 了

jɛn³³ŋji³³ŋa̱i⁵³ku³¹. 房子被点着了。（被动态）

房子 火 被点 了

saik⁵³lain⁵³ku³¹. 树倒了。（主动态）

树 倒 了

saik⁵³thəuʔ⁵³la̱in⁵³lu³¹. 树被砍倒了。（被动态）

树 砍 倒 了

taŋ³³laŋ³³, kai³³lji³¹khuɔm³³ŋjəi³³tɔ³³ku³¹.

吧嗒声 地（助）门 关 起 了

吧嗒的一声，门关上了。（主动态）

khuɔm³³a³¹lɔ³³mu³³/ŋjə̱i³³təu³³aʔ⁵³. 把门关好。（被动态）

门 好好地 关起（祈）

③不同声调交替：

自动　　　　　　　　　　　使动

paŋ⁵⁵破　　　　　　　　　　phaŋ⁵³（打）破

tap³¹燃烧　　　　　　　　　tap⁵³点（火）

元音变化并伴随松紧变化的。例如：

tui³³tjət⁵³ku³¹. 线断了。（主动态）

线 断 了

ŋ³³tui³³lə̱u³¹thjɛt⁵³ku³¹. 我把线弄断了。（被动态）

我 线 弄 断 了

（2）分析式：分析式是使动范畴的一个重要语法形式。即在自动词前或后加助动词或使动词，构成动词的使动态。分析式比屈折式使用得广泛，在语用中出现的频率最高。分析式使动态又有两种语法形式。

①在自动词前加使动词 lə̱u³¹，表示致使义。例如：

自动 使动

phan³³lain³¹ 翻倒 lə̱u³¹phan³³lain³¹ 弄翻倒

zɔ³³ʃaŋ³³ŋau⁵³ku³¹. 孩子哭了。（主动态）

孩子 哭 了

ŋjaŋ³³zɔ³³ʃaŋ³³lə̱u³¹ŋau⁵³ku³¹. 他把孩子弄哭了。（使动态）

他 孩子 弄 哭 了

②在自动词后加使动词 naŋ³¹ "让"。例如：

自动 使动

thuʔ³³lɔu³³ 出去 thuʔ³³lɔ³³naŋ³¹ 使出去

tau⁵⁵tɔ³³la³¹ ŋjaŋ⁵⁵lji³¹ tsɔ³³/³⁵ na̱ŋ³¹. 留着给他吃。（使动态）

放着 他（宾）吃 让

使动词 naŋ³¹ 来源于动词 "让"，放在自动词后表致使义时，则出现一定程度的语法化。例如：

ŋ³¹ ŋjaŋ⁵⁵lji³¹ lɔu³³ na̱ŋ³¹. 我叫他去。

我 他（宾）去 叫

ŋjaŋ⁵⁵lji³¹ta³¹xjaʔ³³ jɔu³³/³⁵ na̱ŋ³¹. 麻烦你一下。

他（宾）一下 麻烦 让

③在自动词后加使动词 tʃhŋ̩³¹ "弄"。tʃhŋ̩³¹ 来源于动词 "带、拿"。例如：

ŋjaŋ⁵⁵ŋja⁵⁵mɔu³¹sɔu³³pəu³¹tʃhŋ̩³¹thjəu³³ku³¹. 他把自己的书弄丢了。

他 自己的书 本 弄 丢 了

ŋjaŋ⁵⁵lɔʔ³³lji³¹xu⁵⁵khjap⁵³kuɔm³¹ta³¹ku³¹tʃhŋ̩³¹tɔu³³.

他手 茶杯 一个 拿 着

他手里拿着一个茶杯。

（3）屈折兼分析式。在使动句中，一些屈折式的使动词与表达 "致使" 意义的动词或使动词结合，使用屈折形式和分析形式双重标记使动范畴。受屈折式使动词数量影响，这种类型出现的频率较低。例如：

自动   使动

kui⁵⁵ 裂   lə̪u³¹ khui⁵⁵ 弄裂

sau⁵⁵ 醒   lə̪u³¹ sau³³ 弄醒

khuʔ⁵³ kui³³ ku³¹. 碗破了。（主动态）

碗   破   了

khuʔ⁵³ lə̪u³¹ khui³³ ku³¹. 碗打破了。（使动态）

碗   打   破   了

茶山语的动词大多都能构成自动和使动对立，但有少数只有自动态，没有使动态。如不能通过外力产生使动的、表示与生理现象、自然现象有关的动作行为等。

有的动词自动、使动同形，如 kjuʔ³¹ "害怕"等。有的则用两个词表示，有的使动态要用使动词，例如：

kjɔʔ⁵³ ʃəi³¹ ku³¹. 鸡死了。（主动态）

鸡   死   了

ŋjaŋ³³ kjɔʔ⁵³ lə̪u³¹ sat⁵³. 他把鸡弄死了。（使动态）

他   鸡   弄死 打

2. 互动态

互动态指动作行为是由双方互动或共同参与进行、完成的。茶山语动词后加 kɔ³³ 表示互动态。例如：

ljuk⁵³ kɔ³³ 开玩笑   pu³³ luŋ⁵⁵ pat³¹ kɔ³³ ku³¹ 篮球比赛

玩笑（互）   篮球   比赛（互）了

jaŋ⁵⁵ paŋ⁵⁵ kɔ³³ tʃha³³. 我们大家相互帮助。

我们 帮（互）应该

aiʔ⁵⁵ təu³¹ la³¹ khui³³ ŋat³¹ kɔ³³. 两只狗在咬架。

两 只 狗   咬（互）

ŋjaŋ⁵⁵ ŋ³¹ ja³³ sɔ³³ sɔ³³ sɛʔ³¹ kɔ³³. 她和我很熟。

她 我 和 很   熟（互）

ŋja⁵⁵ mɔ³¹ jə̪i³³ ʃəu⁵³ kɔ³³ ŋjəi³¹. 他们正在喝酒。

他们   酒 喝（互）在

ŋja⁵⁵ mɔ³³ taŋ³³/³⁵ tai⁵³ kɔ³³ ŋjəi³¹. 他们正在说话。

他们   话 说（互）在

ŋa³³ aiʔ⁵⁵ jəu³¹ sɔ³³ sɔ³³ təu³¹ kɔ³³. 他俩的模样很像。

他 俩 个 很   像（互）

ŋ³¹ ʃɿ³³ ŋam³³ jəu³³lɔu³¹ tai³¹ kɔ³³. 先等我想想再说。

我　先　　想　看　后　商　量

xɛ⁵⁵ man³³ kɔ³³jɔ³¹ ma³¹ təu³¹ kɔ³³. 这草长得和其他地方的草完全两样。

这　草　别　地方　不　像　（互）

ŋja⁵⁵mɔ³¹ aiʔ⁵⁵ jəu³¹ sɔ³³sɔ³³ ŋui³¹ kɔ³³. 他们俩很相爱。

他们　　俩　个　　很　　爱　（互）

ʃɔ³³waŋ³¹ ja³³ ʃɔ³³lji³¹ sɔ³³sɔ³³ kei³¹ kɔ³³. 小王和小李关系很好。

小王　和　小李　　很　好　（互）

xɔ⁵⁵a³¹ jap³³ ma³¹ sɔ³³sɔ³³ thjɔu³¹kɔ³³ ŋjəi³¹. 那间屋子闹哄哄的。

那间屋子　（方）很　　吵　　（互）在

kă³¹ʃɿ³³ nɔ³¹ la³³ ŋui³¹suɔn³³kɔ³³ ku³¹ la³³? 现在收工算账了？

现在　休息（非）算账　　（互）了（疑）

khuɔm³³tuaŋ³³ma³¹ tjəu³¹ ŋjəi³⁵ʃɔʔ⁵³ tʃɛn³³ kɔ³³ tɔ³³. 门口挤着很多人。

门口　　　　人　多多的　挤（互）着

tjəu³¹ aiʔ⁵³jəu³¹ taŋ⁵⁵ tuɔm⁵³ tʃu³¹kɔ³³ lɔ³¹ŋjəi³¹ ku³¹.

人　两个　话　有　　说（互）起来　　了

两个人又开始说起话来了。

zɿ³¹ʃəŋ³³ tʃan³¹ a³¹ pat⁵³ kɔ³³kɔ³³、a³¹ tjɔʔ³¹kɔ³³kɔ³³.

孩子们　　别　打架　（互）　别　吵架（互）

孩子们不要相互吵架、相互打架。

xe³¹sɿ³³ tjɔ³¹kɔ³³ ŋjəi³¹, pə³³kji³¹ ka³¹ nɔ³¹ ja³³ kaŋ³¹kɔ³³.

这样　吵（互）着　不如　（话）早点　离婚

与其这样吵着，不如早点离婚。

ja³³mɔ³¹ ta³¹ ŋɛ³³mɔ³¹ja³³ ʃɿ⁵⁵ kam⁵³kɔ³³ kɔ³³, ta³³ jəu³³ ta³¹ lɔm³³.

我们　大家　　果子　分　（互）一　人　一　个

我们大家来分果子，一人一个。

ŋa⁵⁵mɔ³¹ (ta³³) taŋ³³ na⁵⁵mɔ³¹ (ta³³) taŋ³³ ja³³ ma³¹ təu³¹ kɔ³³.

我们　的　话　你们　的　话　跟　不　同（互）

我们的话跟你们的话不同。

naŋ³¹ ŋjaŋ⁵⁵ ja³³xjɔ³³kɔ³³ lji³¹, ŋa⁵⁵ ŋjɛn³³ʃaŋ³³ ŋjaŋ⁵⁵lji³¹ naik⁵³ ʃɔ⁵³laŋ³³ku³¹

你　他（施）碰到　（连）我　　　他（宾）谢谢　　　喽

pɔu³¹tai⁵³ aʔ⁵³!

帮　说（祈）

你要是碰到他，就替我谢谢他！

kɔ³³能在句中表示互动态，还有构词功能。如：xjam³¹kɔ³³ "商量"、pat³¹kɔ³³ "比赛"、kɔ³³jəu³¹ "别人"、thaŋ³³la̱in³³xjau⁵³kɔ³³ "再见"、ma³⁵sɛʔ⁵³kɔ³³ "不认识"。例如：

ŋui³¹ 爱——ŋui³¹kɔ³³ 相爱　　　　pat⁵³ 打——pat⁵³kɔ³³ 打架

ta̱i³¹ 说——ta̱i³¹kɔ³³ 商量　　　　luat³¹ 抢——luat³¹kɔ³³ 争抢

三、动词的体

体，表示过程，强调动作的时间线性铺展和外在时间的作用结果，体现为完成与否。茶山语动词的体助词不丰富，有将行体助词 ta³¹ "要、将要"、lɔ³³pa³³ "准备"等，进行体助词 ŋʲəi³¹，表示完成体、起始体、曾行体的体助词 ku³¹，持续体助词 tɔ³³、tɔu³³，未行体助词 ʃʅ⁵⁵等。

1. 将行体

动词后加 ta³¹ "要、将要"、lɔ³³pa³³ "准备"等时态助词表示动作将要进行或者实现。例如：

naŋ³¹ kha³¹sʅ⁵⁵ kuɔt⁵³ ta³¹？你将要怎么办？
你　　怎么　　　做　　要

ŋʲaŋ⁵⁵ kha³¹thaʔ⁵³ tʃuɛ⁵⁵ ʃɔ³³ lɔu⁵⁵ ta³¹？他要到哪里去？
他　　　哪里　　　到　　要　去　要

phɛ⁵⁵na³¹ ŋʲəi³³jɔ³¹ ŋʲaŋ⁵⁵ ŋ³¹ lji³¹ lɔu³¹ jəu³³ ta³¹. 明天他要来看我。
明天　　　　　　他　　我（宾）来　看　　要

phɛ⁵⁵na³¹ ŋʲəi³³jɔ³¹ ŋ³¹ ŋʲaŋ⁵⁵ lji³¹ lɔu⁵⁵ xjɔ³¹ ta³¹. 明天我去找他。
明天　　　　　　我　他（宾）去　找　要

ŋ³¹jɔ³¹ma³¹lɔu⁵⁵ lɔ³³pa³³ ŋ³¹ lji³¹, ŋʲaŋ⁵⁵ lɔu³¹ ku³¹！
我　地上　　去　准备　我（非）他　来　了
我刚要上地呢，他就来了！

ŋ³¹ mǎ³³nap³³kai⁵⁵ ma³¹ lɔu⁵⁵ khuɔm³¹mu³³ ta³¹ tʃham³³ lɔu⁵⁵ wui³¹ ta³¹.
我　街子　　　　　（方）去　锄头　　　　一　把　去　买　要
我要上街买一把锄头。

2. 进行体

表示动作在进行，有现在进行体和过去进行体，语法形式都是在动词后加

ŋjəi³¹ "在、正在"，强调某一动作行为正在进行或强调动作已经进行了一段时间，现在也正在进行，并且可能还将持续下去。例如：

ŋjaŋ⁵⁵ wuʔ⁵³tsɔ³¹ xjɔm³¹ ŋjəi³¹. 他正在剁着猪食。

　他　　猪食　剁　　在

ŋjaŋ⁵⁵ jɔ³¹ma³¹ mu³³tsui³³ ŋjəi³¹. 他正在地里干活儿。

　他　　地里　干活　　在

ŋ³¹ jɛn³³ma³¹ tʃuɛ⁵⁵ lji³¹, ŋjaŋ⁵⁵ tsɔ³¹ tsɔ³³ ŋjəi³¹.

我家　　　　到　回　他　饭　吃　正

我到家的时候，他正在吃饭。

ŋɛ³³ma³³ mɔu⁵⁵ wu³¹ ŋjəi³¹, naŋ⁵³ a³³thuʔ⁵³lɔu³³lɔ³¹.

外面　　雨　下　正在　你　别出去　　了

外面下着雨，你不要出去了。

ŋ³¹ lɔu⁵⁵ ta³³u ʔ³³ lji³¹, ŋja⁵⁵mɔ³¹ kuk³¹ tsuŋ³³ ŋjəi³¹.

我　去　的时候（非）他们　稻谷　插　　在

我去的时候，他们正在插秧。

茶山语进行体助词 ŋjəi³¹ 能用于同一句型中的不同动词之后，表示正在进行时。例如：

naŋ³¹ ma³¹ thəŋ³³ lap³³ ŋjəi³¹ tʃha⁵⁵ xjɔ³³ ŋjəi³¹？你掏呀掏的在找些什么？

　你　不　停　掏　在　什么找　　在

ŋjəi³¹ 用在动词后，还能兼表动作不间断持续的状态。例如：

ŋjaŋ⁵⁵ ma³¹ thəŋ³³ lai³³ ŋjəi³¹. 他不住地写着。

　他　不　停　写　着

3. 完成体、起始体、曾行体

动词后加体助词 ku³¹ "了、已经、过"，能表示动词的完成体、曾行体。

（1）完成体。既可以表示现在完成时，也可以表示过去完成时。例如：

mɔu⁵⁵ wu³³ ku³¹. 下雨了。

雨　下　了

nɔ³¹ səu³³ ʃəi³³ ku³¹. 病人死了。

病人　死　了

ŋjaŋ⁵⁵ nəu³³ wui⁵³ ku³¹. 他买了牛了。

他　牛　买　了

ŋjaŋ³³ a³³khaŋ³³ lɔu⁵⁵ ku³¹. 她已经走了。

她　刚刚　走　了

ŋjaŋ⁵⁵ jɔ³¹ ma³¹ lɔu⁵⁵ ku³¹. 他去了地里了。

他　　地里　　去　　了

ŋjaŋ⁵⁵ kai⁵⁵ ma³¹ lɔu⁵⁵ ku³¹. 他到街上去了。

他　　街（方）去　了

ŋjaŋ⁵⁵ thaŋ³³ xjɔ³¹ lɔu⁵⁵ ku³¹. 他砍柴去了。

他　　柴　　找　去　了

zɔ³³ ta⁵³ jɛn³³ ka³¹ jau³³ sau⁵³ tɔ⁵⁵ ku³¹. 儿子的房子已经修好了。

儿子　的　房子（话）完　修　　完　了

ŋja⁵⁵ zɔ³³ khɔʔ³³ljɛiʔ³¹ tɔ³³ ta³³ san³³ pɛ³³ oŋ³³ ku³¹.

他　儿子 大学　　　上　　考试　　赢　　了

他儿子已经考上了大学了。

ŋjaŋ⁵⁵ lɔu³¹ kuɔm³³ lɔu³¹ kɔʔ⁵³ səuʔ⁵⁵ lji³¹ ŋ³¹ jət⁵³ ku³¹.

他　　来　　门　　来　敲　时候（非）我　睡　了

他来敲门的时候我已经睡了。

ŋjaŋ⁵⁵ lɔu³¹ ta³³ uʔ³³ lji³¹, ŋa⁵⁵mɔ³¹ wuʔ⁵⁵ tjɛ³³ sat⁵³ ku³¹.

他　　来　　的 时候（非）我们　　猪　　完　杀　了

他来到的时候，我们已经杀完了猪。

茶山语副词 tʃa⁵⁵tʃu³¹ "已经" 能表示动作的完成体，但使用频率很低。例如：

ŋ³¹ tʃa⁵⁵tʃu³¹ ta³¹ jam³³ wui³¹ ku³¹, tsɐi³³ ta³¹ jam³³ wui³¹ ʃ³¹⁵⁵ ta³¹ ŋ³¹ suɔn³³.

我 已经　　一些　买 了　再　一　些　买　还要 我　计划

我已经买了一些了，还准备再买一些。

虽然茶山人更习惯加体标记 ku³¹，但动词完成体也能去掉体标记。例如：

ŋja³³ a³¹ pa³³ ŋɛt⁵³xjɛt⁵³ tshɐi³³ zan⁵³. 他父亲已经七八十岁了。

他　父亲　七　八　十　岁

（2）起始体。茶山语动词没有起始体，一般用完成体表示起始体。例如：

suŋ³³ sɔʔ³¹ jət⁵⁵ ku³¹. 开始割麦子了。

麦子　　割　了

ta³³ ʃeŋ³¹ pjaʔ⁵³ ku³¹. 电影开始演了。

电影　　演　了

tjəu³¹ aiʔ⁵³ jəu³¹ taŋ⁵⁵ tuɔm⁵³ tʃu³¹kɔ³³ lɔ³¹ ŋjɐi³¹ ku³¹.

人　两　个　话　有　说（互）起来　了

两个人又开始说起话来了。

（3）曾行体。动词后加 ku³¹ "过" 等助词，表示某一行为动作曾经发生过。例如：

ŋ³¹ ŋɟaŋ⁵⁵ lji³¹ ŋɟaŋ³¹ku³¹. 我见过他。

我　他　（宾）　见　过

ŋ³¹（ka³¹）laŋ⁵⁵ŋji³¹ ʃɔ³³ tsɔ³³ ku³¹. 我吃过蛇肉。

我　（话）蛇肉　　吃　过　了

ŋɟaŋ⁵⁵（ka³¹）tʃuɔŋ³¹ kuɔt⁵³ ku³¹. 他做过长工。

他　（话）奴隶　做　　过

ŋ³¹ ŋɟaŋ⁵⁵ lji³¹ ŋɟəi⁵⁵ ʃɔ⁵³ lain³³ xjɔʔ³³ ku³¹. 我找过他好几次。

我　他（宾）很多　　遍/次　找　过

ŋɟaŋ⁵⁵ xjeʔ³¹ phɛ³³ phɔʔ⁵³ka³¹ kuɔt⁵³ ku³¹. 他从前做过生意。

他　从前　生意　　做　过

ŋ³¹ nau³³ ja³³ xɛ⁵⁵ mɔu³¹sɔu³³ pu³¹ jəu³³ ku³¹ kəu³¹. 我早就看过这本书了。

我　早早地　这　书　　本　看　过　了

ŋ³¹ xɛ⁵⁵ aŋ⁵⁵ tsɔ³³ ku³¹, sɔ³¹ sɔ³¹ ma³¹ tsɔ³³ kei³¹.

我　这　菜　吃　过　很　　不　吃　好

我吃过这种菜，不太好吃。

ŋɟəi⁵⁵na³¹ xjeʔ³¹ ŋɟəi³³ ŋam³³ ku³¹, khǎ⁵⁵ŋɟəi⁵³ tuɔm³³ kjuɛi⁵³ ku³¹.

前几天　　　　　　冷　过　今天　　又/重复　热　过

前几天冷过，今天又热了。

ŋɟaŋ⁵⁵ ka³¹ sɛŋ⁵⁵ma³¹ lɔu⁵⁵ ku³¹, sɛŋ⁵⁵tʃaŋ³¹ ljɛt⁵⁵ ŋɟaŋ³¹ ku³¹.

他　（话）县里　去　过　县长　　都　见　过

他到过县里，还见过县长。

ŋɟaŋ⁵⁵ ŋɟəi⁵⁵ ʃɔ⁵³ mɔu³¹ma³¹ lɔ⁵⁵ ku³¹, ja³³tshun³¹ma³¹ ma³¹ lɔ³¹ ku³¹.

他　很多　地方　去　过　我们村　　没　来　过

他到过很多地方，就是没到过我们村。

有的地点名词意义引申后能表示曾行体。例如：

ŋ³¹ xɔ³³ khɔu³³ lɔ³³ ku³¹. 我前几天曾经去过。

我　前不久　去　过

上句中的 xɔ³³ khɔu³³ 原义 "前面"，后引申为 "前不久"，表示动作曾经发生。

4. 未行体

体助词 ʃŋ⁵⁵ "还" 用于句末，表示动作的行为或性状尚未出现、尚未发生。例如：

naŋ³¹ khǎ³¹ ʃɹ³³ ma³¹ nɔ³³ ʃɹ³³ la³³？你这回还不罢休？

你　　现在　　不　休息　还（疑）

xe⁵⁵ ŋjaŋ³¹ ku³³ lji³¹，tsɔ³¹ ma³¹ tsɔ³³ ʃɹ³³．这么晚了，还没有饭吃。

这　晚　了（非）饭　不　吃　还

ŋjɔʔ³¹ ma³¹ ŋjaŋ³¹ ʃɹ，ta³¹ xja³³ tʃa³³ jə̱t⁵³ ʃɹ³³．

眼　没　看见　还　一　下　再　睡　还

天还没亮，索性再睡一觉。

ŋjaŋ⁵⁵ lɔu³³ la⁵⁵mu⁵⁵ ta³¹ khjap⁵³ tʃɛn⁵⁵ ku³¹，ma³¹ tuɔm⁵³ lji³³ʃɹ³³．

他　去　月　一　个　多　了　不　回　回来　还

他去了一个多月了，还没有回来。

puŋ⁵⁵wu³¹ ma³¹ tʃuɛ³³ lɔu³¹ ʃɹ⁵⁵，ŋjaŋ⁵⁵ ka³¹ jəi³³ ʃəuʔ⁵³ thuʔ⁵³lɔ³³ ku³¹．

客人　　没　到　来　还　他　（话）酒　喝　起来　了

客人还没到，他就喝起酒来。

5．持续体

持续体表示动作行为或动作行为状态的持续。一般在动词后加 tɔ³³ 或 tɔu³³，tɔu³³ 与 tɔ³³ 是一个词，tɔu³³ 用于句尾，用于句中省音为 tɔ³³，tɔ³³ 在句中还常与 la³¹ 连用。例如：

naŋ³¹ tʃhɹ³¹ tɔ³³ aʔ⁵³！你拿着！

你　拿　着（祈）

tsuŋ³¹ tɔ³³ aʔ⁵³，a³¹ tɔu⁵³ ljap⁵⁵！坐着，不要站起来！

坐　着（祈）不　起　站

ŋjaŋ⁵⁵ tji³³ ta³¹ kuŋ³¹ wɔt⁵³ tʃhɹ³³．他穿着一身新衣服。

他　衣服　一　身　穿　起

ŋjaŋ⁵⁵ ŋjaŋ³³mɔ³¹thaŋ³¹ma³¹ ljap⁵³ tʃɔu³³．他在屋檐下站着呢。

他　　屋檐下　　　站　起/着

ŋjaŋ⁵⁵ uʔ⁵⁵lɔm⁵³ ŋuat³¹ taŋ⁵⁵ ma³¹ tʃuʔ³¹．他低着头不说话。

他　头　　低　话　不　说

uʔ⁵⁵kjɔp⁵³ kjɔp⁵³ tɔ⁵⁵ la³¹，uʔ⁵⁵kjɔp⁵³ xjɔu³¹．戴着帽子找帽子。

帽子　　戴　着　了　帽子　找

ŋjaŋ⁵⁵ ljap⁵⁵ tʃɔu³¹ la³¹ a³¹ jaŋ³³ mai³¹ tsɔu³³．他喜欢站着吃。

他　站（貌）　　东西　喜欢　吃

tjəi⁵⁵ jam⁵³ ma³¹ suɔm³³la³³ ta³¹ ku³¹ laŋ³³ tɔu³³. 墙上挂着一幅画。
墙上　　　　画儿　　一　幅　挂　着

luk⁵⁵kɔ³³ma³³ mɔu³¹sɔɛ³³tʃhap³³ tsan³¹ tɔu³³. 石头上刻着字呢。
石头上　　　字　　刻　　　　着

ŋjaŋ⁵⁵ tjəi⁵⁵ jam⁵³ ma³¹ ŋɛ³¹ tɔ³³la³¹ jan³³ tap³¹ ŋjəi³¹. 他靠着墙抽烟。
他　墙　　　　靠　着　烟　抽　在

ŋ³¹ san⁵⁵ tʃhɿ³¹ tɔ³³, mɔu⁵⁵wu⁵³ ljɛt⁵⁵ ma³¹ kjuʔ³¹. 我带着伞，不怕下雨。
我 伞　带　着　雨　下　也　不　怕

mɔ³³tu³³ma³¹ wɛ⁵⁵kuə³¹ tjəu³¹ ai⁵⁵ jəu³¹ tsuŋ³¹ tɔu³³.
车子　里　外国人　　　两　个　坐　着
车子里坐着两个外国人。

ŋjaŋ⁵⁵lɔʔ³³lji³¹ xu⁵⁵ khjap⁵³kuɔm³¹ ta³¹ ku³¹ tʃhɿ³¹ tɔu³³.
他　手里　茶杯　　　　一个　拿　着
他手里拿着一个茶杯。

khuɔm³³ phaŋ³¹ tɔ³³, jɔ³¹khɔu³³ma³³ tjəu³¹ ma³³ ŋjəi³¹.
门　　开　着　屋里　　　人　不　在
门开着，里面没有人。

khuɔm³³tuaŋ³¹ma³¹ tjəu³¹ sɔm³³ jəu³¹ ljap³³ tʃɔu³¹/tɔu³³. 门口站着三个人。
门口　　　（方）人　三　个　站　着

ŋjaŋ⁵⁵ ŋjəi³³tʃʃaŋ³³ma³¹ tsuŋ³¹ tɔ³³, ma³¹ mɛ⁵³ tɔu³¹ ljap³³.
她　地上　　　坐　着　不　想　起　站
她在地上坐着，不肯站起来。

ŋja⁵⁵mɔ³¹ san⁵⁵ khəu⁵³ tɔ³³ la³¹ ma³³nap³¹ kai⁵⁵ma³¹ su³³ lɔ³³ ŋjəi³¹.
他们　伞　打　着　　街上　　　走　起　在
他们打着伞在街上走。

ŋ³¹ thuʔ³³lɔ³³ thaŋ³¹lji³¹, kja⁵⁵sɿ³¹ a³¹luɔm³³mu³³ jəu³³ ŋjəi³¹ aʔ⁵³!
我　出去　以后　　东西　好好地　　看　着（祈）
我走开一会儿，行李要好好地看着！

ŋja⁵⁵mɔ³¹ lɔʔ³¹ tsui³¹ kɔu³³ tɔ³³ la³¹, mǎ³¹nɔ³³ su³³ mǎ³¹nɔ³³ khuɔn³³.
他们　手　握拉（互）着　　一边　走　一边　唱
他们手拉着手，一边走一边唱。

持续体除了在动词后加 tɔ³³ 或 tɔu³³ 表示，还可以在句尾加副词 ʃŋ³³，表示动作还将持续。例如：

la³³mu³³sɔm³³khjap⁵³tə³³xjuʔ⁵³ʃ̩³³. 才学了三个月。

月　　三　　个　　才　学　　还

ta³¹ŋɛ³³ma³¹ta³¹ku³¹tə³³nɛi⁵³ʃ̩³³. 一共才红了一个。

一共　　　一　个　才　红　　还

ŋjɔʔ³¹ma³¹ŋjaŋ³¹ʃ̩³³, ta³¹xja³³tʃa³³jət⁵³ʃ̩³³. 天还没亮，索性再睡一觉。

眼　没　看见　还　一　下　再　睡　还

6. 重复体

动词前加 tuɔm⁵³ "又" 或句中加 tsai̯³³ "再" 或 ta³¹lai̯ŋ³³tuɔm⁵³ "重复"，表示动作重复、再次义。例如：

tsai̯³³ta³¹xjaʔ³³laŋ³³aʔ⁵³. 再等一会儿。

再　　一下　　　等（祈）

ŋ³¹tji⁵⁵tuɔm⁵³wɔt³¹pa³³. 等我穿回一件衣服。

我衣服　又　　穿　　吧

ta³¹lai̯ŋ³³tuɔm⁵³jəu³¹aʔ⁵³！重拿！

重复　　　　拿（祈）

ta³¹lai̯ŋ³³tuɔm⁵³tʃhəi³³aʔ⁵³！重洗！

重复　　　　　洗（祈）

ŋji³¹pu³³tuɔm⁵³paŋ⁵³ku³¹. 灯又亮了。

灯　　又　　亮　了

tsai̯³³ta³³ʃeŋ³³ta³¹lai̯ŋ³³jəu³³. 再看一次电影。

再　电影　一　　次　看

ŋ³¹ta³¹lai̯ŋ³³tuɔm⁵³jəu³¹aʔ⁵³lɔu³³. 我要再去。

我 重复　　　　看（祈）去

kǎ³¹ʃ̩³³ma³¹ja³³kɔ³³tu³¹ta³¹kəu³¹tsai³³ja³³. 重新换一个。

现在　　　　换　　一　个　再（施）

四、动词的式

茶山语的式有禁止式、祈使式、否定式、疑问式等，通过形态变化和句法手段表现。

1. 禁止式

句末加语气助词 kɔ³³，表示禁止做某事。例如：

a³¹ xu³¹ kɔ³³. 别吵。　　　pɔm⁵³ ma³¹ ŋji⁵⁵ a³¹ ŋɛʔ³¹ kɔ³³. 不要放火烧山。

别　吵（禁）　　　　山　火　　　不要烧（禁）

有的句末加语气助词 lɔ³¹ 或 lɔ³³，也表示禁止做某事，但语气没有 kɔ³³ 强烈。例如：

kei³¹ ku³¹, a³¹ tai̠⁵³ lɔ³³! 好了，不要说了！

好了　　　别说　了

kɛ³³ ku³¹, a³¹ kat⁵³ lɔ³³! 够了，不要盛了！

够了　　　别　盛　了

有的不使用句末语气词，通过句子重音也能表示一般语气的禁止。例如：

a³¹ tai̠⁵³! 别说了！　　　khɔm³³ a³¹ ŋe³³! 不要关门哪！

别　说　　　　　　门　　别关

2. 祈使式

要求某人做某事或不做某事。语法手段是在句末加语气助词 aʔ⁵³、kɔ³³ pa³³、pa³³、lɔ³³ 等。aʔ⁵³ 有命令、希望、商量等作用，使用频率最高，语气相对较强硬；kɔ³³ pa³³、pa³³、lɔ³³ 有商量的作用，语气较缓和。例如：

mu³³tsui³³ aʔ⁵³! 干活儿！　　　　　la⁵⁵ŋjap⁵³tsɔ³³ aʔ⁵³! 快吃啊！

干活　（祈）　　　　　　快点　吃（祈）

la⁵⁵ŋjap⁵³lɔu⁵⁵ aʔ⁵³! 快去吧！

快　　去（祈）

la⁵⁵ŋjap³³ tai̠⁵³ aʔ⁵³! 快点儿说吧！　　tsɔ³³ ja³³ su³³ aʔ⁵³! 慢慢走哇！

快点　说（祈）　　　　　　慢　地　走（祈）

la⁵⁵ŋjap⁵³ lɔu⁵⁵ aʔ⁵³! 快走哇！

快点　　走（祈）

la⁵⁵ŋjap⁵³ lɔu³¹ aʔ⁵³! 快一点来呀！　khuʔ⁵³ təu³³ tjam⁵³ aʔ⁵³! 把碗摔掉！

快点　来（祈）　　　　　　碗　摔　掉（祈）

ŋ³¹ lji³¹ pɔu³¹ paŋ⁵⁵ aʔ⁵³! 帮帮我吧！　la⁵⁵ŋjap³³ waŋ³¹ lɔ³¹ aʔ⁵³! 快进哪！

我（宾）能 帮（祈）　　　　快　　进来（祈）

naŋ³¹ la⁵⁵ŋjap⁵⁵ lɔu⁵⁵ aʔ⁵³! 你赶快走哇！

你　快点　走（祈）

xɛ⁵⁵ a³¹ jaŋ̠³³ jəu³¹ lɔu⁵⁵ aʔ⁵³! 把这些东西拿走！

这　东西　　拿　走（祈）

a³³ jaŋ³³ ta³¹ tsəi³¹ kuɔt⁵³ aʔ⁵³! 做点事情吧！

事情　一点　做（祈）

ta³¹ŋɤ³³ jəu³¹ lɔu³³ aʔ⁵³/ka³³/³¹！全部都拿去吧！

全部　　拿　去（祈）

nəu³³ lji³¹ man³³ tsɔ³³ naŋ³³ aʔ⁵³！让牛吃吃草吧！

牛（宾）草　吃　　让（祈）

lɔu³¹ aʔ⁵³！xɔ⁵⁵ma³¹ a³¹ ljap⁵³ tʃɔ⁵³．过来！别站在那儿。

来（祈）　那儿　别　站　着

tshɔm³³tɔ³³ la³¹mǎ³¹tʃiəi³³tsɔ³³ aʔ⁵³！记着吃药哇！

记着　　　　药　　吃（祈）

ŋjaŋ⁵⁵ lji³¹ ta³¹xja³³ sɔʔ⁵³ tjəi³³ aʔ⁵³！给他修一下吧！

他（宾）一下　修　给（祈）

naŋ³¹ tan³³tsɿ³³ pɔu³¹ lji³¹ lɔu³¹ aʔ⁵³！你有胆量就过来吧！

你　胆子　有（非）来（祈）

a³¹khjeŋ³³ pɔu³¹ lji³¹ lɔu³¹ nɔ⁵⁵ aʔ⁵³！有空不妨来坐坐吧！

时间　　有（非）来　休息（祈）

tsɿ³³sɿ³¹ aʔ⁵³ naŋ³¹ lji³¹ la³¹khui³³ ŋat³³ aʔ⁵³！小心狗咬你！

仔细（祈）你（宾）狗　　咬（祈）

mɔu⁵⁵ tʃhuat⁵³ pa³³kai³³ku³¹，ɛiʔ⁵⁵ aʔ⁵³！天要黑了，回去吧！

天　黑　　快了　　回去（祈）

naŋ³¹ lɔu³¹ aʔ⁵³！xɔ⁵⁵ma³¹kjeŋ³¹ a³¹ ljap³¹ tʃɔ³³？

你　来（祈）　那里　一直　别　站着

你来呀！不要总站在那里？

naŋ³¹ khǎ³¹sɿ³³ ŋam³³ tsəi³¹，la⁵⁵ŋjap⁵³ tai³¹ aʔ⁵³！

你　怎么　想　的　快点　说（祈）

有什么想法，你就快讲啊！

pei³¹kjɛn³³ ma³¹tʃuɛ³³ lji³¹，ŋ³¹ lji³¹ kji³³nan³³ pat⁵⁵ aʔ⁵³！

北京　　（方）到（连）我（宾）电话　打（祈）

到了北京，给我来电话！

naŋ³¹ a³¹luɔm³³mu³³ jɛn³¹ tsuŋ³³ ŋjəi³³ aʔ⁵³！ŋ³¹ ta³¹xja³³ lji³³ ku³¹！

你　好好　　家　坐　在（祈）我　一会　回来　了

你好好看家呀！我一会儿就回来！

kɔ³³pa³³、pa³³、lɔ³³有商量的作用，语气较缓和。例如：

lɔ⁵⁵lji³¹ aʔ⁵³，a³¹ xu⁵³ lɔ³³！老李呀，不要吵了嘛！

老李（祈）别　吵　嘛

jaŋ⁵⁵ thuʔ⁵³lɔu⁵⁵ su³³lɔu⁵⁵ jəu³³ kɔ³³pa³³. 我们出去走走吧。

我们　出去　　　走去　　看　　吧

jaŋ³³mǎ³¹ nap⁵³kai³³ma³¹ lɔu³³ kɔ³³pa³³！咱们上街吧！

咱们　　街　　　　　去　　吧

xe³³ma³³ xjam̠³¹ tʃuɛ⁵⁵ lji³¹ nɔ³³/³⁵ ku³¹pa³³？是不是就谈到这儿算了。

这儿　　商量　到（非）休息　　吧

3．否定式

否定式是否定某动作或动词所处的状态。茶山语主要有两个否定副词 ma³¹ "不、没" 和 a³¹ "别、不要"。

（1）ma³¹ "不、没" 构成的否定式。例如：

ma³¹ lɔ³³ 不去　　　　　tʃuŋ³¹ ma³¹ tɔ³³ 没读书

不　去　　　　　　学校　没　去

naŋ³¹ ma³¹ tʃhŋ³³nɔ³³！你尽管放心吧！

你　别　　担心

mɔu⁵⁵ ma³¹ phaŋ³³ lɔ³³/³⁵ ta³¹. 天不会好了。

天　不　好　要

naŋ³¹ ma³¹ pɔu³¹ ɔ⁵⁵tɔʔ⁵³nɔ³³！你再不要操心了吧！

你　不　要　操心

xe⁵⁵ ŋjaŋ³¹ ku³³ lji³¹, tsɔ³¹ ma²¹ tsɔ³³ ʃ̩ŋ³³. 这么晚了，还没有饭吃。

这　晚　了（非）饭　不　吃　还

naŋ³¹ pu³¹ʃɔu³³ wui³¹, xɛ⁵⁵ a³¹ jaŋ³³ ma³¹ kei³¹！

你　不要　　买　这　东西　不　好

你不要（别）买，这东西不好！

naŋ³¹ ma³¹ ɔu⁵⁵tɔu³¹nɔ³³, ŋa³³mɔ³³ a³¹tʃaŋ³³ lɔu³¹.

你　别　不好意思　　我们　经常　　来

不要客气，我们经常来的。

（2）a³¹ "别、不要" +V 构成的否定式。例如：

a³¹ maŋ³³ a³¹ kji̠³¹！别慌！　　　　　　naŋ³¹ a³¹ xua³³. 你不要说谎。

别　忙　别　急　　　　　　　你　别　说谎

a³³/³¹ thjɔu³³ thjɔu³³！不要吵！　　　　tsai̠³³ a³¹ tai̠³¹ lɔ³³. 不要再说了。

别　吵　　吵　　　　　　　　再　别　说　了

sʅ⁵⁵pei³³ a³¹ sɛʔ⁵³ na̠ŋ³¹. 别给别人知道。

别人　别　知道　让

zɿ³³ʃaŋ³³ a³³xəu³³a³³thjɔu³³. 小孩别吵闹。

小孩　　别 吵 别 闹

ŋɛ³³ma³³ mɔu⁵⁵ wu³¹ ŋjəi³¹, naŋ⁵³a³³thuʔ⁵³ lɔu⁵⁵.

外面　　雨　 下　正在　 你 别出去

外面下着雨，你不要出去了。

zɿ³¹ʃaŋ³³ tʃan³¹a³¹ pat⁵³ kɔ³³kɔ³³、a³¹ tjɔʔ³¹kɔ³³kɔ³³.

孩子们　　　　别 打架 （互）别 吵架 （互）

孩子们不要相互吵架、相互打架。

mu³¹kuɔn³³a³³tsɔ³³, mu³¹kuɔn³³ tsɔ³³lji³¹wɔm³³tau³³nau³¹.

乱　　　别 吃 乱　　　吃 （非）肚子　 疼

别乱吃，乱吃会肚子疼的。

4. 疑问式

茶山语疑问式常用的语法形式有疑问代词 la³³、a³¹ V……（ta³¹） la³³、Vma³¹V、……la³³……la³³ "吗、不吗、是吗、呢、吧" 等，构成特指问、正反问、选择问、是非问。最常用的疑问语气词是 la³³。

（1）句末使用语气词 la³³ "吗" 构成是非问。例如：

mɔu⁵⁵ phaŋ³³ ku³¹ la³³？天晴了吗？

天　 晴　　了（疑）

naŋ³¹ jɔu³³ tu³¹ lɔu³³ la³³？你能上去吗？

你　 能 爬 上去（疑）

（2）茶山语正反问有两种语法形式：一种是动词前加 a³¹，句末使用疑问语气助词 la³³，形成 a³¹V……（ta³¹） la³³ 的语法形式，是双重疑问标记，a³¹V 义为 "V 否" 或 "V 不 V"，la³³ 常与 ta³¹ 连用；另一种语法形式是 Vma³¹V。前一种语法形式使用频率略高于后一种语法形式。

a³¹V……（ta³¹） la³³。例如：

naŋ³¹ a³³ tʃhau³¹jəu³³ la³³？你调查了吗？

你　 调查没调查（疑）

naŋ³¹ a³¹ jɔu³³tshuɔm³³ la³³？你记得吗？

你　 能不能 记得　（疑）

naŋ³¹ a³¹maŋ⁵⁵ a³¹pɔu³¹ la³³？你有哥哥吗？

你　 哥哥　　有没有（疑）

xe³³ma³³ tʃuŋ³¹ a³¹ŋuat⁵³ la³³？这里是学校吗？

这里　 学校　 是不是（疑）

naŋ³¹ tsat⁵⁵ a³¹ ta³¹ kɔu³¹ la³³？你会跳舞吗？

你　舞　会不会　跳（疑）

ŋ³¹ ta̱i³¹tsəi³¹ a³¹ ŋuat⁵³ la³³？我说的对不对？

我　说的　　是不是（疑）

naŋ³¹ a³¹ jɔu³³ jəu³¹ ta³¹ la³³？你拿得动拿不动？

你　能不能　　拿（疑）

naŋ³¹ ta⁵⁵ ʃeŋ³¹ a³¹ jəu³³ la³³？你看电影不看？

你　电影　看不看（疑）

naŋ³³ ŋjaŋ³³ lji⁵³a³¹ pɔu³³la³³？你肯嫁给他吗？

你　他（宾）愿不愿意（疑）

la³³xɛ⁵⁵ŋjen³³ a³¹ jɔu³³ kat⁵³ la³³？汉语能不能说？

汉语　　　能不能　说（疑）

naŋ³¹ ŋjɔʔ⁵¹ᐟ³⁵ a³¹ tʃhəi³¹ ʃɿ³³ la³³？你洗过脸没有？

你　脸　洗没洗　　还（疑）

naŋ³¹ ta⁵⁵ ʃeŋ³¹ a³¹ mɛʔ⁵³ jəu³³ la³³？你喜欢不喜欢看电影？

你　电影　喜不喜欢　看（疑）

pei³¹kjan³³ naŋ³¹ a³¹ lɔu⁵⁵ ku³¹ la³³？北京你去过没有？

北京　　你　去没去　过（疑）

naŋ³¹ a³¹ ta̱l³¹ tʃheŋ³³tʃhuʔ⁵³ ʃɿ³³ la³³？你说清楚没有？

你　说没说　清楚　　还（疑）

naŋ³¹ tsɔ³¹tuŋ³³ a³¹ mɛʔ⁵³ tsɔ³³ᐟ³⁵ la³³？你爱不爱吃干饭？

你　干饭　爱不爱　吃（疑）

ŋjaŋ⁵⁵ a³¹ jɔu³³ tu³³ tɔu³¹ lɔ³³ ta³¹la³³？他能爬上去吗？

他　能不能　爬上　去（疑）

ŋjaŋ⁵⁵ lu³³khuʔ⁵³ ma³³ tjəu³¹ a³¹ ŋuat⁵³ la³³？他是不是六库人？

他　六库　（方）人　是不是（疑）

naŋ³¹ kuk³³ŋjaŋ³³ ɔ⁵⁵ljɔʔ⁵³ a³¹ tsɔ³³ ʃɿ³³ la³³？你吃糯米粑粑了没有？

你　糯米粑粑　　吃没吃　还（疑）

ŋja⁵⁵nɔ³¹ a³¹ saiʔ⁵³ tə³³ kei³¹，a³¹ jɔu³¹ ləu³³ la³³？

他的病　新　　才好　　能不能　去（疑）

他的病刚好，能不能去呀？

naŋ³¹ khǎ⁵⁵zan⁵³ kuŋ³¹tuɔm³³ sɔ³³sɔ³³kei³¹，a³¹ ŋuat⁵³ la³³？

你　今年　身体　　很　好　是不是（疑）

你今年挺健康的，是不是？

这种结构还能表示反问语气。例如：

tsɔ³¹tʃɔu³¹ma³¹tʃha³³a³¹tʃha³³la³³？ 煮饭有什么难的？

饭　煮　不　差　缺不缺（疑）

在主谓谓语句中，la³³一般用在主句动词后，表疑问语气。例如：

naŋ³¹a³¹sɛʔ⁵³　la³³a³³sɛŋ³¹ŋjaŋ³¹tʃha³³ku³¹？ 你知道自己错了吗？

你　知不知道（疑）自己　　错　了

ŋjaŋ⁵⁵naŋ³¹thjɛ⁵⁵mu³³ma³³ləu³¹ta³³a³³sɛʔ⁵³　la³³？ 他知道你来片马吗？

他　　你　片马　　（方）来　的　知不知道（疑）

Vma³¹V。例如：

naŋ³¹lɔu³¹ma³¹lɔ³¹？ 你来不来？

你　来　不　来

ŋjaŋ⁵⁵lɔu³¹ma³¹lɔu³¹ɛʔ⁵³ma³¹sɛʔ⁵³ʃɿ³³. 还不知道他来还是不来呢。

他　　来不来　　也　不　知道　还

茶山语的这两种选择疑问形式能够互换，意义不变。以"你认得不认得他"为例，如下：

naŋ³¹ŋjaŋ⁵⁵lji³¹sɛi⁵³ma³¹sɛʔ⁵³？　　naŋ³¹ŋjaŋ⁵⁵lji³¹a³¹sɛʔ⁵³　la³³？

你　他（宾）知道　不　知道　　你　他（宾）知不知道（疑）

（3）茶山语选择问要有两个名词或谓词性结构，并分别在两个结构末尾加疑问语气助词 la³³，形成……la³³……la³³"……呢……呢"，构成选择问句式。

谓词性结构以动词结构为主，例如：

naŋ³¹ʃɔ³³pɛ³¹jəu³³lɔu³³la³³ləu³¹lɔu³³la³³？ 你是放羊去呢还是玩去呢？

你　羊　看　去　呢　玩　去　呢

ŋ³¹lɔu⁵⁵ta³¹la³³xɛ³¹ʃɿ³³naŋ³¹lɔu⁵⁵ta³¹la³³？ 是我去呢还是你去？

我　去　呢　还是　你　去　呢

naŋ³¹kuk³³tsɔ³¹tsɔ³⁵ta⁵³la³³ɔ⁵⁵ljɔʔ⁵³tsɔ⁵⁵ta⁵³la³³？

你　米饭　吃　呢　粑粑　吃　呢

你是吃米饭还是吃粑粑？

mɔ⁵⁵tsa³³ʃɿ³³tsuŋ⁵⁵ta³¹la³³lu³³ʃɿ⁵⁵wɔt⁵³ta³¹la³³？

袜子　套　呢　裤子　穿　呢

先穿袜子呢还是先穿裤子？

名词性结构除了名词结构，还有形容词的名物化结构，两者都能形成选择问句式。例如：

kjɔʔ³¹ la³³，pɛ³³tʃap³³ la³³？是鸡呢，还是鸭子？

　鸡　　呢　鸭子　　呢

ŋjau³³ʹ³⁵ tsəi³¹la³³，nain³⁵tsəi³¹ la³³？是多呢，还是少呢？

　多　　　　　呢　少　　　呢

khǎ⁵⁵ŋjəi⁵³ la³¹pan³¹sɔm³³ŋjəi³³ la³³ la³¹ pan³¹ŋ⁵⁵ŋjəi³³ la³³？

　今天　　　星期三　　　呢　星期五　　　　呢

今天是星期三呢还是星期五？

茶山语的正反问和选择问可以互换语法形式，意义不变。以"他去没去"
为例，可以有两种说法。例如：

ŋjaŋ⁵⁵ a³¹ lɔ³³ la³³？（正反问）

　他　　去否（疑）

ŋjaŋ⁵⁵ lou⁵⁵ la³³ ma³¹lou⁵⁵ la³³？（选择问）

　他　　去（疑）没去　　（疑）

再如"你闻闻香不香"如下：

naŋ³¹ nam³³ jəu³³ aʔ⁵³ xjaŋ³³ ma³¹ xjaŋ³³？

　你　　闻　看（祈）香　　不　　香

naŋ³¹ nam³³ jəu³³ aʔ⁵³a³¹xjaŋ³³ la³³？

　你　　闻　看（祈）香否（疑）

（4）句中使用疑问代词，构成特指问。这类句子一般不使用疑问语气助
词。例如：

ŋui³¹ khǎ⁵⁵ŋjau³¹ kjap⁵³？多少元钱？

　钱　多少　　　元

puŋ³³kjaŋ³³ ka³¹ xaŋ⁵³？崩江是谁？

　崩江　　（话）谁

naŋ³¹ khǎ³¹phɛ³³ lou³³？你去哪里？

　你　　哪里　去

naŋ³¹ khǎ³¹ŋjəi³³ lou³³ ta³¹？你哪一天走啊？

　你　　哪天　　去　啊

五、动词的重叠

片马茶山语单音节动词可以重叠，形成 AA 式，表尝试义，能接受否定词

修饰；双音节动词重叠多表示动作的状态，形成 AABB、ABAC 式。例如：

1. AA 式

jəu³³ jəu³³ 看看　su³³ su³³ 走走　　　tsuŋ³³ tsuŋ³³ 坐坐　ljap³³ ljap³³ 站站

看　看　　　走　走　　　　坐　　坐　　　站　　站

laŋ³³ laŋ³³ 等等　kjɔu³³ kjɔu³³ 听听　lɔ³¹ əuʔ⁵³ əuʔ⁵³ 招招手

等　等　　　听　听　　　手　招招

单音节动词重叠能接受否定词修饰。例如：

a³³/³¹ thjɔu³³ thjɔu³³! 不要吵!

别　吵　　吵

ŋjɔʔ³¹ ma³¹ thəŋ³³ ŋjəi³¹ ŋjəi³¹. 眼睛眨个不停。

眼睛　不　停　眨　眨

重叠的动词表示尝试义时有两种语法形式：AA 式、Ajəu³³ 式，其中后者使用频率较高，且多用于祈使句中，jəu³³ 来源于动词"看"，这里表示尝试义。例如：

ŋam³³ jəu³³ 想想　　ʃ˞³¹ jəu³³ 试试　　naŋ³¹ ŋam³³ jəu³³ aʔ⁵³. 你想想看。

想　看　　　试　看　　　你　想　看（祈）

phɔʔ⁵³ka³¹ kuɔt⁵³ jəu³³ aʔ⁵³. 做一做生意。

生意　　　做　看（祈）

naŋ³¹ xɛ⁵⁵tsəi³¹ tsɔu³³ jəu³³ aʔ⁵³. 你尝尝这个甜不甜。

你　这个　吃　看（祈）

ŋ³¹ ŋam³³ jəu³³ lɔ³¹ la³¹, xɛ³¹ ʃ˞³³ ma³¹lɔ³³. 我想了想，还是决定不去。

我　想　看　来（非）还是　不　去

xɛ³³ma³³ ʃɔ³³pɛ³¹ kha³³ŋjau⁵³ təu³¹pou³¹? ŋ³³ lɔu³¹suɔn³³ jəu³³ pa³³.

这里　羊　　多少　　只　有　我　来　数　看　吧

这里有几只羊？让我来数一数。

这两种语法形式可互换，语义不变。以"洗洗"为例，可以有两种形式：

tʃʃəi⁵³ tʃiəi³³　　tʃiəi³³ jəu³³ 洗洗

洗　洗　　洗　看

单音节动词在句式中可以重叠使用，中间都有其他语法成分，一般表程度加深或强调。例如：

xjuʔ⁵³a³¹ luɔm³³ mu³³ xjuʔ⁵³ aʔ⁵³. 好好学。

学　好好地　　学（祈）

tsɔ³³ a³¹luɔm³³mu³³ tsɔ⁵⁵ aʔ⁵. 好好吃。

吃　好好地　　　吃（祈）

nəu⁵⁵ a³¹luɔm³³mu³³ nəu⁵⁵ aʔ⁵³. 好好休息。

休息 好好地　　　休息（祈）

ŋa³³ŋuɛ⁵³ ŋjaŋ⁵⁵ lji³¹, mu³³ a³¹mcuɔm³³mu³³ tsui³³ aʔ⁵³.

他　　母亲　他（宾）活　好好地　　　　做（祈）

他母亲对他说，要他好好干活。

上例中，句首动词 xjuʔ⁵³、tsɔ³³、nəu⁵⁵ 都可以去掉。这是因为单音节动词可以重叠，这类句式如果是双音节动词，则一般将双音节动词分裂。例如：

mu³³a³¹luɔm³³mu³³ tsui³³ aʔ⁵³. 好好干活。

活　好好地　　　做（祈）

上例中 mu³³ 是名词性成分，可以省略。再如：

xɛ⁵⁵ a³¹jaŋ³³ khɔu³³khɔu³³zɔ³³ tsɔ³³/³⁵ ɛ³ʔ⁵³ tsɔ³³ kei.

这　东西　　　咸咸的　　　吃　也　吃　好

这东西咸咸的，挺好吃。

2. AABB 式

thɟi⁵⁵ zɔ³¹khɔʔ³¹ su³³su³³nɔ³³nɔ³³. 那个老人走走停停。

那　老人　　走走停停

tjəu³³tʃiɛn³¹ lɔu⁵⁵lɔu⁵⁵lɔu³¹lɔu³¹ kai³³ kan³¹ tɛi³³.

人们　　　　来来往往　　　街　赶　一样

人们来来往往的像赶集一样。

ŋa⁵⁵mɔ³¹ thuʔ⁵⁵thu⁵⁵waŋ³³waŋ³³ tʃha³¹ kuɔt⁵³ ŋjəi³¹?

他们　　出出进进　　　　　什么　做　　在

他们进进出出的在做什么呀？

3. ABAC 式

kuaŋ³¹lɔ³³kuaŋ³¹/³⁵lɔ³¹逛来逛去　　　taŋ³³lɔ³³taŋ³¹/³⁵lɔ³¹飘来飘去

逛　去　逛　来　　　　　　飘　去飘　来

pan³¹lɔ³³pan³¹/³⁵lɔ³¹拌来拌去　　　təu³³lɔ³³təu³³lɔ³¹丢来丢去

拌　去拌　来　　　　　　丢　去　丢　来

thək³¹lɔ³³thək⁵³lɔ³¹蹬来蹬去　　　su³³ŋjəi³¹su³³ŋjəi³¹走着走着

蹬　去蹬　来　　　　　　走　着　走　着

tai̠³¹ŋjəi³¹tai̠³¹ŋjəi³¹lji³¹ ŋau³¹ku³¹. 说着说着就哭了。

说　着　说　着（连）哭　了

tai̠³¹ŋjəi³¹tai̠³¹ŋjəi³¹lji³¹, ŋjaŋ⁵⁵ŋau³¹ku³¹. 讲着讲着，他就哭了。

讲　着　讲　着（连）他　哭　了

tai̱³¹ ŋjəi³¹ tai̱³¹ ŋjəi³¹ lji³¹ ka³¹ ŋau³¹ thuʔ⁵³ ləu³³ ku³¹.
讲 着 讲 着（连）（话）哭 出 来 了
讲着讲着就哭起来了。

tai̱³¹ ŋjəi³¹ tai̱³¹ ŋjəi³¹ lji³¹，ŋjaŋ⁵⁵ ŋau³¹ thuʔ⁵³ ləu³¹ ku³¹.
讲 着 讲 着（连） 他 哭 出 来 了
讲着讲着，他就哭起来了。

naŋ³¹ kha³¹ sɿ³³ su³³ ŋjəi³¹ su³³ ŋjəi³¹ lji³¹ ljap³¹/³⁵ tʃɔʔ³³ ku³¹？
你 怎么 走 着 走 着（连）站 住 了
你怎么走着走着停住了？

su³³ ŋjə³¹ su³³ ŋjəi³¹ lji³¹，kaŋ⁵⁵ faŋ³¹ wu³¹khɔu³³ ma³¹ tʃuɛ³³ ku³¹.
走 着 走 着 （连）岗 房 村 （方）到 了
走着走着，不知不觉走到岗房村。

六、动词的貌

茶山语动词有貌范畴，最常见的是动词重叠或后加虚化的动词 jəu³³，表示动作的尝试貌。例如：

jəu³³ jəu³³ 看看　su³³ su³³ 走走　tsuŋ³³ tsuŋ³³ 坐坐　ljap³³ ljap³³ 站站
看 看　　　走 走　　　坐 坐　　　　站 站

laŋ³³ laŋ³³ 等等　kjɔu³³ kjɔu³³ 听听
等 等　　　听 听

tuŋ³¹ tʃhəi³³ jəu³³ jəu³³ aʔ⁵³ 看一看中医
中医　　　　看 看（祈）

除了尝试貌，动作动词还可以表示"站立貌""到处貌""极限貌"等，如 ljap³³tʃɔu³¹，义为"一直站着"，有的貌范畴由状词充当。例如：

ŋjaŋ⁵⁵ tʃhɿʔ⁵³ ʃəi³¹　　　　pa³³kɛ³³kəu³³. 他急得要死。
他 急 死（极限貌） 快要

ŋjaŋ⁵⁵ tʃha³³ məu⁵³ la³³xɔ³³ ma³¹ kjiŋ³³ ljap³³tʃɔu³¹？他为什么老站在那里？
他 为什么 那里 更 站（站貌）

kjɔʔ³¹ ja³³ wuʔ⁵⁵ tan³¹la³¹ ta³¹khɔu³³ ja³³ wui³³ jan³³.
鸡 和 猪 吓 得 到处 跑（到处貌）
鸡和猪被吓得东奔西跑。

ŋɟəi³³tʃaŋ³³ma³¹ŋɕiʔ⁵⁵ŋɟəi³³/³⁵ʃɔ³³pɔu³¹tjan³¹tjam⁵³khɔu³¹.

地里　　　　　草　很多　　　有　拔　掉（扔貌）

地里那么多草，得锄一锄。

lain̩³¹tɔu³³xɔ⁵⁵a³¹təu³³ka³¹a³³lu³³，ljap⁵⁵tʃɔu³¹xɔ⁵⁵a³¹təu³³ka³¹a³³tsɛŋ⁵³.

躺着　那头　　（话）公的　　站（站貌）那头　（话）　母的

躺着的那头是公的，站着的那头是母的。

七、动词的名物化

动词或动词短语后加名物化标记 tsəi³¹ 或准名物化标记 lji³¹，构成名物化结构，该结构具有名词的某些语法功能。

（1）动词与名物化标记 tsəi³¹ 组合，构成名物化结构，在句中作主语、谓语、宾语等。如：

wɔt⁵³tsəi³¹穿的　　tsui⁵⁵tsəi³¹做的　　ŋam³³tsəi³¹想的　　tai³¹tsəi³¹说的

穿的　　　　　　做的　　　　　　想的　　　　　　说的

①作主语。例如：

naŋ³¹ŋam³³tsəi³¹sɔ³³sɔ³³kei³¹. 你的想法很好。

你　想　的　很　好

taŋ⁵⁵lɔu³³ŋɟəi³¹tsəi³³ka³³kɔ³³ɯɔ²⁵³. 飞的那只是乌鸦。

飞　去　着的（话）乌鸦

ŋjaŋ³³taŋ⁵³tsəi³³ta³³xjɔu³¹ai⁵⁵tshəi³¹kjɛn³³. 她挑的一百二十斤。

她　挑　的　一　百　二　十　斤

②作谓语。例如：

kuɔn³¹su³³ka³¹thjɛi⁵³ja³³kuɔt⁵³tsəi³¹. 犁头是用铁做的。

犁头　（话）铁　用　做　的

xɛ⁵⁵mɔu⁵³sɔu³³khjap⁵³ŋjaŋ³¹lai³³tsəi⁵³ŋuɔt⁵³ma³¹ŋuɔt⁵³？

这　信　　封　他　写　的　是　不　是

这封信是不是他写的？

ŋ³¹wɛ³³wɛ³³ma³³ja³³naŋ³¹lɔu³¹ŋjəi³¹tsəi³¹ŋjaŋ³¹ku³¹.

我　远远　（方）地　你　来　着的　看见　了

我远远就看见你来了。

xɛ⁵⁵thjɛ⁵⁵kɔ³¹tsuɔm³³ka³¹ŋa⁵⁵ŋuɛ³¹ŋ³¹lji³¹kuɔt⁵³tjəi³³tsəi³¹.

这　鞋　双　（话）我母亲　我（宾）做　给　的

这双鞋是我母亲帮我做的。

③作宾语。例如：

xje³¹ phɛ³³ ka³¹ tsɔ³⁵ ta⁵³ tsəi³³ ma³¹ jɔ³³，wɔt⁵⁵ ta⁵³ tsəi³³ ma³¹ jɔ³³.

以前　（话）吃的　　　没有　穿的　　　没有

以前没有吃没有穿。

名物化标记 tsəi³¹，在句中能起到强调特指的作用。例如：

taŋ⁵⁵ lɔu³³ ŋjəi³¹ tsəi³³ ka³³ kɔ³³ nɔʔ⁵³. 飞的那只是乌鸦。

飞　　去　着　的（话）乌鸦

xɛ⁵⁵ tsəi³¹ tʃha³³ nɔm³¹？a³¹ jɔu³³ tsɔ⁵⁵ la³³？这是什么？能不能吃？

这　　　什么　　　能不能　吃（疑）

名物化标记 tsəi³¹ 与动词结构较松散，二者间可以加入定语助词 ta³³，ta³³
有时在句中变读为 ta⁵³，加或不加 ta⁵³ 不影响句义。以"吃的"为例，可以表
达为"tsɔ⁵⁵ ta⁵³ tsəi³¹"或"ɔtsɔ⁵⁵ tsəi³¹"。例如：

tsɔ⁵⁵ ta⁵³ tsəi³¹ ŋjɛt tɔu⁵⁵ la³¹，ta³¹ ŋɛ³³ a³¹ sɿ³¹ ja³³ ɔŋ⁵⁵ tjəi³¹ ku³¹.

口粮　　　留　着　都　政府　　卖　给　了

除去口粮，剩下的都卖给国家。

je³¹ phɛ³³ ka³¹ tsɔ³⁵ ta⁵³ tsəi³³ ma³¹ jɔ³³，wɔt⁵⁵ ta⁵³ tsəi³³ ma³¹ jɔ³³.

以前　（话）吃　的　没有　　穿　的　没有

以前没有吃没有穿。

名物化标记 tsəi³¹ 在句中能同时表示动词语义的补充成分。例如：

ŋ³¹ tsɔ⁵⁵ tsəi³¹ sɔ³³ sɔ³³ ma³¹ tʃɔ³³. 我吃得不太饱。

我　吃的　很　　不　饱

ŋjaŋ⁵⁵ tai̠³¹ tsəi³¹ ma³¹ miŋ³¹ pɛ³³. 他说得不明不白的。

他　　说　的　不　明白

ŋ³¹ tsɔ⁵⁵ tsəi³¹ xaŋ⁵³ thɔʔ⁵³ lji³¹ tʃou³³. 我吃得比哪个都饱。

我　吃　的　哪个　比　　饱

ŋjaŋ⁵⁵ jɛn³¹ ʃiɛn³³ tsəi³¹ ljaŋ⁵⁵ ljaŋ³¹ ʃɛn³³ tɔ³³. 他扫地扫得干干净净的。

他　扫　　　的　干干净净　扫　起

ŋjaŋ⁵⁵ lai³³ tsəi³¹ ŋjap³³ ɛʔ⁵³ ŋjap³¹ juŋ⁵⁵ ɛʔ⁵³ juŋ³³. 他写得又快又好看。

他　写　的　快　也　快　好看　也好看

ŋjaŋ⁵⁵ wɔt⁵³ tsəi³¹ juŋ⁵⁵ ɛʔ⁵³ juŋ³³ sai̠³¹ ɛʔ⁵³ sai̠³¹. 她穿得又漂亮又整洁。

她　穿的　　好看　也　好看　整洁　也　整洁

（2）茶山语动词作主语时，如没有名物化标记 tsəi³¹，则须使用 lji³¹ 连接主谓成分。lji³¹ 可能来源于汉语"哩"，语气上有停顿作用；结构上连接上下成分，取消该成分或小句的独立性；语法上既有话题标记功能，又有名物化功能，相当于汉语"者"。这类用法比较特殊，可视为比较特殊的名物化标记和名物化结构。例如：

jət⁵³ lji³¹ kei³¹，laiṇ³³ lji³¹ ma³¹ kei³¹. 睡着好，躺着不好。

睡（话）好 躺（话）不 好

jəu³³ lji³¹ kei³¹，ma³¹ jəu³³ lji³¹ ɛʔ⁵³ kei³¹. 看可以，不看也可以。

看（话）可以 不 看（话）也 可以

tʃhɔ³³ su³³ lji³¹ ma³¹ ŋjap³¹，wui⁵⁵ lji³¹ ŋjap³¹. 走不快，跑快。

路 走（话）不 快 跑（话）快

ŋɔu³¹ lji³¹ ma³¹ jəu³³ kei³¹，ji³¹ lji³¹ jəu³³ kei³¹. 哭不好看，笑好看。

哭（话）不 看 好 笑（话）看 好

上述这种结构与"动词/动词性短语 + tsəi³¹"语法形式表达的意义相同，"动词/动词性短语 + tsəi³¹"后多与话题标记 ka³¹ 连用，语义上有强调作用。例如：

taŋ⁵⁵ lɔu³³ ŋjəi³¹ tsəi³³ ka³³ kɔ³³ nɔʔ⁵³. 飞的那只是乌鸦。

飞 去 那只 的（话）乌鸦

tsɔu⁵⁵ tsəi³¹ ka³¹ ma³¹ jɔuʒ³³ naiṇ³³. 吃是少不得的。

吃 的（话）不 能 少

八、名动同形

"名动同形"也称"宾谓同形"，即宾语和谓语使用相同的或部分相同的形式。茶山语有名动同形的语法特点，但这类现象并不常见。茶山语的名动同形是同一句法结构中相邻句法成分的同形。有的是名词、动词完全同形，例如：

ʃ⁵⁵ ʃ⁵⁵ 结果子	ŋjiŋ³¹ ŋjiŋ³¹ 起名字	xuɛʔ⁵³ ʒuɛ⁵³ 做法
果子 结	名字 起	法 做

有的是动词与名词的后一音节同形，或者为后一音节的重叠。例如：

u⁵⁵ kjɔp⁵³ kjɔp⁵³ 戴帽子	jət⁵³ tʃu³³ tʃu³³ 说梦话	tsɔ³¹ phuŋ³³ phuŋ³¹ 开会
帽子 戴	梦话 说	会 开

jət⁵³mɔ³³mɔu⁵³做梦   ŋji⁵⁵khau³³khau³³熏烟   pan⁵⁵pu³³pu³³开花
梦 做   烟 熏   花 开
u⁵⁵thuat⁵³thuat⁵³戴包头   khjei³¹ljət³³ljət³³绑裹腿
包头 戴   裹腿 绑
paŋ³³khuɔm³³paŋ⁵³开窗户
窗户   开
khjei³¹tsuŋ³³tsuŋ³³穿脚套   thji³³kɔʔ⁵³kɔʔ⁵³穿鞋
脚套 穿   鞋 穿
u⁵⁵khuʔ⁵³khuʔ⁵³枕枕头   kjɔʔ³¹wɔp⁵³wɔp⁵³抱鸡蛋
枕头 枕   鸡蛋   孵

九、动词的句法功能

茶山语动词及其构成的短语在句中能作谓语、主语、宾语、定语、补语和状语等语法成分。

(1) 作谓语。这是动词最主要的功能，如果带宾语，语序是"宾 + 动"。例如：

ŋjaŋ⁵⁵lɔu³¹ku³¹. 他来了。   ŋjaŋ⁵⁵khɔu⁵⁵lji³³ku³³. 他溜回来了。
他   来 了   他   溜   回来 了
ŋjaŋ⁵⁵mɔu³¹sɔu³³wui³¹lɔ³³ku³¹. 他买书去了。
他   书   买   去 了
xjeʔ³¹phɛ³³tje³³jam⁵³jəu³¹la³³nuŋ³¹phɛ³³ta³¹！拆了东墙补西墙！
前面   墙 拆（非）后面   要

(2) 作主语。动词可直接作主语，也可以加名物化标记 tsəi³¹作主语。动词或动词短语直接作主语的句子一般强制出现话题标记 lji³¹。例如：

jət⁵³lji³¹kei³¹，lain³³lji³¹ma³¹kei³¹. 睡着好，躺着不好。
睡（话）好 躺（话）不 好
tai⁵³lji³¹lui³¹，tsui³³lɔu³³lji³¹jɔu³³. 说起来容易，做起来难。
说（话）容易 做 起来（话）难
jəu³³lji³¹kei³¹，ma³¹jəu³³lji³¹ɛʔ⁵³kei³¹. 看可以，不看也可以。
看（话）可以 不看 （话）也 可以
ŋɔu³¹lji³¹ma³¹jəu³³kei³¹，ji³¹lji³¹jəu³³kei³¹. 哭不好看，笑好看。
哭（话）不 看 好 笑（话）看 好

tai̱³¹ tʃha³³ lji³¹ ma³¹ ʃuat⁵³, tsai³³ ta³³ lai̱n³³ tai̱³¹ ku³³ ŋuat⁵³ku³¹.

讲错　（话）不　怕　　再　一　　遍　讲　就　是　了

讲错了没关系，再讲一遍就是了。

（3）作宾语。有以下两种情况：

①动词直接作宾语。这类句子多为能愿动词作谓语动词，其他动作动词作宾语，谓语动词位于宾语之前，形成的语序为"谓语动词＋宾语"。例如：

ŋjaŋ³¹ jau³³ tɔ³³lɔ³³ ta³¹la³³？他爬得上去吗？

他　　能　　爬上去　吗

ŋjaŋ⁵⁵ sɔ³³sɔ³³ ta³³tai̱³¹, ŋa⁵⁵ thɔʔ⁵³ljɛt⁵³ta³³ tai̱³¹.

他　很　会　说　我的比　　会　说

他能说会道，说得过我。

②动宾短语作宾语。这类句子多为心理动词或能愿动词作谓语动词，其他动宾短语作宾语，其中谓语动词位于动宾短语中的动词之前、宾语之后。谓语动词与动宾短语在同一语法层面。例如：

ŋjaŋ⁵⁵ lji³¹su³³ ŋjeŋ³³ ta³³ tai̱⁵³. 他会讲傈僳话。

他　傈僳话　　会　讲

ŋjaŋ⁵⁵ ka³¹ ŋja³³ŋji³³ ljɛt³¹ wɔm³³ pat³³. 他敢打他老婆。

他　（话）他老婆（非）敢　打

naŋ³¹ ta⁵⁵ ʃen³¹ a³¹ mɛʔ⁵³ jəu̱³³ la³³？你喜欢不喜欢看电影？

你　电影　喜不喜欢　看（疑）

ŋjaŋ⁵⁵ tʃha³³ mɔu³¹sɔu³³ ma³¹ mɛʔ⁵³ ŋjap³³. 他什么书也不愿读。

他　什么　书　　不喜欢　读

naŋ³¹ tʃha⁵⁵ mɛiʔ⁵³ tsɔ³³？ ŋ̩³¹ tʃhəiʔ³¹ jəu̱³³ tsɔu³³.

你　什么　爱　吃　我　什么都　能　吃

你爱吃什么？我吃什么都行。

ta³¹ tshəi³³xjɛt⁵³ zan³¹ ta³³ zɿ³³ŋji³³ ka³¹ pan³³ tap⁵³mɛn³¹.

一　十　八　岁　的　姑娘（话）花　戴　爱

十八岁的姑娘爱戴花。

thji⁵⁵ zɔ³¹khɔʔ³¹ ja³³ ŋja³³zɔ³¹ ta³¹kai³³ja³³ ʃɔ³³ mɛ⁵³ pai³¹.

那　老人　和　儿子　都　　肉喜欢　打

那个老人和他的儿子都喜欢打猎。

sɿ³¹lja³³ mǎ³¹ŋəi³³ sai⁵³ ta³¹lai̱n³³lji³³ ja³³mai³¹ tai̱³¹ tjam³¹.

老师　故事　新　一下子　　喜欢　讲　完

老师喜欢把新故事一下子讲完。

ŋjaŋ⁵⁵ tʃuŋ⁵⁵ thɔʔ⁵³ma³¹ laįn³¹ tau³³ la³³ mɔu³¹ sɔu³³ mai⁵³ jəu³³.

他　　床上　　（方）躺　着（状）书　　　　喜欢　看

他喜欢躺在床上看书。

（4）作定语。由动词构成的主谓短语等在句中能充当定语，位于中心语之前。二者之间须加偏正关系助词 ta³³。例如：

khǎ⁵⁵ŋjəi⁵³ ŋ³¹ jəu³³ ta³³ ʃeŋ³¹ sɔ³³ sɔ³³ kei³¹. 我今天看的电影好极了。

今天　　我　看　的 电影　很　　好

naŋ³¹ wui³¹ ta³³ thɔ⁵³tji³³ ŋjau³³ᐟ³⁵ ŋje³¹ ku³¹. 你买的这件上衣太小。

你　买　的　上衣　太　　小　了

naŋ³¹ ŋjəi⁵⁵na³¹ wui³¹ ta³³ a³¹ jaŋ³³ kha³¹tha?⁵³ tɔu³³ ku³¹? 你昨天买的东西哪儿放了？

你　昨天　买　的　东西　　哪儿　放　了

你把昨天买的东西放在哪儿了？

ŋ³¹ ka³¹a³¹ sɛ⁵³wui³¹ xɛ⁵⁵təu³³ ɔu³³, ŋjaŋ⁵⁵ ka³¹ xje?⁵³lji³¹wui³¹ta³³ thji⁵⁵

我（话）刚　　买 这 匹 喜欢　他　（话）以前　买　的　那

a³¹təu³³ ɔu³³.

匹　喜欢

我喜欢刚买的这匹，他喜欢以前买的那匹。

（5）作补语。居谓语动词后。例如：

ŋ³¹ ŋam³³ la³¹tje?³³tje?³³nat³¹. 我冷得发抖。

我 冷　得　很　　抖

xɛ⁵⁵ zɿ³¹ ŋji³³ ŋɔu³¹ la³³ naik⁵³ŋjəi³¹. 这个姑娘哭得伤心。

这　姑娘　哭　得　　伤心

kjɔʔ³¹ ja³³wu?⁵⁵tan³¹la³¹ta³¹khɔu³³ ja³³wui³³jan³³. 鸡和猪被吓得东奔西跑。

鸡　和　猪　吓得　到处　　跑　到处

（6）作状语。茶山语连动句中，前一动词是后一动词的状语，语义上前者是后者的状态，二者之间常用状语标记 la³³。例如：

ŋjaŋ⁵⁵ ji⁵³ la³³ taį⁵³. 他笑着说。

他　　笑（状）说

naŋ³¹ tsuŋ³¹ la³³ taį³¹ a?⁵³. 你坐着讲。

你　坐（状）说（祈）

ŋjaŋ⁵⁵ ljap⁵³ la³³ jəi³³ ʃəu?⁵³? 他站着喝酒？

他　站（状）酒　喝

第四节 数词

数词表示数的多少。片马茶山语数词的基本特点有：①有基数词、序数词、概数词和半数词等几类。各大类又有若干小类。②数词在句中不能单独使用，必须与量词组合成数量短语才能充当句子成分。③茶山语序数词的表达比较丰富，有本语词，还有借词，借词有借自汉语的，也有借自缅语的英语借词。④单个数词不能重叠，但"系数词 + 位数词"和"数词 + 量词"的组合可以重叠。

一、数词的类别

1. 基数词

基数词包括系数词和位数词，二者是有限而封闭的类。

（1）系数词。系数词指个位数数词，包括"一"至"十"十个。例如：

ta^{31} 一　　　ai$?^{53}$ 二　　　sɔm^{55} 三　　　ŋjəi^{33} 四　　　ŋ^{33} 五

khjuk^{31} 六　　ŋjɐt^{53} 七　　xjɐt^{53} 八　　kɔu^{33} 九　　tshəi^{31} 十

（2）位数词。位数词包括"百""千""万"等，茶山语没有"亿"。例如：

xjɔ^{31} 百　　　khjəŋ^{55} 千　　mɔn^{31} 万

（3）由系数词和位数词构成的数词短语。

茶山语的基数词有的是由系数词和位数词构成的数词短语。二者的组合关系有相乘、先乘后加两种。

①相乘关系的语序是"系数词×位数词"。例如：

ai$?^{53}$tshəi^{31} 二十　　　sɔm^{33}tshəi^{31} 三十　　　ŋjəi^{33}tshəi^{31} 四十

ŋ^{33}tshəi^{31} 五十　　　khjuk^{31}tshəi^{31} 六十　　ŋjɐt^{53}tshəi^{31} 七十

xjɐt^{53}tshəi^{31} 八十　　kɔu^{33}tshəi^{31} 九十　　ta^{33}xjɔ^{31} 一百

ta^{31}khjəŋ^{55} 一千　　ai$?^{53}$xjɔ^{31} 二百　　　ai$?^{53}$khjəŋ^{55} 两千

sɔm^{33}xjɔ^{31} 三百　　sɔm^{33}khjəŋ^{55} 三千　　ta^{33}mɔn^{31} 一万

ai$?^{53}$mɔn^{31} 两万　　sɔm^{33}mɔn^{31} 三万　　ŋ^{33}mɔn^{31} 五万

②先乘后加的基本语序是"系数词×位数词 + 系数词""系数词×位数词 + 系数词×位数词"或"系数词×位数词 + …… + 系数词×位数词 + 系数词"。数字中的"零"为无标记使用，第一位系数词是"一"的不能省略。

"系数词×位数词＋系数词"的如：

ta³¹tshəi³³ai?⁵³ 十二　　ta³¹tshəi³³sɔm³³ 十三　　　ŋjɛt⁵³tshəi³¹ŋ³³ 七十五
一　　十　二　　　　　一　十　三　　　　　　七　十　　五

ta³³xjɔ³³ŋ³³ 一百零五　　　　　ta³³xjɔ³¹ai⁵⁵tshəi³¹ 一百二十
一　百　五　　　　　　　　　一　百　二　十

ta³¹xjɔ³³ŋ³⁵tshəi³¹ 一百五十　　ta³¹xjɔ³³xjɛt⁵³tshəi³³ 一百八十
一　百　五　十　　　　　　一　百　　八　十

ai?⁵⁵xjɔ³³ŋ⁵⁵tshəi³¹ 二百五十
二　百　　五十

"系数词×位数词＋系数词×位数词"的如：

ta³¹khjeŋ⁵⁵sɔm³³xjɔ?³¹ 一千三百　　ta³¹muɔn³¹ŋjəi³¹khjeŋ³³ 一万四千
一　千　三　百　　　　　　　一　万　四　千

"系数词×位数词＋……＋系数词×位数词＋系数词"的如：

xjɛt⁵³khjəŋ⁵⁵sɔm³³xjɔ³¹ai?⁵³tshəi³¹kɔu³¹ 八千三百二十九
八　千　三　百　二　十　九

sɔm³³khjəŋ⁵⁵ŋjəi³³xjɔ³¹ta³³ku⁵³ 三千四百零一个
三　千　四　百　一　个

（4）分数。

由两部分构成，分母＋（ma³¹）＋分子。分母和分子分别由"基数词＋pɔm⁵³/phɔn⁵³（份）"构成，分母在前，分子在后。处所标记 ma³¹ 介于分母、分子之间，可以省略。pɔm⁵³ 与 phɔn⁵³ 同义，可无条件互换，茶山人年纪大一点的习惯用 pɔm⁵³，年青一代喜欢用 phɔn⁵³。例如：

ai?⁵⁵pɔm⁵³ma³¹ta³¹pɔm⁵³ 二分之一　　sɔm³³pɔm⁵³ma³¹ta³¹pɔm⁵³ 三分之一
二　份　（方）一　份　　　三　份　（方）一　份

tshəi³¹pɔm⁵³ma³¹sɔm³³pɔm⁵³ 十分之三　xjɔ³³pɔm⁵³ma³¹ta³¹pɔm⁵³ 百分之一
十　份（方）三　份　　　百　份（方）一　份

xjɔ³³pɔm⁵³ai?⁵⁵tshəi³¹pɔm⁵³ 百分之二十
百　份　二　十　份

khjeŋ⁵⁵pɔm⁵³ta³¹pɔm⁵³ 千分之一
千　份　一　份

ŋ³¹sɔm³³pɔm⁵³ma³¹ta³¹pɔm⁵³ɔu³³，naŋ³¹sɔm³³pɔm⁵³ai?⁵⁵pɔm⁵³ɔ⁵⁵a⁵³.
我　三　份　一　份　要　你　三　份　二　份　要
我要三分之一，你要三分之二。

z̩³³ ʃaŋ³³ tsɔ⁵⁵ ta³³ tsɔ³¹ z̩³³ kei³¹ tsɔ⁵⁵ ta³³ tsɔ³¹ sɔm³³ pɔm⁵³ ma³¹ ta³¹ pɔm⁵³ ŋjɔ?⁵³

小孩　吃　的 粮食 大人　吃 的 粮食　三　份　　一　份　　相当于

təu³¹ ŋuat⁵³. 小孩吃的粮食只相当于大人的三分之二。

只　是

（5）倍数。

倍数的表示方法：基数词 + pɔm⁵³ "份"。例如：

ta³¹ pɔm⁵³ 一倍　　　　　sɔm³³ pɔm⁵³ 三倍

一　份　　　　　　三　份

xɛ⁵⁵ ʃɹ̩⁵⁵ pɔm⁵³ thji⁵⁵ ʃɹ̩⁵⁵ pɔm⁵³ thɔ?⁵³ lji³¹ sɔm³³ pɔm⁵³ ŋjau³³.

这 果子 堆 那 果子 堆 比　　　三　倍 多

这堆果子比那堆果子多三倍。

（6）概数。

茶山语的概数词有 tʃɛŋ³³ "多"、a³³ ləu³³ "约、差不多"、kə³¹ sɹ̩³³ / ʃɹ̩³³ "差不多、左右" 等，都能与基数词连用。句中的 a³³ ləu³³ 可以换成 kə³¹ sɹ̩³³，但句中有 kə³¹ sɹ̩³³ 的不能换成 a³³ ləu³³。例如：

ai?⁵³ tshəi³¹ tʃɛŋ³³ 二十多　　　　la³³ mu³³ sɔm³³ khjap⁵³ tʃɛŋ³³ 三个多月

二　十　多　　　　　　月　三　个　多

a³³ ləu³³ khjəŋ⁵⁵ tʃuɛ⁵³ 约一千　　a³³ ləu³³ ta³¹ zan⁵³ 约一年

大约　一千　　　　　　大约　一　年

tʃɔ³³ tsɛŋ⁵³ ja³³ tʃhɔ³³ kjaŋ³¹ a³³ ləu?³³ ta³¹ jaŋ³³ tɛ⁵⁵ wɛ³³.

大路　　 和　小路　大约　　一样　　　远

大路和小路差不多远。

ŋjа⁵⁵ mɔ⁵³ wu³³ khɔu³³ ma³³ ta³¹ xjɔ³³ jɛn³¹ tʃɛŋ³³ pɔu³¹. 他们村有一百多家。

他们　村　（方）一百　家　多　有

ŋjaŋ³³ nap³³ jɔ³³ xjɛt⁵³ na³³ ju³³ kə³¹ sɹ̩³³ lji⁵³ xɛ³³ ma³¹ lɔ³¹ ta³¹.

他　明天　八　时间　左右　这里　来 要

他明天八点左右来这里。

ŋjа⁵⁵ mɔ⁵³ wu³³ khɔu³³ ma³³ tjəu³³ jəu³³ a³³ ləu³³ ŋ⁵³ xjɔ³³ jəu³¹ pɔu³¹.

他们　村　（方）人　个　约　五百　　有

他们村约有五百多人。

基数词 "二" 单独使用，或与 "三" 连续使用，表示约数中的少数，意为 "几"；如约数中程度较深或较多，则直接使用副词 "很" 的语法形式表示。例如：

ŋ³¹ ŋjaŋ⁵⁵ lji³¹ ŋjɛi⁵⁵ ʃɔ⁵³ lai̠n³³ xjɔʔ³³ ku³¹. 我找过他好几次。

我　他（宾）很多　遍/次　找　过

khuɔm³³ ji³¹ phaŋ³¹ lji³¹ jaŋ³¹ khuŋ³¹ ai⁵⁵ sɔm³³ təu³³ waŋ⁵³ lɔ³³.

门　一　开（连）苍蝇　两　三　只　进来

门一开就有几只苍蝇飞了进来。

ŋjaŋ⁵⁵ khjuat⁵³ khjuat⁵³ ai⁵⁵ sɔm³³ nuat⁵³ tsɔ⁵⁵ la³¹ thuʔ⁵³ ləu³³ ku³¹.

他　胡乱　　　　　两　三　嘴　吃　了　出　去　了

他胡乱吃了几口就出门了。

ŋ³¹ mɔ³¹ kuɔn³¹ ai⁵⁵ sɔm³³ khjap⁵³ phan³¹ jəu³³ la³¹ ŋjaŋ⁵⁵ lji³¹ tuŋ³³ tjɛi³¹ ku³¹.

我　随便　　两　三　页　翻　看　了　他（宾）还　给　了

我随便翻了几页就把书还给他了。

在概数可能性极大时，往往直接用极性词汇示意。例如：

ŋjaŋ⁵⁵ ka⁵³ kha³¹ sɿ³³ ljɛt³¹ ma³¹ lɔ³¹ ləu³¹. 他八成又是不来了。

他　（话）怎么都　　不　来　了

相邻的基数词，除了"九"和"十"不能组合外，其他相邻系数词都能连用。例如：

a³¹ maŋ³³/³⁵ a³¹ nəu³³ khjuk⁵³ ŋjɛt⁵³ jəu³¹ 兄弟六七个

兄弟　　　　　　　六　七　个

ŋja³³ a³¹ pa³³ ŋjɛt⁵³ xjɛt⁵³ tshəi³³ zan⁵³. 他父亲已经七八十岁了。

他　父亲　七　八　十　岁

xɛ⁵⁵ kuk³¹ khjaŋ³³ ka⁵³ ŋjɛt⁵³ xjɛt⁵³ pɔm⁵³ ŋjiŋ⁵³ ku³¹. 这片稻子成熟七八成了。

这　稻子　片（话）七　八　分　熟　了

xɛ⁵⁵ zɿ³¹ ʃaŋ³³ a³¹ ləu³³ ta³¹ tshəi³³ ai⁵³ sɔm³³ zan⁵³.

这　孩子　大约　一　十　二　三　岁

这个孩子大约有十二三岁。

tʃəi³³ laŋ³³ jam³³ ma³¹ zɿ³¹ ŋji³³ sɔm³³ ŋjəi³³ jəu³¹ tji³³ tʃhəi³³ ŋjəi³¹ pəu³¹.

河边　　　（方）姑娘　三　四　个　衣服　洗　在　有

河边有三四个姑娘在洗衣服。

ŋ⁵⁵ khjuk⁵³ jəu³¹ ŋjɛt⁵³ xjɛt⁵³ jəu³¹ ta³¹ phuŋ³³ kuɔt⁵³ ljɛʔ⁵⁵ kei⁵³.

五六　人　七　八　人　一　组　　做　都　可以

五六个人或七八个人编成一组都可以。

（7）半数。

半数用 ta³¹ jam³³ "一半"、ŋɔj³³ thjaŋ³¹ "大半"、nɛŋ⁵⁵ thjaŋ⁵⁵ "小半"表

示。例如：

la³³mu³³ta³¹khjam³³ 半个月

月　　一　半

ta³¹jam³³paŋ³³ka³¹tsɔ³³təu³¹，ta³¹jam³³paŋ³³ka³¹tʃəŋ³³taŋ³¹.

一半　　　（话）土 挖　　一半　　　（话）粪　 挑

有些人挖土，有些人挑粪。

tʃuŋ³¹tsɔ³³xɛ⁵⁵a³¹pan³³，ta³¹jam³³ka³¹ju?³³kui⁵³zɔ³³，

学生　　 这班　　一半　　是　男孩

ta³¹jam³³ka³¹ŋji³³ɛ³³zɔ³³，ŋjɔ³³thjaŋ³¹ka³¹ŋa³³mɔ³¹wu³³khɔu³³ma³³，

一半　 是　女孩　　大半　　（话）他们　村

nɛŋ⁵⁵thjaŋ⁵⁵ka³¹kɔ³³wu⁵³khɔu³¹ma³³tsəi³³.

小半　　（话）外　　　　村　的

这班学生，一半是男孩，一半是女孩，大半是他们村的，小半是外村的。

2. 序数词

序数词表示先后次序。茶山语的序数词，除了第一、第末和倒数第几有专有词表示外，其余的都用数词短语的形式表示，包括一般次序、长幼排行、时间序列等。

（1）一般次序。

nan³¹pat³³来自缅语，而在缅语中该词又借白英语。"nan³¹pat³³ ＋基数词"表示次序。例如：

nan³¹pat³³ta³¹ 第一　　 nan³¹pat⁵³ai?⁵⁵ 第二　　 nan³¹pat⁵³sɔm³³ 第三

第　一　　　　 第　　二　　　　　 第　　三

nan³¹pat⁵³ŋjəi³¹ 第四　　 nan³¹pat⁵³ŋ³³ 第五　　 ɔ³¹lɛ³³te⁵³ma³¹ 最后一个

第　四　　　　 第　五　　　　　 最后　一　个

茶山语往往使用词汇表示时间先后。例如：

naŋ³¹ʃ³³tsɔ³³/³⁵a?⁵³，ŋ³¹ta³¹xja³³tsɔ³³/³⁵ta³¹. 你先吃，我第二个吃。

你　先　吃（祈）　我　一会 吃　将

jəu³¹thji⁵⁵a³¹khjaŋ³³a³¹sai?⁵³zan³¹jɔ³³la³¹mjei³³xjau³³，

地　那块　　　新　年　玉米　　种

那块地第一年种玉米，

thaŋ³³lji³³zan³¹jɔ³³jaŋ⁵³tɔ³³xjau³³. 第二年种红薯。

后面　年　红薯　　种

xje?³¹lji³³ŋjɛn⁵⁵thaŋ³¹ma³¹ja³³pat³³tsɛi³¹nuŋ³¹nap³³jɔ³³ŋjɔ?³³ŋjaŋ⁵³ʃɔ?⁵³pat³³.

头天　　　晚上　　　从　打的　　后面 早上　眼见 一直　打

从头天晚上一直打到第二天天亮。

（2）长幼次序。

茶山语长幼排序词语中，除了"老大、老二、老小（最小的）"有固定表示法外，其他排序有两种表示法：一种是本语词，另一种是借自汉语的词。

"老大、老二、老小（最小的）"是固定表示法。其中"老大"有两种说法，意义相同。例如：

zɔ³³pɛ³³老大　　cɔ³³man³¹老大　　　zɔ³³lat³¹老二　　zɔ³³thaŋ³¹老小（最小的）

①本语词。

sɔm³³jəu³³ai?⁵³jəu³¹老三　　　ŋjəi³³jəu³³ai?⁵³jəu³¹老四

三　个　两　个　　　　四　个　两　个

ŋ³⁵jəu³³ai?⁵³jəu³¹老五　　　khjuk⁵³jəu³³ai?⁵³jəu³¹老六

五　个　两　个　　　　　六　个　两　个

②汉语借词。

lɔ³¹san³³老三　　lɔ³¹sʅ³¹老四　　lɔ³¹wu³³老五　　lɔ³³lu³¹老六

老 三　　　　老 四　　　　老 五　　　　老 六

（3）时间次序。

①一周次序。

一周中每天的排序以la³¹pan³¹"星期天"为起点，"周一"至"周六"的表示方法是：la³¹pan³¹＋数词（1～6）＋ŋjəi³³。ŋjəi³³意为"天"。例如：

la³¹pan³¹ta³¹ŋjəi³¹星期一　　　　la³¹pan³¹ai?⁵⁵ŋjəi³³星期二

星期　一　天　　　　　星期　二　天

la³¹pan³¹sɔm³³ŋjəi³星期三　　　　la³¹pan³¹ŋjəi³³ŋjəi³³星期四

星期　三　天　　　　　星期　四　天

la³¹pan³¹ŋ⁵⁵ŋjəi³³星期五　　　　la³¹pan³¹khjuk⁵³ŋjəi³³星期六

星期　五 天　　　　　星期　六　天

la³¹pan³¹星期日

例句：

khǎ⁵⁵ŋjəi⁵³la³¹pan³¹ŋjəi³³ŋjəi³¹pa?⁵³？今天是星期四吧？

今天　　　星期　四　　　吧

phɛ⁵⁵na⁵³ŋjəi³³jɔ³¹la³¹pan³¹a³¹ŋuat⁵³la³³？明天是不是星期天？

明天　　　　星期天　是不是（疑）

tsɔ³³phuŋ³³la³¹pan³¹ŋjəi³³ŋjəi³³/³⁵lji³¹thai̱³¹kuɔt⁵³. 开会改在星期四。

开会　　星期　四　　（宾）换　做

②月份次序。

从一月到十二月的次序，有两套表示方法。

A. "系数词 + khjap⁵³（月）"表示月份的次序。例如：

ta³¹khjap⁵³一月　　　ai?⁵⁵khjap⁵³二月　　　sɔm³³khjap⁵³三月

一　月　　　　　　二　月　　　　　　三　月

ŋjəi³³khjap⁵³四月　　ŋ⁵⁵khjap⁵³五月　　　khjuk⁵³khjap⁵³六月

四　月　　　　　　五　月　　　　　　六　月

ŋjɛ̱t⁵³khjap⁵³七月　　xjɛ̱t⁵³khjap⁵³八月　　kɔu³³khjap⁵³九月

七　月　　　　　　八　月　　　　　　九　月

tshəi³³khjap⁵³十月　　ta³¹tshəi³³ta³¹khjap⁵³十一月

十　月　　　　　　一　十　一　月

ta³¹tshəi³³ai?⁵⁵khjap⁵³十二月

一　十　二　月

B. 借用汉语表示。例如：

tsəŋ³³juə³³一月（正月）　ə³³juə³³二月　　　　san⁵⁵juə³¹三月

正　月　　　　　　二　月　　　　　　三　月

sʅ³³juɔ³³四月　　　wu⁵⁵juə³¹五月　　　lu³¹juə³³六月

四　月　　　　　　五　月　　　　　　六　月

tʃhi³¹juə³³七月　　pa³¹juə³³八月　　　kju³³juə³¹九月

七　月　　　　　　八　月　　　　　　九　月

ʃ³¹juə³³十月　　　tuŋ³³juə³³十一月（冬月)la³⁵juə³³十二月（腊月）

十　月　　　　　　冬　月　　　　　　腊　月

③日期次序。

"某月某日"有两种表示方法：

A. 数词（本语词）+ khjap⁵³（月）+数词 + ŋjəi³³（日）。例如：

khǎ⁵⁵ŋjəi⁵³ai?⁵⁵khjap⁵³ta³¹tshəi³³ta³¹ŋjəi³³. 今天二月十一。

今天　　二　月　一　十　一　日

khǎ⁵⁵ŋjəi⁵³（ka³³）khjuk⁵⁵khjap⁵⁵sɔm³³tshəi³¹ŋjəi³³. 今天是六月三十。

今天　　（话）六　月　三　十　日

B. 汉语借词。例如：

pa³³juə³¹ʃʅ⁵⁵wu³³八月十五
八　月　　十　五

茶山语农历指天上的月份 mɔ⁵⁵khuŋ³³la³³mu³³，初一至初十的表示方法一般是数字前加 tshan⁵⁵"初"，数字后加 ŋjəi³³"日"，十一以后可直接用数字表示，也可在数字后加 ŋjəi³³"日"。例如：

tshan⁵⁵ta³¹ŋjəi³³初一　　tshan⁵⁵aiʔ⁵⁵ŋjəi³³初二　　tshan³³sɔm³³ŋjəi³³初三
初　　　一　日　　　　初　　　二　日　　　　初　　　三　日

tshan⁵⁵ŋjəi³¹ŋjəi³³初四　　tshan⁵⁵ŋ³¹ŋjəi³³初五　　tshan⁵⁵khjuk⁵³ŋjəi³³初六
初　　　四　日　　　　初　　　五　日　　　　初　　　六　日

tshan⁵⁵ŋjɛt̪⁵³ŋjəi³³初七　　tshan⁵⁵xjɛt̪⁵³ŋjəi³³初八　　tshan⁵⁵kɔu³¹ŋjəi³³初九
初　　　七　日　　　　初　　　八　日　　　　初　　　九　日

tshan⁵⁵tshəi³¹ŋjəi³³初十　　ta³¹tshəi³³ta³¹ŋjəi³³十一
初　　　十　日　　　　一　十　　　一　日

sɔm³³tshəi³¹ŋjəi³³三十
三　十　　日

④年份次序。

"十二生肖+ zan⁵³（年）"表示年份次序，还表示属相。例如：

kjuʔ³¹zan⁵³鼠年（属鼠）　　　　nu⁵³zan⁵³牛年（属牛）
鼠　年　　　　　　　　　　　牛　年

lu³³zan⁵³虎年（属虎）　　　　　thaŋ³³lɔʔ³¹zan⁵³兔年（属兔）
虎　年　　　　　　　　　　　兔　　　年

sɛ̱ŋ³³zan⁵³龙年（属龙）　　　　ŋje³³zan⁵³蛇年（属蛇）
龙　年　　　　　　　　　　　蛇　年

ŋjaŋ³⁵zan⁵³马年（属马）　　　　ʃɔ⁵⁵pɛ³³zan⁵³羊年（属羊）
马　年　　　　　　　　　　　羊　年

ŋjuʔ³⁵zan⁵³猴年（属猴）　　　　kjɔʔ³³zan⁵³鸡年（属鸡）
猴　年　　　　　　　　　　　鸡　年

khui⁵⁵zan⁵³狗年（属狗）　　　　wuʔ⁵⁵zan⁵³猪年（属猪）
狗　年　　　　　　　　　　　猪　年

二、数词的语法特征

（1）茶山语数词不能重叠，一般与量词一起构成数量短语后作句子成分，二者结合具有强制性。例如：

ŋjaŋ³³khuʔ⁵³ai⁵⁵tshəi³¹khjap⁵³wui⁵³. 他买了二十个碗。

他　碗　二　十　个　买

ŋjaŋ³³taŋ⁵³tsəi³³ta³³xjɔ³¹ai⁵⁵tshəi³¹kjɛn³³. 她挑的一百二十斤。

她　挑　的　一　百　二　十　斤

ta³¹ku³¹（ma³¹）ai⁵⁵ku³¹luŋ³³lji³¹sɔm³³ku³¹. 一加二等于三。

一　个　（方）两　个　加　（宾）三　个

kjɔʔ³³əuʔ⁵³ta³¹tshəi³³lɔm³³a³³ləuʔ³³ta³¹kjɛn³¹pɔu³¹. 十个鸡蛋大概有一斤。

鸡蛋　一　十　个大概　一　斤　有

ta³¹zan⁵³pɔu³¹，la⁵⁵mu⁵⁵ta³¹ai⁵⁵khjap⁵³mɔu⁵⁵ma³¹wu³¹.

一　年　有　月亮一　两　月　雨　不　下

有一年，一两个月不下雨。

ŋa³³mɔ³¹wu³³khɔu³³ma³¹tjəu³¹ta³¹ŋɛ³³ta⁵³xjɔ³³ŋ⁵⁵tshəi³¹jəu³¹.

我们　村　（方）人　一共 一　百　五　十　人

我们村一共有一百五十人。

个别数词能单独作主语或谓语，这种情况比较少见，这类多为纯数字的句子。例如：

ta³¹xjɔ³³xjɛt̪⁵³tshəi³³ma³³ja³³ai⁵⁵xjɔ³³ŋ⁵⁵tshəi³¹. 从一百八十到二百五十。

一　百　八　十　（方）从　二　百　五│

有的则根据上下文在数词后补出量词。例如：

ŋa⁵⁵pa⁵⁵khǎ⁵⁵zan⁵³ŋɛ̪³tshəi³¹ŋ⁵⁵zan⁵⁵. 我父亲今年七十五了。

我父亲 今年　七　十　五　岁

khǎ⁵⁵ŋjəi⁵³（ka³³）khjuk⁵⁵khjap⁵⁵sɔm³³tshəi³¹ŋjəi³³. 今天是六月三十。

今天　（话）六　月　三　十　日

（2）数词在句中表示日期、时间或纯数字时，能在句中单独作主语或谓语。例如：

khǎ⁵⁵ŋjəi⁵³ai⁵⁵khjap⁵³ta³¹tshəi³³ta³¹ŋjəi³³. 今天二月十一。

今天　二　月一　十　一　日

ta³¹tshəi³³sɔm³³ma³¹ŋɛ̪t⁵³jəu³¹khjɔu³³/tjam³¹lji³¹khǎ⁵⁵ŋjau³¹？

一　十　三（方）七　个　减去　掉（话）多少

十三减七是多少？

ta³¹sɔʔ⁵³/tam⁵³tə³¹ŋuat⁵³ʃʅ³³tə³³məu³¹lji³¹kɔu³³ŋa³³ju³³ŋuat⁵³/tʃuai³³ku³¹.

一下儿　　已经 不知不觉（话）九 点　是　到　了

不知不觉时间已经到九点钟了。

（3）数词与量词组成数量短语后，在句中能作主语、定语、状语、宾语、补语等。例如：

ŋ³¹a³¹tʃan³³aiʔ⁵⁵khuɔn³³taᵢ³¹. 我多说了几句话。（作补语）

我　多　　两　句　说

ta³¹ku³¹（ma³¹）aiʔ⁵⁵ku³¹luŋ³³lji³¹sɔm³³ku³¹.

一　个　（方）两　个　加（宾）三　个

一加二等于三。（作主语、宾语）

zɿ³³ʃaŋ³³zɔ³³kha⁵⁵ji³¹tɛ³³ta³¹nuat⁵³ta³¹nuat⁵³tsɔu³³/³⁵ŋjɛi³¹.

小孩　　大大地　一　口　一　口　吃　在

小孩子大口大口地吃。（作状语）

数量短语在句中作定语的频率较高。例如：

ŋui³¹ta³¹khjap⁵³tʃɛŋ³³一块多钱　　　la⁵⁵mu⁵⁵ta³¹khjap⁵³tʃɛŋ³³一个多月

钱　一　块　多　　　　　　月　　一　个　多

aiʔ⁵⁵tsaŋ³³sɔm³¹pɛ³³mei³¹sɛ³³两丈三尺布

两丈　　三尺　布

aiʔ⁵³kjɛn³³ŋjəi³¹ljuŋ³¹ŋ⁵⁵tɔ³¹两斤四两鱼

两斤　　四两　　鱼

xɔ⁵⁵ŋjəi³¹jɔ³¹ŋjaŋ⁵⁵thaŋ³³juan³¹ŋjəi³³ŋ⁵⁵tshɛi³¹ku³¹tsɔ³³/³⁵ku³¹.

那天　他　汤圆　　四　五　十　个　吃　了

那天他吃了足有四五十个汤圆。（作定语）

第五节　量词

量词与数词结合，表示人、事物或动作行为的计量单位。茶山语量词比较发达，可分为名量词、动量词两种。名量词比较多且丰富，动量词较少。单音节性是茶山语量词的重要语音特点，量词在句法结构中一般不能脱离数词，具有强制性。

一、名量词

名量词，表示人或事物的计量单位，包括个体量词、集体量词、度量衡量词和不定量词等。名量词多数来自名词，少量来自动词和量词。

来自名词的例如：

tshɔ³³ta³¹*muat⁵³*一勺盐　　　　　　　　ʃɿ⁵⁵lji³³ta³¹*taŋ³³*一背篓梨

盐　一　勺　　　　　　　　梨　　一　背篓

la³¹khui³³ŋa³³jɔʔ⁵³kha³¹*tuaŋ³³*ɛʔ⁵³nau³³. 狗咬的每一口都很深。

狗　　　咬印　每　口　都　深

naŋ³¹ŋa³³ŋjan³³ʃiaŋ³³tʃɛi³¹ta³¹*kuɔm³³*pɔu³¹ʃuan³³aʔ⁵³.

你　我的面子　　水 一 口缸　帮　　倒（祈）

你替我倒一杯开水。

xɛ⁵⁵ʃɿ⁵⁵*pɔm⁵³*thji⁵⁵ʃɿ⁵⁵*pɔm⁵³*thɔʔ⁵³lji³¹sɔm³³pɔm⁵³ŋjau³³.

这 果子 堆　那　果子 堆　比　　三　倍　多

这堆果子比那堆果子多三倍。

ŋjaŋ⁵⁵ŋja⁵⁵a³¹jəu³¹jɛn³³ma³¹lɔu⁵⁵lji³¹tʃɛi³¹sɔm³³*laŋ³¹*ku³¹tʃha³³.

他　他外婆　家（方）去（话）河 三　条　过 要

他去他外婆家要过三条河。

xjeʔ³¹phe³³tʃɛi³¹zɔ³³ta³¹*laŋ³¹*pɔu³¹, nuŋ³¹phe³³tʃɛn⁵⁵ku³³ta³¹lɔm³³pɔu³¹.

前面　　小河　一 条 有　后面　　大山　　一 座 有

前面有条小河，后面有座大山。

上述例句中，muat⁵³"勺"来源于名词"勺子"，taŋ³³"背篓"来源于名词"背篓"，tuaŋ³³"口"来源于名词"洞"，kuɔm³³"杯"来源于名词"口缸"，pɔm⁵³"堆"来源于名词pɔm⁵³"山"，"堆"的形状与"山"的形状相似；laŋ³¹"条"来源于名词tʃɛi³¹laŋ³¹"河"。再如：

tsɔ³¹ta³¹*khuʔ⁵³*tsɛŋ³¹一大碗饭　　tsɔ³¹ta³¹*khuʔ⁵³*zɔ³³一小碗饭

饭　一　碗　大　　　　　饭　一　碗　小

ta³¹*ʃam³³*ta³¹*ʃam³³*一柴刀一柴刀

一　刀　一　刀

ta³¹*tʃɿ³³lju ŋ³³*ta³¹*tʃɿ³³ljuŋ³³*一脸盆一脸盆

一　脸盆　一　脸盆

tsɔ³¹ta³¹*ɔu⁵⁵*ŋɛ³¹thjɔʔ⁵³ku³¹. 烧坏了一锅饭。

饭 一 锅　烧　坏 了

xɛ⁵⁵ʃɔ³³*ɔu⁵⁵*ka³¹sɔ³³sɔ³³ʃaŋ³³. 这锅肉香喷喷的。

这 肉 锅（话）很　香

来自动词的，有的来自本语动词，有的借自汉语动词。例如：

aŋ⁵⁵ta³¹ *pau³³* 一包菜　　thaŋ³³ta³¹ *wɔn³¹* 一背篓柴　　kuk³³ta³¹ *tan³³* 一担谷子

菜　一　包（汉借）　　柴　一　背　　　　　谷子　一　担

tsɔ³³ta³¹ *tuɔp³³* tuɔp³¹. 抓了一把泥。

泥　一　把　抓

xɛ⁵⁵ŋjɔʔ³¹ *tɛn³³* sɔ³³sɔ³³ku³³. 这捆草很大。

这　草　捆　很　　大

名量词有以下几种类别：

1. 个体量词

个体量词与集合量词相对，除表示人和事物等个体的量外，有的还表示事物的类别、状态、性质等。因此又可分为类别量词、性状量词、反响型量词和通用量词。

（1）类别量词：类别量词表示对具有同类属性事物的称量。常见的有：jəu³¹ "个"、təu³³ "只、头、条、匹"、tsɛŋ³¹ "棵"、khjap⁵³ "条、件"、qa³¹ "把、捆、束"等。

①jəu³¹ "个"：专用于计量人的量词，专用性极强，使用时可以省略名词 "人"。例如：

tjəu³³ta³¹ jəu³¹ 一个人　　　　　　tsǎ³³kei³¹ta³¹ jəu³¹ 一个成年人

人　一　个　　　　　　　　　成人　　　一　个

tjan³¹tʃhaŋ³³ta³¹ jəu³¹ 一个朋友　ma³¹tʃhe³³sɿ³³lja³³ta³¹ jəu³¹ 一个医生

朋友　　　一　个　　　　医生　　　　　一　个

tjəu³³ai ʔ⁵⁵ jəu³³ 两个人　　　　　sɿ³³lja³³ta³¹ jəu³³ 一位老师

人　两　个　　　　　　　　老师　　一　个

zɿ³³ʃaŋ³¹ŋjəi³³ jəu³³ 四个小孩　　phɔ³³pui³³khjuk⁵³ jəu³³ 六个男人

小孩　四　个　　　　　　男人　　六　个

jəu³¹khaŋ³³ jəu³¹ 每个　tjəu³¹jəu³¹khaŋ³³mu³³sɔ³³sɔ³³pjau³¹. 每个人都很高兴。

个　每　个　　人　个　每　　很　高兴

jəu³¹的专用性极强，能单独与数词结合，表示人的数量。例如：

ai ʔ⁵⁵jəu³¹ta³¹kɛ³³ja³³kju³³tsɿ³³laŋ³³. 两个人一起拉锯子。

两人　一起　　锯子　拉

②kəuk⁵³：泛化量词之一，用于有生性、无生性、部分抽象名词的计量。

kəuk⁵³用于有生性名词计量时，可与指称人的量词jəu³¹、指称动物的量词təu³³互换，意义完全相同。kəuk⁵³与数词强制结合使用。例如：

ŋjuŋ⁵³zɔ³³ta³¹kəuk⁵³/jəu³³一个穷人　　pɔm⁵³kji³³ta³¹kəuk⁵³/jəu³³一个和尚
穷人　　一　个　　　　　　　　和尚　　一　个

zɔ³¹khɔʔ⁵³ta³¹kəuk⁵³/jəu³³一个老人　　tsau⁵⁵ta³¹kəuk⁵³/jəu³³一个官
老人　　一　个　　　　　　　　官　一　个

a³³pe³³ta³¹kəuk⁵³/jəu³³一个姐姐　　tʃəi⁵³zɔ³³ŋjɛt⁵³jəu³¹/kəuk⁵³七个士兵
姐姐　一　个　　　　　　　　士兵　七　个

tʃhaŋ³¹mu³¹ŋjəi³³təu³³/kəuk⁵³四只鹅　　jəu⁵³ta³¹kəuk⁵³一个鬼
鹅　　四　只　　　　　　　　鬼　一　个

tsu³³lu³³aiʔ⁵⁵təu³³/kəuk⁵³两只老虎　kjuʔ³³nɔʔ³³aiʔ⁵⁵təu³³/kəuk⁵³两只老鼠
老虎　两　只　　　　　　　　老鼠　两　只

tuŋ³³tɛ³³ŋ³³təu³³/kəuk⁵³五只虫　　lă³³jɛt³³ŋjɛt⁵³təu³³/kəuk⁵³七只蚂蚁
虫　五　只　　　　　　　　蚂蚁　七　只

tjɔp⁵⁵ta³¹təu³³/kəuk⁵³一只蚊子　　laŋ³³ŋje⁵³khjuk⁵³təu³³/kəuk⁵³六条蛇
蚊子一　只　　　　　　　　蛇　　六　条

kəuk⁵³用于无生性名词计量时，无生性名词多为球状或颗粒状物体。
例如：

pă³³luŋ³³ta³¹kəuk⁵³一个球　　　luk⁵⁵kɔ³³ŋjəi³³kəuk⁵³四个石头
球　　一　个　　　　　　　　石头　　四　个

luk³³kɔ³³ta³¹kəuk⁵³一块石头　　ŋje³³təŋ³³ta³¹kəuk⁵³一盏油灯
石头　一　块　　　　　　　　油灯　一　盏

tʃəi³¹kuŋ³³ta³¹kəuk⁵³一个水槽　　u⁵⁵lɔm³³ta³¹kəuk⁵³一个头
水槽　　一　个　　　　　　　头　　一　个

am³¹tʃham³³ta³¹kəuk⁵³一个下巴　　nɔ³³ta³¹kəuk⁵³一个鼻子
下巴　　　一　个　　　　　　鼻子一　个

ɔu⁵⁵ŋjəi⁵⁵ta³¹kəuk⁵³一个锅盖　　pă³³ljiŋ³³ta³¹kəuk⁵³一个瓶子
锅盖　一　个　　　　　　　　瓶子　一　个

tʃaŋ⁵³ta³¹kəuk⁵³一杆秤　　　tan³³tsʅ³³ta³¹kəuk⁵³一根扁担
秤　一　个　　　　　　　　扁担　一　个

la³¹tsʅ³³ta³¹kəuk⁵³一个辣椒　　lɛŋ³¹tsɛŋ³³ta³¹kəuk⁵³一个脖子
辣椒　一　个　　　　　　　　脖子　一　个

kəuk⁵³可以计量抽象名词。例如：

mu⁵⁵ʃuɔt⁵³ta³¹kəuk⁵³一个错误　　ma³³təu⁵³a³³jaŋ³³ta³¹kəuk⁵³一个区别
错误　　一　个　　　　　　　区别　　　　一　个

a³³nɔ⁵³ta³¹kəuk⁵³一个样子　　　　a³³jaŋ³³ta³¹kəuk⁵³一个东西

样子　一　个　　　　　　　　东西　一　个

③təu³³ "只、头、条、匹、辆"：多用于对禽兽鱼虫等动物或交通工具的称量。例如：

kau⁵⁵ŋjau⁵³ta³¹təu³¹一只动物　　　thaŋ³³lɔʔ³¹ai⁵⁵təu³¹两只兔子

动物　　　一　只　　　　　　　兔子　　两　只

nəu³³ta³¹təu³¹一头牛　　　　　　ŋjaŋ³³ta³¹təu³¹一匹马

牛　一　头　　　　　　　　　　马　一　匹

ŋɔʔ⁵³ai⁵⁵təu³¹两只鸟　　　　　　pɛ⁵⁵tʃap³³ai⁵⁵təu³¹两只鸭

鸟　两　只　　　　　　　　　　鸭　　两　只

laŋ⁵⁵ŋje⁵³ta³¹təu³¹一条蛇　　　　pau⁵⁵ta³¹təu³¹一只虫

蛇　　一　条　　　　　　　　　虫　一　只

kjɔʔ³¹phɔ³¹ta³¹təu³³一只公鸡　　ŋ⁵⁵tɔʔ³³ta³¹təu³³一条鱼

公鸡　　一　只　　　　　　　　鱼　一　条

kjɔʔ⁵³ta³¹təu³¹wui⁵³买一只鸡　　nəu³³ta³¹təu³¹lɔ³³ʃɛ³¹去牵头牛

鸡　一　只　买　　　　　　　　牛　一　头　去　牵

thɔʔ⁵³phɛ³³xɛ⁵⁵sɔm³³təu³³（ka³¹）ŋja³³tsəi³¹，ɔ³¹phɛ³³thji⁵⁵sɔm³³təu³³

上面　　　这　三　只　　是　　他的　　下面　那　三　只

ka³¹ŋa³³tsəi³¹.

是　我　的

上面这三只是他的，下面那三只是我的。

ŋja³³mɔ³¹wu³³khɔu³³ma³³ta³¹jɛn³³ma³¹wuʔ⁵⁵ta³¹təu³¹、ʃɔ³³pɛ³¹aiʔ⁵⁵təu³³pɔu³¹.

他们　　村　（方）一家（方）猪　一　头　羊　两　头　有

他们村平均每户有一头猪、两只羊。

④tsɛŋ³¹ "棵、株"：来源于名词 saik⁵³tsɛŋ³¹ "树"，用于成棵的、非蔓状植物的称量。例如：

pui³¹pan³³ta³¹tsɛŋ⁵³一棵向日葵　　la³¹mjei³³ta³¹tsɛŋ⁵³一棵玉米

向日葵　　一　棵　　　　　　　玉米　　一　棵

la³¹tsʅ³³ta³¹tsɛŋ⁵³一棵辣椒　　　nuk³³ʃəu⁵³ta³¹tsɛŋ⁵³一棵豆荚

辣椒　一　棵　　　　　　　　　豆荚　　一　棵

khuɔm³³tuaŋ³¹ma³¹xjuʔ⁵⁵ai⁵⁵tsɛŋ³¹pɔu³¹. 门前有两棵松树。

门前　　松树　两　棵　有

saik⁵³ta³¹tsɛŋ⁵³thjɛt⁵³lji³³la³³tsɛŋ³¹kuat³¹. 砍一棵大树回来做柱子。

树　一　棵　砍　回来　柱子　做

⑤khjap⁵³"条、件"：用于对服装、床上用品等的称量。例如：

tji⁵⁵ta³¹khjap⁵³一件衣服　　　lu³³aiʔ⁵⁵khjap⁵³两条裤子

衣服　一　件　　　　　　裤子　两　件

jaŋ³³than⁵³khjuk⁵⁵khjap⁵³六条毯子

毯子　　六　　　条

⑥nuat⁵³"口"：用于能用"口"计量的词，nuat⁵³来源于名词"嘴"。例如：

ŋjaŋ⁵⁵lji³¹la³¹khui³³aiʔ⁵⁵nuat⁵³ŋa³³. 他被狗咬了两口。

他（宾）狗　　　两　嘴　咬

zɿ³³ʃaŋ³³zɔ³³kha⁵⁵ji³¹tɛʔ³ta³¹nuat⁵³ta³¹nuat⁵³tsɔu³³/³⁵ŋjəi³¹.

小孩　　　大大地　　一　口　一　口　吃　在

小孩子大口大口地吃。

ŋjaŋ⁵⁵khjuat⁵³khjuat⁵³aiʔ⁵⁵sɔm³³nuat⁵³tsɔ⁵⁵la³¹thuʔ⁵³ləu³³ku³¹.

他　胡乱　　　两三　嘴　吃　了　出　去　了

他胡乱吃了几口就出门了。

⑦khuɔn³³"句"：用于抽象名词"话"的计量。例如：

na³³taŋ³¹xɤ⁵⁵khuɔn³³sɿ⁵⁵pei³³ja³³kjɔu³¹ʃuat⁵³ta³¹. 你这句话会被人家误解。

你的话　这　句　　别人　被　听　错　了

nuat⁵³tjuan³³tjuan³³taŋ⁵⁵ta³¹khuɔn³³ɛʔ⁵³ma³¹tʃuʔ³³. 嘴嗫嗫的不说一句话。

嘴　嗫嗫的　　话　一　句　也　不　说

⑧tuɔm⁵³"团、坨、束、片"。例如：

xjeŋ³³ta³¹tuɔm⁵³一坨金子　　　pa³³ta³¹tuɔm⁵³一束花

金子　一　坨　　　　　　花　一　束

tʃɛn³¹mɔu³³ta³¹tuɔm⁵³一片云

云　　　一　片

⑨pəu³¹"本"。例如：

ŋjaŋ⁵⁵mɔu³¹sɔu³³xɔ⁵³pəu³¹他那本书　　xɤ⁵⁵/³⁵mɔu³¹sɔu³³pəu³¹这本书

他　书　那　本　　　　　这　书　本

⑩khuʔ⁵³"碗、丸"。例如：

tsɔ³³ta³¹khuʔ⁵³一碗饭　mǎ³³tʃhəi³³ta³¹khuʔ⁵³　一丸药

饭　一　碗　　　药　　　一　丸

tʃhɛn³³ta³¹khuʔ⁵³ 一碗米

米　　一　碗

（2）性状量词。

性状量词用于计量具有某种性质或状态的事物名词。这类量词比较丰富，主要有：khat⁵³ "根、条"，tʃhap⁵³ "个、粒、丸、颗、块"，lɔm³³ "颗、粒、丸" 等。

①khat⁵³ "根、条"：用于条形事物的称量。例如：

tʃhɔ³³ta³¹khat⁵³ 一条路　　　　　　ŋap⁵³ta³¹khat⁵³ 一根针

路　　一　条　　　　　　　　　　针　一　根

tui³³ta³¹khat⁵³ 一根绳子　　　　　　tji³¹tʃhŋ³³ta³¹khat⁵³ 一条皮带

绳子　一　根　　　　　　　　　　皮带　　　一　　根

khǎ⁵⁵laŋ⁵³ta³¹khat⁵³ 一根笛子　　　ɔu³³ta³¹khat⁵³ 一根肠子

笛子　　　一　根　　　　　　　　肠子　一　根

kaŋ³³ta³¹khat⁵³ 一条生命　　　　　　tsui⁵³ta³¹khat⁵³ 一颗牙

生命　一　条　　　　　　　　　　牙　一　颗

tuŋ⁵⁵ku³¹ta³¹khat⁵³ 一根棍子　　　　jaŋ³³xu³³ta³¹khat⁵³ 一根火柴

棍子　　　一　根　　　　　　　　火柴　　　一　根

tshuŋ⁵⁵xu³³ta³¹khat⁵³ 一根葱　　　　suŋ³³sɔ³¹ta³¹khat⁵³ 一根麦子

葱　　　　一　　根　　　　　　　麦子　　　一　根

phuŋ³³tʃhau³¹ta³¹khat⁵³ 一根甘蔗　　jaŋ³³xu³³sɔm³³khat⁵³ 三根火柴

甘蔗　　　　一　　根　　　　　　火柴　　　三　　根

nɔi⁵⁵ta³¹khat⁵³ 一片竹篾　　　　　　xu⁵³jau³³ta³¹khat⁵³ 一棵稻草

竹篾　一　片　　　　　　　　　　稻草　　　一　棵

tshau³³jan³³ta³¹khat⁵³ 一支烟　　　　phə³³juŋ⁵⁵tan³¹ta³¹khat⁵³ 一支蜡烛

烟　　　　一　支　　　　　　　　蜡烛　　　　　一　支

mɔ³¹khuɔŋ³³ta³¹lɔm³³ / khat⁵³ 一首歌　xɔ⁵⁵ᐟ³⁵phuŋ³³teŋ³³khat⁵³ 那支钢笔

歌　　　一　首　　　　　　　　　那　钢笔　　支

u⁵⁵tjɛ³³ta³¹khat⁵³ 一把梳子　　　　　jən³³təu³³ta³¹khat⁵³ 一个电熨斗

梳子　一　把　　　　　　　　　　熨斗　　一　个

tsham³³xjɛt⁵³khat⁵³ 八根头发

头发　八　　根

ŋ³¹phuŋ³³tiŋ³³ta³¹khat⁵³jɔu³³. 我有了一支笔。

我　笔　　　一　支　有

②tʃhap⁵³ "个、粒、丸、颗、块"：用于圆形、球状物体的称量。例如：

tʃhap⁵³khaŋ³³tʃhap⁵³ 每粒　　　　nuk⁵⁵puɔp⁵⁵ta³¹tʃhap⁵³ 一块豆豉

粒　　每　粒　　　　　　　　豆豉　　　　一　　块

tʃuɛ³³ta³¹tʃhap⁵³ 一颗露珠　　　　kje³³tʃʃəi³³ta³¹tʃhap⁵³ 一滴汗

露珠 一 颗　　　　　　　　　　汗　　　　一　　滴

kji̠³³kɔu³³tʃhap⁵³ 九颗星星　　　　kuk³³ta³¹tʃhap⁵³ 一粒谷子

星星 九　颗　　　　　　　　　谷子 一　粒

se⁵⁵ʃɔ³¹ta³¹tʃhap⁵³ 一粒沙子　　　　nuk³³ta³¹tʃhap⁵³ 一粒豆子

沙子 一　粒　　　　　　　　　豆子 一　粒

tʃuan⁵⁵ta³¹tʃhap⁵³ 一块砖　　　　　tsɔ⁵³ta³¹tʃhap⁵³ 一粒米饭

砖　　　一　块　　　　　　　　米饭 一　粒

ŋam³³thjəu³³ta³¹tʃhap⁵³ 一个冰雹

冰雹　　　　　一　个

③lɔm³³ "个、座、所、张、颗"：既能用于实物名词的计量，也能用于抽象名词的计量。lɔm³³和 tʃhap⁵³都可用于可数名词计量，lɔm³³一般用于称量鸡蛋大小以上颗粒状物体，tʃhap⁵³一般用于称量小颗物体。例如：

jɛn³³ta³¹lɔm³³ 一栋房子　　　　　pau³³ta³¹lɔm³³ 一艘小船

房子 一 栋　　　　　　　　　小船 一　艘

tʃuŋ³¹ta³¹lɔm³³ 一所学校　　　　　saŋ³³ta³¹lɔm³³ 一个省

学校 一 所　　　　　　　　　省　 一　个

tsɔ³¹pɛ³³ta³¹lɔm³³ 一张饭桌　　　　kui³³ta³¹lɔm³³ 一个箱子

饭桌 一　张　　　　　　　　　箱子 一　个

tuŋ³³xu⁵³ta³¹lɔm³³ 一根黄瓜　　　　pui⁵³ta³¹lɔm³³ 一个太阳

黄瓜　一　根　　　　　　　　太阳 一　个

luk³³ta³¹lɔm³³ 一个石头　　　　　ŋjoʔ³¹tʃʃəi³³ta³¹lɔm³³ 一颗眼珠

石头 一 个　　　　　　　　　眼珠　　　　一　颗

kjuʔ⁵³ta³¹lɔm³³ 一个蛋　　　　　ŋje⁵⁵pa³¹ta³¹lɔm³³ 一个火机

蛋　　一 个　　　　　　　　　火机　　　一　个

fən³¹pi³³ta³¹lɔm³³ 一支粉笔　　　　piŋ³³ʃaŋ³³ta³¹lɔm³³ 一个冰箱

粉笔　　一 支　　　　　　　　冰箱　　一　个

tsat⁵⁵ta³¹lɔm³³ 一个舞蹈　　　　　kje³⁵əu³¹ta³¹lɔm³³ 一个鸡蛋

舞蹈 一 个　　　　　　　　　鸡蛋　　　一　个

phje⁵⁵xjɔm³¹ta³¹lɔm³³一个冬瓜　　　taŋ⁵⁵ta³¹lɔm³³一个背篓

冬瓜　　　一　个　　　　　　　背篓　一　个

tʃhuan³¹ta³¹lɔm³³一艘船　　　　pu³¹ta³¹lɔm³³一个核桃

船　　　一　艘　　　　　　　核桃　一　个

mje³³ta³¹lɔm³³一个芋头　　　　lɔp⁵⁵ta³¹lɔm³³一座坟

芋头　一　个　　　　　　　　坟　一　座

tsɿ̌³³pɛ³³ta³¹lɔm³³一张桌子　　u³³khu⁵³ta³¹lɔm³³一个枕头

桌子　　　一　个　　　　　枕头　　　一　个

su³³ta³¹lɔm³³一把锁　　　　　zɛŋ³¹ta³¹lɔm³³一根柱子

锁　一　把　　　　　　　　柱子　一　个

wu⁵⁵ta³¹lɔm³³一根竹子　　　　ʃŋ⁵⁵ljei⁵⁵ta³¹lɔm³³一个梨

竹子　一　根　　　　　　　梨　　　一　个

taŋ⁵³ta³¹lɔm³³一个凳子　　　　tui⁵⁵wu⁵³ta³¹lɔm³³一宗罪

凳子　一　个　　　　　　　罪　　　一　宗

茶山语的"省、县、乡"等都借自汉语，在称量时可用lɔm³³，但一般不用量词，直接用"数词＋省、县、乡"。例如：

ta³¹ʃaŋ³³一个乡　　　ta³¹sɛŋ⁵⁵一个县　　　ʃaŋ³³ta³¹lɔm³³一个乡

一　乡　　　　　　一　县　　　　　乡　一　个

sɛŋ⁵⁵ta³¹lɔm³³一个县

县　一　个

④nui⁵³"棵、株"：来源于名词"藤子的"，用于藤状、蔓状植物的称量。nui⁵³可换成通用量词lɔm³³。例如：

khə³³lam³³ta³¹puɔm³³/nui⁵³一棵红薯　　tʃiŋ⁵⁵ku³¹ta³¹nui⁵³一棵南瓜

红薯　　　一　棵　　　　　　南瓜　一　棵

phei⁵⁵xjɔm³¹ta³¹nui⁵³一棵冬瓜　　　wɔm³³ta³¹nui⁵³一棵葫芦

冬瓜　　　一　棵　　　　　　葫芦　一　棵

⑤kɛʔ⁵³"层"：多用于建筑物的层级称量。例如：

jɛn³³aiʔ⁵⁵kɛʔ⁵³＝aiʔ⁵⁵kɛʔ⁵³jɛn³³两层楼

楼　两　层　　两　层　楼

jɛn³³sɔm³³kɛʔ⁵³＝sɔm³³kɛʔ⁵³jɛn³³三层楼梯

楼梯　三　层　　三　层　楼

⑥khjap⁵³"片、张、篇、件"：用于薄片状或纸质物体、平面物体的计量。例如：

xɔ⁵⁵ᐟ³⁵mɔu³¹sɔu³³khjap⁵³那张纸　　san³³ta³¹khjap⁵³一把伞
那　　张　　纸　　　　　　　伞　一　把

na⁵⁵tji³³xɔ⁵³khjap⁵³你那件衣服　　ŋau³³ta³¹khjap⁵³一张网
那　　衣服　件　　　　　　　网　一　张

paŋ³³təŋ³³ta³¹khjap⁵³一面镜子　　xɛ⁵⁵paŋ³³təŋ³³ta³¹khjap⁵³这面镜子
镜子　　一　面　　　　　　　这　镜子　　一　面

ta³³puŋ³³ta³¹khjap⁵³一张照片　　ŋɔ³¹phɔʔ⁵³ta³¹khjap⁵³一片芭蕉叶
照片　一　张　　　　　　　芭蕉叶　一　片

saik⁵³jəu³³ta³¹khjap³³一片森林　　mɔu³¹sɔu³³kɔu³³khjap⁵³九张纸
森林　　一　片　　　　　　　纸　　　九　张

nǎ³³khjap⁵³aiʔ⁵⁵khjap⁵³两只耳朵　　khuʔ⁵³ta³¹khjap⁵³一个碗
耳朵　　两　只　　　　　　　碗　一　个

mɔu³¹ta³¹khjap⁵³一个蘑菇　　sɔm³³la³³ta³¹khjap⁵³一幅画
蘑菇　一　个　　　　　　　画　　一　幅

pan³⁵khjap⁵³xjɛt⁵³khjap⁵³八片花瓣　su⁵⁵kuŋ³¹ta³¹khjap⁵³一个斗笠
花瓣　　　八　片　　　　　斗笠　　一　个

tuŋ³³khuɔn³³ta³¹khjap⁵³一面旗　　tap⁵³puŋ³³ŋjəi³³khjap⁵³四张相片
旗　　　　一　面　　　　　相片　　四　张

phan³³ta³¹khjap⁵³一个盘子　　thuŋ³³ta³¹khjap⁵³一个麻袋
盘子　一　个　　　　　　　麻袋　一　个

mɔu³¹sɔu³³ta³¹khjap⁵³一张纸　　pan³³khjap⁵³khjuk⁵³khjap⁵³六片花瓣
纸　　　一　张　　　　　　　花瓣　　　六　片

ŋja⁵⁵mɔu³¹sɔu³³xɔ⁵³khjap⁵³.他那篇文章。
他的　文章　　那　篇

⑦tʃham³³ "把、个"、tsɔp⁵³ "把"。例如：

thui³³phau³³ta³¹tʃham³³一个刨子　　jan⁵⁵phe⁵⁵ta³¹tsɔp⁵³一把烟丝
刨子　　一　个　　　　　　　烟丝　　一　把

ʃam³³ta³¹tʃham³³jəu³¹lɔu³¹aʔ⁵³.拿一把刀来。
刀　一　把　　拿　来（祈）

ŋjaŋ⁵⁵ka³¹khɔp⁵³saiʔ⁵³ta³¹tʃham³³wui³¹.她买了一把新锄头。
她　（话）锄头　新　一　把　买

ŋjaŋ⁵⁵ŋ³¹lji³¹khuɔp⁵³mu³³ta³¹tʃham³³ŋɔ³³tjəi³¹.他借我一把锄头。
他　我（宾）锄头　一　把　借　给

ŋ³¹mǎ³³nap³³kai⁵⁵ma³¹lɔu⁵⁵khuɔm³¹mu³³ta³¹tʃham³³lɔu⁵⁵wui³¹ta³¹.

我　街子　　（方）去　锄头　　　一　把　　去　买要

我要上街买一把锄头。

⑧khjaŋ³³ "块、片"：用于薄片状或整体视觉单一、呈片状事物的称量。

例如：

wa⁵⁵ta³¹khjaŋ³³一片瓦 　　　　　　nɛ⁵⁵ta³¹khjaŋ³³一块橡皮

瓦　一　片 　　　　　　　　　　　橡皮　一　块

saik⁵³jɔ³¹ta³¹khjaŋ³³一片树林 　　　pɔm⁵³jɔ⁵³ta³¹khjaŋ³³一块山地

树林　　一　片 　　　　　　　　　山地　　一　块

tʃəi³¹tan³³ta³¹khjaŋ³³一块水田 　　　ʃɿ³³tau⁵³ta³¹khjaŋ³³一块橘园

水田　　一　块 　　　　　　　　　橘园　　一　块

jau³¹tsɛŋ⁵³ta³¹khjaŋ³³一块荒地

荒地　　一　块

thji⁵⁵kuk³¹khjaŋ³³tuan³³tuan³³xjui³¹. 那片稻子黄灿灿的。

那　稻子　片　很　　黄

xɛ⁵⁵tan³³khjaŋ³³ma³¹ta³³kuk³³sɔ³³sɔ³³kei³¹！这块田的稻子真好呀！

这　田　块　（方）的　稻子　很　　好

xɛ⁵⁵kuk³¹khjaŋ³³ka³¹ŋjɛt̠⁵³xjɛt̠⁵³pɔm⁵³ŋjiŋ⁵³ku³¹. 这片稻子成熟七八成了。

这　稻子　片（话）七　八　分　熟　了

thɔʔ⁵³ma³¹jɔ³¹/⁵³aiʔ⁵⁵khjaŋ³³ka³¹la³¹mjei³³xjɔu³³，ɔ̠³³ma³³jɔ⁵³aiʔ⁵³khjaŋ³³

上面　地　两块　　（话）玉米　栽　　下面　地　两块

ka³¹xua³³saŋ³³xjɔu³³. 上面那两块地栽玉米，下面这两块地栽花生。

（话）花生　栽

jɔ³¹thji⁵⁵a³¹khjaŋ³³sɔ³³sɔ³³tshəu³¹，xɛ⁵⁵a³¹khjaŋ³³sɔ³³sɔ³³kji³¹.

田　那　块　很　肥　这　块　很　贫瘠

那块田肥沃，这块地贫瘠。

jəu³¹thji⁵⁵a³¹khjaŋ³³a³¹saiʔ⁵³zan³¹jɔ³³la³¹mjei³³xjau³³，thaŋ³³lji³³zan³¹jɔ³³jaŋ⁵³

地　那块　　新　年　玉米　种　后面　年　红薯

tɔ³³xjau³³. 那块地第一年种玉米，第二年种红薯。

种

⑨ljɔ⁵⁵ "块"：用于块状食物的称量。例如：

u⁵⁵ljɔ⁵⁵ta³¹ljɔ⁵⁵一块粑粑 　　　　　məuk⁵⁵ta³¹ljɔ⁵⁵一块饼干

粑粑　一　块 　　　　　　　　　饼干　一　块

⑩khje⁵³、tʃap³³ "块"：用于块状非食物的称量。khje⁵³来源于名词"屎"，用于"坨"状物称量。这两个量词可以互换，意义相同。例如：

sa³³pja³³ta³¹khje⁵³一块香皂　　　　sa³³pja³³ta³¹tʃap³³一块香皂

香皂　一　块　　　　　　　　　　香皂　一　块

⑪tsɔʔ³³ "滴"：用于液态物体的称量。例如：

ʃ³³tshəu³¹ta³¹tsɔʔ³³一滴油　　　　tʃəi³³ta³¹tsɔʔ³³一滴水

油　　　一　滴　　　　　　　　　水　一　滴

jə̆i³³ta³¹tsɔʔ³³tsɔ̆³³pɛ³³thɔʔ⁵³jau³¹kjɔ³³lɔ⁵³. 一滴酒从桌上流下来。

酒一滴　桌子　上　流　下来

tʃəi⁵³ai⁵⁵sɔm³³tsɔʔ³³thji³¹phɛ³³jau⁵³kjɔ³³lɔ⁵³. 有几滴水从那里流下来。

水　两三　滴　那里　流　下来

pǎ³³ljiŋ³³khɔu³³ma³³tʃəi⁵³ai⁵⁵sɔm³³tsɔʔ³³pɔ³¹ʃ³³. 瓶子里还有几滴水。

瓶子　里　（方）水　两三　滴　有　还

（3）反响型量词。

量词与被限定的名词形式相同或部分相同，也称"拷贝型量词""反身量词""回应量词"等。反响型量词多来源于被称量的名词。本书中反响型量词统一标注其专用的名词意义。

①反响型量词的类型。

反响型量词有完全拷贝型和部分拷贝型两类。完全拷贝型指被称量的名词是单音节名词或极少量的双音节名词，直接拷贝该名词来表量；部分拷贝型指被称量的是双音节名词，拷贝该名词后一个音节来表量。

A. 完全拷贝型。例如：

kai³³ta³¹kai³³一条街　　　　　　wu⁵⁵ta³¹wu⁵⁵一个村

街　一　街　　　　　　　　　　村　一　村

khɔn³³ta³¹khɔn³³一扇大门　　　　tuŋ⁵³ta³¹tuŋ⁵³一边翅膀

门　一　门　　　　　　　　　　翅膀　一　翅膀

khje⁵³ta³¹khje⁵³一坨屎　　　　　taŋ⁵⁵ta³¹taŋ⁵⁵一个背篓

屎　一　屎　　　　　　　　　　背篓　一　背篓

B. 部分拷贝型。例如：

nǎ³³khjap⁵³ai⁵⁵khjap⁵³两只耳朵　　lɔʔ³¹tsuŋ³³ta³¹tsuŋ³³一只手套

耳朵　　两　只　　　　　　　　手套　　一　只

pan³⁵khjap⁵³xjɛt⁵³khjap⁵³八片花瓣　u⁵⁵ljɔ⁵⁵ta³¹ljɔ⁵⁵一块粑粑

花瓣　　　八　瓣　　　　　　　粑粑　一　块

ŋɔʔ⁵³təu³¹ ta³¹təu³³ 一只野鸡

野鸡　　一　只

nǎ³³taŋ³³ ta³¹taŋ³³ 一边耳环（一对耳环中的一个）

耳环　　一　只

nɔ³³khjuŋ³³ ta³¹khjuŋ³³ 一边鼻孔（两个鼻孔中的一个）

鼻孔　　　一　个

②反响型量词的使用特点。

反响型量词做句子成分时，有的是非强制性的，可以与其他量词如个体量词等换用。例如：

nɔ³³khjuŋ³³ ta³¹khjuŋ³³ 一个鼻孔　　　nɔ³³khjuŋ³³ ta³¹ʃuat⁵³ 一边鼻孔

鼻孔　　　一　个　　　　　　鼻孔　　　一　个

反响型量词能与其他个体量词、性状量词换用。例如：

taŋ⁵⁵ta³¹lɔm³³ 一个背篓　　　　　taŋ⁵⁵ta³¹ taŋ⁵⁵ 一个背篓

背篓 一 个　　　　　　　　背篓 一 个

在部分拷贝量词构成的数量短语中，名词的量词成分可省略。以"三条河"为例：

tʃəi³¹laŋ³¹ sɔm³³ laŋ³¹ = tʃəi³¹ sɔm³³ laŋ³¹

河　　三　条　　河　三　条

上组例句中，数量名短语有两种结构，名词中与量词重叠的部分可以省略，两组短语意义相同。

（4）通用量词。

通用量词是高度泛化的一种量词，具有抽象程度高、概括性强、搭配广泛等特点。其语义虚化程度高，能普遍用于各种称量对象，与名词组合比较自由。茶山语有三个通用量词：ku³¹、kəuk⁵³、lɔm³³ "个"。

①泛化程度最深的量词是 ku³¹，适用于人物、自然景观、建筑物、人体器官、物品、抽象概念等各类名词。例如：

ma³³mu³³ ta³¹ku³¹ 一个月亮　　　　　ou⁵⁵puat⁵³ ta³¹ku³¹ 一个锅刷

月亮　　一　个　　　　　　　锅刷　　　一　个

tʃuŋ³¹ ʃəuɛl³¹mɔu³¹sɔu³³ ta³¹ku³¹ 一封信

信　　　　　　　　一　封

jɔ³³khɔ³³ma³³ŋji³¹təŋ³³ ta³¹ku³¹ paŋ³¹tɔ³³. 房间里点着一盏灯。

房间里　　灯　　一 盏 点 着

tɕəi³³jam⁵³ma³¹san³³ta³¹ku³¹laŋ³³tou³³. 墙上挂着一把伞。

墙上　　　伞一把挂着

ŋ³¹lji³¹ŋ³³ku³¹tɕəi⁵⁵aʔ⁵³，ku³³tsɛi³¹ou³³，ŋəi³¹tsɛi³¹ma³¹ou³³.

我(宾)五个给(祈)　大的　　要　小的　不要

给我五个，要大的，不要小的。

通用量词可替换性状量词、个体量词等。例如：

ŋjaŋ⁵⁵ŋ³¹lji³¹khuɔp⁵³mu³³ta³¹tʃham³³ŋou³³tɕəi³¹. 他借我一把锄头。

他　我（宾）锄头　　　一　把　借　给

ŋjaŋ⁵⁵ŋ³¹lji³¹khuɔp⁵³mu³³ta³¹ku³¹ŋou³³tɕəi³¹. 他借我一把锄头。

他　我（宾）锄头　　　一　把　借　给

上句中量词tʃham³³与ku³¹意义完全一样，可换为ku³¹，意不变。

②kəuk⁵³：既是泛化量词，也是个体量词，用于有生性、无生性、部分抽象名词的计量。用于有生性名词计量时，可与指称人的量词jəu³¹、指称动物的量词təu³³互换，意义完全相同。kəuk⁵³与数词强制结合使用，详见个体量词部分。例如：

ŋjuŋ⁵³zɔ³³ta³¹kəuk⁵³/jəu³³一个穷人　pɔm⁵³kji³³ta³¹kəuk⁵³/jəu³³一个和尚

穷人　　一　个　　　　和尚　　　一　个

tʃhaŋ³¹mu³¹ŋjəi³³təu³³/kəuk⁵³四只鹅　jəu⁵³ta³¹kəuk⁵³一个鬼

鹅　　四　只　　　鬼一　个

kəuk⁵³用于计量无生性名词时，无生性名词多为球状或颗粒状物体。例如：

pǎ³³luŋ³³ta³¹kəuk⁵³一个球　　　　　luk⁵⁵kɔ³³ŋjəi³³kəuk⁵³四个石头

球　　一　个　　　　　　　　石头　　四　个

leŋ³¹tsɛŋ³³ta³¹kəuk⁵³一个脖子　　　pǎ³³ljiŋ³³ta³¹kəuk⁵³一个瓶子

脖子　一　个　　　　　　　瓶子　　一　个

kəuk⁵³可以计量抽象名词。例如：

mu⁵⁵ʃuɔt⁵³ta³¹kəuk⁵³一个错误　　ma³³təu⁵³a³³jaŋ³³ta³¹kəuk⁵³一个区别

错误　一　个　　　　　区别　　　　一　个

③lɔm³³：既是泛化量词，也是性状量词。既能用于实物名词，也能用于抽象名词的计量，义为"个、座、所、张、颗"。lɔm³³一般用于称量鸡蛋大小以上颗粒状物体，tʃhap⁵³一般用于称量小颗物体，详见性状量词。例如：

ŋɛn³³ta³¹lɔm³³一栋房子　　　　pau³³ta³¹lɔm³³一艘小船

房子一栋　　　　　　　　小船一艘

phje⁵⁵ xjɔm³¹ ta³¹ lɔm³³ 一个冬瓜　　　　taŋ⁵⁵ ta³¹ lɔm³³ 一个背篓

冬瓜　　　　一　个　　　　　　　背篓　一　个

taŋ⁵³ ta³¹ lɔm³³ 一个凳子　　　　　　tui⁵⁵ wu⁵³ ta³¹ lɔm³³ 一宗罪

凳子　一　个　　　　　　　　　　罪　　　一　宗

茶山语的"省、县、乡"等都借自汉语，在称量时可用 lɔm³³，但一般不用量词，直接用"数词+省、县、乡"。例如：

ta³¹ ʃaŋ³³ 一个乡　　　　ta³¹ sɛŋ⁵⁵ 一个县　　　　ʃaŋ³³ ta³¹ lɔm³³ 一个乡

一　乡　　　　　　　一　县　　　　　　乡　　一　个

sɛŋ⁵⁵ ta³¹ lɔm³³ 一个县

县　　一　个

以上泛化量词中，ku³¹ 的泛指性最强，可替换其他所有名词称量的量词。kəuk⁵³ 强调名词的个称，是个体量词。lɔm³³ 强调名词性质，是性状量词。三者可根据词义、句义互换。

2. 集合量词

集合量词是称量成双、成群、成组事物的量词。片马茶山语的集合量词主要有 tsuɔm³³ "双、对、副"、phuŋ³³ "群"、tʃɛn⁵³ "群、行、排"等。

集合量词根据语义特点可划分为以下几类：

（1）成双量词 tsuɔm³³ "双、对、副"：用于称量成双成对的事物。例如：

a³¹ pei³³ a³¹ nəu³³ ta³¹ tsuɔm³³ 姐妹两个　　ta³¹ tsuɔm³³ tsuɔm³³ 一对对

姐妹　　　　　　一　双　　　　　　一　对　　对

lɔʔ³¹ thəŋ³³ ta³¹ tsuɔm³³ 一对镯子　　　lɔʔ³¹ tsuŋ³³ ta³¹ tsuɔm³³ 一副手套

手镯　　　一　对　　　　　　　手套　　一　副

tsʊ̧u³³ ta³¹ tsuɔm³³ 一双筷子　　　　　nǎ³³ taŋ³³ ta³¹ tsuɔm³³ 一对耳环

筷子 一 双　　　　　　　　　　耳环　一　对

ŋji³³ ɛ³³ jəu³³ ke⁵³ ta³¹ tsuɔm³³ 一对夫妻　thji³³ kɔʔ⁵³ ta³¹ tsuɔm³³ 一双鞋

夫妻　　　　　一　对　　　　　鞋　　　一　双

kɔʔ³¹ ta³¹ tsuɔm³³ 一双手　　　　　　khjei³³ ta³¹ tsuɔm³³ 一双脚

手 一 双　　　　　　　　　　　脚　　　一　双

tuŋ³³ ta³¹ tsuɔm³³ 一对翅膀　　　　　ŋjɔʔ³¹ tʃəi³³ ta³¹ tsuɔm³³ 一双眼睛

翅膀 一 对　　　　　　　　　　眼睛　　　一　对

thaŋ³³ lɔʔ³¹ ta³¹ tsuɔm³³ 一对兔子

兔子　　　一　对

此外，有的个体量词表示成对量中的一个。如：tsuŋ³³、khat⁵³、san³³ "只、

支、边", 例如:

tsɐu³³ta³¹khat⁵³一支筷子　　　　lɔʔ³¹thən³³ta³¹khat⁵³一只镯子

筷子　一　支　　　　　　　　镯子　　　一　只

lɔʔ³¹tsuŋ³³ta³¹tsuŋ³³一只手套　　thji³³kɔʔ⁵³ta³¹san³³一只鞋

手套　一　只　　　　　　　　鞋　　　一　只

有的专门指成对出现的名词中的一个, 例如 ʃuat⁵³ "只、边、个" 等。
例如:

ŋjɔʔ³¹mje⁵⁵ta³¹ʃuat⁵³一边眉毛 (两道眉毛中的一道)

眉毛　　　一　边

khɔn³³ta³¹ʃuat⁵³一边大门 (一对门中的一个)

门　　一　边

tji⁵⁵lɔʔ³¹ta³¹ʃuat⁵³一边衣袖 (一对衣袖中的一只)

衣袖　　一　边

这类量词可与lɔm³³换用, 意义不变。例如:

khjei³¹tsuŋ³³ta³¹tsuŋ³³一边裹腿　　　khjei³¹tsuŋ³³ta³¹lɔm³³一边裹腿

裹腿　　　一　个　　　　　　裹腿　　　　一　个

(2) 成群量词有 tʃɛn³¹ "群、排、行"、phuŋ³³ "群"。phuŋ³³多用于成群
的人, tʃɛn³¹多用于成群的牲口或人。tʃɛn³¹的使用频率比较高。例如:

nəu³³ta³¹tʃɛn³¹一群牛　　　　　　ŋjaŋ³³ta³¹tʃɛn³¹一群马

牛　一　群　　　　　　　　　马　　　一　群

ʃɔ³³pɛ³³ta³¹tʃɛn⁵³一群羊　　　　ŋɔʔ⁵³ta³¹tʃɛn⁵³一群鸟

羊　一　群　　　　　　　　　鸟　一　群

对人称量时, 二者可以互换。例如:

tjəu³³ta³¹phuŋ³³一群人　　　　　tjəu³³ta³¹tʃɛn³¹　一群人

人　一　群　　　　　　　　　人　一　群

tʃɛn³¹还用于成行、成排事物的计量, 义为 "行、排"。例如:

jɛn³³ta³¹tʃɛn³¹一排房子　　saik⁵³ta³¹tʃɛn³¹一排树　　tjəu⁵³ta³¹tʃɛn³¹一行人

房子　一　排　　　　　树　一　排　　　　　人　一　行

(3) tɛn³³ "捆"、ʃəuʔ⁵³ "束、捆"、wun⁵³ "抱、背"。例如:

ʃɛŋ⁵⁵puŋ³¹ta³¹kəuk⁵³一把扫帚　　　luk³³tji³¹suŋ³³ta³¹tsuɔp⁵³一把花生

扫帚　　一　把　　　　　　花生　　　一　把

nei³³ta³¹ʃəuʔ⁵³一捆篾子　　　　　lji³³nɛ⁵³ta³¹ʃəuʔ⁵³一捆茅草

篾子　一　捆　　　　　　　　茅草　一　捆

phən³⁵tʃhɔu³¹ta³¹wun⁵³一抱甘蔗　　　than³³ta³¹wun⁵³一背柴

甘蔗　　　一　抱　　　　　　　柴　一　背

aŋ⁵⁵ta³¹ʃəuʔ⁵³一把菜　　　　　　ŋɔ³¹ta³¹tɛn³³一捆草

菜　一　把　　　　　　　　　草　一　捆

（4）成把状量词 tsuɔp³³ "把、束、捧、坨"，来源于动词 "抓"。例如：

tsɔ³³ta³¹tsuɔp³³tsuɔp³¹抓一把泥　　tʃhen³³ta³¹tsuɔp⁵³一捧米

泥　一　把　抓　　　　　　米　一　捧

pan³³ta³¹tsuɔp⁵³一把花　tʃhɛn³³ta³¹tsuɔp⁵³一把米　tsɔ⁵³ta³¹tsuɔp⁵⁵一坨饭

花　一　把　　　　　米　一　把　　　　　饭　一　坨

（5）tɛn³³ "捆、卷"，来源于动词 tain³³¹ "捆"。例如：

tji⁵⁵ta³¹tɛn³³一捆衣服　　　　　lje³³ta³¹tɛn³³一捆秧子

衣服　一捆　　　　　　　　　秧子一捆

mje³¹sɛ³³ta³¹tɛn³³一卷布　　　saik⁵³kjaŋ³³ta³¹tɛn³³一捆树枝

布　　　一　卷　　　　　树枝　　　一　捆

xɛ⁵⁵ŋɔʔ³¹tɛn³³sɔ³³sɔ³³ku³³. 这捆草很大。

这　草　捆　很　大

（6）成堆状量词 tsuŋ⁵³ "堆" 用于可数名词，tsuŋ⁵³ 来源于名词 ji³³tsuŋ³¹ "挎包"。例如：

la³¹mje³³ta³¹tsuŋ⁵³一堆玉米　　　luk⁵⁵ta³¹tsuŋ⁵³一堆石头

玉米　　　一　堆　　　　　　石头　一　堆

ŋjaŋ³³tʃɛn³³ta³¹tsuŋ⁵³一堆马粪　　ʃɿ³³tɔ⁵³ta³¹ji³³tsuŋ³¹一袋橘子

马粪　　　一　堆　　　　　橘子　一　挎包

（7）tjɔm⁵³ "串" 多用于称量果实等事物名词。例如：

nui³¹ʃɿ³³ta³¹tjɔm⁵³一串葡萄　　　ŋɔ³³ŋɛu⁵³ta³¹tjɔm⁵³一串香蕉

葡萄　　一　串　　　　　　香蕉　　　一　串

（8）paŋ⁵³ "蓬、丛" 多用于植物。例如：

wu⁵⁵ta³¹paŋ⁵³一丛竹子　　　　　ŋɔʔ⁵³ta³¹paŋ⁵³一蓬野芭蕉

竹子　一丛　　　　　　　　　芭蕉　一蓬

有的可用汉语借词称量。例如：

tʃhaŋ³³ta³¹maŋ³³khɔ³³一筐姜

姜　　一　箩筐

（9）mɔ³³ "点" 用于不可数名词，jam³³ "些" 用于可数名词。例如：

kje³³tʃəi³³ta³¹mɔ³³一点汗　　　　　tsau³³ta³¹mɔ³³一点盐

汗　　一　　点　　　　　　　盐　　一　　点

tjə̣u⁵³ta³¹jam³³一些人　　　　　a³³jaŋ³³ta³¹jam³³一些东西

人　　一　　些　　　　　　东西　一　　些

（10）tʃa³³"种"表示一类事物的量。例如：

aŋ⁵⁵ta³¹tʃa³³一种菜　　　　　a³³jaŋ³³ta³¹tʃa³³一种东西

菜　一　种　　　　　　　东　西　一　种

（11）tʃuaŋ⁵³、thɔu³¹"套"，用于成套的衣服。例如：

tji⁵⁵ta³¹tʃuaŋ⁵³一套衣服

衣服　一　套

xɤ⁵⁵tji⁵⁵thɔu³¹ma³¹ku³³ma³¹ŋjəi³¹tuɔp⁵³ŋuat⁵³. 这套衣服不大不小很合适。

这　衣服　套　不大　不　小　合适（正）

集合量词有的来源于本语名词或动词，有的借自汉语。来源于本语名词的有 ɔu⁵⁵"锅"、puŋ³³"蒸笼"、suat⁵³"窝"等。例如：

tʃəi⁵³ta³¹puŋ³³一桶水　　　　　jə̣i³³ta³¹puŋ³³一瓶酒

水　　一　桶　　　　　　酒　　一　瓶

ʃɔ³³ta³¹ɔu⁵⁵一锅肉　　　　　kjɔʔ⁵³ta³¹suat⁵³一窝蛋

肉　一　锅　　　　　　蛋　一　窝

来源于本语动词的，如"抓"。例如：

ŋjaŋ⁵⁵ŋ̣³¹lji³¹ ta³¹tsuɔp⁵³jəuʔ³³tsuɔp⁵³tau̯⁵³. 他能把我一把抓起来。

他 我（宾）一把　能　抓　起来

又如 thjɔu³³借自汉语动词"挑"，tan³³借自汉语名词"担子"。例如：

kuk³³ta³¹tan³³一担谷子

谷子　一　担

xɤ⁵⁵a³¹thjɔu³³suɔm³³，thji⁵⁵a³¹thjɔu³³ljəi³³. 这挑轻，那挑重。

这　　挑　轻　那　　挑　重

3. 度量衡量词

度量衡量词有非标准度量衡量词和标准度量衡量词两类，其来源与特点各不相同。有称量长度、体积、面积、重量、频率、货币等不同单位的量词。

（1）非标准度量衡量词：度量衡量词中较古老的一类，多为长度单位。其中有的还与亲属语言存在同源关系，如一大拃、一步等。例如：

ta³¹thu³³一大拃：张开的拇指与中指两端之间的距离。

ta³³nau̯³³一小拃：张开的拇指与食指两端之间的距离。

ta³¹pɛ⁵³一步：往前自然迈一步的距离。

ta³¹taŋ³³tjəu⁵³（一）巴掌

tsəu⁵⁵ta³¹khaʔ⁵³ xjə̠ŋ³¹一筷子长

（2）标准度量衡量词：多用于计算重量、面积、体积、长度、货币等。这类量词有的是本语词，有的借自汉语。例如：

ta³¹ kjan⁵⁵一斤　　ta³¹ ljuŋ³¹一两　　　ta³¹fən⁵⁵一分（重量单位）

ta³¹lji³¹一厘　　　ta³¹ tʃhɛ³³一钱　　　ta³¹tʃuai³³一石匕（一石匕重三斤）

ta³¹kuŋ³³kjɛn³³一公斤　　ta³¹ mu³³一亩　　　ta³¹pai³¹一步

ta³¹ tsaŋ³³一丈　　　ta³¹ lɛ³⁵mat³¹一寸　　ta³¹ pɛ³³一尺

ta³¹ khjaŋ⁵⁵一元　　ta³¹ tʃhɛ³³一角　　　ta³¹ fən⁵⁵一分

ta³¹ pa̠n³³一升　　　ta³¹ lu⁵⁵zan⁵³一斗

4. 不定量词

不定量词是表示不确定量的量词。茶山语不定量词有 ta³¹ jam³³"一些"、ta³¹mɔ³³"一点儿"。例如：

ta³¹ jam³³一些　　　　　　　　　ta³¹mɔ³³一点儿

不定量词可以重叠后一音节，表示减量。例如：

ŋ⁵⁵ta³¹mɔ³³ sɛʔ⁵³. 我懂一点了。　ŋ⁵⁵ta³¹mɔ³³mɔ³³ sɛʔ⁵³. 我懂一点点了。

我 一点　懂　　　　　　　　　　我 一 点 点　懂

二、动量词

动量词是动作行为的计量单位。茶山语的动量词有专有动量词和兼用动量词两类。

（1）专有动量词有：la̠in³³"次、遍、回、趟、下"、"趟"、tʃhəŋ³³"顿、阵"、tʃaŋ³³"场、阵"、pai³¹"步"、tam⁵³"下"、khəuʔ³¹"趟"等。其中khəuʔ³¹出现频率较低。例如：

sɔm³³la̠in³¹三下　　　　　　 aiʔ⁵⁵la̠in³¹两遍　　　　ta³¹pai³¹一步

三 下　　　　　　　　　　两 遍　　　　　　　　一 步

ta³¹la̠in³³lɔ³³走一趟、去一次　　ta³¹la̠in³³ŋap⁵³读一遍

一 趟 去　　　　　　　　　　　一 遍 读

aiʔ⁵⁵la̠in³³jəu³³看两回　　　　sɔʔ⁵³ta³¹la̠in³³ʃə̠i³³喘了一口气

两 回 看　　　　　　　　　　气 一 口 喘

mɔu³⁵ ta³¹ tʃaŋ³³ wu⁵³ 下一场雨　　　lje³¹ ku³³ ta³¹ tʃaŋ³¹ 一大阵风

雨　一　场　下　　　　　风　大　一　阵

lje³¹ zɔ³³ ta³¹ tʃaŋ³¹ 一小阵风

风　小　一　阵

sɔ³³ sɔ³³ ta³¹ tʃhəŋ³³ ləu³³ ku³¹. 狠玩了一阵子。

狠　一　阵　玩　了

khǎ⁵⁵ lain³³ ɛʔ⁵³ sɔ³³ sɔ³³ jau³¹. 每遍都很难。

每遍　都　很　　难

ta³¹ tam⁵³ ta³¹ tam⁵³ kɔ³³ tjam⁵³ aʔ⁵³. 一下一下地拍干净。

一　下　一　下　拍　干净（祈）

ŋjaŋ⁵⁵ ŋ³¹ lji³¹ sɔ³³ sɔ³³ ta³¹ tʃhəŋ³³ jau³¹. 他把我大骂一顿。

他　我（宾）很　　一　顿　骂

ŋjəi⁵⁵ na³¹ ŋjaŋ⁵⁵ ŋ³¹ lji³¹ ta³¹ tʃhəŋ³³ jau³¹. 她昨天骂了我一顿。

昨天　　她　我（宾）一　顿　骂

lu⁵⁵ kuʔ⁵³ ma³¹ kha³³ lain³³ ləu⁵⁵ ljɛt³¹ a³³ jaŋ³³ ŋjəi⁵⁵ ʃɔ⁵³ wui³¹.

六库　（方）每次　去　都　东西　很多　　买

每次去六库都买很多东西。

ŋ³¹ sɔm³³ khəuʔ³¹ xjɔu³³ ljɛt⁵⁵ ŋjaŋ⁵⁵ lji³¹ ma³¹ xjɔu³³ ŋjaŋ³¹.

我　三　趟　找（非）他（宾）没　找　看见

我找了三趟都没找到他。

ŋ³¹　ja³³ ŋjaŋ⁵⁵ lji³¹ lui⁵⁵ ləu³¹, naŋ³¹ ŋjaŋ⁵⁵ lji³¹ a³¹ lɔ³³ mu³³ ta³¹ lain³³ tai³¹ aʔ⁵³.

我（施）他（宾）叫来　　你　他（宾）好好地　一　顿　说（祈）

我把他叫来，你好好地说他一顿。

（2）兼用动量词：借用其他词类作动量词。

①借普通名词作动量词的，有 nuat⁵³ "口、嘴"、khjei³³ "脚"、khjɔ³³ "笔"等。例如：

ta³¹ khjei³³ thək⁵³ 踢一脚　　　　　ta³¹ khjɔ³³ suɛ⁵⁵ 画一笔

一　脚　踢　　　　　　　一　笔　画

ŋjaŋ⁵⁵ khjuat⁵³ khjuat⁵³ aiʔ⁵⁵ sɔm³³ nuat⁵³ tsɔ⁵⁵ la³¹ thuʔ⁵³ ləu³³ ku³¹.

他　胡乱　　　两三　嘴　吃　了　出　去　了

他胡乱吃了几口就出门了。

②借时间名词作动量词的，也称"时量词"。主要是借表示时间段的名词来表示动作的延续时间。例如：

ta³¹ŋjan⁵⁵ 一夜　ta³¹khjɔʔ⁵³ 半天　ta³¹khjap⁵³ 一个月　ta³¹xja³³ 一会儿

一　夜　　　一　半　　　　一　月　　　　　一　会

ta³¹zan³¹ 一年　ta³¹tshɛ⁵³ 一辈子　ta³¹mə³³nei³³ 一分钟　ta³¹na³³ju³³ 一点钟

一　年　　　一辈子　　　一　分　钟　　　　一　点　钟

sɔm³³na³³ju³³ 三点钟　　　　　ta³¹ŋjəi³³ta³¹ŋjan⁵⁵ 一昼夜

三　点　钟　　　　　　　一　天　一　夜

naŋ³¹ta³¹lain³³lou³¹nan³³, ta³¹tse⁵³ŋjou³³ŋjou³³ləu³³aʔ⁵³.

你　　一次　来　难　一会　多多　　玩（祈）

你很难得来一次，就多玩一会儿。

③借动词作动量词的，如 khuɔn³¹ "声、句" 借自动词 "唱"。例如：

ta³¹khuɔn³¹lui³³ 喊一声

一　声　喊

nuat⁵³tjuan³³tjuan³³taŋ⁵⁵ta³¹khuɔn³³ɛʔ⁵³ma³¹tʃuʔ³³. 嘴嘬嘬的不说一句话。

嘴　嘬嘬的　话　一　句　也　不　说

ŋjaŋ⁵⁵jɛn³¹ma³¹ma³¹ŋjəi⁵³, pɛi⁵⁵pɛ⁵⁵ta³¹tʃɔn³³su³³ku³¹.

他　家里　不　在　白白　一　趟　走　了

他不在家，白走了一趟。

ŋ³¹ma³¹lou³³, naŋ³¹lou⁵⁵əu³³lji³¹, ŋ³¹lji³¹ta³¹khuɔn³³tai³¹tjəi³³aʔ⁵³.

我　不去　你　去　时候　我（宾）一声　说　给（祈）

我不去，你去时，告诉我一声。

④借用汉语量词作动量词，如 tɔn³³ "顿"、tʃaŋ³¹ "阵"、tʃuɔn³³ "转、趟"，均来自汉语量词。例如：

tʃɔ³³tʃɔ³³ta³¹tɔn³³tsou³³. 饱吃一顿。

饱饱　一　顿　吃

ŋa³³mɔ³¹ta³¹ŋjəi³³tsɔ³³sɔm³³tɔn³¹tsou³³. 我们每天吃三顿饭。

我们　一　天　饭　三　顿　吃

khǎ³³zan³¹jɛn³³ma³³ta³¹tʃuɔn³³ɛʔ⁵³. 今年我回了一趟家。

今年　家　一　趟　回去

a³¹maŋ⁵⁵jəu³³phou³³jɛn³³ma³³ta³¹tʃuɔn³³lou³³. 哥哥去了趟舅舅家。

哥哥　舅舅家　　一　转　去

ta³¹ŋɛ³³mɔ³¹ja³³pei³¹kjɛn³³ma³¹ta³¹tʃuɔn³³lɔ³³mɛi³¹.

大家都　北京　（方）一　趟　去　想

每个人都想去北京一趟。

三、量词的语法特征

（1）单音节性是茶山语量词的重要语音特点。

这个特点对量词的产生和发展起着重要的制约作用。单音节量词能大量存在，除了表意的需要外，还与茶山语双音化韵律的要求有关，即单音节数词与单音节量词结合成双音节，构成双数节律，从而适应茶山语双音节性的韵律特征。例如：

ai?⁵⁵nuat⁵³ 两口　　　　ta³¹ɔu⁵⁵一锅　　　ta³¹tʃuɔn³³一趟　　　ta³¹khuɔn³¹一声

两　口　　　　　　一　锅　　　　　一　趟　　　　　一　声

（2）量词在句法结构中一般不能脱离数词，具有强制性。

量词在句法中必须与数词结合后才能修饰名词或动词。例如：

ŋjaŋ⁵⁵tji⁵⁵ta³¹khjap⁵³jəu³¹la³³ʃɔ³¹lji³¹lji³¹tjəi³³，tai³¹ "naŋ³¹lji³¹tjəi³³" ！

他　衣服　一　件　　拿　小李（宾）给　　说　你（宾）给

他拿件衣服给小李，说："给你！"

量词可以脱离数词存在的，有以下三种情况。

①在构词中，有的表量语素能够脱离数词和其他语素结合。例如：

pan³⁵khjap⁵³花瓣　　　　　　pan³⁵tsham³¹花蕊

花　片　　　　　　　　花　发

②名词与指示代词结合时，量词可省略。例如：

xɔ⁵⁵/³⁵pan³¹ku³³那朵花　　　xɔ⁵⁵/³⁵sɿ³³tʃe³¹那件衬衫

那　花　　　　　　　那　衬衫

xɛ⁵⁵ŋjɔ?⁵³taŋ³³lɔu³³ku³¹. 这些鸟儿都飞走了。

这　鸟　　都　走　了

xɛ⁵⁵mjei³¹sɛ?⁵⁵sɔ³³ɔ³³kjua³¹. 这块布花哨得很。

这　布　　　很　花

xɛ⁵⁵təu³¹fu³³tʃɐn³³ʃuɔm³³nam³¹ku³¹. 这块豆腐酸臭了。

这　豆腐　酸　臭味　臭　了

"tʃui?⁵³" kai³³lji³¹，mje³¹sɛ³³laŋ³¹tʃui?³³ku³¹."哧"的一声,撕下一块布来。

哧　声（非）布　　撕　到　了

③与疑问代词结合时，如数词为"一"，且量词专用性比较强的时候，"一"可以省略。例如：

kha³³mɔu³¹sɔu³³pəu³¹ka³¹na³³tsəi³¹？哪一本书是你的？

哪　书　　本（话）你　的

（3）名词与数量短语结合，语序多为"名词+数词+量词"。例如：

jɔ³¹ma³¹nəu³³ŋ³³təu³¹khjuk⁵³təu³¹. 地里有五六头牛。

地里　　牛　五头　六　　头

pɔm⁵³ma³¹ʃɔ⁵³pə³¹ŋiɛt̠⁵³xjɛt̠⁵³təu³¹ŋiəi³¹. 山上有七八只羊。

山上　　　羊　七　八　　只　在

khuɔm³³tuaŋ³¹ma³¹xjuʔ⁵⁵aiʔ⁵⁵tsɛŋ³¹pəu³¹. 门前有两棵松树。

门前　　　　松树　两棵　有

saik⁵³tsɛŋ³¹thɔʔ⁵³ma³¹ŋɔʔ⁵⁵aiʔ⁵⁵təu³¹ŋiəi³¹. 枝头有两只鸟。

树上　　　（方）　鸟　两　只　在

tʃəi³¹laŋ³³ma³¹kɔʔ³¹nɔʔ⁵³ŋiəi³¹ŋ³³təu³¹ŋiəi³¹. 河里有四五只鸭子。

河里　　　　鸭子　四　五　只　有

saik⁵³tsɛŋ³¹ma³¹nɔʔ⁵³xjɛt̠⁵³təu³¹kɔu³³təu³¹ŋiəi³¹. 树上有八九只鸟。

树上　　　　　鸟　八　只　九　只　在

但在互动态句中，强调相互的动作时，语序可为"数词+量词+名词"。例如：

aiʔ⁵⁵təu³¹la³¹khui³³ŋat³¹kɔ³³. 两只狗在咬架。

两　只　狗　　咬（互）

（4）有少数量词能重叠，多表示逐量。重叠时，必须带数词。例如：

ta³¹pəu³³pəu³³一本本　　　　ta³¹pəu³³ta³¹pəu³³一本一本

一　本　本　　　　　　一　本　一　本

ta³¹ku³¹ta³¹ku³¹一个一个

一　个　一　个

（5）数量短语与指示代词/疑问代词共同修饰名词的情况。

①数量短语在与指示代词/疑问代词共同组成带有指示意义的数量短语时，语法形式为：指示代词+名词+数词+量词。例如：

xɛʔ⁵⁵sɿ³³lja³³aiʔ⁵⁵jəu³¹这两位老师　thji³³tʃuŋ⁵³zɔ³³sɔm³³jəu³¹那三个学生

这　老师　两　个　　　　那　学生　三　个

xɛʔ⁵⁵sɿ³³lja³³aiʔ⁵⁵jəu³¹这两只鸡　thji³³ʃɔ³³pe³³khjuk⁵³təu³¹那六只羊

这　鸡　两　只　　　　那　羊　六　只

②数量短语、疑问代词共同修饰名词时，名词居疑问代词之后、数量短语之前，即疑问代词+名词（+数词）+量词。例如：

kha³³mɔu³¹sɔu³³pəu³¹ka³¹na³³tsəi³¹？哪一本书是你的？

哪　书　　本　（话）你的

第六节　形容词

形容词是表示人或事物的性质、性状或动作、行为发展变化的状态的词。茶山语形容词可分为性质形容词和状态形容词两类。性质形容词反映事物的属性，如 nəu³¹"软"、kjuŋ³³"硬"、ljuɛʔ³¹"烂"、ŋai³³"糊"、kəŋ³³"结实"等。状态形容词反映事物的状态，重叠式状态形容词较多，如 tjeŋ³³tjeŋ³³"满满的"、paŋ³³paŋ³³thjəu³¹"白净"、paŋ³³paŋ³³"亮堂堂"、ne³³ne³³"黏糊糊"等。

形容词的特点主要有：①状态形容词较丰富。②能重叠，重叠表示性状程度的加深。③形容词表示性状程度加深的语法形式比较丰富。④能构成自动态和使动态。⑤在句子中可以作定语、谓语、状语、补语、主语、宾语等句法成分。

一、形容词与动词的关系

片马茶山语的形容词和动词关系密切，二者的语法特征既有共同点，又有不同点。有些词难以区分是形容词还是动词。以下从二者的组合能力、句法功能、形态变化以及概念意义等方面，分析形容词与动词的异同。

1. 形容词与动词的相同点

（1）都能受副词如 ta³¹tsəi³¹"一点儿、稍微"、sɔ³³sɔ³³"很、太、真、非常、极、特别"、tsai³¹"更，越……越……"等修饰。例如：

ta³¹tsəi⁵³kjuɛ⁵³稍微有点热　　　　ta³¹tsəi⁵³tʃuɛ⁵³稍微有点湿

一　点　热　　　　　　　　　　　一　点　湿

ta³¹mɔ³³ŋjaŋ³¹稍微有点高　　　　ta³¹mɔ³³ɛʔ⁵³ma³¹ŋjaŋ³¹一点也不高

一　点　高　　　　　　　　　　　一　点　也　不　高

ŋ³¹ŋjaŋ⁵⁵lji⁵³cɔ³³sɔ³³ŋui³¹.我很喜欢他。

我　他（宾）很　喜欢

xɛ⁵⁵tʃəi⁵³laŋ³³sɔ³³sɔ³³nɔu³³.这条河很深。

这　河　　很　深

ŋjaŋ⁵⁵pu³³luŋ³³ta³¹tsəi³¹ta³³pat³³. 他有点会打球。

他　　球　　一点　　会　打

a³¹pei³³a³¹nu³³thɔʔ⁵³lji³¹tsai³¹tsɔ⁵⁵mai⁵³. 姐姐比弟弟更想吃。

姐姐　弟弟　比　　更　吃　想

ŋjəi⁵⁵na³¹kjuɛ³¹, khǎ⁵⁵ŋjəi⁵³tsai⁵³kjuɛ⁵³. 昨天热，今天更热。

昨天　　　热　　今天　　更　热

ŋa⁵⁵ta̠i³¹ta³³taŋ³³ŋ³¹ka³¹ta³³tsəi³¹ma³¹tʃen³³. 他讲的话我有些怀疑。

他的　说　的　话　我(话)一点　不　相信

ŋjaŋ⁵⁵tjəu³¹lji³¹jau³¹ta³³əu⁵⁵lji³¹sɔ³³sɔ³³jəu³³kjuʔ³¹.

他　人（宾）骂的　时候　很　看　怕

他骂人的时候样子真可怕。

mɔu⁵⁵khuŋ³¹ma³¹ŋa³³mɔu³³nai³¹thuʔ⁵³sɔ³³sɔ³³juŋ³³. 天上出虹最美丽。

天　　　　（方）彩虹　　　出　最　美丽

（2）都有使动态。使动态的语法形式都有屈折式和分析式。屈折式例如：

自动		使动		自动		使动	
xui³¹	干	xui³³	使干	ŋuɛ³¹	弯	ŋui³¹	使弯
kjuɛi³¹	热	ŋjuɛi⁵⁵	使热	kui³³	破	khui³³	打破
kui³³	裂	kui⁵⁵	使裂	ŋai⁵⁵	着火	ŋai⁵⁵	点着
phan³³la̠in³¹	翻倒	lə̠u³¹phan³³la̠in³¹	弄翻倒				

zɔ³³ʃaŋ³³ŋau⁵³ku³¹. 孩子哭了。（主动态）

孩子　　哭　了

ŋjaŋ³³zɔ³³ʃaŋ³³lə̠u³¹ŋau⁵³ku³¹. 他把孩子弄哭了。（使动态）

他　　孩子　弄　　哭　了

tji⁵⁵kaŋ⁵³xui³³aʔ⁵³. 把衣服烤干。（使动态）

衣服　烤　干（祈）

saik⁵³tuŋ³³ʃȵ⁵⁵thjɛt⁵³, xui³¹lɔ³³lji³³, tsɔ³¹pɛ³³ta³¹ku³¹tsəuk⁵³ta³¹. （主动态）

木头　　先　砍　干　了（连）桌子　一　张　做　要

先把木头砍了，让它干一干，再做张桌子。

分析式是在自动词前加助动词 lə̠uʔ³³ 或 tʃhȵ³¹ 等。这类助动词多由实义动词语法化而来，强调外力行为对形容词产生的结果和手段。lə̠uʔ³³ 来源于动词"玩"，tʃhȵ³¹ 来源于动词"弄"。例如：

thjɔʔ⁵³坏—lə̠uʔ³³thjɔʔ⁵³弄坏　　　thjəu³¹丢—tʃhȵ³¹thjəu³³弄丢

kua³³惯—tʃhȵ³¹kua³³娇惯

naŋ³¹ ŋja³³ ta³³ phuŋ³³ tiŋ³³ ləuʔ³³ thjɔʔ⁵³ ku³¹. 你把他的笔弄坏了。

你 他 的 笔 弄 坏 了

naŋ³¹ ŋa³³ mɔu³¹ sou³³ pu³¹ ləuʔ³¹ thjɔʔ⁵³ ku³¹！你把我的书弄坏了！

你 我的书 本 弄 坏 了

ŋjaŋ⁵⁵ ŋja⁵⁵ mɔu³¹ sou³³ pəu³¹ tʃhɿ³¹ thjəu³³ ku³¹. 他把自己的书弄丢了。

他 自己的书 本 弄 丢 了

xɛ⁵⁵ zɿ³¹ ʃaŋ³³ ŋjau³³/³⁵ tʃhɿ³¹ kua³³ ku³¹ ta³¹ mɔ³¹ ma³¹ jəu³³ tu³¹.

这 孩子 很 娇惯 很 不 看 了

这孩子娇惯得很不像样儿。

（3）二者句法功能大体一样，即都能作谓语、主语、宾语、定语、补语等。不同的是，动词可以名物化，也可以直接作主语、定语、宾语，而形容词一般须名物化后才能作主语、定语。

①作谓语。例如：

khǎ⁵⁵ ŋjəi⁵³ mɔu³¹ tsou³³. 今天天气阴阴的。

今天 天 阴

ŋjaŋ⁵⁵ mɔu³¹ sou³³ wui³¹ lɔ³³ ku³¹. 他买书去了。

他 书 买 去 了

lɔʔ³¹ pɛ³³ phe³³ tʃhɔ³³ ka³¹ ljua³¹，lɔʔ³¹ jɔ³¹ phe³³ tʃhɔ³³ ka³¹ tsəʔ³¹.

左边 路（话）宽 右边 路 （话）窄

左边的路宽，右边的路窄。

②作主语。动词可直接作主语，也可以加名物化标记 tsəi³¹ 作主语。动词或动词短语直接作主语的句子一般强制出现话题标记 lji³¹。例如：

tsou⁵⁵ tsəi³¹ ka³¹ ma³¹ jou³³ naiŋ³³. 吃是少不得的。

吃的 （话）不 能 少

ŋou³¹ lji³¹ ma³¹ jəu³³ kei³¹，ji³¹ lji³¹ jəu³³ kei³¹. 哭不好看，笑好看。

哭（话）不 看 好 笑（话）看 好

形容词名物化后在句中能作主语。例如：

tʃɛn⁵⁵ tsəi³¹ tʃhau⁵⁵ tsəi³¹ khɔ⁵⁵ tsəi³¹ thjəu³¹ tsəi³¹ ta³¹ ŋɛ³³ tsou³³，pan⁵⁵ tsəi³¹

酸 甜 苦 辣 都 吃 涩的

ma³¹ tsɔ³³. 酸甜苦辣的东西他都吃，就是不吃涩的。

不吃

③作宾语。动词或动词短语可以直接作宾语。这类句子多为能愿动词作谓语动词，其他动作动词作宾语，谓语动词位于宾语之前，形成的语序为"谓

语动词＋宾语"。例如：

ŋŋaŋ³¹ jɔu³³ tɔ³³ɕɔ³³ ta³¹ la³³？他爬得上去吗？

他　　能　　爬上去　吗

ŋaŋ⁵⁵ lji³¹ su³³ ŋjeŋ³³ ta³³ ta̠i⁵³. 他会讲傈僳话。

他　　傈僳话　　会　讲

ŋaŋ⁵⁵ ka³¹ ŋja³³ ŋji³³ ljɛt³¹ wɔm³³ pat³³. 他敢打他老婆。

他　（话）他老婆（非）敢　　打

thji⁵⁵ zɔ³¹ khɔʔ³¹ ja³³ ŋja³³ zɔ³¹ ta³¹ kai³³ ja³³ ʃɔ³³ mɛ⁵³ pai³¹.

那　老人　　和　儿子　　都　　　肉喜欢打

那个老人和他的儿子都喜欢打猎。

sɿ³¹ lja³³ mǎ³¹ ŋjəi³³ saiʔ⁵³ ta³¹ lain³³ lji³³ ja³³ mai³¹ ta̠i³¹ tjam³¹.

老师　故事　新　一下子　　喜欢　讲　完

老师喜欢把新故事一下子讲完。

形容词一般要名物化后才能在句中作宾语。例如：

ŋ³¹ xɛ⁵⁵ ŋjəi³¹ tsəi³¹ tsɔu³³，naŋ³¹ mu³³ ku³³ tsəi³¹ tsɔ⁵⁵ aʔ⁵³.

我　这小的　　吃　你　那　大的　　吃（祈）

我吃这个小的，你吃那个大的。

tʃɿŋ̠⁵⁵ tsəi³¹ tʃhau⁵⁵ tsəi³¹ khɔ⁵⁵ tsəi³¹ thjəu³¹ tsəi³¹ ta³¹ ŋɛ³³ tsɔu³³，pan̠⁵⁵ tsəi³¹

酸　　甜　　苦　　辣　　都　吃　涩的

ma³¹ tsɔ³³. 酸甜苦辣的东西他都吃，就是不吃涩的。

不　吃

④作定语。例如：

ŋjaŋ³³ ka³¹ tjəu³³ kaŋ³³. 他是一个坏人。

他　（话）人　坏

naŋ³³ ka³¹ tjəu³³ kei³¹ ŋuɔt⁵³. 你是一个好人。

你　（话）人　好　是

naŋ³¹ wui³¹ ta³³ thɔʔ⁵³ tji³³ ŋjau³³/³⁵ ŋje³¹ ku³¹. 你买的这件上衣太小了。

你　买　的　上衣　太　　小　了

naŋ³¹ ŋjəi⁵⁵ na³¹ wui³¹ ta³³ a³¹ jaŋ³³ kha³¹ thaʔ⁵³ tɔu³³ ku³¹？

你　昨天　　买　的　东西　　哪儿　放　了

你把昨天买的东西放在哪儿了？

ŋ³¹ ka³¹ a³¹ sɛ⁵³ wui³¹ xɛ⁵⁵ təu³³ ɔu³³，ŋjaŋ⁵⁵ ka³¹ xjeʔ³¹ lji³¹ wui³¹ ta³³ thji⁵⁵

我（话）刚　买　这　匹喜欢他（话）以前　买　的　那

a³¹təu³³ ɔu³³. 我喜欢刚买的这匹，他喜欢以前买的那匹。

匹　喜欢

⑤作补语，居谓语动词后。例如：

su³³aʔ⁵⁵tsɔu³³ja³³. 走慢一些。　　　lɔu³¹aʔ⁵⁵la⁵⁵ŋja³¹. 来快点。

　走（祈）慢点　　　　　　　来（祈）快点

lji⁵⁵　tai⁵³ʃiŋ⁵⁵ŋa³¹. 把道理讲明白。

道理 讲　清楚

ŋ³¹ŋam³³la³¹tjeʔ³³tjeʔ³³nat³¹. 我冷得发抖。

　我　冷　得　很　　抖

xɛ⁵⁵ zɿ³¹ŋji³³ ŋɔu³¹ la³³ naik⁵³ ŋjəi³¹. 这个姑娘哭得伤心。

　这　姑娘　　哭　得　伤心

⑥作状语。茶山语连动句中，前一动词是后一动词的状语，语义上前者是后者的状态，二者之间常用状语标记 la³³。例如：

ŋjaŋ⁵⁵ ji⁵³ la³³ tai⁵³. 他笑着说。

　他　　笑（状）说

ŋjaŋ⁵⁵ ljap⁵³ la³³ jəi³³ ʃuɛʔ⁵³. 他站着喝酒。

　他　　站（状）酒　喝

taŋ³¹sɔ³³sɔ³³ma³¹tʃuʔ³¹, a³¹jaŋ³³ŋjəi³³ʃɔʔ⁵³kuɔt⁵³. 少说话，多做事。

　话　很　　不　说　事情　多多地　　做

ŋjaŋ⁵⁵lji³¹la⁵⁵ŋja³¹lɔu³³mǎ³¹tʃhəi³³lɔu³³wui⁵³aʔ⁵⁵. 叫他快点去买药。

　他（宾）快点　去 药　　去 买（祈）

2. 形容词与动词的不同点

（1）都能通过加名物化标记构成名物化结构，二者既有相同的名物化标记，也有各自的名物化结构。茶山语动词和动词短语、形容词和形容词短语后都能加名物化标记 tsəi³¹，构成名物化结构，在句中作主语、谓语、宾语等成分。例如：

wɔt⁵³tsəi³¹ 穿的　　　tsui⁵⁵tsəi³¹ 做的

　穿　的　　　　　做　的

taŋ⁵⁵ lɔu³³ ŋjəi³¹ tsəi³³ ka³³ kɔ³³nɔʔ⁵³. 飞的那只是乌鸦。

　飞　去　着　的（话）乌鸦

ŋ³¹xɛ⁵⁵ŋjəi³¹tsəi³¹tsɔu³³, naŋ³¹mu³³ku³³tsəi³¹tsɔ⁵⁵aʔ⁵³.

　我　这 小的　　吃　你　那　大的　吃（祈）

我吃这个小的，你吃那个大的。

xje³¹ phɛ³³ ka³¹ tsɔ³⁵ ta⁵³ tsəi³³ ma³¹ jɔ³³, wɔt⁵⁵ ta⁵³ tsəi³³ ma³¹ jɔ³³.

以前　（话）吃的　　　　没有　　穿的　　　　没有

以前没有吃没有穿。

ŋ³¹　lji³¹ ŋ³³ ku³¹ tjəi⁵⁵ aʔ⁵³, ku³³ tsəi³¹ ou³³, ŋəi³¹ tsəi³¹ ma³¹ ou³³.

我（宾）五个　给（祈）大的　　要　小的　　不　要

给我五个，要大的，不要小的。

茶山语动词直接作主语时，如没有名物化标记 tsəi³¹，则须使用 lji³¹ 连接主谓成分。lji³¹ 可能来源于汉语"哩"，语气上有停顿作用；结构上连接上下成分，取消该成分或小句的独立性；语法上既有话题标记功能，又有名物化功能，相当于汉语"者"。这类用法比较特殊，可视为比较特殊的名物化标记和名物化结构。而形容词则没有这种用法。例如：

jət⁵³ lji³¹ kei³¹, lain³³ lji³¹ ma³¹ kei³¹. 睡着好，躺着不好。

睡（话）好　躺（话）不　好

jəu³³ lji³¹ kei³¹, ma³¹ jəu³³ lji³¹ ɛʔ⁵³ kei³¹. 看可以，不看也可以。

看（话）可以　不　看（话）也可以

茶山语形容词可以加前缀 a³¹，a³¹ 有使形容词名词化的功能，在句中作定语、谓语等。例如：

ŋjaŋ⁵⁵ wɔt³¹ tʃhŋ³³ ta³³ tji³³　a³³ ŋjuŋ³³ ŋjuŋ³³. 她穿的那件衣服皱巴巴的。

她　穿　着　的衣服　皱皱的

kja³³ sŋ³³ a³¹ tshau³³ ɔŋ⁵⁵ la⁵³, a³¹ sɛʔ⁵³ kja³³ sŋ³¹ wui³¹.

家具　　旧的　卖（祈）新的　家具　买

卖了旧家具，再买新家具。

两个名物化标记能同时出现在句中。其中名物化前缀 a³¹ 一般专用于形容词前，tsəi³¹ 则能用于形容词、动词的名物化结构中。例如：

xɛ⁵⁵ tsəi³¹ ka³¹ a³¹ sai ʔ⁵³ wui³¹ tsəi³¹. 这是刚买的。

这　　（话）新　买的

（2）动词前能加否定副词 a³³ "不要、别"构成祈使句。形容词一般不能。例如：

a³³ xəu³³ a³³ thjɔu³³! 别吵别闹！　　　a³³ pat³¹! 别打！

别　吵　别　闹　　　　　　　　　别　打

naŋ³¹ a³³ xua³³! 你不要说谎！

你　别　说谎

＊a³³sai?⁵³ 别新　　＊a³³ŋjap³¹ 别快

（3）动词作谓语时能出现在命令式、祈使式中，形容词不能。例如：

la⁵⁵ŋjap⁵³lou⁵⁵ a?⁵³！快去吧！

　快　　　去（祈）

lou³¹ a?⁵³！xo⁵⁵ma³¹ a³¹ ljap⁵³ tʃo⁵³. 过来！别站在那儿。

　来（祈）那儿　别　站　着

tso³³ ja³³ su³³ a?⁵³！慢慢走哇！

　慢地　　走（祈）

ta³¹ŋɛ³³ jou³¹ lou³³ a?⁵³ /ka³³/³¹！全部都拿去吧！

　全部　拿　　去（祈）

＊ʃʅ⁵⁵lom³¹nɛi⁵³ a?⁵³！让果子红吧！

　果子　红（祈）

（4）形容词有多种语法形式，表示性状程度的层级性或其他感情色彩时，不同语法形式可互换，意义相同。动词则只能受副词修饰，表示性状加深。

形容词表示性状加深的语法形式有：

①重叠式形容词语义上指程度加深。例如：

khə⁵⁵ŋjan³¹ta³³la³³mu³³lain³¹lain³¹. 今晚的月亮真圆。

　今晚　　的月亮　真圆

②副词 so³³ so³³ "很" ‖ 形容词。例如：

so³³ so³³ lje³¹ = lje³³ lje³³ 很重　　so³³ so³³ tʃhou³¹ = tʃhou³³ tʃhou³¹ 很甜

　很　重　重　重　　　很　甜　甜　甜

③叠缀 + 形容词。例如：

tək³³tək⁵³tan³¹ 很硬　　　　tjaŋ³³ tjaŋ³³ tʃhuon³¹ 很尖

tʃhe?⁵³ tʃhe?⁵³ nou³¹ 乌黑

④否定副词 a³¹ + AA。例如：

a³¹ khjuat⁵³ khjuat⁵³ 很粗糙

不 光滑　光滑

ŋja³³tsham³¹a³¹nuŋ⁵³nuŋ³¹. 他的头发乱糟糟的。

　他　头发　乱　缠

⑤前加副词 so³³so³³ "很" 或 lo⁵⁵ thaŋ⁵³ "很、最"、ŋjau³³ "很、太" 等。例如：

so³³ so³³ ku³³ 很大　　　　　　　　lo⁵⁵ thaŋ⁵³ ku³³ 很大

　很　　大　　　　　　　　　　很　　　大

sɔ³³sɔ³³ nɔu³¹ 很黑　　　　　　　　　　lɔ⁵⁵thaŋ⁵³ nɔu³¹ 很黑

很　　黑　　　　　　　　　　　　很　　　黑

tji³³sɔ³³sɔ³³xjeŋ³¹ku³¹. 衣服太长了。　tji³³ŋjau³³xjeŋ³¹ku³¹. 衣服很长。

衣服很　　长　了　　　　　　　　衣服很　长　了

⑥kha³³ A tɛ³³。kha³³……tɛ³³是一个框式结构，A 为单音节形容词，整个结构表示形容词 A 的性状加深。例如：

ŋjaŋ³³tui³³kha³³xjɛŋ³¹tɛ³³ta³¹khat⁵³ljau³³. 他搓了一根长长的绳子。

他　绳子　　长长的　　　一　根　搓

jɛŋ³³xje⁵³phɛ³³saik⁵³tsɛŋ³¹kha³³ŋjaŋ⁵³tɛ³³ta³¹tsɛŋ⁵³pɔu³¹.

房　前面　　　树　棵　高高的　　　一　棵　有

房子前面有一棵高高的树。

动词表性状加深的语法形式一般受副词修饰，例如：

ŋ³¹ŋjaŋ⁵⁵lji⁵³sɔ³³sɔ³³ŋui³¹. 我很喜欢他。

我 他（宾）很　　喜欢

ŋa⁵⁵tai³¹ta³³taŋ³³ŋ³¹ka³¹ta³³tsəi³¹ma³¹tʃen³³. 他讲的话我有些怀疑。

他的说 的 话我（话）一 点 不　相信

（5）茶山语动词有"貌范畴"，如"站立貌""到处貌""极限貌"等，动词重叠或后加虚化的动词 jəu³³，表示动作的尝试貌。其他如 ljap³³tʃɔu³¹，意为"一直站着"等。例如：

tsuŋ³³ tsuŋ³³坐坐　　　　ljap³³ ljap³³站站　　　lɔʔ³¹ əuʔ⁵³ əuʔ⁵³招招手

坐　　坐　　　　　　　站　　站　　　　　手　招招

tuŋ³¹tʃhəi³³jəu³³ jəu³³ aʔ⁵³! 看一看中医！

中医　　　看　看（祈）

tʃəŋ³³tjəu³¹tʃhŋ̩⁵³ʃəi³¹ku³¹! 真气死人！

真　人　气　死（极限貌）了

ŋjaŋ⁵⁵tʃha³³məu⁵³la³¹xɔ³³ma³¹kjiŋ³³ljap³³tʃɔu³¹? 他为什么老站在那里？

他　为什么　　那里　更　站（站貌）

kjɔʔ³¹ja³³wuʔ⁵⁵tan³¹la³¹ta³¹khɔu³³ja³³wui³³jan³³.

鸡　和　猪　吓得　到处　　　跑（到处貌）

鸡和猪被吓得东奔西跑。

ŋjəi³³tʃaŋ³³ma³¹ŋjəʔ³³ŋjəi³³/³⁵ʃɔ³³pɔu³¹, tjan³¹tjam⁵³khɔu³¹.

地里　　　草　很多　有　拔　掉（扔貌）

地里那么多草，得锄锄它。

　　茶山语形容词则主要有"极限貌"，还有一些修饰动词的状态形容词，能够标识该动词的状态。例如：

ŋjaŋ⁵⁵tʃhɿʔ⁵³ ʃəi̯³¹　　　　pa³³kɛ³³kəu³³. 他急得要死。

他　急　死（极限貌）快要

nɔ³¹səu³³ljau³³ljau³³　su³³jan³³. 病人无精打采地走着。

病人　（无精打采状）走（到处）

ŋa³¹mɔu³³a³¹tsau³³juɐi³³lɔu⁵⁵ŋjəi³¹. 白云飘飘。

白云　（连起状）飘去在

ŋja⁵⁵mɔ³¹ta³³wuʔ⁵⁵tʃɔ⁵⁵tʃɔ³³tsɔu⁵⁵tʃhɿ³¹. 他们的猪吃得饱饱的。

他们　的猪　饱饱　吃（饱样）

ŋ³¹ŋjaŋ³³ʃɔ³¹kuŋ³¹ma³¹tʃhəi³³lɔ³¹，kuŋ³¹ma³¹ŋji³³ŋji³³məu³¹.

我很久　身体不　洗　了　身上　（黏乎乎状）

我很久没洗澡了，身上黏乎乎的。

　　(6) 茶山语动词后加kɔ³³表示互动态，形容词则没有这种用法。例如：

ljuk̚⁵³kɔ³³ 开玩笑　　　　jaŋ⁵⁵paŋ⁵⁵kɔ³³tʃha³³. 我们大家相互帮助。

玩笑（互）　　　　　我们帮（互）应该

pu³³luŋ⁵⁵pat³¹kɔ³³ku³¹. 篮球比赛。

篮球　比赛（互）了

aiʔ⁵⁵təu³¹la³¹khui³³ŋat³¹kɔ³³. 两只狗在咬架。

两　只　狗　咬（互）

　　(7) 形容词和动词都能重叠。但形容词重叠表示性状程度的加深，动词重叠一般表示尝试貌。例如：

laŋ³³laŋ³³ 等等　　　kjɔu³³kjɔu³³ 听听　　　lɔʔ³¹əuʔ⁵³əuʔ⁵³ 招招手

等　等　　　　听　听　　　　手　招招

pui³¹lap⁵³la³³ŋjəi³³tʃaŋ³³ŋjuɛi⁵⁵ŋjuɛi³¹. 太阳晒得大地暖乎乎的。

太阳　晒得　土地　暖乎乎

xɔ⁵⁵zɿ³¹ʃaŋ³³ta³³lɔʔ³¹tʃam³³tuŋ³³khei³³. 那个小孩的手冷冰冰的。

那　小孩　的手　凉冰冰

xɔ⁵⁵a³¹jap³³ma³¹sɔ³³sɔ³³thjɔu³¹kɔ³³ŋjəi³¹. 那间屋子闹哄哄的。

那间屋子（方）很　吵　在

tsɔ³¹kǎ³¹ʃɿ⁵⁵puŋ³¹thuʔ⁵³lɔu³¹ŋjuɛi⁵⁵ŋjuɛi³¹. 饭刚蒸出来热腾腾的。

饭　刚　蒸　出来　热热的

本书在茶山语词类划分系统中，将形容词和动词分为两个不同的类别，是基于二者之间的诸多共性，二者在大类上是一致的，而在小类上又存在类别差异。

二、形容词的构造特点

茶山语形容词以单音节为主，双音节及多音节比较少。根据结构特点，可分为单纯式和合成式两类。

（1）单纯式形容词多为单音节，例如：

tjaŋ^{31} "破"、te^{31} "富"、ŋjuŋ^{31} "穷"、maŋ^{33} "忙"、xjɛn^{53} "闲"、ŋjuŋ^{33} "累"、nau^{31} "疼"、jau^{33} "痒"、tsuŋ^{33} "竖"、tiŋ^{31} "满、足"、ŋɔn^{33} "浊"等。双音节较少，如：uʔ^{33}ŋjuɛ^{31} "热闹"、tsʅ^{55}sʅ^{31} "小心"，多音节的多为状态形容词，如：tshəu^{31}tui^{33}lui^{31} "胖乎乎"、ʃɔ^{33}tʃhɛn^{31}la^{31}tɔm^{33} "（人）光溜溜"等。

（2）合成式形容词多为双音节。例如：

thaŋ^{31}kjɔu^{33} 晚	maŋ^{35}ŋam^{31} 淡
后　时候	淡　味道
ʃɔm^{33}nam^{31} 臭	kjɛn^{35}nam^{53} 腥
臭　臭	腥　臭

三音节或三音节以上的多数表示形容词的状貌，语法形式一般为"状缀＋单音节形容词"。例如：

tsək^{55}tsək^{55}nɛi^{53} 红扑扑	tʃhəi^{33}tʃhəi^{33}nɔu^{31} 脏兮兮
（叠缀）　红	（叠缀）　黑
a^{31}kjuaŋ^{31}kjuaŋ^{31} 花花的	a^{31}kjuaŋ^{31}kjuaŋ^{31}nɔu^{33} 黑花花
花的　花	花花的　黑

（3）部分形容词是单音节，但习惯加 a^{33} 词头，a^{33} 在词中一般变读为 a^{35}。加 a^{33} 词头的形容词，被赋予一定的名词性特征。例如：

a^{35}tʃɔn^{53} 斜　　a^{35}tji^{33} 横　　a^{35}tui^{31} 活　　a^{33}kuɔm^{33} 空

一些状态形容词前也可加词头 a^{33}，在词中有时变读为 a^{31}。例如：

a^{31}kjuaŋ^{31}kjuaŋ^{31} 花花的	a^{31}kjuaŋ^{31}kjuaŋ^{31}nɔu^{33} 黑花花
花的　花	花花的　黑
a^{33}nuŋ^{31}a^{33}khuat^{53} 乱哄哄	a^{31}nuŋ^{53}nuŋ^{31} 乱糟糟
乱　吵	乱的　乱

（4）茶山语形容词重叠式在语义上多表状貌，语法形式丰富。

单音节形容词直接重叠。例如：

sa³⁵sa³¹容易　　　　　　tʃop³³tʃop³³老实　　　　　tʃuat⁵³tʃuat⁵³光滑

tʃam³³tʃam³³冷清　　　ljau³³ljau³³灰溜溜　　　ŋjuɛi⁵⁵ŋjuɛi⁵⁵热乎乎

tʃɛn³³tʃɛn³³酸溜溜　　　suɔm⁵⁵suɔm⁵³慢腾腾　　　ljua³³ljua³¹宽敞

ŋjuɛ³³ŋjuɛ³³暖洋洋的

以上单音节重叠时，可加 zɔ³³，zɔ³³有"小、可爱"义，此处可以省略，加不加意义变化不大，在句中也可以省略。例如：

tʃhɔu³³tʃhɔu³³zɔ³³甜丝丝　　　　　tʃam³³tʃam³³zɔ³³凉丝丝
　甜　　甜　　的　　　　　　　　凉　　凉　　的

lain³³lain³³zɔ³³圆溜溜
　圆　　圆　　的

tʃuat⁵³tʃuat⁵³zɔ³³（物）光溜溜
　光　　光　　　的

xɤ⁵⁵tʃhɔ³³khat⁵³ljua³³ljua³³（zɔ³³）. 这条山路宽宽的。
　这　路　条　宽　宽　　的

有的在单音节前加状缀，这类状缀多为叠缀，与性质（颜色类形容词居多）单音节词搭配使用，这些状缀具有一定的专用性。例如：

tʃheʔ⁵⁵tʃheʔ⁵⁵nɔu³¹黑乎乎　　　　　sɘŋ³³sɘŋ³³nɔu³¹黑洞洞
　叠缀　　　　黑　　　　　　　　叠缀　　　黑

mɘŋ³³mɘŋ³³tʃhɔu³¹甜甜的　　　　　ʃɘŋ³³ʃɘŋ³³ŋjau³¹绿油油
　叠缀　　　甜　　　　　　　　　叠缀　　　绿

tɘk⁵⁵tɘk⁵⁵than³¹硬邦邦　　　　　taŋ³³taŋ³³tʃɛn³¹酸溜溜
　叠缀　　硬　　　　　　　　　叠缀　　酸

tsɘk⁵⁵tsɘk⁵⁵nɛi⁵³红扑扑　　　　　tʃhɘi³³tʃhɘi³³nɔu³¹脏兮兮
　叠缀　　红　　　　　　　　　叠缀　　黑

sɘŋ³³sɘŋ³³nɔu³¹黑咕隆咚　　　　　paŋ³³paŋ³³thjɘu³¹白晃晃
　叠缀　　黑　　　　　　　　　叠缀　　白

ʃɘŋ³³ʃɘŋ³³（tɘ³¹）ŋjau³¹ʃɿ³³ma³¹khjau³³kei³¹ʃɿ³³.
　叠缀　　　的　绿　还　不　掰　　得　还
这些玉米绿绿的还不能收。

有的 AABB 式形容词表示状态形容词。例如：

kjuɛi³¹kjuɛi³¹thaŋ³³thaŋ³³热腾腾
　热　　热　　腾　　腾

（5）有的反义形容词是用正义形容词加否定副词 ma^{31} 表示。例如：

| ma^{31}ke^{53} 坏 | ma^{31}jaŋ^{33} 弱 | ma^{35}ʃʔ^{53} 陌生 | ma^{35}lɔ^{53} 脏 |
| 不 好 | 不 强 | 不 熟 | 不 干净 |

| ma^{31}juŋ^{33} 丑 | ma^{31}thɔʔ^{53} 钝 | a^{33}ŋui^{33} 歪 | a^{31}jou^{33}ŋjaŋ^{53} 模糊 |
| 不 漂亮 | 不 快 | 不 正 | 不 能 见 |

单音节形容词重叠或双音节形容词入句受副词 ɛʔ^{53} "又、也"修饰时，放在两个音节之间。例如：

xɛ^{55}pɔm^{53} ŋjaŋ^{35} ɛʔ^{53} ŋjaŋ^{33} ku^{33} ɛʔ^{53} ku^{33}. 这些山又高又大。
这山 高 也 高 大 也 大

三、形容词的重叠与性状加深

茶山语形容词大多数都能重叠，或后加重叠成分，表示形容词性状程度加深。重叠式主要有 AA 式、AAB 式、AABB 式、ABAC 式、ABAB 式、ABB 式、Aɛʔ^{53} A 式等。

1. AA 式

单音节形容词完全重叠，在句中充当谓语、定语、状语、补语等语法成分，其中，能作补语是茶山语的特点之一。这类形容词较多。例如：

sa^{35} sa^{31} 容易	tɔp^{33}tɔp^{33} 老实	tʃuat^{53}tʃuat^{53} 光滑	tʃam^{33}tʃam^{33} 冷清
ljau^{33} ljau^{33} 灰溜溜	ŋjuɛi^{55}ŋjuɛi^{55} 热乎乎	tʃɛn^{33} tʃɛn^{33} 酸溜溜	
suɔm^{55} suɔm^{53} 慢腾腾	ljua^{33} ljua^{31} 宽敞	ŋjuɛ^{33}ŋjuɛ^{33} 暖洋洋的	
ljau^{55} ljau^{55} 精神不振	tʃhɔu^{33} tʃhɔu^{31} 甜甜的	paŋ^{33} paŋ^{33} 亮堂堂	
ne^{33} ne^{33} 粘乎乎	tam^{35} tam^{35} 非常平整	khjuat^{53}khjuat^{53} 胡乱	

例句：

tshuŋ^{33}pui^{53}ŋjuɛ^{33} ŋjuɛ^{33}. 冬天的太阳暖洋洋的。（作谓语）
冬天 太阳 暖暖

ŋja^{55}uʔ^{55}lɔm^{31}kuaŋ^{33}kuaŋ^{33}lji^{31}. 他的头光秃秃的。（作谓语）
他的头 光光的

ŋjəi^{33} tʃaŋ^{33}（ma^{31}）tʃuat^{53} tʃuat^{53}. 地上滑溜溜的。（作谓语）
地上 （方） 滑滑的

mɔu^{55}khuŋ^{31}ma^{31}kji^{33}paŋ^{55}paŋ^{31}. 天上的星星亮晶晶。（作谓语）
天上 星 亮晶晶

ŋjaŋ⁵⁵ tji³¹ sɛʔ⁵³ san³³ san³³ ta³¹ khjap⁵³ wɔt⁵⁵ tʃhɿ³³.

她 衣 新 崭新 一 件 穿 着

她穿了一件崭新的衣服。（作定语）

ʃɿ³³ ljei³³ tsɛŋ⁵³ ma³¹ ʃɿ³³ ljei³³ nɛʔ⁵³ nɛʔ⁵³ ta³¹ lɔm³³ tap³¹.

梨树 （方）梨 红红的 一 棵 结

树上有个红红的梨。（作定语）

naŋ³¹ ta³¹ lain³³ lɔu³¹ nan³³， ta³¹ tse⁵³ ŋjɔu³³ ŋjɔu³³ lɘu³³ aʔ⁵³.

你 一 次 来 难 一 会 多多 玩（祈）

你很难得来一次，就多玩一会儿。（作状语）

ŋa⁵⁵ khjei³¹ sɔ³³ sɔ³³ ma³¹ kei³¹， ŋjap³³ ŋjap³³ ma³¹ jɔu³³ su³³.

我的腿 很 不 好 快快 不 能 走

我这腿很不好，走不快。（作补语）

这类重叠式形容词在语义上指程度加深。例如：

khə⁵⁵ ŋjan³¹ ta³³ la³³ mu³³ lain³¹ lain³¹. 今晚的月亮真圆。

今晚 的 月亮 真圆

表示形容词程度加深的还可用其他语法形式表示，不同语法形式可互换，意义相同。

（1）副词 sɔ³³ sɔ³³ “很” + 形容词。例如：

sɔ³³ sɔ³³ lje³¹ = lje³³ lje³³ 很重　　　sɔ³³ sɔ³³ tʃhɔu³¹ = tʃlɔu²² tʃhɔu³¹ 很甜

很 重 重重　　　　很 甜 甜甜

（2）叠缀 + 形容词。例如：

tək³³ tək⁵³ tan³¹ 很硬　　tjaŋ³³ tjaŋ³³ tʃhuɔn³¹ 很尖　　tʃheʔ⁵³ tʃheʔ⁵³ nɔu³¹ 乌黑

（3）否定副词 a³¹ + AA。例如：

a³¹ khjuat⁵³ khjuat⁵³ 很粗糙

不 光滑 光滑

ŋja³³ tsham³¹ a³¹ nuŋ⁵³ nuŋ³¹. 他的头发乱糟糟的。

他 头发 乱 缠

（4）前加副词 sɔ³³ sɔ³³ “很” 或 lɔ⁵⁵ thaŋ⁵³ “很、最”、ŋjau³³ “很、太” 等。例如：

sɔ³³ sɔ³³ ku³³ 很大　　　　　　　　lɔ⁵⁵ thaŋ⁵³ ku³³ 很大

很 大　　　　　　　　　很 大

sɔ³³ sɔ³³ nɔu³¹ 很黑　　　　　　　lɔ⁵⁵ thaŋ⁵³ nɔu³¹ 很黑

很 黑　　　　　　　　　很 黑

tji³³so³³so³³xjeŋ³¹ku³¹. 衣服太长了。tji³³ŋjau³³xjeŋ³¹ku³¹. 衣服很长。

衣服很　　长　了　　　　　　　　衣服　长长　　　了

（5）kha³³ A tɛ³³。kha³³……tɛ³³是一个框式结构，A 为单音节形容词，表示形容词 A 的性状加深。例如：

ŋjaŋ³³tu̱i³³kha³³xjɛŋ⁵³tɛ³³ta³¹khat⁵³ljau³³. 他搓了一根长长的绳子。

他　绳子　长长的　　　一根　搓

jɛn³³xjeʔ⁵³phɛ³³saik⁵³tsɛŋ³¹kha³³ŋjaŋ⁵³tɛ³³ta³¹tsɛŋ⁵³pou³¹.

房　前面　　树　　　高高的　　　一　棵　有

房子前面有一棵高高的树。

其他语法形式的还有：

la⁵⁵ŋjap⁵³məu³¹aʔ⁵³＝ŋjap³³ŋjap³³məu³¹aʔ⁵³！快点啊！

快点　快快　（祈）　　快　　快　快　（祈）

2. AAB 式

语法形式为：叠缀＋形容词，即在单音节形容词前加重叠的表状貌的词缀。例如：

ku³³ku³³kɔu³³傻乎乎　　　　　　　paŋ⁵⁵paŋ⁵⁵thjəu³¹雪白

（愣愣状）傻　　　　　　　　　叠缀　　白

xɛ³³ʃ1³³lji³³taŋ³³taŋ³³tʃɛn³¹. 这个梨酸唧唧的。

这　梨　　叠缀　　酸

ʃ1³³　　ka³¹　taŋ³³taŋ³³tʃɛn³¹. 这些果子酸溜溜的。

果子（话）叠缀　　酸

mɔu⁵⁵khuŋ³¹ʃən³³ʃən³³ŋjau³¹. 天空蓝盈盈的。

天空　　　叠缀　　蓝

xɛ⁵⁵pan³¹ka³¹tsək³³tsək³³nɛi³¹. 这些花红彤彤的。

这　花（话）叠缀　　红

kui³³ma³³tjeŋ³³tjeŋ³³kat⁵³tɔ³³. 柜子里填得很满很满的。

柜子里　（满满状）装　着

thji⁵⁵kuk³¹khjaŋ³³tuan³³tuan³³xjui³¹. 那片稻子黄灿灿的。

那　稻子　　　叠缀　　黄

ŋja⁵⁵ŋjɔʔ³¹khuaŋ³³paŋ³³paŋ³³thjəu³¹. 他的脸皮肤白净。

他的脸　　　叠缀　　白

ŋja³³ŋjɔ³¹ khuaŋ³³ tuan³³ tuan³³ xjui³¹. 他的脸色黄黄的。

他的　脸色　　叠缀　　黄

khə³³ zan⁵³ ta³¹ ljei³³　ka³¹ ʃəŋ³³ ʃəŋ³³ ŋjau³¹. 今年的秧苗长得绿油油的。

今年　　的 秧苗（话）叠缀　　绿

ʃəŋ³³ ʃəŋ³³（tə³¹）ŋjau³¹ ʃʅ³³ ma³¹ khjau³³ kei³¹ ʃʅ³³.

叠缀　　　的 绿　　　不　掰　得　还

这些玉米绿绿的还不能收。

3. AABB 式

双音节形容词完全重叠。例如：

kji³³ kji³³ paŋ³¹ paŋ³¹金光闪闪　　　　ŋjaŋ³³ ŋjaŋ³³ ku³³ ku³³高高大大

kji³³ kji³³ maŋ³³ maŋ³³匆匆忙忙　　　　tam⁵³ tam⁵³ tʃuat⁵³ tʃuat⁵³平整光滑

sʅ³³ sʅ³³ faŋ³³ faŋ³³方方正正

xɛ⁵⁵　tui³³ xjin³³xjin³³ljuŋ³³ljuŋ³³. 这些绳子长长短短的。

这些 绳子　长长短短

thji⁵⁵saik⁵³tsɛŋ³¹ŋjaŋ³³ŋjaŋ³³ku³³ku³³. 那棵树高高大大的。

那　树　　　高高大大

xɛ³³zʅ³³ ʃaŋ³³ thjəu³³thjəu³³ tjau³³ tjau³³ sɔ³³ sɔ³³ jəu³³ mai³¹.

这 孩子　　白白胖胖　　　　　真　好看 愿意

这个孩了白白胖胖的真可爱。

4. ABAC 式

例如：

uʔ⁵⁵ xen³¹ uʔ⁵⁵ tʃhuat⁵³头晕脑涨　　　　ma³¹ ʃei³³ ma³¹ jeŋ³³不死不活

头　昏　头　涨　　　　　　　不　死 不　活

xɛ³³tʃhɔ³³khat⁵³a³³ŋui³³a³³kəu³³su³³ma³¹kei³¹. 这条路弯弯曲曲的不好走。

这 路　条　弯弯曲曲 走 不　好

5. ABB 式

ABB 式有两种语法形式：

（1）单音节形容词加重叠的词缀，这种语法形式较少。例如：

tji⁵⁵ saiʔ⁵³ sɛn³³ sɛn³³衣服崭新

衣服 新　状缀

（2）否定副词 A + BB。这类语法形式中，A 与第一个 B 结合度更高，与第二个 B 构成一个形容词的重叠形式，表示性状加深。例如：

ŋja³³tsham³¹a³¹nuŋ⁵³nuŋ³¹. 他的头发乱糟糟的。

他　头发　乱　缠

6. Aɛʔ⁵³A 式

例如：

xɛ⁵⁵pɔm⁵³ŋjaŋ³⁵ɛʔ⁵³ŋjaŋ³³ku³³ɛʔ⁵³ku³³. 这些山又高又大。

这　山　高　也　高　大　也　大

ŋjaŋ⁵⁵wɔt⁵³tsəi³¹juŋ⁵⁵ɛʔ⁵³juŋ³³sai³¹ɛʔ⁵³sai³¹. 她穿得又漂亮又整洁。

她　穿的　　好看也　好看　整洁也　整洁

xɛ⁵⁵ŋjaŋ³³lu⁵³juŋ³³ɛʔ³¹juŋ³³，wui⁵⁵ɛʔ⁵³sɔ³³sɔ³³jau³³wui⁵⁵.

这公马　　好看也　好看　　跑　也　非常　　跑得快

这匹公马又好看又跑得快。

7. 重叠式形容词的语法功能

形容词重叠后，多表示状貌程度加深，在句中充当谓语、定语、状语、补语等语法成分。

（1）作谓语。例如：

xɛ⁵⁵wɔt⁵³khjap⁵³pu⁵⁵pu³¹. 这块绸子薄薄的。

这　绸子张　薄薄

xɔ⁵⁵wɔt⁵³khjap⁵³tʃuat⁵⁵tʃuat⁵³. 那匹缎子滑滑的。

这　绸子张　　滑滑

thji⁵⁵tʃhɔ³¹khat⁵³ka³¹ljua³³ljua³¹. 那条路宽敞敞的。

那　路　条（话）宽宽

xɛ⁵⁵nɔu⁵⁵tsɛŋ⁵³kha⁵⁵ŋjaŋ³³tai³³. 这株水冬瓜树高高的。

这　水冬瓜树　高高　　的

xɛ⁵⁵ʃ̩⁵⁵tsɛŋ⁵³ma³¹ʃ̩⁵⁵wɔm³³məŋ³³məŋ³³tʃhɔu³¹. 这棵树的桃子甜甜的。

这　果树　（方）桃子　　甜甜的

（2）作定语。例如：

ŋjaŋ³³tui³³kha³³xjɛŋ⁵³tɛ³³ta³¹khat⁵³ljau³³. 他搓了一根长长的绳子。

他　绳子长长的　　一根　　搓

ʃ̩³³ljei³³tsɛŋ⁵³ma³¹ʃ̩³³ljei³³nɛʔ⁵³nɛʔ⁵³ta³¹lɔm³³tap³¹. 树上有个红红的梨。

梨树　　（方）梨　红红的　一　棵　结

jen³³xjeʔ⁵³phe³³saik⁵³tsɛŋ³¹khaʔ³³ŋjaŋ⁵³tɛ³³ta³¹tsɛŋ⁵³pɔu³¹.

房　前面　树　　高高的　　一　棵　有

房子前面有一棵高高的树。

（3）作状语。例如：

xɛ⁵⁵ thuŋ³¹ tiŋ³³tiŋ³³ kat³¹ tɔu³³. 这个袋子装得满满的。

这 袋子 满满 装 着

tan³³tan³³tsuŋ³³aʔ⁵³, a³³ŋu̠i³³khji³³lji³¹a³³tsuŋ³³！坐正，不要歪坐！

直 直 坐（祈） 歪 的样子 不要坐

ŋ³¹ wɛ³³wɛ³³ ma³³ ja³³naŋ³¹ lɔu³¹ŋjəi³¹tsəi³¹ŋja̠ŋ³¹ ku³¹.

我 远远 （方）你 来 着 看见 了

我远远就看见你来了。

（4）作补语。例如：

ŋa⁵⁵khjei³¹ sɔ³³ sɔ³³ ma³¹ kei³¹, ŋjap³³ŋjap³³ ma³¹ jɔu³³ su³³.

我的腿 很 不 好 快快 不 能 走

我这腿很不好，走不快。

四、形容词比较级

茶山语形容词有级范畴，语法标记有比较级标记 tsai³¹ "更"、最高级标记 lɔu⁵⁵thaŋ⁵³ "最"，语法形式为分析式，语序为"比较级标记＋形容词"。例如：

ŋa³³mɔ⁵³sɔm³³jəu³³ma³¹mu⁵⁵su³¹a³¹sat⁵³lɔu⁵⁵thaŋ⁵³ku³³.

我们 三 个（方）他 年纪 最 大

我们三个里面他年纪最大。

xɛ⁵⁵a³¹pɔm⁵³ŋja̠ŋ³³, thji⁵⁵a³¹pɔm⁵³tsai³¹ŋja̠ŋ³³, xu⁵⁵a³¹pɔm⁵⁵lɔu⁵⁵thaŋ⁵³ŋja̠ŋ³³.

这座山 高 那座山 更 高 那座山 最高

这座山高，那座山更高，那座山最高。

ŋ³¹na³³thɔʔ⁵³lji³¹ŋjan³³, ŋjaŋ⁵⁵ŋ³³thɔʔ⁵³lji³¹tsai³¹ŋjan³³, mu⁵⁵su³¹

我 你 比 矮 他 我 比 更 矮 那个

lɔu⁵⁵thaŋ⁵³ŋjan³³. 我比你矮，他比我更矮，他最矮啦。

最 矮

最高级也可以用副词"很"表示。例如：

xɛ⁵⁵su³¹kuɔt⁵³lji³¹kei³³, mɔ³¹su³³kuɔt⁵³lji³³tsai³¹kei³³, ma³¹kuɔt⁵³lji³¹

这样 做 （话）好 那样 做 （话）更 好 不 做 （话）

sɔ³³sɔ³³kei³¹. 这样做好，那样做比较好，要是不做最好了。

最　好

ŋa³³a³¹kham³³ŋjau³¹，na³³a³¹kham³³tsai³¹ŋjau³¹，ŋja³³a³¹kham³³sɔ³³sɔ³³ŋjau³³.

我的 这份　 多　你的 那份 较 多　 她的 那份　最 多

我这份多，你那份比较多，她那份最多了。

最高级标记可入词，起到构词作用。例如：

kju̠ʔ⁵³thaŋ³³khjɔ³⁵³干巴巴

干　 最　 干

五、形容词的名物化

茶山语形容词通过添加名物化标记转变为名词或名词性成分。茶山语形容词名物化标记有前缀 a³¹ 或后加标记 tsəi³¹ 等，加在形容词后或前构成名物化结构。

（1）后加名物化标记 tsəi³¹ 的。例如：

ŋ³¹　lji³¹ŋ³³ku³¹tjəi⁵⁵aʔ⁵³，ku³³tsəi³¹ou³³，ŋəi³¹tsəi³¹ma³¹ou³³.

我（宾）五 个 给（祈） 大的　要　 小的　 不 要

给我五个，要大的，不要小的。

tʃ̠ɛn⁵⁵tsəi³¹tʃhau⁵⁵tsəi³¹khɔ⁵⁵tsəi³¹thjəu³¹tsəi³¹ta³¹ŋɛ³³tsou³³，pa̠n⁵⁵tsəi³¹

　 酸　 甜　 苦　 辣　 都　 吃　 涩的

ma³¹tsɔ³³. 酸甜苦辣的东西他都吃，就是不吃涩的。

不　吃

khǎ⁵⁵zan⁵³zan⁵³wɔt⁵⁵tʃha³³tsəi³¹，jaŋ³³tsɔ³¹juɔm³³tsəi³¹sɔ³³sɔ³³ma³¹tʃha³³ʃ̩³³.

今年　 年成 坏的　 我们　 收成　 很　 不 坏 还

虽然今年天旱，但是我们的收成还是不错的。

（2）加前缀 a³¹ 的。例如：

ŋjaŋ⁵⁵wɔt³¹tʃhl̩³³ta³³tji³³a³³ŋjuŋ³³ŋjuŋ³³. 她穿的那件衣服皱巴巴的。

　她　 穿 着 的 衣服 皱皱的

kja³³sl̩³³a³¹tshau³³ɔŋ⁵⁵la⁵³，a³¹sɛʔ⁵³kja³³sl̩³¹wui³¹.

家具　旧的　卖（祈）新的　家具 买

卖了旧家具，再买新家具。

ŋa⁵⁵na³¹ju³³tjəuʔ³³kəu³¹，a³¹saiʔ⁵³ta³¹ku³¹tuɔm³¹wui³¹ta³¹ŋ³¹ŋam³³.

我的 表　 丢 了　新的 一 只 又 买　我 想

我的手表丢了，想再买一只新的。

两个名物化标记能同时出现在句中。其中名物化前缀 a³¹ 一般专用于形容词前，tsəi³¹ 则能用于形容词、动词的名物化结构中。例如：

xɛ⁵⁵tsəi³¹ ka³¹a³¹ saiʔ⁵³wui³¹tsəi³¹. 这是刚买的。

这　　（话）新　买　的

六、形容词使动态

形容词可构成使动态，表示性质状态是由外力引起的。其语法形式为屈折式或分析式。

（1）屈折式，强调只是致使行为对形容词产生的结果。通过声母、韵母、声调的变化表示自动或使动。例如：

自动	使动	自动	使动
xui³¹ 干	xui³³ 使干	tʃuɛ⁵³ 湿	tʃuɛʔ⁵³ 使湿
kjuɛi³¹ 热	ŋjuɛi⁵⁵ 使热	ŋuɛ³¹ 弯	ŋui̱³¹ 使弯
kui³³ 裂	kui⁵⁵ 使裂		

tji⁵⁵ kaŋ⁵³xui³³aʔ⁵³. 把衣服烤干。

衣服　烤　干（祈）

saik⁵³tuŋ³³ʃ̩⁵⁵thjɛt⁵³，xui³¹lɔ̩³³ lji³³，tsɔ³¹pɛ³³ta³¹ku³¹tsəuk⁵³ta³¹.

木头　　先　砍　干 了（连）桌子　一 张　做　要

先把木头砍了，让它干一干，再做张桌子。

（2）在自动词前加助动词 ləuʔ³³ 或 tʃhŋ³¹ 等。这类助动词多由实义动词语法化而来，强调外力行为对形容词产生的结果和手段。ləuʔ³³ 来源于动词"玩"，tʃhŋ³¹ 来源于动词"弄"。例如：

thjɔʔ⁵³ 坏—ləuʔ³³thjɔʔ⁵³ 弄坏　　　thjəu³¹ 丢—tʃhŋ³¹thjəu³³ 弄丢

kua³³ 惯—tʃhŋ³¹kua³³ 娇惯

naŋ³¹ŋja³³ta³¹phuŋ³³tiŋ³³ləuʔ³³thjɔʔ⁵³ku³¹. 你把他的笔弄坏了。

你　他 的笔　　弄　坏　了

naŋ³¹ŋa³³mɔu³¹sɔu³³pu³¹ləuʔ³¹thjɔʔ⁵³ku³¹！你把我的书弄坏了！

你　我的书　本　弄　坏　了

xɛ⁵⁵z̩³¹ʃaŋ³³ŋjau³³ᐟ³⁵tʃhŋ³¹kua³³ku³¹ta³¹mɔ³¹ma³¹jəu³³tu³¹.

这 孩子　很　娇　惯　很　不 看 了

这孩子娇惯得很不像样儿。

七、形容词的否定形式

（1）形容词能受否定副词 ma⁵³ "不、没" 修饰。例如：

ŋ³¹tsɔ⁵⁵tsəi³¹sɔ³³sɔ³³ma³¹tʃɿ³³. 我吃得不太饱。

我　吃的　　很　不　饱

taŋ⁵⁵ta³³ŋɔʔ⁵³ma³¹jau³³pai³³. 飞的鸟不容易打。

飞　的　鸟　不　容易　打

naŋ³¹zɔ³³ja³³su³³aʔ⁵³ma³¹maŋ³³nu³³. 你慢慢走不要着急。

你　慢慢走（祈）不　　着急

xɛ⁵⁵ʃɿ⁵⁵tɔ³¹ku³³ka³¹ku³³, ma³¹tʃhɔu³¹. 这些橘子虽然大，但是不甜。

这　橘子　大　也　大　　不　甜

xɛ⁵⁵tji⁵⁵thɔu³¹ma³¹ku³³ma³¹ŋəi³¹tuɔp⁵³ŋuɔt⁵³. 这套衣服不大不小很合适。

这　衣服套　不　大　不　小　合适（正）

ŋjaŋ⁵⁵ka³¹sɔ³³sɔ³³ma³¹tʃhaŋ³³ta³³a³³jaŋ³³wui⁵³lji³³.

他　（话）太　不　贵　　的　东西　买　回来

他买了一些不贵的东西回来。

xɛ³³sɿ³³kuɔt⁵³lji³¹ta³¹kei³¹, xɔ³¹su³³kuɔt⁵³ma³¹kei³¹.

这样　做（非）才　好　　那样　做　　不　好

这样做才好，那样做不好。

茶山语形容词一般不受禁止类的否定副词 a³¹ "别" 修饰，但在反义形容词中，否定副词 a³¹ 表 "不" 义。例如：

tan³³tan³³tsuŋ³³aʔ⁵³, a³³ŋui³³khji³³lji³¹a³³tsuŋ³³! 坐正，不要歪着坐！

直　直　坐（祈）　不直　的样子　不要坐

（2）形容词肯定形式加否定形式表选择疑问。例如：

naŋ³¹jəu³³jəu³³aʔ⁵³a³¹ljəi³³la³³? 你试试重不重？

你　看　看（祈）重不重（凝）

naŋ³¹nam³³jəu³³aʔ⁵³xjaŋ³³ma³¹xjaŋ³³? 你闻闻香不香？

你　闻　看（祈）香　不　香

naŋ³¹ŋjaŋ⁵⁵lji³¹ŋjəi³³jəu³³aʔ⁵³kha³³tʃhɔ³³lɔu⁵⁵taŋ³³? 你问问他我们怎么走？

你　他（宾）问　看　　怎么　　走

八、形容词的句法功能

形容词在句中主要作定语，也能作谓语、补语、主语、宾语、状语等。

1. 作定语

这是茶山语形容词最主要的语法功能。

（1）形容词一般位于中心语之后作定语。例如：

ŋjaŋ³³ka³¹tjəu³³kaŋ³³. 他是一个坏人。

他 （话）人 　坏

naŋ³³ka³¹tjəu³³kei³¹ŋuɔt⁵³. 你是一个好人。

你 （话）人 好 是

ŋjaŋ⁵⁵ka³¹khɔp⁵³sai?⁵³ta³¹tʃham³³wui³¹. 她买了一把新锄头。

她 （话）锄头 新 一 把 　买

ŋjaŋ³³ka³¹tji⁵⁵kjuaŋ⁵³a³¹sai?³³ta³³khjap³³ŋui⁵³. 她买了一件新的花衣服。

她 （话）衣服 花 新 　一 件 　买

ŋja³³jɛn³³ma³¹wu?⁵⁵tuŋ³³ku³³ku³³ta³¹təu³³ɔŋ³³. 他家卖了一头大肥猪。

他家 （方）猪 肥 大 大 一 头 卖

（2）形容词也可以位于中心语之前作定语，但须在形容词和中心语之间加表领属、修饰关系的 ta³³ "的" 构成"的"字结构。例如：

thji⁵⁵ji⁵³juŋ³³ta³³zɿ³³ŋji³³ka³¹xaŋ⁵³？那个漂亮的姑娘是谁？

那个 　漂亮 　的 姑娘 （话）谁

2. 作谓语

茶山语形容词可直接作谓语。例如：

khǎ⁵⁵ŋjəi⁵³mɔu³¹tsɔu³³. 今天天气阴阴的。

今天 　　 天 阴

xɛ⁵⁵tsɔ³³sɔ³³sɔ³³tshəu³¹. 这些土都很肥。

这 土 很 　肥

ŋja³³lɔ?³¹tʃam³³tuŋ³³khei³³. 他的手冷冰冰的。

他的手 冷 冰 刺骨

ʃɿ⁵⁵tsɛŋ³¹ma³¹ʃɿ⁵⁵lɔm³¹nɛi⁵³ku³¹. 树上果子红了。

果子树 　 果子 红 了

xɛ⁵⁵ta³³tʃuɔn³¹aŋ⁵⁵sɔ³³sɔ³³khɔu³³. 这些野菜太苦了。

这 些 野菜 　 很 苦

thji⁵⁵saik⁵³tsɛŋ³¹sɔ³³sɔ³³pai⁵³tshəu³¹. 那些树长得很茂盛。

那 树 　　 很 长 肥

xɛ⁵⁵thaŋ³³xjin³³ljuŋ³³ta³¹ji³³ma³¹ŋuat⁵³. 这些柴长短不一。

这些　柴　长短　一样　不　是

ŋjaŋ⁵⁵tʃhɔ³³su³³lji³¹uʔ⁵⁵lɔm³¹ŋuat³¹tɔ³³la³¹. 她走路头低低的。

她　路　走（话）头　　低低的

xɛ⁵⁵aʔ³¹thjɔu³³suɔm³³, thji⁵⁵aʔ³¹thjɔu³³ljɛi³³. 这挑轻，那挑重。

这　挑　　轻　那　　挑　重

xɔ⁵⁵aʔ³¹sɛiʔ⁵³wui³¹lɔu³¹ta³³ŋjaŋ³³sɔ³³sɔ³³jau³³wui³³.

那新　买　来　的马　很　　快　跑

刚买来的那匹马跑得快。

lɔʔ³¹pɛ³³phɛ³³tʃhɔ³³ka³¹ljua³¹lɔʔ³¹jɔ³¹phɛ³³tʃhɔ³³ka³¹tsəʔ³¹.

左边　　　路（话）宽　右边　　　路　（话）窄

左边的路宽，右边的路窄。

lji³¹ta³³khǎ³³lam³³tsɔ³³kei³¹, tʃau³¹ta³³khǎ³³lam³³ma³³tsɔ³³kei³¹.

炒的　茄子　吃　好　煮的　茄子　　不　吃　好

炒茄子好吃，煮茄子不好吃。

3. 作补语

形容词用在谓语动词后作补语，是形容词最主要的语法功能之一。例如：

su³³aʔ⁵⁵tsɔu³³ja³³. 走慢一些。

走（祈）慢点

xɛ⁵⁵təu³¹ʃu³³tʃɛn³³ʃuɔm³³nam³¹ku³¹. 这块豆腐酸臭了。

这　豆腐　酸　臭味　臭了

lɔu³¹aʔ⁵⁵la⁵⁵ŋja³¹. 来快点。lji⁵⁵tai⁵³ʃiŋ⁵⁵ŋa³¹. 把道理讲明白。

来（祈）快点　　　　道理　讲　清楚

thʃɔ³¹sɔ³¹sɔ³¹tʃuat⁵³, tsɔu³³ja³³su³³aʔ⁵⁵, tsɔu³³ja³³su³³aʔ⁵⁵.

路　太　滑　慢点　走（祈）慢点　走（祈）

路太滑，慢点走，慢慢地走。

4. 作主语

形容词名物化后在句中能作主语。例如：

tʃɛn⁵⁵tsəi³¹tʃhau⁵⁵tsəi³¹khɔ⁵⁵tsəi³¹thjəu³¹tsəi³¹ta³¹ŋɛ³³tsɔu³³, pan⁵⁵tsəi³¹

酸　　甜　苦　　辣　都　吃　涩的

ma³¹tsɔ³³. 酸甜苦辣的东西他都吃，就是不吃涩的。

不　吃

5. 作宾语

形容词名物化后在句中能作宾语。例如：

ŋ³¹ xɛ⁵⁵ ŋjəi³¹ tsəi³¹ tsɔu³³, naŋ³¹ mu³³ ku³³ tsəi³¹ tsɔ⁵⁵ aʔ⁵³.

我 这小的 吃 你 那 大的 吃（祈）

我吃这个小的，你吃那个大的。

tʃɛŋ⁵⁵ tsəi³¹ tʃhau⁵⁵ tsəi³¹ khɔ⁵⁵ tsəi³¹ thjəu³¹ tsəi³¹ ta³¹ ŋɛ³³ tsɔu³³, paṇ⁵⁵ tsəi³¹

酸 甜 苦 辣 都 吃 涩的

ma³¹ tsɔ³³. 酸甜苦辣的东西他都吃，就是不吃涩的。

不 吃

6. 作状语

形容词修饰动词或谓词性短语时作状语，形容词位于谓语结构之前。例如：

la⁵⁵ ŋja³¹ lɔu³¹ aʔ⁵³. 快点来。　　tʃɔ³³ tʃɔ³³ ta³¹ tɔn³³ tsɔu³³. 饱吃一顿。

快点 来（祈）　　　　饱饱 一 顿 吃

xɛ⁵⁵ thuŋ³¹ tiŋ³³ tiŋ³³ kat³¹ tɔu³³. 这个袋子装得满满的。

这 袋子 满满 装 着

zɿ³¹ ʃaŋ³³ saik⁵³ mu³¹ kuɔn³³ a³¹ thəuʔ³¹. 小孩不要乱砍树。

小孩 树 乱 别 砍

ŋjaŋ⁵⁵ lji³¹ la⁵⁵ ŋja³¹ lɔu³¹ tsɔ³³ phuŋ³³ lɔu³¹ kuat⁵³ la³¹. 叫他快来开会。

他（宾）快点 来 开会 （叫他来）

taŋ³¹ sɔ³³ sɔ³³ ma³¹ tʃu³¹, a³¹ jaŋ³³ ŋjəi³³ ʃɔʔ⁵³ kuɔt⁵³. 少说话，多做事。

话 很 不 说 事情 多多地 做

ŋjaŋ⁵⁵ lji³¹ la⁵⁵ ŋja³¹ lɔu³³ mǎ³¹ tʃhəi³³ lɔu³³ wui⁵³ aʔ⁵⁵. 叫他快点去买药。

他（宾）快点 去 药 去 买（祈）

mu³¹ kuɔn³³ a³³ tsɔ³³, mu³¹ kuɔn³³ tsɔ³³ lji³¹ wɔm³³ tau³³ nau³¹.

乱 别 吃 乱 吃（非）肚子 疼

别乱吃，乱吃会肚子疼的。

个别形容词可居谓语动词后。这种语序出现频率较低。例如：

pɛ³³ ʃɛṇ³¹ ŋjəu³³ tshəu³³ lui³¹. 骟羊好养肥。

羊 骟羊 肥 容易

形容词修饰动词时，一般位于动词前，但其语序会出现不稳定现象。有的也可位于动词后，意义略有不同：在动词前作状语，强调状态；在动词后作补语，强调补充说明或结果，动词后一般要加祈使语气助词 aʔ⁵³。以"快点来"和"多吃点肉"为例：

A. la⁵⁵ŋja³¹lɔu³¹aʔ⁵⁵. 快点来。B. lɔu³¹aʔ⁵³la⁵⁵ŋja³¹. 来快点。

   快点 来（祈）   来（祈）快点

上组例句中，A 句形容词"快点"直接位于动词"来"前，句尾使用祈使语气标记 aʔ⁵³；B 句形容词"快点"位于动词"来"后，动词后紧接祈使语气标记。

C. ŋjəi³³ʃɔʔ⁵³tsɔ³³/³⁵aʔ⁵³. 多吃点肉。D. tsɔ³⁵aʔ⁵³ŋjəi³³ʃɔʔ⁵³. 吃多点肉。

  多 肉 吃（祈）   吃（祈）多 肉

上组例句中，谓语动词带宾语构成动宾式短语。C 句形容词"多"居动宾短语之前，句尾有祈使语气标记；D 句形容词"多"居动词"吃"之后，宾语之前，动词后紧接祈使语气标记。

第七节　副词

茶山语副词包括程度副词，范围副词，时间副词，频率副词，肯定、否定副词，语气副词，情状、方式副词七类，能从程度、时间、范围、频率等方面，修饰形容词、动词或动词性短语。其语法特点主要有：①副词通常位于动词或形容词等谓词性成分之前，起修饰、限定、补充说明的作用，部分副词还兼有关联作用。②副词不能重叠，但不同的副词可以连用。③副词的句法功能主要是作状语。

一、程度副词

程度副词表示性质、状态或某方面动作行为的程度，其主要语法功能是修饰形容词、动词或动词性短语。常见的有 ta³¹tsəi³¹ "一点儿、稍微"、sɔ³³sɔ³³ "很、太、真、非常、极、特别"、lɔ⁵⁵thaŋ⁵³ "很、极、最"、tsai³¹ "更，越……越……"等。这些程度副词居中心语之前。

（1）ta³¹tsəi³¹、ta³¹mɔu³³ "一点儿、丝毫、稍微、更"，ta³¹tsəi³¹ 可用于肯定、否定结构前，ta³¹mɔu³³ 多用于否定结构前表示完全否定。例如：

ta³¹tsəi⁵³kjuɛ⁵³ 稍微有点热　　　　　ta³¹tsəi⁵³tʃuɛ⁵³ 稍微有点湿

一点　热　　　　　　　　　　　　一点　湿

ta³¹mɔ³³ŋjaŋ³¹稍微有点高　　　　　　ta³¹mɔ³³ɛʔ⁵³ma³¹ŋjaŋ³¹一点也不高

一点　高　　　　　　　　　　　一点　也　不　高

aŋ⁵⁵tʃɛn̩³¹ta³¹tsəi⁵³kuɔt⁵³la³¹. 做些酸一点的酸菜。

菜酸　一　点　做

tsai³¹ta³¹tsɛi³¹laŋ⁵⁵xjɛn̩³¹aʔ⁵³. 再拉长一点儿。

再　一　点　拉　长（祈）

ŋjaŋ⁵⁵pu³³luŋ³³ta³¹tsəi³¹ta³³pat³³. 他有点会打球。

他　球　一点　会　打

thji⁵⁵tjəu³¹jəu³³lji⁵⁵ta³¹mɔu³³ɛʔ⁵³ma³¹tai³¹. 那个人一点道理都不讲。

那　人　个　理一　点　也　不　说

ŋa⁵⁵tai³¹ta³³taŋ³³ŋ̩³¹ka³¹ta³³tsɛi³¹ma³¹tʃen³³. 他讲的话我有些怀疑。

他的说　的　话我（话）一　点　不　相信

kuŋ³¹ta³¹tsəi³¹kei³¹lji³¹，xɛ⁵⁵mu³³ŋǎ³¹ŋjaŋ³³tsui³³ta³¹.

身体 一点　　好（非）这些事　我自己　做

只要身体好点，这些活我就自己干。

ta³¹mɔ³³、ta³¹tsɛi⁵³在表示程度轻微时，意义相同，可互换。例如：

ta³¹mɔ³³thjəu³¹ = ta³¹tsɛi⁵³thjɛu³¹略白

（2）sɔ³³sɔ³³"很、太、真、非常、极、特别"。例如：

sɔ³³sɔ³³ŋaŋ³³很亮　　　　sɔ³³sɔ³³ŋjaŋ³¹很高

很　亮　　　　　　　　很　高

sɔ³³sɔ³³thjəu³¹很白　　　sɔ³³sɔ³³tan³¹很贪

很　白　　　　　　　很　贪

sɔ³³sɔ³³tʃuat⁵³很光滑　　sɔ³³sɔ³³nɔu³¹很黑

很　光滑　　　　　很　黑

sɔ³³sɔ³³than³¹很硬　　　sɔ³³sɔ³³tshəu³¹很肥

很　硬　　　　　　　很　肥

sɔ³³sɔ³³nəu⁵⁵很碎　　　sɔ³³sɔ³³kɔu³³很笨　　　sɔ³³sɔ³³kuɛi³¹很奇怪

很　碎　　　　　　　很　笨　　　　　　很　怪

ŋjaŋ⁵⁵sɔ³³sɔ³³jəi³¹. 他非常聪明。　　ŋjaŋ³¹sɔ³³sɔ³³kju³¹. 她非常害怕。

他　非常　聪明　　　　　她　非常　害怕

thji⁵⁵tsəi³¹sɔ³³sɔ³³kei³¹. 那个最好。　ŋja⁵⁵kuŋ³¹sɔ³³sɔ³³ŋjaŋ³¹. 他个儿真大。

那个　最　好　　　　　　他　个儿　很　高

ŋ³¹ŋjaŋ⁵⁵lji⁵³sɔ³³sɔ³³ŋui³¹. 我很喜欢他。

我 他（宾）很 喜欢

xɛ⁵⁵tʃəi⁵³laŋ³³sɔ³³sɔ³³nɔu³³. 这条河很深。

这 河 很 深

xɛ³³la³¹tsʅ³³sɔ³³sɔ³³thjəi⁵³. 这个辣椒很辣。

这 辣椒 很 辣

xɛ⁵⁵la³¹khui³³sɔ³³sɔ³³pai³³. 这只狗可厉害了。

这 狗 很 厉害

thji⁵⁵tsɔ³¹pɛ³³sɔ³³sɔ³³lje³¹. 那张桌子很沉。

那 桌子 很 沉

xɛ⁵⁵tjəu³¹jəu³³sɔ³³sɔ³³kei³¹. 他这个人很好。

这 人 个 很 好

sɔ³³sɔ³³ta³¹tʃhəŋ³³ləu³³ku³¹. 狠玩了一阵子。

狠 一 阵 玩 了

xɛ⁵⁵ʃɔ³³ɔu³³ka³¹sɔ³³sɔ³³ʃaŋ³³. 这锅肉香喷喷的。

这 肉锅 （话）很 香

ʃɔ⁵⁵pɛ³¹ʃɔ³³kjɛ³¹sɔ³³sɔ³³nam³¹. 羊肉很臭膻。

羊肉 膻 很 臭

khǎ⁵⁵ŋjəi⁵³pui⁵³sɔ³³sɔ³³kjuɛi⁵³. 今天天太热。

今天 太阳 很 热

zan³³pui⁵³ka³¹sɔ³³sɔ³³kjuɛi⁵³. 夏天的太阳热辣辣的。

夏天太阳（话）很 热

xɛ⁵⁵mɔu³¹sɔu³³pəu³¹sɔ³³sɔ³³kei⁵³. 这本书好极了。

这 书 本 真 好

ŋaŋ⁵⁵a³¹jaŋ³³kuɔt⁵³sɔ³³sɔ³³suɔm³¹. 她做事情慢腾腾的。

她 事 做 很 慢

khə⁵⁵ljan⁵³aiʔ⁵³ŋjəi³³sɔ³³sɔ³³kjuɛi⁵³. 这几天热得很。

最近 两天 真 热

xɛ⁵⁵tji³³jaŋ³³tsʅ³³sɔ³³sɔ³³jəu³³xəŋ³¹. 这衣服样式很难看。

这 衣服 样子 很 看 难

ŋaŋ⁵⁵tjəu³¹lji³¹jau³¹ta³³əu⁵⁵lji³¹sɔ³³sɔ³³jəu³³kjuʔ³¹.

他 人（宾）骂 的 时候 很 看 怕

他骂人的时候样子真可怕。

mɔu⁵⁵khuŋ³¹ma³¹ŋa³³mɔu³³nɛi³¹thuʔ⁵³sɔ³³sɔ³³juŋ³³. 天上出虹最美丽。

天　　（方）彩虹　出　　　最美丽

a³³pu³¹a³¹mɛ³¹ʃəi³¹ta³³zɔ³³ɛji³¹sɔ³³sɔ³³naik⁵³jəu³³ŋan³¹.

父母　　　死　的　孩子（非）最　　看　可怜

父母死去的孩子最可怜。

ŋa⁵⁵khjei³¹sɔ³³sɔ³³ma³¹kei³¹，ŋjap³³ŋjap³³ma³¹jɔu³³su³³.

我的腿　很　　不　好　　快快　　不　能　走

我这腿很不好，走不快。

（3）ŋjəi³³ʹ³⁵ʃɔ³¹ "太、非常多"，ŋjəi³³ʹ³⁵ʃɔ³¹ 既能表示程度，又能表示数量，主要功能为表示程度。例如：

saik⁵³ljɔu³³ŋjəi³³ʹ³⁵ʃɔ³¹pɔu³¹. 木料非常多。

木料　　很多　　有

ŋjəi³¹tʃaŋ³³ma³¹phɛʔ⁵⁵lɔu³¹ŋjəi³¹ʃɔ⁵³tʃɔu³¹，ta³³xja³³ʃɛn⁵⁵aʔ⁵³.

地　　（方）脏东西　太　　有　一下　扫（祈）

地太脏了，你把它扫一下。

（4）ŋjau⁵⁵、a³¹lɔ⁵⁵ "很、多么"。例如：

a³¹lɔ⁵⁵mu⁵⁵很硬

uʔ⁵⁵tjɛ³³tjɛ³³tsɔ³³ʹ³⁵ta³¹a³¹khjen³¹ma³¹pɔu³¹tsham³¹ŋjau⁵⁵xjeŋ³¹ku³¹.

头梳梳　　　　　　时间　　没　有　头发　多　长　了

头发没梳的时间太长了。

（5）tsai³¹ "更"，用于人或事物自身的比较、两个事物之间的比较等，表示在原有程度上又进一层。例如：

a³¹pei³³a³¹nu³³thɔʔ⁵³lji³¹tsai³¹tsɔ⁵⁵mai⁵³. 姐姐比弟弟更想吃。

姐姐　弟弟　比　　更　吃　想

ŋjəi⁵⁵na³¹kjuɛ³¹，khǎ⁵⁵ŋjəi⁵³tsai³¹kjuɛi⁵³. 昨天热，今天更热。

昨天　　热　今天　　更　热

tshuŋ³³thuʔ⁵³tsɔ³³lji³¹，ta³¹ŋjəi³³thaŋ³¹ta³¹ŋjəi³³tsai³¹ŋam³³.

秋　后（冬天还没到）一　天　后　一　天　更　冷

秋后天气一天比一天冷。

tsai³¹……tsai³¹…… "越……越……" 强调程度的逐级加深。例如：

mɔu⁵⁵tsai³¹wu³³tsai³¹ku³³. 雨越下越大了。

雨　　越　下　越　大

ŋjaŋ⁵⁵tsai³¹wui³³tsai³¹ŋjap³³. 他越跑越快。

他　越　跑　越　快

ŋ³¹mɔ³¹nɔu³³ŋam³³mɔ³¹nɔu³³nai?⁵³jɔu³³mai³¹. 我越想越气。

我越　　　想　越　　生气　　想

tan⁵⁵ma³¹ljəi³³zɔ³³tsai³¹pai³¹tsai³¹kei³¹. 田里的秧苗越长越好。

田里　　　秧苗　越　长　越　好

（6）lɔ⁵⁵thaŋ⁵³ "很、极、最"。lɔ⁵⁵thaŋ⁵³ 与前加副词 sɔ³³sɔ³³ "很"在表示程度加深时，可互换使用，意义相同。例如：

sɔ³³sɔ³³ku³³很大　　　　　　lɔ⁵⁵thaŋ⁵³ku³³很大

很　　大　　　　　　　　很　　　　大

sɔ³³sɔ³³nɔu³¹很黑　　　　　lɔ⁵⁵thaŋ⁵³nɔu³¹很黑

很　　黑　　　　　　　　很　　　　黑

sɔ³³sɔ³³kei³¹好极了　　　　lɔ⁵⁵thaŋ³¹kei³¹好极了

很　好　　　　　　　　极　　　好

lɔ⁵⁵thaŋ³¹ŋjaŋ³¹高极了

极　　　　高

lɔ⁵⁵thaŋ⁵³还表示两个以上同类事物比较时达到顶点。例如：

xɛ⁵⁵khjɔu³¹lɔ⁵⁵thaŋ³¹ku³³这个杯子最大

杯子　　　最　　　大

ŋa³³mɔ⁵³sɔm³³jəu³³ma³¹mu⁵⁵su³¹a³¹sat⁵³lɔu⁵⁵thaŋ⁵³ku³³.

我们　三　个（方）他　年纪　最　大

我们三个里面他年纪最大。

xɛ⁵⁵a³¹pɔm⁵³ŋjaŋ³³, thji⁵⁵a³¹pɔm⁵³tsai³¹ŋjaŋ³³, xu⁵⁵a³¹pɔm⁵⁵lɔu⁵⁵thaŋ⁵³ŋjaŋ³³.

这座山　高　　那座山　更　高　那座山　最　　高

这座山高，那座山更高，那座山最高。

ŋ³¹na³³thɔ?⁵³lji³¹ŋjan³³, ŋjaŋ⁵⁵ŋ³³thɔ?⁵³lji³¹tsai³¹ŋjan³³, mu⁵⁵su³¹

我　你　比　　矮　　他　我　比　　更　矮　　那个

lɔu⁵⁵thaŋ⁵³ŋjan³³. 我比你矮，他比我更矮，他最矮啦。

最　　　矮

二、范围副词

范围副词表示动作行为、性状涉及的范围，居中心语之前。常见的有 ta³¹ŋɛ⁵⁵ "全、一起、全部、都、总共"、kjeŋ³³ "只、仅仅、才"等。

（1）ta³¹ŋɛ⁵⁵ "全、全部、都、总共"，概括其人或事物的全部，强调动作、数量、性状的无例外。例如：

mɔu⁵⁵ ta³¹ ŋɛ³³ tʃhuat⁵³ ku³¹. 天全都黑了。

天 都 黑 了

ŋja³³ mɔ³³ ta³¹ ŋɛ³³ lɔ³¹ ku³¹. 他们都来了。

他们 都 来 了

ta³¹ ŋɛ³³ lji³¹ ŋ⁵⁵ jəu³¹ lɔu⁵⁵ ku³¹. 总共去了五个人。

总共（非）五 个 去 了

ta³¹ ŋɛ³³ mɔ³¹ ja³³ kɛt⁵³ sɛt⁵³ tʃhꞏ³¹. 大家都带录音机。

大家都 录音机 带

khuʔ⁵³ ja³³ tsəu³³ ta³¹ ŋɛ⁵⁵ pɔ⁵³ ku³³. 碗和筷子都有了。

碗 和 筷子 全 有 了

ŋjaŋ⁵⁵ mɔ³¹ ta³¹ ŋɛ³³ a³¹ lɔu³¹ ʃꞏ³³ la³³？他们都来了吗？他们到齐了没有？

他们 都 来没来 还（疑）

ŋja⁵⁵ mɔ³¹ ŋ³³ jəu³¹ ta³¹ ŋɛ³³ tʃuŋ³¹ zɔ³³. 他们五个都是学生。

他们 五个 都 学生

xɛ⁵⁵ a³¹ jaŋ³³ ta³¹ ŋɛ³³ ŋjaŋ⁵⁵ lji³¹ tjəi⁵⁵ aʔ⁵³. 这些东西全给他。

这些东西 都 他（宾）给（祈）

xɛ⁵⁵ paŋ³³ zɔ³³ khuɔm³³ ta³¹ ŋɛ³³ paŋ⁵³ aʔ⁵³. 把这些窗子全都打开吧。

这 窗户 全都 打开（祈）

ŋja⁵⁵ mɔ³¹ jɛn³³ paŋ³³ ta³¹ ŋɛ³³ thuʔ⁵⁵ lɔ⁵⁵ ku³¹. 他们全家都出去了。

他们 家 全 出 去 了

ŋja⁵⁵ mɔ³¹ zꞏ³³ ʃaŋ³³ ta³¹ ŋɛ³³ tʃuŋ³¹ tɔ³³ ku³¹. 他们的孩子都上学了。

他们的 孩子 全都 上学 了

ŋ³¹ mɔu³¹ sɔu³³ ŋ³³ pəu³¹ ta³¹ ŋɛ³³ tjɛ³³ ŋap⁵³ ku³¹. 我把五本书全读完了。

我书 五本 全 完 念 了

naŋ³¹ tʃha³³ kuɔt⁵³ ŋjəi³¹，ŋ³¹ ta³¹ ŋɛ³³ ŋjaŋ³¹ ku³¹. 你在干什么，我全看见了。

你 什么 做 在 我 全都 看见 了

xɛ⁵⁵ zꞏ³¹ ʃaŋ³³ tʃɛn³¹ ŋ³¹ ŋja³³ mɔ³³ lji³¹ ta³¹ ŋɛ³³ sai³¹. 这些孩子我全认识他们。

这 孩子 群 我 他们（宾）都 认识

ŋja⁵⁵ mɔ³¹ tʃuŋ³¹ jɛn³³ ta³¹ ŋɛ³³ jɛn³¹ tshau³³ tau³³ ŋuat³¹.

他们 学校 房子都 房子 旧 就 是

他们学校的房子都是老的。

wu³³khɔu³³paŋ³³ta³¹ŋɛ³³mɔ³¹ja³¹tsuɔp⁵⁵phuŋ³³lɔ³¹ku³¹.

村　　　　　全部　　　　开会　　　来了

全村的人都来开会了。

ŋɔ³³mɔ³³sɔm³³jəu³¹ta³¹ŋɛ³³thji⁵⁵wu⁵³khɔu³¹ma³¹ŋəi³¹.

我们　三　人　一起　那　村子　（方）　在

我们三个都住在那边的村子里。

thji³³tjəu⁵³sɔm³³jəu³¹ta³¹ŋɛ³³ŋa³³mɔ³¹wu⁵⁵khɔu³³ma³³tjəu⁵³.

那　人　三　个　都　我们　村　　（方）　人

那三个人都是我们村里的。

tsɔ⁵⁵ta⁵³tsəi³¹ŋʒɛt tɔu⁵⁵la³¹，ta³¹ŋɛ³³a³¹sʅ³¹ja³³ɔŋ⁵⁵tjəi³¹ku³¹.

口粮　　　留着　　都　　政府　卖　给　了

除去口粮，剩下的都卖给国家。

ŋui³¹ta³¹ŋɛ³³jəu³¹thuʔ⁵³lɔu³¹ku³¹，xe³³ŋjau³¹zɔ³³tuŋ⁵⁵ŋuat⁵³.

钱　都　　拿　出　来　了　这么点　　就是

钱都拿了出来了，就这么一点儿。

"ta³¹ŋɛ⁵⁵"更强调整体性，其中的 ta³¹ 也可以省略，但茶山人更习惯使用 ta³¹ŋɛ⁵⁵。例如：

tsɔ³¹ja³³aŋ⁵⁵ŋɛ³¹tʃam³³ku³³，ŋjuɛi⁵⁵lɔu³¹la³³tsɔ⁵⁵aʔ⁵³.

饭　和　菜　都　凉　了　热　来　了　吃　吧

饭和菜都凉了，热一热再吃吧。

（2）kjeŋ³³ "只、仅仅、才、特意"。kjeŋ³³ 原义为"不停"，引申为"只、光"义，限定所修饰词的意义范围；语法上，位于谓语动词之前、宾语之后。例如：

naŋ³¹aŋ⁵⁵kjeŋ³³a³¹tsɔ³³. 你不要光吃菜。

你　菜　不停　别　吃

ŋjaŋ⁵⁵jaŋ⁵⁵lji³¹kjeŋ³³kei³¹. 他就是对我们好。

他　我们（宾）只对　好

此外，tə³³ "才、除非……才" 在句中也有限定动作范围、时间的语法功能。详见下文"时间副词"部分。

三、时间副词

茶山语时间副词分为表示时点和时段的副词，表示动作或状态的时间情况，如 khǎ³¹ ʃ˞³³ "现在"、kə³¹ ʃ˞³³ "现在、刚刚、马上、立刻"、a³³ khaŋ³³ "刚刚、刚才"等；表示时间先后顺序的副词，如 ʃ˞⁵⁵ "先"、thaŋ³³ "后"、xa̠⁵³ "赶快"等。与其他类副词相比，时间副词在句中分布较灵活，但多居中心语之前，若语义表达有需要也可居中心语之后，但其出现频率较低。

（1）khǎ³¹ ʃ˞³³ "现在"。例如：

naŋ³¹ khǎ³¹ ʃ˞³³ ma³¹ nɔ³³ ʃ˞³³ la³³？你这回还不罢休？

你　现在　不休息还（疑）

khǎ³¹ ʃ˞³³ a³¹ khjen³³ ma³¹ jɔu³³ wui³¹ lɔ³³. 现在这会儿也买不到了。

现在　时间　不能买了

（2）kə³¹ ʃ˞³³ "刚刚、立刻、马上"。例如：

ŋ³¹ kǎ³¹ ʃ˞⁵⁵ lɔu³¹ ku³¹. 我立刻来。　　mɔ³³ tu³³ kǎ³¹ ʃ˞³³ lɔu³³. 汽车刚过去。

我　立刻　来了　　　　车　刚　去

ŋjaŋ⁵⁵ kǎ³¹ ʃ˞⁵⁵ lɔu⁵⁵ lji³¹，naŋ³¹ lɔu³¹ ku³¹. 她刚刚走，你就来了。

她　刚刚　走（非）你来了

kǎ³¹ ʃ˞³³ nɔ³¹ la³³ ŋui³¹ suɔn³³ kɔ³³ ku³¹ la³³？现在收工算账了？

现在　休息　算账　了（疑）

kǎ³¹ ʃ˞³³ ma³¹ ja³³ kɔ³³ tu³¹ ta³¹ kəu³¹ tsai³³ ja³³. 重新再换一个。

现在　　换　一个　再

tsɔ³¹ kǎ³¹ ʃ˞⁵⁵ puŋ³¹ thʊ ʔ⁵³ lɔu³¹ ŋjuɛi⁵⁵ ŋjuɛi³¹. 饭刚蒸出来热腾腾的。

饭　刚　蒸出来　热热的

naŋ³¹ kǎ³¹ ʃ˞⁵⁵ mǎ³¹ tʃhəi³³ tsɔu³³，xu⁵⁵ khjap⁵³ ma³¹ jɔu³³ ʃə̠uʔ³³.

你　刚才药　吃　茶　不能喝

你刚吃了药，不能喝茶。

kə³¹ ʃ˞³³，naŋ³¹ kha³¹ ji³¹ ŋjap³³ ŋjap³³ jəu³³ lji³¹ ma³¹ ŋjaŋ³¹ lɔ³³.

现在　你　怎么都　非常快　看（非）看不见了

现在，你就是非常快地看，也来不及了。

（3）a³³ khaŋ³³ "刚刚、刚才"。例如：

ŋjaŋ³³ a³³ khaŋ³³ lɔu⁵⁵ ku³¹. 她已经走了。

她　刚刚　走了

a³¹ khaŋ³³ ŋja³³ mɔ³¹ laŋ⁵⁵ ŋji³¹ ta³¹ təu³³ pat³³ sat⁵³. 刚才他们打死一条蛇。

刚才　他们　蛇　一条　打死

ŋjaŋ⁵⁵ a³¹ khaŋ³³ ŋ³¹ lji³¹ ta³¹ tam³¹ thəʔ⁵³，tʃha⁵³ məu⁵³ la³³ ɛʔ⁵⁵ ma³¹ sɛʔ⁵³.

他　刚才　我（宾）一脚踢　怎么都　也不知道

他刚才踢了我一脚，不知为什么。

形容词的名物化结构 a³¹sai ʔ⁵³ "新" 也能在句中表示 "刚" 义，并常与 tə³³ "只、才" 连用。例如：

ŋja⁵⁵nɔ³¹a³¹saiʔ⁵³tə³³kei³¹, a³¹jɔu³¹lɔu³³la³³? 他的病刚好，能不能去呀？

他的病　刚　只好　　能不能　去（疑）

a³¹ka⁵³, xɛ⁵⁵ɔu⁵⁵a³¹saiʔ⁵³tə³³wui³¹lɔu³¹lji³¹pat³¹khui³³kəu/u⁵³.

哎呀　这锅刚　　才买　来（非）打　破　了

哎呀，这个锅刚买来就打破了。

ŋ³¹ ka³¹a³¹saiʔ⁵³wui³¹xɛ⁵⁵təu³³ɔu³³, ŋjaŋ⁵⁵ka³¹xjeʔ³¹lji³¹wui³¹ta³³thji⁵⁵

我（话）刚　买这匹　喜欢　　他　（话）以前买的　那

a³¹təu³³ɔu³³. 我喜欢刚买的这匹，他喜欢以前买的那匹。

匹　　喜欢

(4) ʃɿ⁵⁵ "先"、thaŋ³³ "后"。例如：

naŋ³¹ʃɿ³³lɔu³³aʔ⁵³. 你先去。

你先去（祈）

ŋ³¹ ʃɿ³³ŋam³³jəu³³lɔu³¹tai³¹kɔ³³. 先等我想想再说。

我先想　看后商量

ləʔ³³ʃɿ³³ta³¹xja³³ləʔ³³lɔu³¹lɔ³³. 先玩玩再走。

玩　先一下　玩后　走

naŋ³¹ʃɿ⁵⁵lɔu⁵⁵aʔ⁵³, ŋ³¹thaŋ³³ma³¹lɔu³¹ta³¹. 你先走，我后来。

你先走（祈）我后面　来

xɛ⁵⁵ŋui³¹ta³¹aiʔ⁵⁵tshəi³¹ŋaŋ³¹ʃɿ³³juŋ³¹aʔ⁵³. 这几十块钱你拿去先用着。

这钱一二十　你　先用（祈）

ŋjaŋ⁵⁵lji³¹tʃəi³¹ʃɿ⁵⁵ʃuəʔ³¹naŋ³³la³¹lɔu⁵⁵ka³¹. 让马喝喝水再去。

马（宾）水先喝　让再去吧

a³¹ka⁵³, sɿ³³pei³³ma³¹tsɔ³³, naŋ³¹ʃɿ³³tsɔu³³!

哎呀　别人没吃　你先吃

哎呀，别人没吃，你就先吃起来啦！

naŋ³¹ʃɿ³³tsɔ³³ᐟ³⁵aʔ⁵³, ŋ³¹ta³¹xja³³tsɔ³³ᐟ³⁵ta³¹. 你先吃，我第二个吃。

你先出（祈）我一会　吃

naŋ³¹ʃɿ⁵⁵lɔu⁵⁵la³¹ŋja⁵⁵mɔ³³lji³¹lɔu⁵⁵t̠ai̠³³tjəi⁵⁵aʔ⁵³. 你先去告诉他们。

你　先去　他们（宾）去告诉给（祈）

mɔ⁵⁵tsa³³ʃ˞³³tsuŋ⁵⁵ta³¹la³³lu³³ʃ˞⁵⁵wɔt⁵³ta³¹la³³？先穿袜子呢还是先穿裤子？
袜子　先套　呢　裤子先穿　呢

ʃɔ³³ljam³³ʃ˞³³ljam³³tau³³，a³¹khuʔ⁵³ŋan⁵⁵thaŋ³¹tʃau⁵³ta³³.
肉　　先切　着　　　　　下午　　　煮　着
肉先切着，下午再烧。

naŋ³¹ʃɔ⁵⁵ʃ˞⁵⁵ljam³³tɔ³³aʔ⁵³，ta³¹xjaʔ³³（lji³³）aŋ⁵⁵lji̠³¹.
你　肉　先　切　起（祈）一会儿　（话）菜　炒
你先把肉切了，待一会儿炒菜。

naŋ³³ʃ˞⁵⁵lɔu⁵⁵aʔ⁵³，ŋa⁵⁵mɔ³³thaŋ³¹phɛ³³tʃhaŋ⁵³lɔu³¹pa³³.
你　先　走　我们　后面　　跟　来　吧
你先走，我们后面跟着来。

naŋ³¹ʃ˞⁵⁵lɔu⁵⁵aʔ⁵³，ŋ³¹ŋja⁵⁵mɔ³¹lji³¹kha³¹s˞³³lɔu⁵⁵tsəi³¹tai⁵³tjəi³¹tʃha³³ʃ˞³³.
你　先　走(祈)我　他们（宾）怎么　去　　告诉给　还要
你先走吧，我还要告诉他们怎么走。

除了副词，地点名词也能表示动作的先后顺序。例如：

mai³¹jəu³¹su³¹jəu³³，aʔ⁵³ŋa³³mɔ³³xjeʔ³¹phɛ⁵⁵lɔu³³ku³¹.
想　看　的人看（祈）我们　前面　　走　了
想看的人看下去，我们先走了。

ŋ³¹ja³³　ŋjaŋ⁵⁵lji³¹xjeʔ³¹phɛ³³lɔu⁵⁵naŋ³¹ku³¹，naŋ³¹thaŋ³¹phɛ³³lɔu⁵⁵ljl³³
我（施）他（宾）前面　　去　让　了　你　后面　去（话）
ɛʔ⁵³kei³¹. 我让他先走，你后走也可以嘛。
也好

（5）tuŋ³¹tau³³“忽然”。例如：
su³³lau³³ŋjəi³¹lji³¹，tuŋ³¹tau³³laiŋ⁵³tsɔ³³ku³¹. 正走着，忽然摔了一跤。
走　着　在（非）忽然　　倒　摔　了

（6）tuɔp⁵³“刚好”。例如：
ŋjaŋ⁵⁵tuɔp⁵³mɔu³³sɔu³³ŋjap⁵³ŋjəi³¹. 他刚好在家读书。
他　刚好　书　　读　在

（7）la⁵⁵ŋjap⁵³“赶快、快点”。例如：
la⁵⁵ŋjap⁵³lɔu⁵⁵aʔ⁵³! 快走哇！　　la⁵⁵ŋjap⁵³tsɔ³³aʔ⁵³! 快吃啊！
快点　走（祈）　　　　快点　吃（祈）

la⁵⁵ŋjap³³tai⁵³aʔ⁵³! 快点儿说吧！la⁵⁵ŋjap⁵³məu³¹aʔ⁵³! 快点啊！
快点　说（祈）　　　　快点　快快（祈）

la⁵⁵ŋjap⁵³lɔu³¹aʔ⁵³! 快一点来呀! naŋ³¹la⁵⁵ŋjap⁵⁵lɔu⁵⁵aʔ⁵³! 你赶快走哇!

快点　来（祈）　　　　　　你　快点　走（祈）

ŋjaŋ⁵⁵naŋ³¹lji³¹la⁵⁵ŋjap⁵³lɔu³¹aʔ⁵³kai³³. 他叫你快点来。

他　你（宾）快点　　来（祈）叫

naŋ³¹khǎ³¹sŋ̩³³ŋam³³tsɛi³¹, la⁵⁵ŋjap⁵³tai³¹aʔ⁵³! 有什么想法, 你就快讲啊!

你　怎么　想　的　快点　说（祈）

ŋjaŋ⁵⁵lji³¹la⁵⁵ŋja³¹lɔu³¹tsɔ³³phuŋ³³lɔu³¹kuat⁵³la³¹. 叫他快来开会。

他（宾）快点　来　开会　　（叫他来）

ŋjaŋ⁵⁵lji³¹la⁵⁵ŋja³¹lɔu³³mǎ³¹tʃhəi³³lɔu³³wui⁵³aʔ⁵⁵. 叫他快点去买药。

他（宾）快点　去　药　　去买（祈）

naŋ³¹la⁵⁵ŋja⁵³ɛʔ⁵³a³¹, naŋ³¹lji³¹tjəu³¹xjɔ³³səu³³pɔu³¹.

你　快点　回去　　你（宾）人　找　的人　有

你快些回去, 有人找你。

la⁵⁵ŋjap⁵³多用于中心语之前, 作状语; 也可用于中心语之后, 作补语。其中前者出现频率更高, 后者多为语用需要。二者表达句义基本相同。例如:

lɔu³¹aʔ⁵³la⁵⁵ŋja³¹. 来快点。　la⁵⁵ŋja³¹lɔu³¹aʔ⁵³. 快点来。

来（祈）快点　　　　　快点　来（祈）

la⁵⁵ŋja³¹khuɔp⁵⁵mu³³jəu³¹lɔu³¹aʔ⁵³. 快点拿锄头来。

快点　锄头　　拿来（祈）

khuɔp⁵⁵mu³³la⁵⁵ŋja³¹jəu³¹lɔu³¹aʔ⁵³. 拿锄头来快点。

锄头　　快点　拿来（祈）

(8) tə³³ "才、除非……才"。例如:

naŋ³¹lɔu³¹khɔu³³, ŋjaŋ⁵⁵tə³³lɔu³¹. 要你来, 他才会来。

你　来里　他才来

la³³mu³³sɔm³³khjap⁵³tə³³xjuʔ⁵³ʃŋ̩³³. 才学了三个月。

月　三　个　才学还

ta³¹ŋɛ³³ma³¹ta³¹ku³¹tə³³nɛi⁵³ʃŋ̩³³. 一共才红了一个。

一共　一个　才红还

wui⁵⁵khau³¹ja³³, tə³³tʃhaŋ³³tuɔn⁵³ta³¹. 除非跑, 才赶得上。

跑　　　才赶得上

ŋ̩³¹xɛ⁵⁵mɔu³¹səu³³tjɛ⁵³lai³³lji³¹tə³¹lɔu³³. 我写了这封信才走。

我　这　信　完写（非）才走

ŋa⁵⁵ cɔm³¹ sɔm³³ tshəi³¹ mǎ³³ nei³¹ laŋ³³，lji³¹ khuɔm³³ tə³³ phaŋ³¹.

我们　　三　十　分　等　　（非）门　才　开

我们等了半个多小时，门才开。

ŋjaŋ⁵⁵ jan³³ sɔm³³ ŋjəi³³ tə³³ tuɔn³¹，khǎ⁵⁵ ŋjəi⁵³ tuɔm³¹ tap⁵³ tʃhㄣ³³ ku³¹.

他　烟　三　天　才　戒　　今天　　又　抽　起　了

他才戒了三天烟，今天又抽起来了。

ŋjaŋ⁵⁵ ɲjɔʔ³¹ jət³³ jət³³ lji³³ ja³³ jɔ³¹ lɔ³³ phɔ³¹ ŋjan⁵³ thaŋ³¹ mɔu³¹ tʃhuat⁵³ tsɔ³³ tʃuɛ³³

他　蒙蒙亮　　从　地去犁　　下午　　　天黑　　快要到

lji³¹ tə³³ lɔu³¹. 他从黎明就去犁田一直到傍晚才回来。

（非）才回来

tə³³ 在句中连读时，常弱化为 tǎ³³。例如：

naŋ³¹ lui⁵⁵ khɔu³¹ ja³³，ŋjaŋ⁵⁵ tǎ³³ mai³¹ lɔu⁵⁵. 只有你叫他，他才肯去。

你　叫　只有　　他　才　愿意　去

ta³¹ ŋə³³ mɔ³¹ ja³³ tsɔ⁵⁵ thaŋ³¹ lji³¹ ŋjaŋ⁵⁵ tǎ³³ tsɔu³³. 大家都吃完了，他才吃。

大家　　都　吃　后（非）他　才　吃

ŋ³¹ xɛ⁵⁵ ma³³ tǎ³³ tʃuɛi⁵⁵ ku³¹，kɔ⁵⁵ jɔ³¹ ma³¹ tʃu⁵⁵ ku³¹.

我　这里　只　到　　过　　别的地方没到　过

我只到过这里，没有到过别的地方。

xɛ⁵⁵ thaŋ³³ tan³³ tan³³ ʃuan³³ ʃuan³³ kuɔt⁵³ lji³¹ tǎ³¹ tain⁵⁵ kei³¹.

这些柴　直　直　整齐　　　弄（非）才　捆　好

这些柴要弄整齐才好捆。

四、频率副词

常见的频率副词有 a³¹ tʃaŋ³³ "常常"、tsai³³ "再、还、还是、又"、tuɔm³¹ "再、又、重复"、kjeŋ³³ "不停、一个劲儿" 等。频率副词都居中心语之前。

（1）a³¹ tʃaŋ³³ "常常、经常"。例如：

ŋja³³ pa³³ a³¹ tʃaŋ³³（ja³³）nau³¹. 她父亲常常生病。

她父亲　常常　地　生病

ŋjaŋ⁵⁵ a³¹ tʃaŋ³³ ja³³ xe³³ ma³¹ tsuŋ³¹ tɔu³³. 他老是在这儿坐着。

他　常常　　这儿　坐　着

ŋjaŋ⁵⁵ a³¹ tʃaŋ³³ ja³³ pɔm⁵³ ma³¹ thaŋ³³ lɔu³³ xjɔu³¹. 他常常到山里砍柴。

他　常常　　山里　柴到　找

ŋa⁵⁵mɔ³¹jɛn³³ma³³a³¹tʃaŋ³³ja³³khɔu³¹sɛ³³tsɔu³¹. 我们家常吃面。

我们家　　　常常　　面条　吃

（2）tsai³³ "再、还、还是、又"。例如：

tsai³³ta³¹xjaʔ³³laŋ³³aʔ⁵³. 再等一会儿。

再　一下　等（祈）

tsai³³ta³³ʃeŋ³³ta³¹laiŋ³³jəu³³. 再看一次电影。

再　电影　一次　看

tsai³³ta³¹khu³¹tsɔ³³，tsai³³ta³¹pei³³ʃuʔ³¹. 再吃一碗，再喝一杯。

再　一　碗　吃　再　一　杯　喝

tsai³³la³³mu³³ta³¹khjam³³lji³¹ka³¹kuk³¹jɛt⁵³ku³¹. 再过半个月就割稻子了。

再　月　一　半（非）（话）稻子到　了

（3）tuɔm³¹ "再、又、重复"。例如：

ta³¹laiŋ³³tuɔm⁵³jəu³¹aʔ⁵³！重拿！ta³¹laiŋ³³tuɔm⁵³tʃhəi³³aʔ⁵³！重洗！

一　遍　重复　拿（祈）　　一　遍　重复　洗（祈）

ŋ³¹tji⁵⁵tuɔm⁵³wɔt³¹pa³³. 等我穿回一件衣服。

我衣服又　穿　吧

ŋji³¹pu³³tuɔm⁵³paŋ⁵³ku³¹. 灯又亮了。

灯　　又　亮　了

ŋ³¹ta³¹laiŋ³³tuɔm⁵³jəu³¹aʔ⁵³lɔu³³. 我要再去。

我一遍　重复　看（祈）去

ŋjaŋ³³a³³khaŋ³³lɔu⁵³，tuɔm³¹lɔu⁵⁵ku³¹. 她刚刚来，又走了。

她　刚刚　来　又　走　了

tsɔ³¹tsɔu³³/³⁵lau³³la³³lji³¹tuɔm⁵³ləu³¹aʔ⁵³. 吃过饭再来玩。

饭　出　以后（非）再　玩（祈）

ŋjaŋ⁵⁵jan³³sɔm³³ŋjəi³³ta³¹tuɔn³¹，khǎ⁵⁵ŋjəi⁵³tuɔm³¹tap⁵³tʃhŋ³³ku³¹.

他　烟　三　天　才　戒　今天　　又　抽　起　了

他才戒了三天烟，今天又抽来了。

（4）kjeŋ³³ "不停、一个劲儿"。例如：

naŋ³¹aŋ⁵⁵kjeŋ³³a³¹tsɔ³³. 你不要光吃菜。

你　菜不停　别　吃

nəu⁵⁵lji³¹kjeŋ³³pat⁵³ŋjəi³¹. 一个劲儿地打牛。

牛（宾）不停　打　在

五、肯定、否定副词

1. 肯定副词

肯定副词常见的有 sɔ³³sɔ³³ "一定、真"、khǎ³¹sʅ³³ljɛt⁵³ "必须、一定"、tʃəŋ³³ "真、真的" 等。这些副词居所修饰成分之前。

（1）sɔ³³sɔ³³ "一定、真"，表示意志、口气是坚决的或必然的、确定无疑的。例如：

ŋja³³a³¹maŋ³³sɔ³³sɔ³³kei³¹. 她哥哥真好。

她哥哥　　　真　好

xɛ⁵⁵ wu³³, wu³¹lɔm³³sɔ³³sɔ³³xjeŋ³¹. 这些竹子，条儿真长。

这些 竹子 竹根 真 长

xɛ⁵⁵ŋjaŋ³³sɔ³³sɔ³³jau³³wui³³sɔ³³sɔ³³ŋjap³³. 这匹马跑得真快。

这 马 真 快 跑 真 快

（2）khǎ³¹sʅ³³ljɛt⁵³ "必须、一定"。例如：

ŋjaŋ⁵⁵khǎ³¹sʅ³³ljɛt⁵³kjɔ³⁵ta³¹. 他一定同意的。

他 一定 同意 的

khǎ³¹sʅ³³ljɛt³¹jəu³³tshuɔm³³. 一定要记得。

一定 要 记得

ŋjaŋ⁵⁵pʮɛ⁵⁵na⁵³ŋjəi³³jɔ³¹khǎ³¹sʅ³³ljɛt⁵³lɔ³¹pa³¹? 他明天总会来了吧?

他 明天 一定 来 吧

xɛ⁵⁵a³¹lain₃₃khjaŋ³¹kɔu³³jaŋ³³/³⁵kha³¹sʅ³³ljɛt⁵³ɔŋ⁵⁵ta³¹.

这 场 比赛 我们 一定 赢要

这场比赛我们一定赢。

na³³zʅ³³ʃaŋ³³ta³³nɔ³¹, khǎ³¹sʅ³³ljɛt⁵³xɛ⁵⁵tʃa³³mǎ³¹tʃʰəi³³tsɔ⁵⁵tʃʰa³³.

你孩子 的 病 必须 这 种 药 吃要

你孩子的病，非要吃这种药不可。

（3）tʃəŋ³³ "真、真的"，多用于反问句，例如：

tʃəŋ³³la³³? 真的啊? naŋ³¹tʃəŋ³³tʃəŋ³³a³¹lɔu⁵⁵la³³? 你真的去吗?

真的（疑） 你 真的 去（疑）

2. 否定副词

否定副词主要有 ma⁵³ "不、没"、a³¹ "别、不要" 等。

（1）ma⁵³ "不、没"。ma⁵³是对动作行为、性状进行否定，或者是对动作、行为的发生或完成情况进行否定。例如：

ma³¹than³¹ 不硬　　　ma³¹ta̱i³¹ 不讲　　　ma³¹tshəu³¹ 不胖

ma³¹ŋ jə̱ŋ³³ 不高　　　ma³¹lɔ³³ 不去　　　tʃuŋ³¹ma³¹tɔ³³ 没读书

ŋjaŋ⁵⁵ma³¹ləu³¹ʃ ŋ³³. 他还没有来。

他　没　来　还

ŋjaŋ⁵⁵ma³¹jɛt⁵³ʃ ŋ³³. 他还没有睡觉。

他　没　睡　还

ku̱i³¹su⁵⁵ma³¹su³³tɔ³³. 箱子没锁上。

箱子　　没　锁起

ŋ³¹naŋ³¹lji³¹ma³¹wui³¹tjəi³³. 我没给你买。

我 你（宾）没买　给

ŋ³¹tsɔ⁵⁵tsəi³¹sɔ³³sɔ³³ma³¹tʃɔ³³. 我吃得不太饱。

我　吃 的 很　　不 饱

xɛ⁵⁵ŋ⁵⁵tɔ³¹sɔ³³sɔ³³ma³¹ku³³, təu³³kuɔn³³lji̱³³a³¹.

这些鱼 太　　不 大　整条　煎 吧

这些鱼不太大，整条煎吧。

ŋjaŋ³³lji⁵³tjəu³³ta³³jəu³¹lɔ³¹xjəu³¹, ŋjaŋ⁵⁵ma³³lɔ³¹ʃ ŋ³³la³³?

他（宾）人 一 个 来找　　他 没 来 还啊

有人来找他。他还没有来呀？

naŋ³¹sei³³tjəu³¹lji³¹a³¹kjuʔ³¹la³³?　　ŋ³¹ka³¹sei³³tjəu³¹ma³³kjuʔ³¹.

你 鬼 （宾）害怕（疑）　　我（话）鬼 不 怕

你怕不怕鬼？我不怕鬼。

（2）a³¹ "别、不要"。a³¹是对动作行为等的禁止，居所修饰成分之前。

例如：

a³¹tai̱⁵³lɔ³³! 别说了!　　　　　　a³¹maŋ³³a³¹kji̱³¹! 别慌!

别 说 了　　　　　　　　　　别 忙 别 急

khɔm³³a³¹ŋe³³! 不要关门哪!　　　a³¹tje⁵⁵khjuat⁵³! 不要催嘛!

门　别 关　　　　　　　　　别 反复 催

kɛ³³ku³¹, a³¹kat⁵³lɔ³³! 够了，不要盛了!

够 了　别 盛 了

kei³¹ku³¹, a³¹tai̱⁵³lɔ³³! 好了，不要说了!

好了　　别 说 了

aˀ³¹xəu³¹！thuɛ³⁵aˀ³¹thuʔ⁵³！嘘！别出声！

嘘　　　声　别　出

z̩³³ʃaŋ³³aˀ³³xəu³³aˀ³³thjɔu³³. 小孩别吵闹。

小孩　　别 吵别 闹

（3）ma³¹pɔu³¹ "没有"。pɔu³¹意为"有"，ma³¹pɔu³¹是否定副词短语，能作谓语，也能带宾语。位于句末。例如：

tʃhɛʔ⁵³ ma³¹pɔu³¹. 什么都没有。

什么都 没 有

naŋ³¹jəu³³ta³³ta³³ʃeŋ³¹ma³¹pɔu³¹. 你要看的电影没有。

你 看 的 电影 不 有

ŋjaŋ⁵⁵tsɔu³³ŋjəi³¹，aŋ⁵⁵ma³¹pɔu³¹. 他正在吃的时候，没有菜了。

他 吃 在 菜 不 有

phjɔ³³ma³¹pɔu³¹lji³¹ŋ³¹ma³¹lɔu³³lɔ³³. 没有票，我就不去呗。

票 没 有（非）我 不 去喽

（4）ma³¹jɔu³³ "没有"，ma³¹jɔu³³在句中也可读为"ma³¹jɔ³³"。例如：

ŋa³³mɔ⁵³wu³³khɔu³³ma³³ta³³ma³¹jɔu³³ʃ̩³³ɛ³³tʃɛi⁵³ʃ̩³³.

我们 村 （方）的 没有 拉 到 还

我们村的电灯还没有拉通。

xje³¹phɛ³³kɑ³¹tsɔ³⁵ta⁵³tsəi³³ma³¹jɔ³³，wɔt⁵⁵ta⁵³tsəi⁵³ma³¹jɔ³³.

以前 （话）吃的 没有 穿的 没有

以前没有吃没有穿。

ŋ³¹ka³³ʃ̌³³jəi⁵³thjɛʔ⁵⁵kɔʔ⁵³ta³¹tsɔm³³jau³³，mɔ³³tsa⁵³ma³¹jɔ³³.

我（话）皮鞋 一 双 有 袜子 没 有

我有一双皮鞋，但没有袜子。

（5）ma³¹ŋuat⁵³ "不是"。ma³¹ŋuat⁵³是否定副词短语，ŋuat⁵³意为"是"，ma³¹ŋuat⁵³能作谓语，也能带宾语。例如：

ŋ³¹tai̯³¹tsəi³¹ma³¹ŋuat⁵³. 我说不是。

我 说 的 不 是

ɛ⁵³，naŋ³¹xɛ⁵⁵taŋ³¹ka³¹ma³¹ŋuat⁵³！哎，你这话可不对呀！

哎 你 这 话（话）不 对/是

ŋ³¹lɔu⁵⁵ma³¹ŋuɔt³¹，ja³³ka³³ŋjaŋ⁵⁵lɔu³¹. 不是我去，就是他来。

我 去 不 是 他 来

xɛ⁵⁵mɔu³¹sɔu³³pu³¹ŋa³³tsɛi³¹ma³¹ŋuat⁵³. 这本书不是我的。

这　书　　　本　我的　　不　是

xɛ⁵⁵zɔ³¹khɔ³¹ʃəi³¹tsɛi³¹ʃɿ³¹xəu³³ma³¹ŋuat⁵³. 老头子死得非常不是时候。

这　老人　　死的　　时候　　不　是

ŋjaŋ⁵⁵ka³¹tshun³³tsaŋ³¹, khuɛ⁵⁵tʃi³³ma³¹ŋuat⁵³. 他是村长，不是会计。

他　（话）村长　　　会计　　不　是

ŋjaŋ³³ka³¹ŋ⁵³a³¹phɔu³³ŋuɔt³¹, ŋa³³sɿ³¹lja³³ma³³ŋuɔt⁵³.

他　（话）我　爷爷　是　我　老师　不　是

他是我爷爷，不是我老师。

xɛ⁵⁵tsɛi³¹ka³¹tsham³¹ŋjɛi³³nɔu³¹mǎ³¹tʃhəi³³, wɔm³³ʃap³¹mǎ³¹tʃhəi³³ma³¹ŋuat⁵³.

这个　（话）感冒　　　药　　　肚子　拉　药　　不　是

这是治感冒的药，不是治拉肚子的药。

ma³¹ŋuat⁵³能用于反问句，表示反问语气。例如：

ŋji³¹pu⁵⁵sat⁵³tau³³ma³¹ŋuat⁵³la³³？灯不是关着吗？

灯　　关　着　不　是（疑）

naŋ³¹ŋja³³mɔu³¹sɔu³³ai⁵⁵khjap⁵³xjɔ³³jəu³¹ma³¹ŋuat⁵³la³³？

你　他　信　　　两　封　　到　拿　不　是（疑）

你不是接到他两封信吗？

(6) ma³¹ŋjəi³¹“不在、没有”。主要是对存在范畴进行否定。例如：

nu³³tsuŋ⁵³ma³¹nəu³³ma³¹ŋjəi³¹. 圈里没牛。

牛圈　　（方）牛　不　在

tjəu³¹ma³¹ŋjəi³¹, khuɔm³³su³³tau³³. 人不在，锁着门呢。

人　不　在　　门　锁　着

xɛ³³ma³³ka³³wuʔ⁵⁵ɔu³³tə³³ŋjəi³¹, ʃɔ³³tʃhəi³³ma³¹ŋjəi³¹.

这里　（话）野猪　只　在　　麂子　不　在

这里有野猪，没有麂子。

ŋjaŋ⁵⁵ma³¹ŋjəi³¹əuʔ⁵⁵lji³¹, ŋjaŋ⁵⁵lji³¹tʃhɿ³³lɔu³³tje³³aʔ⁵³.

他　不　在　趁（非）你（宾）带　去　给（祈）

趁他不在家，你给他送去。

(7) pu³¹ʃɔu³³借自汉语，义为“不需要、不要”。例如：

naŋ³¹pu³¹ʃɔu³³wui³¹, xɛ⁵⁵a³¹jaŋ³³ma³¹kei³¹！你不要买，这东西不好！

你　不要　买　　这　东西　不　好

六、语气副词

语气副词表示或强调主体的语气和情感。常见的有 tə³¹ "只、只好、只有、才"、a³³ ləuʔ³³ "差不多、大约"、khǎ³¹ sɿ³³ ljɛt⁵³ "反正"、khɔu³¹ "只有"等。

（1）tə³¹ "只、只好、只有、才"。位于中心语之前。例如：

naŋ³¹ lɔu³¹ khɔu³³, ŋjaŋ⁵⁵ tə³³ lɔu³¹. 要你来，他才会来。

你　来　里　　他　才　来

ta³¹ ŋɛ³³ ma³¹ ta³¹ ku³¹ tə³³ nɛi⁵³ ʃɿ³³. 一共才红了一个。

一共　　一　个　才　红　还

la³³ mu³³ sɔm³³ khjap⁵³ tə³³ xjuʔ⁵³ ʃɿ³³. 才学了三个月。

月　　三　个　才　学　还

wui⁵⁵ khau³¹ ja³³, tə³³ tʃhaŋ³³ tuɔn⁵³ ta³¹. 除非跑，才赶得上。

跑　　　　　　才　赶得上

xjen̠³¹ ŋjəi³³ mǎ⁵⁵ nap⁵³ kai³³ ma³¹ tə³³ lɔu³³. 前天还上街了。

前天　　街　　（方）才　去

naŋ³¹ lui⁵⁵ khɔu³¹ ja³³, ŋjaŋ⁵⁵ tə³³ mai³¹ lɔu⁵⁵. 只有你叫他，他才肯去。

你　叫　只有　　他　才　愿意　去

ŋja³³ mɔu³¹ sɔu³³ ta³¹ khjam³³ tə³¹ lai̠³³ ʃɿ³³. 他作业只做了一半。

他　书　　一半　　只　写　还

a³¹ ka⁵³, xɛ⁵⁵ ɔu⁵⁵ a³¹ saiʔ⁵³ tə³³ wui³¹ lɔu³¹ lji³¹ pat³¹ khui³³ kəu/u⁵³.

哎呀　这　锅　刚　才　买来（连）打　破　了

哎呀，这个锅刚买来就打破了。

ŋa⁵⁵ mɔ³¹ sɔm³³ tshəi³¹ mǎ³³ nei³¹ laŋ³³ lji³¹ khuɔm³³ tə³³ phaŋ³¹.

我们　三　十　分　　等（连）门　才　开

我们等了半个多小时门才开。

ŋja⁵⁵ mɔ³¹ lɔu⁵⁵ thaŋ³¹ lji³¹ ŋ³¹ tsuŋ³³ kjɔ³³ lɔ³¹ la³³ ŋǎ³¹ ŋjaŋ³³ sɿ⁵⁵ tshiŋ³¹ tə³³

他们　走　后（连）我坐下来了我自己　事情　　才

jɔu³³ kuɔt⁵³. 他们走了我才能坐下来做自己的事。

能　做

zɿ³³ ʃaŋ³³ tsɔ⁵⁵ ta³³ tsɔ³¹ zɿ³³ kei³¹ tsɔ⁵⁵ ta³³ tsɔ³¹ sɔm³³ pɔm⁵³ ma³¹ ta³¹ pɔm⁵³ ŋjɔʔ⁵³

小孩　吃的粮食大人　吃的粮食　三份　　一份　相当于

tə³¹ŋuat⁵³. 小孩吃的粮食只相当于大人的三分之一。

只　是

tə³¹在句中能与其他时间副词连用，强调动作时间的发生点。例如：

jɛn³³ma³¹puŋ⁵⁵wu³¹kǎ³³ʃɿ³³tə³¹lɔu³³. 家中客人刚走。

家中　　客人　　刚　　只走

（2）khǎ³¹sɿ³³ljɛt⁵³ "反正"。例如：

ŋ³¹　ka³¹khǎ³¹sɿ³³ljɛt⁵³ma³¹lɔu³³. 反正我是不去的。

我（话）反正　　　不　去

（3）a³³ləuʔ³³ "差不多、大约"。例如：

tʃɔ³³tsɛŋ⁵³ja³³tʃhɔ³³kjaŋ³¹a³³ləuʔ³³ta³¹jaŋ³³tɛ⁵⁵wɛ³³.

大路　　和　小路　　大约　一样　　　远

大路和小路差不多远。

（4）khɔu³¹ "只有"。例如：

naŋ³¹lui⁵⁵khɔu³¹ja³³, ŋjaŋ⁵⁵tǎ³³mai³¹lɔu⁵⁵. 只有你叫他，他才肯去。

你　叫　只有　　　他　才　愿意　去

七、情状、方式副词

情状、方式副词表示动作行为的情状、方式。常见的有：kjen̪³³ "特意"、pa³³ji³³ "故意"、ta³¹kai³³ "都、一起"、a³¹lɔm³³mu³³ "详细、好好地"、mɔ³¹kuɔn³³ "随便"等。例如：

（1）kjen̪³³ "特意"。例如：

xɛ⁵⁵tsəi³¹ka³¹naŋ³¹lji³¹kjen̪³³wui³¹tjəi³³. 这是特意给你买的。

这个　（话)你（宾）特意　买　给

（2）pa³³ji³³ "故意"。例如：

ŋjaŋ⁵⁵pa³¹ji³³aʔ⁵³！他故意的！

他　故意（祈）

pa³³ji³³ja³³xɔ⁵⁵ji³¹ŋeŋ³¹naŋ³¹. 故意弄得那么响。

故意　　那么　响　弄

（3）ta³¹kai³³ "都、一起"，多用于主语为人的句中，表示两者或两者以上的伴随状态。例如：

ta³¹ŋɛ³³mɔ³¹ta³¹kai³³lɔu³³. 大家一道去。

大家　　　一起　去

ŋ³¹ja³³naŋ³¹ta³¹kai³³lɔu³³. 我和你一起去。

我 和 你 一起 去

thji⁵⁵zɔ³¹khɔʔ³¹ja³³ŋja³³zɔ³¹ta³¹kai³³ja³³ʃɔ³³mɛ⁵³pai³¹.

那 老人 和儿子 都 肉 喜欢 打

那个老人和他的儿子都喜欢打猎。

ŋja³³zɿ³¹ʃaŋ³³ai⁵⁵jəu³¹ta³¹kai³³ja³³aʔ³jɔ⁵³tʃaŋ³³ma³¹lɔu³³ku³¹.

他的孩子 两个 都 奶奶 跟前 去 了

他两个孩子都到奶奶家去了。

（4）a³¹lɔm³³mu³³ "详细、好好地"。例如：

ŋ³¹a³¹lɔm³³mu³³ma³¹jəu³³ku³¹. 我没详细看过。

我详细 没 看 过

khuɔm³³a³¹lɔm³³mu³³ŋjəi³³təu³³aʔ⁵³. 把门关好。

门 好好地 关 起（祈）

（5）mɔ³¹kuɔn³³ "随便"。例如：

tai⁵³ɛʔ⁵³ma³¹tai⁵³, mɔ³¹kuɔn³³jəu³¹ku³¹.

说 也 不 说 随便 拿 了

也没有说一声，就这样随随便便地拿走了。

八、副词的重叠

茶山语程度副词sɔ³³可以重叠，在句中表示程度加深。例如：

xɛ⁵⁵mjei³¹sɛʔ⁵⁵sɔ³³sɔ³³kjua³¹. 这块布花哨得很。

这 布 很 花

xɛ⁵⁵pa³³khji³¹ʃɿ³³cɔ³³sɔ³³pan³¹. 这个西红柿很涩嘴。

这 西红柿 很 涩

zan³³pui⁵³ka³¹sɔ³³sɔ³³kjuɛi⁵³. 夏天的太阳热辣辣的。

夏天太阳(话) 很 热

除了sɔ³³，其余副词重叠情况较少见。例如：

ŋjaŋ⁵⁵tai³¹taŋ³¹ka³¹khuɔn³³khaŋ³³khuɔn³³tʃəŋ³³tʃəŋ³³ŋuat³¹.

他 说话（话） 句句 真 真 是

他说的句句都是实话。

九、副词的句法功能

副词的句法功能主要是在句中充当状语，多居动词和形容词之前，个别副词居动词、形容词之后作补语，但这种情况比较少。

（1）作状语。例如：

mɔu⁵⁵ta³¹ŋɛ³³tʃhuat⁵³ku³¹. 天全都黑了。

天　都　　黑　了

tsai³¹ta³¹tsəi³¹laŋ⁵⁵xjeŋ³¹aʔ⁵³. 再拉长一点儿。

再　一　点　拉　长（祈）

ŋjaŋ⁵⁵a³¹tʃʃaŋ³³ja³³xe³³ma³¹tsuŋ³¹tɔu³³. 他老是在这儿坐着。

他　常常　　　这儿　坐　着

（2）作补语。例如：

茶山语副词多居动词等谓词性结构之前，居谓词性结构之后作补语的情况较少，且多有一定句法条件。例如：

lɔu³¹aʔ⁵³la⁵⁵ŋja³¹. 来快点。

来（祈）快点

la⁵⁵ŋjap⁵³多用于中心语之前，作状语。作补语时，谓词性结构后多带祈使性助词。

第八节　结构助词

助词通常后附实词、短语或位于句尾，与某种语法意义、语法关系相联系，成为某种语法范畴或语义范畴的标志，承担语法功能。根据语法意义、语法功能的不同，茶山语助词分为结构助词、体助词和语气助词等几类。其语法特点主要有：①没有形态变化；②不能重叠；③少量由实词语法化而成；④结构助词具有多功能性。

茶山语结构助词表示的结构关系有偏正、并列两种。其中，以表示偏正关系的居多，表示并列关系的次之。也有少数关系助词既能表示并列关系，又能表示偏正关系。

一、偏正关系结构助词

表示偏正关系的结构助词有定语助词、补语助词、话题助词、连谓标记、宾语标记、比较标记等六类。

1. 定语助词

定语助词是定语的语法标志，用在名词、代词、形容词、动词或谓词短语等后面，表示前面的成分是定语，前后两个成分之间是限定与被限定、修饰与被修饰的关系，相当于汉语的"的"。茶山语定语助词只有一个"ta³³"。定语成分表示领属、限定、修饰等关系。

（1）表示领属关系。例如：

lɔ³¹lji³³ta³³mɔu³¹sɔu³³ 老李的书　　lɔ³³waŋ³³ta³³ŋji³³ 老王的妻子
老李　的书　　　　　　　老王　的妻子

ŋjaŋ⁵⁵ka³¹ŋa³³a³¹ji³³ta³³a³³sɛn³¹. 他是我姑妈家的亲戚。
他　（话）我 姑妈 的 亲戚

ŋja⁵⁵mɔ³¹ŋa³³ta³³tji³¹laŋ⁵⁵tʃhui³¹ku³¹. 他们撕烂了我的衣服。
他们　　我 的 衣服 烂 撕 了

xɔ⁵⁵zɻ³¹ʃaŋ³³ta³³lɔʔ³¹tʃam³³tuŋ³³khei³³. 那个小孩的手冷冰冰的。
那 小孩　的 手 凉冰冰

ŋja⁵⁵mɔ³¹ta³³wuʔ⁵⁵tʃɔ⁵⁵tʃɔ³³tsɔu⁵⁵tʃhɻ³¹. 他们的猪吃得饱饱的。
他们　　的 猪 饱饱 吃 （饱样）

thji⁵⁵zɔ³³khɔu³¹ta³³nǎ³³laŋ³³a³³ŋjuŋ³³ŋjuŋ³³. 那个老人的额头皱皱的。
那 老人　的 额头 皱皱的

na⁵⁵jɛn³¹ma³¹ta³³la³¹khui³³tjəu³¹lji³¹ŋat⁵⁵ku³¹. 你家的狗咬人了。
你家　　　的 狗 人（宾）咬 了

thaŋ³³lɔʔ³¹ta³³ljaŋ³¹la⁵⁵ŋjau⁵⁵ta³³ljaŋ³¹thɔʔ⁵³lji³¹ljuŋ³³.
兔子　 的 尾巴　猫 的 尾巴 比　短
兔子尾巴比猫尾巴短。

（2）表示限定关系。
①表示时间限定。有时间名词作定语和时间名词作中心语两种情况。
时间名词作定语的，例如：

khə⁵⁵ŋjan³¹ta³³la³³mu³³lain³¹lain³¹. 今晚的月亮真圆。
今晚　　的 月亮　真圆

khə³³zan⁵³ta³¹ljei³³ka³¹ʃəŋ³³ʃəŋ³³ŋjau³¹. 今年的秧苗长得绿油油的。
今年　　的秧苗（话）很　　　绿

时间名词"时候"作中心语，定语多为动词、形容词或动词短语。例如：

lai³³ta³³əuʔ⁵⁵lji³¹ 写的时候　　　khuɔn³³ta³³əuʔ⁵⁵lji³¹ 唱的时候
写　的　时候　　　　　　唱　　的　时候

kei³¹ta³³əuʔ⁵⁵lji³¹ 好的时候　　ku³³ta³³əuʔ⁵⁵lji³¹ 大的时候
好　的　时候　　　　　大　的　时候

ŋjaŋ⁵⁵tjəu³¹lji³¹jau³¹ta³³əu⁵⁵lji³¹sɔ³³sɔ³³jəu³³kjuʔ³¹.
他　人（宾）骂的　时候　很　看　怕

他骂人的时候样子真可怕。

ŋ³¹lɔu⁵⁵ta³³uʔ³³lji³¹, ŋja⁵⁵mɔ³¹kuk³¹tsuŋ³³ŋjəi³¹.
我　去　的　时候　　他们　稻谷　插　在

我去的时候，他们正在插秧。

ŋjaŋ⁵⁵lɔu³¹ta³³uʔ³³lji³¹, ŋa⁵⁵mɔ³¹wuʔ⁵⁵tjɛ³³sat⁵³ku³¹.
他　来　的　时候我们　猪　完　杀　了

他来到的时候，我们已经杀完了猪。

na³³ta³³pjan³¹tan³³ŋ³¹lji³¹ta³¹xja³³, ŋɔu³³tjəi³¹aʔ⁵³ŋ³¹ta³¹xja³³juŋ³¹pa³³.
你　的　肩扛　　我（宾）一些　借　给（祈）我　一会用　吧

把你的扁担借给我用一会儿吧。

②表示地点处所限定。地点名词作定语。例如：

ja³³tan³³ma³¹ta³³tʃəi³¹kan⁵⁵ku³¹. 咱们田里的水干了。
咱们田（方）的水　干　了

ŋa⁵⁵jɛ̠n³¹ma³¹ta³³kjɔʔ³³tsɛŋ³¹ʃəi³³ku³¹. 我家的老母鸡死了。
我家　　　的母鸡　　死　了

xe³³ma³¹ta³³ʃɿ⁵⁵lje³³sɔ³³sɔ³³tsɔ³³kei³¹. 这里的梨很好吃。
这里　的梨　很　吃很

xe³³ma³³ta³³tjəu³¹ta³¹ŋɛ³³xɛ⁵⁵tʃəi³¹ʃəu³¹. 这里的人全喝这个水。
这里　的人　全　这水　喝

xɛ⁵⁵tan³³khjaŋ³³ma³¹ta³³kuk³³sɔ³³sɔ³³kei³¹! 这块田的稻子真好呀！
这　田　块　（方）的稻子很　　好

pɔm⁵³tsuŋ³³ta³³ji³³ma³³jɔ³¹ma³¹jɔu³³tsui³¹. 山陡的地方不好种庄稼。
山　陡　的地方　田　不能　种

tje⁵⁵jam⁵³ma³¹mɔ³¹tʃu³³ʃi³¹ta³³puŋ³³laŋ³³tau³³. 墙上挂着毛主席的像。

墙上　　　　　毛主席　　的照片挂着

ŋja⁵⁵ŋuɛ³¹ŋja⁵⁵jɛn³¹ma³¹ta³³kjɔʔ³³xɔ⁵⁵təu³¹sat⁵³ku³¹.

他母亲　他家　　　　的鸡　那只　杀　了

他母亲杀了他家的那只鸡。

luŋ³¹pa³³ma³³ta³³mɔu³¹sɔu³³tʃhap³¹puat⁵⁵tjam⁵³aʔ⁵³！擦掉黑板上的字！

黑板上　　　的字　　　　擦　掉（祈）

pɔ³¹khjei³³ma³¹ta³¹tan³³pɔ³¹thɔʔ⁵³ma³¹tan³³thɔʔ⁵³lji³¹tshəu³³.

山脚　　（方）的　田　山上　（方）田　　比　肥沃

山脚下的田比山坡上的田肥沃。

③表示其他范围限定。这类多由动词、动词短语、数量短语等充当定语。
动词或动词短语可以直接作定语。例如：

taŋ⁵⁵ta³³ŋɔʔ⁵³ma³¹jɔu³³pai³³. 飞的鸟不容易打。

飞　的　鸟　不　能　打

naŋ³¹jəu³³ta³³ta³³ʃeŋ³¹ma³¹pɔu³¹. 你要看的电影没有。

你　看　的　电影　不　有

tsɔ⁵⁵ta³³a³³jaŋ³¹ʃaŋ⁵⁵ʃaŋ⁵⁵tʃhəi³³tʃha³³. 吃的东西要洗干净。

吃　的　东西　　干净　洗　应该

xɛ⁵⁵tsəi³¹a³¹saiʔ⁵³lɔu³¹ta³³sɿ³³lja³³pa⁵³？这是新来的老师吧？

这个　新的　来　的老师　吧

kha⁵⁵ŋjəi⁵³ŋ³¹jəu³³ta³³ʃeŋ³¹sɔ³³sɔ³³kei³¹. 我今天看的电影好极了。

今天　我看　的电影很　好

naŋ³¹wui³¹ta³³thɔʔ⁵³tji³³ŋjau³³/³⁵ŋje³¹ku³¹. 你买的这件上衣太小了。

你　买　的上衣　太　小　了

jaŋ⁵⁵ta³¹kɛ³³lɔu⁵⁵ta³³tsɔ³¹sɛŋ³³ma³¹tʃha³³. 我们一直去的那家饭店不错。

我们一直去　的　　饭店　不　差

ŋa⁵⁵tai̠³¹ta³³taŋ³³ŋ³¹　ka³¹ta³³tsəi³¹ma³¹tʃen³³. 他讲的话我有些怀疑。

他　说　的　话　我（话）一点　不　相信

puŋ⁵⁵ta³³tsɔ³¹tʃau³¹ta³³tsɔ³¹thɔʔ⁵³lji³¹tsɔ³³kei³³. 蒸的饭比煮的饭好吃。

蒸　的饭　煮　的饭　比　　吃　好

xɔ⁵⁵a³¹sɛiʔ⁵³wui³¹lɔu³¹ta³³ŋjaŋ³³sɔ³³sɔ³³jau³³wui³³.

那　新　　买来　的马　很　　快　跑

刚买来的那匹马跑得快。

jəu³³ta³³mɔu³¹ŋjau³³, khă³¹thaʔ⁵³jəu³³ta³³tsəi³¹ɛʔ⁵³ma³¹sɛʔ⁵³.
看 的 地方　　什么地方　看（的地方）也不 知道
看的地方多，不知看哪里好。

lji³¹ta³³khă³³lam³³tsɔ³³kei³¹, tʃau³¹ta³³khă³³lam³³ma³³tsɔ³³kei³¹.
炒 的 茄子　吃 好　煮 的 茄子 不 吃 好
炒茄子好吃，煮茄子不好吃。

ŋja⁵⁵mɔ³¹wu³³khɔu³³ma³¹xjeʔ³¹zan³¹tsuŋ³³ta³³ʃɿ⁵⁵khă³³zan³¹ta³¹ŋɛ³³ʃɿ⁵⁵ku³¹.
他们　村　（方）前年　　栽 的 果树 今年 都 结果 了
他们村前年栽的果树，今年都结果了。

zɿ³³ʃaŋ³³tsɔ⁵⁵ta³³tsɔ³¹zɿ³³kei³¹tsɔ⁵⁵ta³³tsɔ³¹sɔm³³pɔm⁵³ma³¹ta³¹pɔm⁵³ŋjɔʔ⁵³
小孩　吃 的 粮食 大人　 吃 的 粮食 三 份　 　一 份 相当于
təu³¹ŋuat⁵³. 小孩吃的粮食只相当于大人的三分之二。
只 是

动词短语也可以与时体助词结合，在定语成分与中心语之间加定语助词。例如：

naŋ³¹jəuɛ³³ta³¹ta³³ʃeŋ³¹ma³¹pɔu³¹. 你看过的电影没有。
你 看 了的电影 不 有

tsɔ³¹jɔu³³ta³¹ta³³tsɔ³¹ŋjau³³sɛŋ⁵⁵ka⁵³la³¹. 把丰收的种子撒下。
丰收　 了 的 种子 撒 下

naŋ³¹ŋjəi⁵⁵na³¹wui³¹ta³³a³¹jaŋ³³kha³¹thaʔ⁵³təu³³ku³¹？
你 昨天 买 的 东西 哪儿 放 了
你把昨天买的东西放在哪儿了？

luk⁵⁵kɔ³³tʃhɿ³¹ta³³tjəu³¹tʃam³¹jam³¹tʃhɔ³³ja³¹lɔu³³ŋjəi³¹.
石头 拿 的 人 河边　　 路 去 在
拿石头的人沿着河边走了。

zan⁵³waŋ³¹tsɔ³³lji³¹juŋ⁵⁵ta³¹ （ta³³） kja⁵⁵sɿ³¹, tshuŋ⁵⁵lji³¹ja³³tjəi⁵⁵suɔn⁵³
春天　　（话）用 了 的　 东西　 冬天　 完 准备
tɔ³³ku³³. 开春用的东西，在冬天就办好了。
的 了

数量短语作定语的，例如：

ŋ⁵⁵tsɛŋ⁵³ta³³zɔ³³phɔ³³tʃaŋ³³pəuʔ⁵³mɛn³¹. 五岁的孩子爱放炮，
五岁 的 孩子 炮仗　 放 爱

ta³¹tshəi³³xjɛt⁵³zan³¹ta³³zɿ³³ŋji³³ka³¹pan³³tap⁵³mɛn³¹.

一 十 八 岁 的 姑娘（话）花 戴 爱

十八岁的姑娘爱戴花。

（3）表示修饰关系，如事物性状、属性等。例如：

sɔu⁵⁵pəu³¹thəu³¹tsəi³¹厚的书　　ŋje³¹ta³³mɔu³¹sɔu³³小的纸

厚 的 书　　　　　小 的 纸

sɔ³³sɔ³³ŋje³¹ta³³tje³³很小的梳子 tsək⁵⁵tsək⁵⁵nai⁵³ta³³pei³¹红彤彤的太阳

很 小的梳子　　　　红彤彤 的 太阳

tʃhɔu³¹ta³³ʃɿ⁵⁵ka³¹sɔ³³sɔ³³tsɔ³¹kei³¹.甜的果子很好吃。

甜 的 果子（话）很 吃 好

xɛ⁵⁵ji³¹kei³¹ʃɿ³³ta³³tji³³təu³³tjam³¹，jəu³³/³⁵ku³¹！

这么 好 还 的 衣服丢掉 　 可惜 了

这么好的衣服丢了，可惜了！

ŋjaŋ⁵⁵ka³¹sɔ³³sɔ³³ma³¹tʃhaŋ³³ta³³a³³jaŋ³³wui⁵³lji³³.

他 （话）太 不贵 的 东西 买 回来

他买了一些不贵的东西回来。

phji³¹khji³³ma³¹kei³¹ta³³tjəu³¹a³³jaŋ³¹kjaŋ³³tsui³³ʃuat³¹.

脾气 不 好 的 人 容易 做 错

脾气急的人容易做错事。

（4）定语是人称代词、表人名词或专有名词时，可以使用定语助词，也可以不使用。处所标记也有限定功能。例如：

ŋa³³（ta³³）phuŋ³³teŋ³³我的钢笔

我的 的 钢笔

ŋja³³jɛn³¹ma³¹kjɔʔ³¹kjuŋ³¹ja³³tsɔ³³ku³¹.他家的鸡被野猫吃了。

他家 的 鸡 野猫被吃 了

thji⁵⁵tjəu³¹jəu³³tshəu³³la³³ŋjɔʔ³¹khuaŋ³³ma³¹（ta³³）ʃɿ⁵⁵ɛʔ⁵³tjɛt⁵³kjɔ⁵⁵ləu³¹

那 人 个 胖 得 脸上 的 肉 掉 下 来

pa³³kɛ³³ku³¹.那个人胖得脸上的肉都要掉下来了。

快 要 了

2. 补语助词

茶山语的补语助词有 la³³、tsəi³¹。前者是典型补语助词，后者是兼具补语功能的助词。

la³³ "得"，用于动词之后，la³³后的成分在意义上为动词的补语，补充说明动词的程度、结果等。例如：

ŋjuŋ⁵⁵ la⁵³ lain³¹ tɔ³³ ku³¹. 累得躺下了。

累　　得　躺着　了

maŋ⁵⁵ la⁵³ uʔ⁵⁵ ɛʔɔ⁵³ thjəu³¹ ku³¹. 老得白了头。

老　　得　头　也　白　了

kji³³ la³³ ŋjɔʔ³¹ ma³¹ thəŋ³³ ŋjəi³¹ ŋjəi³¹. 急得不停地眨眼睛。

急　　得　眼　不　停　眨　眨

xɛ⁵⁵ zɿ³¹ ŋji³³ ŋɔu³¹ la³³ naik⁵³ ŋjəi³¹. 这个姑娘哭得伤心。

这　姑娘　　哭　得　伤心

thji⁵⁵ tjəu³¹ ji³¹ la³³ nuat⁵³ ɛʔɔ⁵³ ma³¹ jɔu³³ ŋjɔm³³ lɔ³¹. 那个人笑得合不上嘴。

那　人　　笑得　嘴　也　不　能　合　了

thji⁵⁵ tjəu³¹ jəu³³ tshəu³³ la³³ ŋjɔʔ³¹ khuaŋ³³ ma³¹ ta³³ ʃɔ⁵⁵ ɛʔɔ⁵³ tjɛt⁵³ kjɔ⁵⁵ lɔu³¹ pa³³

那　人　个　胖　得　脸上　　　　　的肉　　掉　下　来　快

kɛ³³ ku³¹. 那个人胖得脸上的肉都要掉下来了。

要　了

补语助词 la³³ 的使用频率并不高。这是因为茶山语的动词语法功能较强，能够在不使用名物化标记 tsəi³¹ 的情况下而直接作主语、宾语。在使用名物化标记的动补性结构中，名物化标记 tsəi³¹ "的"形式上附着于动词或动词结构之后，语义上也与动词关系紧密，但其名物化的语法功能实际被弱化，从而兼具补语助词的功能，标志其后的成分为谓词性结构的补语，且一般不能省略。例如：

ŋjuŋ⁵⁵ tsəi³¹ ma³¹ thɔʔ⁵³. 累得慌。

累　　的　不　停

ŋ̩³¹ tsɔ⁵⁵ tsəi³¹ sɔ³³ sɔ³³ ma³¹ tʃɔu³³. 我吃得不太饱。

我　吃　的　很　　不　饱

ŋjaŋ⁵⁵ tai³¹ tsəi³¹ ma³¹ miŋ³¹ pɛ³³. 他说得不明不白的。

他　说　的　不　明白

ŋ̩³¹ tsɔ⁵⁵ tsəi³¹ xaŋ⁵³ thɔʔ⁵³ lji³¹ tʃɔu³³. 我吃得比哪个都饱。

我　吃　的　哪个　比　饱

ŋjaŋ³³ ji³¹ la³¹ ŋjau³³ tʃəi³¹ ɛʔɔ⁵³ thuʔ⁵³ lɔ³¹ ku³¹. 她笑得眼泪都流出来了。

她　笑　得　眼泪　也　出　来　了

ŋjaŋ⁵⁵ jɛn³¹ ʃɛn³¹ tsəi³¹ ljaŋ⁵⁵ ljaŋ³¹ ʃɛn³³ tɔ³³. 他扫地扫得干干净净的。

他　扫　　的　干干净净　扫　起

ŋjaŋ⁵⁵wɔt⁵³tsəi³¹juŋ⁵⁵ɛʔ⁵³juŋ³³sai̠³¹ɛʔ⁵³sai³¹. 她穿得又漂亮又整洁。

她　穿的　好看　　也　好看　整洁　也　整洁

ŋjaŋ⁵⁵tai̠³¹tsəi³¹ka³¹tʃa³¹khaŋ³³mu³³ŋuat⁵³. 他讲得头头是道。

他　　说　　的（话）样　都　　　　是

xɤ⁵⁵zɔ³¹khɔ³¹ʃəi̠³¹tsəi³¹ʃʅ³¹xəu³³ma³¹ŋuat⁵³. 老头子死的非常不是时候。

这老人　　死　的　时候　　不　是

xɤ⁵⁵tap⁵³khat⁵³təu⁵⁵tsəi³¹ŋjɛn³³ŋjaŋ³³ma³¹ji³³. 这条沟挖得深浅不一。

这　沟　条挖　的　低　　高　不　齐

ŋjaŋ⁵⁵lai³³tsəi³¹ŋjap³³ɛʔ⁵³ŋjap³¹juŋ⁵⁵ɛʔ⁵³juŋ³³. 他写得又快又好看。

他　　写　的　快　也　快　　好看　也　好看

3. 话题助词

话题的作用主要是突出、强调主题。茶山语话题句语法形式为"话题 + 述题"，话题后往往加话题助词构成话题结构。话题助词有 ka³¹、lji³¹，能够强调、凸显其前边的成分或结构，使其为听者所感知和理解。话题助词不但强调话题，还对话题与述题起间隔作用，调节韵律。ka³¹、lji³¹ 两个话题助词有句法互补关系。

（1）ka³¹ 多用于话题成分是名词、代词或名物化结构、名词性短语的话题句中，例如：

xeʔ³³ka³¹xaŋ⁵³tji³¹？ 这是谁的衣服？

这（话）谁　衣服

ŋa³³pa³³ka³¹ŋja³³jəu³³phɔ³¹. 我父亲是他舅舅。

我父亲（话）他　舅舅

xɤ⁵⁵tsəi³¹ka³¹tʃha³³pan³¹pu³³？ 这是什么花？

这　个（话）什么　　花

khǎ⁵⁵ŋjəi⁵³ka³¹pui³³ŋjəi³³kei³³. 今天是好日子。

今天　　（话）日子　好

xɤ⁵⁵ʃɔ³³ɔu³³ka³¹sɔ³³sɔ³³ʃaŋ³³. 这锅肉香喷喷的。

这肉锅（话）很　香

ŋjaŋ⁵⁵ka³¹ʃɔ³³pɛ³¹ŋ³³təu³¹wui³¹. 他买了五只羊。

他　（话）羊　五　只　买

ŋ³¹ka³¹tshɔ³³aiʔ⁵³kjɛn³³xjɔ³³wui³¹. 我买了两斤盐。

我（话）盐　两　斤　着　买

ŋ³¹ka³¹xɛ⁵⁵wu⁵³khɔu³³ma³¹tjəu³¹. 我是这个村子的人。

我（话）这村子 （方）人

kha³³mɔu³¹sɔu³³pəu³¹ka³¹na³³tsəi³¹？哪一本书是你的？

哪 书 本 （话）你 的

ŋjaŋ⁵⁵ka³¹pɔm⁵³ma³¹thaŋ⁵⁵pəu³³ŋjəi³¹. 他在山上砍柴。

他 （话）山 （方）柴 劈 在

ŋjaŋ⁵⁵ka³¹khɔp⁵³saiʔ⁵³ta³¹tʃham³³wui³¹. 她买了一把新锄头。

她 （话）锄头 新 一 把 买

ŋjaŋ³³ka³¹tji⁵⁵kjuaŋ⁵³a³¹saiʔ³³ta³¹khjap³³ŋui⁵³. 她买了一件新的花衣服。

她 （话）衣服 花 新 一 件 买

thjəu³³tsəi³¹ka³¹tə³³ə̬u³¹， xjui³¹tsəi³¹ka³¹kuk³³.

白的 （话）棉花 黄的 （话）稻谷

白的是棉花，黄的是稻谷。

xɛ³³tsəi⁵³ka³¹na³³tsəi⁵³， thji⁵⁵tsəi⁵³ka³¹ŋja³³tsəi⁵³. 这是你的，那是他的。

这 （话）你的 那 （话）他的

ŋjaŋ⁵⁵ka³¹mɔu⁵⁵ma³¹tʃhuat⁵³ʃɳ³³lji³³ja³³lji³³tʃha³³.

他 （话）天黑 以前 回来 应该

他必须在天黑以前回来。

ŋjaŋ⁵⁵ka³¹sɔ³³sɔ³³ma³¹tʃhaŋ³³ta³³a³³jaŋ³³wui⁵³lji³³.

他 （话）太 不 贵 的 东西 买 回来

他买了一些不贵的东西回来。

xɛ³³ma³³ka³³wuʔ⁵⁵ou³³tə³³ŋjəi³¹， ʃɔ³³tʃhəi³³ma³¹ŋjəi³¹.

这里 （话）野猪 只 在 麂子 不 在

这里有野猪，没有麂子。

ŋjaŋ³³ka³¹ŋ⁵³a³¹phɔu³³ŋuɔt³¹， ŋa³³sɳ³¹lja³³ma³³ŋuɔt⁵³.

他 （话）我 爷爷 是 我 老师 不 是

他是我爷爷，不是我老师。

ta³¹jam³³paŋ³³ka³¹tsɔ³³təu³¹， ta³¹jam³³paŋ³³ka³¹tʃəŋ³³taŋ³¹.

一半 （话）土 挖 一半 （话）粪 挑

有些人挖土，有些人挑粪。

ŋ³¹ka³³ʃɔ̌³³jəi⁵³thjɛ⁵⁵kɔʔ⁵³ta³¹tsɔm³³jau³³， mɔ³³tsa⁵³ma³¹jɔ³³.

我 （话）皮鞋 一 双 有 袜子 没 有

我有一双皮鞋，但是没有袜子。

ŋjaŋ⁵⁵ka³¹sɔ³³sɔ³³mɛi³¹tsui³³, ŋjəi³³jɔu³¹ŋiɛ̃³³jɔ³¹khuɔm³¹, thaŋ³³xjɔu³¹.

她 （话）很 愿意 勤劳 整天 地 挖 柴 找

她很勤劳，整天不是挖地，就是砍柴。

ŋjaŋ⁵⁵ka³¹nap³³jɔ³³ma³³tsəi⁵³ŋjan³³thaŋ³³tʃuɛ³³ʃɔ³³jɔ³¹ma³¹mu³³tsui³³ŋjəi³¹.

她 （话）早上 从 晚上 到 地 里 劳动 在

她从早到晚都在地里劳动。

ŋ³¹ka³¹kan³³pu³³, naŋ³³ka³¹mu³³tsui³³səu³¹, ŋjaŋ³³ka³¹tʃuŋ³¹zɔ³³.

我 （话）干部 你 （话）农民 他 （话）学生

我是干部，你是农民，他是学生。

ŋjɔ³³thjaŋ³¹ka³¹ŋa³³mɔ³¹wu³³khɔu³³ma³³, nɛŋ⁵⁵thjaŋ⁵⁵ka³¹kɔ³³wu⁵³khɔu³¹

大半 （话）他们 村 小半 （话）外村

ma³³tsəi³³. 大半是他们村的，小半是外村的。

（方）的

ŋ³¹ka³¹a³¹sɛ⁵³wui³¹xɛ⁵⁵təu³³ɔu³³, ŋjaŋ⁵⁵ka³¹xjeʔ³¹lji³¹wui³¹ta³³thji⁵⁵

我 （话）刚 买 这匹 喜欢 他 （话）以前 买 的 那

a³¹təu³³ɔu³³. 我喜欢刚买的这匹，他喜欢以前买的那匹。

匹 喜欢

话题助词 ka³¹能用在语法形式较复杂的话题后，但使用频率较低。例如：

xɛ⁵⁵tsɔ³¹pc³³ka³¹ŋjɑ³³təi³¹. 这张桌了是他的。

这 桌子 （话）他的

ŋjaŋ⁵⁵tai³¹taŋ³¹ka³¹khuɔn³³khaŋ³³khuɔn³³tʃəŋ³³tʃəŋ³³ŋuat³¹.

他 说 话 （话） 句句 真 真 是

他说的句句都是实话。

在话题成分简单的话题句中，话题助词 ka³¹可以省略。茶山人习惯使用 ka³¹，除了话题标记的句法功能，ka³¹对话题、述题的间隔作用很明显。例如：

ŋ³¹ （ka³¹） laŋ⁵⁵ŋji³¹ʃɔ³³tsɔ³³ku³¹. 我吃过蛇肉。

我 （话） 蛇 肉 吃 过

ŋjaŋ⁵⁵ （ka³¹） tʃuɔn³¹kuɔt⁵³ku³¹. 他做过长工。

他 （话）奴隶 做 过

kə³¹ʃŋ⁵⁵ （ka³¹） ta³¹zan⁵³thɔʔ⁵³lji³¹ta³¹zan⁵³kei³¹. 现在一年比一年好。

现在 （话）一年 比 一年 好

khǎ⁵⁵ŋjəi⁵³ （ka³³） khjuk⁵⁵khjap⁵⁵sɔm³³tshəi³¹ŋjəi³³. 今天是六月三十。

今天 （话） 六 月 三 十 日

（2）lji³¹多用于话题成分是动词或动词性短语等较复杂的话题句中。
例如：

naŋ³¹ ŋam³³ lji³¹ lui³¹ la³³？你以为容易？

你　想（话）容易（疑）

naŋ³¹ khă³³ pəu³¹ tjəi⁵⁵ lji³¹ kei³¹. 你给哪一本都行。

你　哪本　给（话）好

jət⁵³ lji³¹ kei³¹, lain̩³³ lji³¹ ma³¹ kei³¹. 睡着好，躺着不好。

睡（话）好　躺（话）不　好

la³¹ khui³³ kjap³³ lji³¹ sɔ³³ sɔ³³ kjɔ⁵⁵ kju³¹. 狗叫得使人心惊。

狗　　　叫（话）很　听　怕

jəu³³ lji³¹ kei³¹, ma³¹ jəu³³ lji³¹ ɛʔ⁵³ kei³¹. 看可以，不看也可以。

看（话）可以 不　看（话）也 可以

ŋɔu³¹ lji³¹ ma³¹ jəu³³ kei³¹, ji³¹　lji³¹ jəu³³ kei³¹. 哭不好看，笑好看。

哭（话）不　看　好　笑（话）看　好

ta³¹ ku³¹（ma³¹）aiʔ⁵⁵ ku³¹ luŋ³³ lji³¹ sɔm³³ ku³¹. 一加二等于三。

一　个（方）两　个　加（话）三　个

ŋjaŋ⁵⁵ tʃhɔ³³ su³³ lji³¹ uʔ⁵⁵lɔm³¹ ŋuat̩³¹ tɔ³³la³¹. 她走路头低低的。

她　路　走（话）头　　低低的

ŋjaŋ⁵⁵ taŋ⁵⁵ tʃu³¹ lji³¹ kei³¹ma³¹ kei³¹ma³¹ sɛʔ⁵³. 她说话不知轻重。

她　话　说（话）好　不　好　不　知道

xɛ³³ sɿ³³ kuɔt⁵³ lji³¹ ta³¹ kei³¹, xɔ³¹ su³³ kuɔt⁵³ ma³¹ kei³¹.

这样　做（话）才好　那样　做　不　好

这样做好，那样做不好。

mu³¹ kuɔn³³ a³³ tsɔ³³, mu³¹ kuɔn³³ tsɔ³³ lji³¹ wɔm³³ tau³³ nau³¹.

乱　　别 吃　乱　　吃（话）肚子　疼

别乱吃，乱吃会肚子疼得。

xɛ⁵⁵ thaŋ³³ tan³³ tan³³ ʃuan³³ ʃuan³³ kuɔt⁵³ lji³¹ tă³¹ tain̩⁵⁵ kei³¹.

这些柴　直直　整齐　　弄（话）捆　　好

这些柴要弄整齐才好捆。

ŋa³³ mɔ³¹ tshun³³ tsaŋ³¹ taŋ⁵⁵ tʃuʔ³¹ sɿ⁵⁵ kuɔt⁵⁵ lji³¹ sɔ³³ sɔ³³ tan³³.

我们　村长　　话　说 事 做（话）很　　直

我们村长说话做事都很直爽。

zan⁵³ waŋ³¹ tsɔ³³ lji³¹ juŋ⁵⁵ ta³¹ （ta³³） kja⁵⁵ sʅ³¹, tshuŋ⁵⁵ lji³¹ ja³³ tjəi⁵⁵ suɔn⁵³

春天　　　（话）用　了　的　东西　　冬天　　完　准备

tɔ³³ ku³³. 开春用的东西，在冬天就办好了。

的　了

xɛ⁵⁵ su³¹ kuɔt⁵³ lji³³ kei³³, mɔ³¹ su³³ kuɔt⁵³ lji³³ tsai³¹ kei³³, ma³¹ kuɔt⁵³ lji³¹

这样　做（话）好　那样　做（话）更　好　不　做（话）

sɔ³³ sɔ³³ kei³¹. 这样做好，那样做比较好，要是不做最好了。

最　好

（3）ka³¹、lji³¹ 出现在同一句中时，ka³¹ 的话题标记功能强于 lji³¹，即 ka³¹ 为话题标记，lji³¹ 是非结束式谓语标记；在没有 ka³¹ 的话题句中，lji³¹ 则既是话题标记，又是非结束式谓语标记。例如：

A. tsai̅³³ la³¹ pan³¹ ta³¹ lɔm³³ lji³¹ la³¹ mje³³ khjau³³ ku³¹.

　　再　星期　一　个（话）玉米　　掰　了

　　再过一个星期就收玉米了。

B. tsai³³ la³³ mu³³ ta³¹ khjam³³ lji³¹ ka³¹ kuk³¹ jɛt⁵³ ku³¹.

　　再　月　　一　半（非）（话）稻子　到了

　　再过半个月就割稻子了。

上组例句中，A 句的 lji³¹ 既是话题标记，也是非结束式谓语标记；B 句有典型话题标记 ka³¹，则 lji³¹ 的主要功能是充当非结束式谓语标记。再如：

ŋjaŋ⁵⁵ lji³¹ jəu³¹ lji³¹ ŋɔʔ³¹ ma³³ thəŋ³³ ŋjəi³³ ŋjəi³³, ta³¹ tʃa³³ ka³¹ ŋuat⁵³ ta³¹.

他（宾）看（非）眼睛　不　停　眨眨　　一样（话）是/有了

看他的眼睛不停地眨，就晓得有名堂。

ja⁵⁵ mɔ³¹ jɔm³¹ ka³¹ mu⁵⁵ tsui³³ lji³¹ ka³¹, tsɔ⁵⁵ ta³¹ tsai³¹ wuɔt⁵⁵ ta³¹ tsai³¹, ma³¹ tshəu³¹.

我们　努力　劳动（非）（话）吃的　　穿的　　　不　愁

只要我们努力劳动，吃的，穿的都不愁。（该句中也可省略 ta³¹）

4. 连谓标记

茶山语的连谓标记是 lji³¹、ljɛt⁵⁵、la³³/³¹。广义的连谓标记，也可称为非结束式谓语标记，既指连接两个动词或两个谓词性结构的标记，也指连接两个单句的标记。连谓标记的功能是取消前一单句的句子独立性，强调两句动词间的时间线性关系或逻辑先后关系。

（1）lji³¹ 的连谓标记功能与话题标记功能关系密切。例如：

ŋui³¹ juŋ³³ lji³¹ jɔ³³ kjɛn³³ ji⁵³ ma³¹ juŋ³¹. 花钱花到刀刃上。

钱　用（非）要紧　地方　　用

ŋ³¹jɛn³³ma³¹tʃuɛ⁵⁵lji³¹, ŋjaŋ⁵⁵tsɔ³¹tsɔ³³ŋjəi³¹.

我 家　　到（非）他 饭 吃 正

我到家的时候，他正在吃饭。

ŋjaŋ⁵⁵ta³¹khjɔu³¹tai³¹ŋjəi³¹lji³¹, taŋ³¹ŋɛ⁵⁵mɔ³¹ja³³xɛ³¹ʃʅ³³ma³³sɛʔ⁵³.

他 半天　　说　 （非）大家　　　还 是 不 懂

他说了半天，大家还是不懂。

ŋjaŋ⁵⁵pɔ³¹khjei³³ma³¹jəi³¹jəu³³lji³¹, wuɔm³¹zɔ³³aiʔ⁵⁵təu³¹xɔ³³ma³³ləu³³ŋjəi³¹.

她　 山坡下　　 一 看（非）小熊　　两 只 那里 玩 在

她往山坡下一看，只见两只小熊在那里玩耍。

lji³¹往往与表示强调的ɛʔ⁵³"也"连读为"ljɛt⁵⁵"，语义上表示强调"也、都、宁可、不管"，语法上有宾语标记、话题标记、连谓标记的功能，能承接两个谓词性成分或单句，其中承接两个单句的频率更高。例如：

xɛ³¹sʅ³³kuɔt⁵³ljɛt⁵⁵kei³³. 这样做也好。

这样　 做（非）　好

ŋja⁵⁵mɔ³¹zʅ³³ʃaŋ³³ŋ³¹ljɛt⁵⁵ma³¹tʃen³³? 他们的孩子怎么连我都不相信？

他们的　孩子 我（宾）不 信

ŋ³¹ma³¹lɔu³³ljɛt⁵⁵, naŋ³¹ja³³tʃha³³sɛŋ³¹? 就算我不去，和你有什么关系？

我 不 去就算 你 和 什么 关系

ŋjaŋ⁵⁵kha³¹sʅ³³tai³¹ljɛt⁵⁵, ŋ³¹ka³¹ma³¹tʃiŋ³³. 随他怎么说，我都不相信。

他 怎么　 说（非）　 我（话）不 信

naŋ³¹khǎ³¹sʅ⁵⁵tai³¹ljɛt⁵⁵, ŋjaŋ⁵⁵ma³¹jɔu³³lɔu⁵⁵.

你 什么 说 不管 他 不 能 去

不管你怎样讲，他都不能去。

ŋui³¹ɔu³³ljɛt⁵⁵ma³¹pɔu³¹, tʃhɛŋ³³ɔu³³ljɛt⁵⁵ma³¹pɔu³¹.

钱 要（非）没 有 米 要（非）没 有

要钱没钱，要米没米。

lu⁵⁵kuʔ⁵³ma³¹kha³³lain³³lɔu⁵⁵ljɛt⁵⁵a³³jaŋ³³ŋjəi⁵⁵ʃɔ⁵³wui³¹.

六库 （方）每次 去（非）东西 很多 买

每次去六库都买很多东西。

ŋjaŋ⁵⁵ka³¹sɛŋ⁵⁵ma³¹lɔu⁵⁵ku³¹, sɛŋ⁵⁵tʃaŋ³¹ljɛt⁵⁵ŋjaŋ³¹ku³¹.

他 （话）县里 去 过 县长　　 都 见 过

他到过县里，还见过县长。

ŋjaŋ⁵⁵tʃhɔ³¹su³³lɔu³³ŋjei³¹lji³¹tʃei³¹jap⁵³ta³¹tʃɛn³¹taŋ³³/³⁵tɔu³³lɔ³³.

他 走 过去 着（非）麻雀 一 群 飞 起去

他走过去，一群麻雀接连地飞起来。

tsɔ³¹ma³¹tsɔ³³ljɛt⁵⁵，tʃuŋ³¹ka³¹lɔu³³tɔ³³khau³³.

饭 不 吃 宁可 学（话）去 上 要

宁可不吃饭，也要去上学。

jaŋ³³tʃhɔ³³ta³¹tsəi³¹tʃain³³su³³ljɛt⁵⁵ma³¹tʃha³³ tsɔ³¹tsɛn⁵³ma³¹naŋ⁵⁵ma³¹kei³¹.

我们 路 一步 多 走 宁可 不 该 庄稼（方）踩 不 好

我们宁可多走一步路，也不能踏地里的庄稼。

lji³¹有时在句中能表达范围副词"都、就"义，但副词语法功能较弱，只在简单的连谓句中修饰谓词短语时，有作状语的倾向，还表示顺承的句法关系。例如：

xjeʔ³¹phɛ³³ta³¹xja³³lɔu³³ʃɿ³³lji³¹tʃuɛ³³ku³¹. 向前走一会儿就到了。

前面 一会 走 还 就 到 了

茶山语话题句与强调施事的句子使用不同的标记。其中话题标记省略的频率低于施事标记。以下组句子为例：

ŋjaŋ³³ka³¹tsu³¹lu³³aiʔ⁵⁵tu³³pat³¹sat⁵³ku³¹. 他打死了两只老虎。

他 （话）老虎 两只 打 死 了

ŋjaŋ³³（ja³³）aiʔ⁵⁵tu³³tsu³¹lu³³pat³¹sat⁵³ku³¹. 他把两只老虎打死了。

他 把 两只老虎 打 死 了

上组例句中，第一句为话题句，话题标记 ka³¹ 一般不省略；第二句为强施事句，施事标记 ja³³ 可以省略，且不特别强调施事的句子多省略。关于施事标记我们将在后文详述。

（2）la³³/³¹，具有连谓标记功能，多用于连接两个动作动词。例如：

mɔu³¹sɔu³³jəuɛ³³la³³ŋjuŋ³³/³⁵ku³¹. 看书看累了。

书 看（非）累 了

khuɔm³³tuɔn³³phaŋ⁵³la³³su³³waŋ⁵³lɔu³³. 推开门走进去。

门 推 开（非）走 进去

pha³³tʃuat³¹jəu³¹lɔu³¹la³³ tsɔ³¹pɛ³³puat³¹kuɔt⁵³. 把毛巾拿来做抹布。

毛巾 拿 来（非）抹布 做

5. 宾语标记

lji³¹语法功能较丰富，除了充当话题助词、连谓标记外，还有充当宾语助词、差比标记等功能，有时在句中能从语义上表达范围副词"都"义，但不承担副词的语法功能。例如：

nəu³³lji³¹man³³tsɔ³³naŋ³³aʔ⁵³. 让牛吃吃草吧。

牛（宾）草 吃 让 吧

ŋjaŋ³⁵ma³¹lɔ³³kɔ³³jəu³¹lji³¹lɔ³³naŋ³¹. 他不去让别人去。

他 不 去 别人（宾）去 让

ŋ³¹lji³¹tʃəi³¹ta³¹mɔ⁵⁵kam⁵³ʃəuʔ⁵³a³¹. 给我一点水喝吧。

我（宾）水 一点 给 喝 吧

ŋjaŋ⁵⁵lji³¹tʃəi³¹ʃ̩⁵⁵ʃuʔ⁵³naŋ³³la³¹lɔu⁵⁵ka³¹. 让马喝喝水再去吧。

马（宾）水 先 喝 让 再 去 吧

naŋ³¹ŋjaŋ⁵⁵lji³¹ŋjəi³³jəu³³aʔ⁵³kha³³tʃhɔ³³lɔu⁵⁵ta³³? 你问问他我们怎么走？

你 他（宾）问 看 怎么 走

ŋjaŋ⁵⁵lji³¹la⁵⁵ŋja³¹lɔu³³mǎ³¹tʃhəi³³lɔu³³wui⁵³aʔ⁵³. 叫他快点去买药。

他（宾）快点 去 药 去 买（祈）

ŋ³¹lɔu³³la³¹ŋjaŋ⁵⁵lji³¹mɔu³¹sɔu³³ta³¹pəu³³ŋɔu³³. 我去跟他借一本书。

我 去了 他（宾）书 一 本 借

a³³sɛŋ³³ŋjaŋ³³jɔm³³ka³¹tʃha³³，s̩⁵⁵pei³³lji³¹a³¹khɔu³³.

自己 力气 放 应该 别人（宾）不靠

应该自己努力，不要光靠别人帮助。

在施事、受事语义关系不会混淆的句中，lji³¹除了是宾语标记，还有强受事功能，表达"被、遭受"之义。例如：

ŋjaŋ⁵⁵lji³¹la³¹khui³³aiʔ⁵⁵nuat⁵³ŋa³³. 他被狗咬了两口。

他（受）狗 两 嘴 咬

ŋjaŋ⁵⁵lji³¹tʃjɛn³³jaŋ⁵³ja³³pat³³ku³¹. 他被黄蜂蜇了。

他（受）黄蜂 （施）蜇 了

茶山语话题助词与宾语助词功能有交叉，这是因为二者在语序上有象似性。茶山语为 OV 型语言，宾语 O 居动词 V 之前，一般强制使用宾语标记 lji³¹。从这个语序上看，O 所代表的信息结构得到凸显，语气上停顿，容易成为话题。在宾语信息凸显的句中，lji³¹则兼具宾语标记和话题标记功能。其中，宾语标记是其主要功能，表明动宾关系；话题标记是其次要功能，能够凸显信息结构。例如：

xɛ⁵⁵tjəu³¹jəu³¹lji³¹xaŋ⁵⁵ɛʔ⁵³ma³¹sɛʔ³¹. 这个人谁都不认识他。

这 人 个（宾）谁 也 不 认识

xɛ⁵⁵zɿ³³ʃaŋ³³，lji³¹jaŋ³¹xaŋ⁵⁵ɛʔ⁵³ʃɿ³³xuan³³. 这个孩子，大家都喜欢他。

这　孩子　（宾）我们　大家都　　喜欢

以上两个例句，"这个人""这个孩子"分别是动词"认识""喜欢"的宾语，从信息结构看，"这个人""这个孩子"得到凸显，也是句子的话题。lji³¹在这两句中，宾语标记功能更强，但也起到了话题标记凸显信息、语气停顿的功能，故也兼作话题标记。

在主语明确、宾语兼为话题的话题句中，如果不需要强调主谓宾关系，宾语标记、话题标记 lji³¹ 可以省略。例如：

xɛ⁵⁵tjəu³¹ŋ³¹ta³¹jəu³³ma³¹sɛʔ³¹. 这的人我谁也不认识

这的人　我一　个　不　认识

在主语明确，且主语兼为话题的句子中，句中如有宾语，宾语标记一般不能省略。例如：

xɛ⁵⁵tjəu³¹jəu³¹xaŋ⁵⁵lji³¹ma³¹sɛʔ³¹. 这个人他谁都不认识。

这　人　个　谁（宾）不　认识

6. 比较标记

比较标记包括差比标记和平比标记。

（1）差比标记 thɔʔ⁵³lji³¹"比"，也称比较标记，用于差比句，表差比关系。thɔʔ⁵³来源于方位词"上（方）"，thɔʔ⁵³语义的不平等性是其能够成为差比标记的语义基础；lji²¹有宾语标记功能，其位于宾语之后的语序成为其介引比较基准的功能来源。差比标记用于比较基准之后，比较结果之前。有的方位词可以表示差比意义，主要为"下、后"。例如：

nəu⁵⁵thɔʔ⁵³lji³¹jaŋ³¹. 比牛强。　naŋ³¹ŋ³³thɔʔ⁵³lji³¹ku³³. 你比我大。

牛　比　　强　　　　你　我　比　　大

ŋjaŋ⁵⁵ŋa³³thɔʔ⁵³lji³¹ŋ³³zan⁵³ku³³. 他比我大五岁。

他　我　比　　五岁　大

ŋ³¹tsɔ⁵⁵tsəi³¹xaŋ⁵³thɔʔ⁵³lji³¹tʃou³³. 我吃得比哪个都饱。

我　吃　的　哪个　比　　饱

xɛ⁵⁵tsəi³¹thji⁵⁵tsəi³¹thɔʔ⁵³lji³¹kei³¹. 这个比那个好。

这个　　　那个　比　　好

na³³kuŋ³³fən³³ŋja³³thɔʔ⁵³lji³¹ŋɔu³³. 你的工分比他多。

你的　工分　他的　比　　多

ŋa³³khuʔ³¹na³³khuʔ³¹thɔʔ⁵³lji³¹ku³³. 我的碗比你的大。

我的碗　你的碗　比　　大

tsɔ³¹ta³¹zan⁵³thɔʔ⁵³lji³¹ta³¹zan⁵³ŋjau³³. 粮食一年比一年多了。

粮食　一　年　比　　一　年　多

naŋ³¹ŋa³³thɔʔ⁵³lji³¹sɔm³¹ljɛ⁵⁵mat³¹ŋjaŋ³¹. 你比我高三寸。

你　我　比　　三　寸　高

a³¹maŋ³³a³¹nəu³³thɔʔ⁵³lji³¹ai⁵⁵zan³¹ku³¹. 哥哥比弟弟大两岁。

哥哥　　弟弟　　比　两　岁　大

xəŋ³¹！ŋa⁵⁵tsəi³¹ŋja³³tsəi³¹thɔʔ⁵³lji³¹kei³³！哼！我的比他的好得多呢！

哼　我　的　他　的　比　　好

xɛ⁵⁵pɔm⁵³lɔm³³thji⁵⁵pɔm⁵³thɔʔ⁵³lji³¹ŋja̠ŋ³³. 这座山比那座山高。

这　山　　那　山　比　　高

khə³⁵tsan⁵³ta³¹kuk³³　ka³³a³¹nai⁵³thɔʔ⁵³lji⁵³kei³¹. 今年的稻子比去年的好。

今年　　的　稻子（话）去年　比　　　好

khǎ⁵⁵zan⁵³zan³³wɔt⁵³kɔ³³zan⁵³thɔʔ⁵³lji³¹kei³¹. 今年收成比往年好。

今年　　收成　　往年　比　　好

tat⁵⁵ŋji³¹pu³³ʃɔ⁵⁵tshəu³¹ŋji³¹pu³³thɔʔ⁵³lji³¹pa³³. 电灯比油灯亮。

电灯泡　　　油灯　　　　比　亮

ŋja³³nɔ³¹ta³¹ŋjəi³³thɔʔ⁵³lji³¹ta³¹ŋjəi³³kei³¹ku³³. 他的病一天比一天好了。

他的病　一　天　比　　一　天　好　了

xɛ⁵⁵saik⁵³tsɛŋ³¹thji⁵⁵saik⁵³tsɛŋ³¹thɔʔ⁵³lji³¹ŋja̠ŋ³³. 这树比那树更高。

这　树　　　那　树　　比　　高

kə³¹ʃɻ̍⁵⁵（ka³¹）ta³¹zan⁵³thɔʔ⁵³lji³¹ta³¹zan⁵³kei³¹. 现在一年比一年好。

现在　　（话）一　年　比　　一　年　好

khǎ⁵⁵zan⁵³ja³³tsɔ³¹a³¹naiʔ⁵³jɔu³¹thɔʔ⁵³lji³¹ŋjau³³. 我们今年产量比去年多。

今年　　　粮食　去年　比　　多

ʃiɔ³³waŋ³¹ʃiɔ³³lji³¹thɔʔ⁵³lji³¹ta³¹lain⁵⁵mat³¹ŋja̠ŋ³³. 小王比小李高一寸。

小王　　小李　比　　一　寸　高

puŋ⁵⁵ta³³tsɔ³¹tʃau³¹ta³³tsɔ³¹thɔʔ⁵³lji³¹tsɔ³³kei³³. 蒸的饭比煮的饭好吃。

蒸　的　饭　煮　的　饭　比　　吃　好

ŋja³³wuʔ⁵⁵nɔu³¹tuŋ³³thji⁵⁵sɔm³³təu³³thɔʔ⁵³lji³¹tshəu³¹.

他　猪　黑　肥　那　三　头　比　　肥

他的这头黑猪比那三头都肥。

thaŋ³³lɔʔ³¹ta³¹lja̠ŋ³¹la⁵⁵ŋjau³¹ta³³ljaŋ³¹thɔʔ⁵³lji³¹ljuŋ³³.

兔子　　的　尾巴　猫　的　尾巴　比　　短

兔子尾巴比猫尾巴短。

xɛ⁵⁵ saik⁵³ tuŋ³³ thji⁵⁵ saik⁵³ tuŋ³³ thɔʔ⁵³ lji³¹ sɔm³³ pɛ³³ xjiŋ³¹.

这　木头　　那　木头　比　　三　尺　长

这根木头比那根长三尺。

xɛ⁵⁵ ʃɿ⁵⁵ pɔm⁵³ thji⁵⁵ ʃɿ⁵⁵ pɔm⁵³ thɔʔ⁵³ lji³¹ sɔm³³ pɔm⁵³ ŋjau³³.

这　果子堆　那　果子堆　比　　三　倍　多

这堆果子比那堆果子多三倍。

tuŋ³¹ xu³³ ta³¹ kjɛn³³ lji³¹ tʃiŋ⁵⁵ ku³¹ thɔʔ⁵³ lji³¹ ta³¹ kjap⁵³ tʃhaŋ³³.

黄瓜　一　斤（话）南瓜　比　　一　块　贵

黄瓜一斤要比南瓜贵一块钱。

ŋjaŋ³³ na⁵⁵ thɔʔ⁵³ lji³¹ ŋjaŋ³³ la³³ naŋ³¹ ŋja³³ thɔʔ⁵³ lji³¹ ŋjaŋ³³ la³³？

他　你　比　　他（疑）你　他　比　　大（疑）

他比你大还是你比他大呀？

pui³¹ thuʔ³³ phɛ³³ pɔm⁵³ pui³¹ waŋ³¹ phɛ³³ pɔm⁵³ thɔʔ⁵³ lji³¹ ŋjaŋ³³.

东边　　　山　西边　　　山　比　　高

东边的山比西边的山高。

pɔ³¹ khjei³³ ma³¹ ta³¹ tan³³ pɔ³¹ thɔʔ⁵³ ma³¹ tan³³ thɔʔ⁵³ lji³¹ tshəu³³.

山脚　（方）的　田　山上　（方）田　比　　肥沃

山脚下的田比山坡上的田肥沃。

khă⁵⁵ ŋjəi⁵³ tsat⁵³ kɔ³³ tsəi⁵³ ŋjəi⁵⁵ na⁵³ tsat⁵³ kɔ³³ thɔʔ⁵³ lji³¹ jəu³³ kei³¹.

今天　戏　的　昨天　戏　比　看　好

今天的戏比昨天的戏强得多。

有的差比句可以用方位词表达差比意义，主要为"下、后"。例如：

ŋjaŋ⁵⁵ na³³ ɔ³³ ma³¹ ŋjəi³¹. 他比你小。

他　你的　下　不　小

tshuŋ³³ thuʔ⁵³ tsɔ³³ lji³¹，ta³¹ ŋjəi³³ thaŋ³¹ ta³¹ ŋjəi³³ tsai³¹ ŋam³³.

秋　后　　（话）一　天　后　一　天　更　冷

秋后天气一天比一天冷。

（2）平比标记 ja³³……ta³¹ ji³³。ja³³ 连接比较主体和比较基准，ta³¹ ji³³ 意为"一样"，ta³¹ ji³³ 后接比较结果时，一般变读为 ta³¹ jaŋ³³，二者之间多加比况标记 tɛ⁵⁵"像、一样"。例如：

ŋ³¹ ja³³ naŋ³¹ ta³¹ ji³³ ŋjaŋ³¹. 我跟你一般高。

我　跟　你一样　高

ŋja³³ jɔm³¹ ŋa³³ jɔm³¹ ja³³ ta³¹ ji³³. 他的力量比得上我。

他的力量　我的力量　跟　一样

ŋja⁵⁵ tʃi³¹　　ŋa⁵⁵ tʃi³¹　ja³³ ta³¹ jaŋ³³ tɛ⁵⁵ kei³¹. 她的衣服和我的一样好。

她的衣服　我的衣服　和　一样　　好

tʃɔ³³ tsɛŋ⁵³ ja³³ tʃhɔ³³ kjaŋ³¹ a³³ lɵuʔ³³ ta³¹ jaŋ³³ tɛ⁵⁵ wɛ³³.

大路　　和 小路　　　大约　　一样　　远

大路和小路差不多远。

ŋa⁵⁵ mɔ³¹（ta³³）taŋ³³ na⁵⁵ mɔ³¹（ta³³）taŋ³³ ja³³ ma³¹ tɵu³¹ kɔ³³.

我们　　　的　话 你们　　　的　话 跟 不同 （互）

我们的话跟你们的话不同。

（3）差比标记的否定形式是在比较结果前加否定副词"ma³¹"。例如：

ŋjaŋ⁵⁵ ŋa³³ thɔʔ⁵³ lji³¹ ma³¹ ŋja̠ŋ³³. 他不比我高。

他　我　比　　不　高

ŋ³¹ na⁵⁵　thɔʔ⁵³ lji³¹ jɔm³³ ma³¹ pɵu³¹ ta³¹. 我不可能比你有力气。

我 你的　比　　力气 不 有 的

ŋ³¹ na³³ thɔʔ⁵³ lji³¹ kha⁵⁵ ŋjau⁵³ ma³¹ ku³³ ma³¹ ŋja̠ŋ³³. 我不比你高大多少。

我你的 比　　　多少　　不 大 不 高

a³¹ saiʔ⁵³ kja³³ sɻ³¹ a³¹ tshau³³ kja⁵⁵ sɻ³¹ lji³¹ ma³¹ muɔn³³. 新牌子不如老牌子。

新　　牌子　旧　　牌子（宾）不 如

na³³ zɻ³³ ʃaŋ³³ ŋa³³ zɻ³¹ ʃaŋ³³ thɔʔ⁵³ lji³¹ ma³¹ ta³³ ji³¹.

你的孩子　　我的孩子　比　　不 会 笑

你的孩子没我的孩子爱笑。

ŋjaŋ⁵⁵ sɔ³³ sɔ³³ ta³³ ta̠i³¹, ŋa⁵⁵　thɔʔ⁵³ ljɛt⁵³ ta³³ ta̠i³¹;

他　很　会 说　我的 比 更 会 说

ŋ³¹ nuat⁵³ ma³¹ thuŋ³¹, ŋjaŋ⁵⁵ lji³¹ ma³¹ jɔu⁵³ ta̠i³¹ jeŋ³³.

我 嘴 不 灵活 他（宾）不 能 说 赢

他能说会道，说得过我；我嘴笨，说不过他。

有的差比句否定形式可以不用差比标记。但这种情况出现频率较低。例如：

ŋjaŋ⁵⁵ ŋ³¹ ji³¹ ma³¹ tshɵu³³. 他不如我胖。

他　我 胖 不 肥

7. 比况标记

比况标记 tɛ³³ "似的、一样"，用于表示比喻的名词或短语后，如句中有表示该名词或短语性状的形容词，则 tɛ³³ 用于形容词之前，表示相似或相等的关系。例如：

than³³tsəi⁵³tjɛ⁵³tɛ³³than³³ 硬得像铁一样

硬　　的　　铁　　像　　硬

nɛ⁵³tsi³³ʃ̩⁵⁵wɔm³³pu³³tɛ³³nɛ⁵³ 红得像桃花一样

红的　　桃花　　开　像　红

tjəu³³tʃiɛn³¹lɔu⁵⁵lɔu⁵⁵lɔu³¹lɔu³¹kai³³kan³¹tɛi³³.

人们　　　　来来往往　　　　街　赶　一样

人们来来往往的像赶集一样。

8. 施事助词

施事助词 ja³³，在句中用于动作发出者成分之后，标记施事。例如：

la³¹ŋjau³¹la³¹khui³³ja³³ŋat³¹sat³³ku³¹. 猫被狗咬死了。

猫　　狗　　（施）咬　死　了

ŋjaŋ⁵⁵a³¹tʃaŋ³³ja³³pɔm⁵³ma³¹thaŋ³³lɔu³³xjɔu³¹. 他常常到山里砍柴。

他　　常常（施）山里　　　柴　到　找

kua⁵⁵la⁵³，lje³¹ja³³khɔum³³muɔt⁵³phaŋ³¹ku³¹. 呱嗒，风把门吹开了。

呱嗒　　风（施）门　　吹　开了

ŋ³¹wɛ³³wɛ³³ma³³ja³³naŋ³¹lɔu³¹ŋiɛi³¹tsɛi³¹ŋjaŋ³¹ku³¹.

我　远远　地（施）你　来　着　　看见　了

我远远就看见你来了。

施事助词与宾语助词同时出现在句中时，前者有强调施事的作用，可以省略，后者不可以省略。例如：

jaŋ³¹　ja³³　ŋui³¹ŋjaŋ⁵⁵lji³¹tjəi³¹. 咱们把钱给他。

咱们（施）　钱　他（宾）给

jaŋ³³ŋui³¹ŋjaŋ⁵⁵lji³¹tjəi³¹. 咱们给他钱。

咱们　钱　他（宾）给

施事助词 ja³³ 在强施事句式中，有被动义。例如：

man⁵⁵nəu³¹ja³³tsɔ³¹ku³¹. 草被牛吃了。

草　牛　被吃　了

ŋjaŋ⁵⁵ja³³khuʔ⁵⁵pat³¹khui³³ku³¹. 碗叫他给打烂了。

他　被　碗　打　烂　了

ŋa³³ɔu⁵⁵ŋjaŋ⁵⁵ja³³pat³¹khui³³ku³¹. 我的锅被他打破了。

我的锅他　　被　打　破　了

ŋa³³ɔu⁵⁵ŋjaŋ⁵⁵ja³³ma³¹pat³¹khui³³. 我的锅没有被他砸破。

我的锅 他 被 没 打 破

xɛ⁵⁵khuʔ⁵⁵ŋjaŋ⁵⁵ja³³pat³¹khui³³ku³¹. 这一个碗被他打破了。

这碗 他 被 打 破 了

ŋa³³ɔu⁵⁵sɿ³³pei³³ja³³pat³¹khui³³ku³¹. 我锅被人砸破了。

我的锅 别人 被 砸 破 了

ŋja⁵⁵mɔ³¹tu³³sɿ³³pei³³ja³³jɔu³¹lɔ³³ku³¹. 他的车子被人给骑走了。

他的车 别人 被拿 走了

xɛ⁵⁵tʃuŋ³¹ʃɔu³¹xu³³（ja³³）jət̠⁵³lɔ³³ku³¹. 这张床被小胡占去睡了。

这 床 小胡 被 睡 去 了

ŋjaŋ⁵⁵kǎ³¹ʃɿ³³ʃɔu³¹lji³¹ja³³khei³¹lәu³³ku³¹. 他这个时候被小李请去。

他 这时 小李 被 请 去 了

ŋjaŋ⁵⁵lji³¹sɿ³³lja³³ja³³ta³¹tʃhәŋ³³ŋjau³³tjәi³¹. 他被老师批评了一顿。

他（宾）老师 被 一顿 批评 给

na³³taŋ³¹xɛ⁵⁵khuɔn³³sɿ⁵⁵pei³³ja³³kjɔu³¹ʃuat⁵³ta³¹. 你这句话会被人家误解。

你的 话 这 句 别人 被 听 错 了

lɔ³¹san³³lji³¹ŋja³³pa³³ja³³ʃ̠әi³³pat³¹ta³¹tʃhәŋ³³pat³¹.

老三（宾）他爹 被死打 一 顿 打

老三叫他爹狠打了一顿。

wuʔ⁵⁵zɔ³³ŋjaŋ⁵⁵ja³³khat⁵³la³³sɔ³³sɔ³³phaŋ³¹lɔu³³ŋjәi³¹.

小猪 他 被 赶 得 非常快 跑 过去

小猪被他撵得非常快地跑。

ŋjaŋ⁵⁵lji³¹ŋ³¹ja³³ŋjaŋ³³ŋjaŋ³³ta³¹tʃhәŋ³³jɔu³¹tjәi³³ku³¹. 他被我骂了好久。

他（宾）我（施）长时间 一 阵 骂 给 了

ŋa³³ta³³kjɔʔ³¹maŋ³¹tsɛŋ³¹ŋja⁵⁵mɔ³¹/tjuәi³¹ja³³khau⁵⁵lɔ³³ku³¹.

我的 鸡 老 母 别人 被 偷 走/去了

我的老母鸡已经被人偷走了。

xɛ⁵⁵a³¹jaŋ³³ŋjaŋ⁵⁵ja³³ai⁵⁵sɔm³³lain³¹sɔu³¹lji³¹，sɔu⁵³kei³¹ku³¹.

这东西 他被 两 三 遍 修（非）修 好 了

这东西给他反复多次修理，就弄好了。

在施受关系不会发生歧义的句中，可以省略施事助词。例如：

ŋui³¹thuŋ³³khau⁵⁵sәu³¹khau⁵⁵lɔu³³ku³¹. 钱包被小偷偷走了。

钱包 小偷 偷 走 了

9．状语助词

茶山语常见状语助词有 ja³³ 和标志拟声词作状语的状语助词 kɛ³³。ja³³ 的语法功能比较丰富，既是描写性状语助词，也是限制性状态状语助词中的工具格助词、源点助词、随同格助词等，相当于汉语"地、用、从……到、跟"，ja³³ 具有多功能性，kɛ³³ 的专用性很强。此外，tɛ⁵⁵ 兼具状语标记功能，但使用范围受限，只出现于特定句式。

（1）描写性状语助词。ja³³ 用于形容词后，表明前边的成分是状语，并表示形容词的性状，具有描写性特征，相当于汉语的"地"。例如：

zɔ³³ ja³³ ta³¹ məu³³ pat³¹. 轻轻地拍一下。

轻地　一　下　拍

pa³³ ji³³ ja³³ xɔ⁵⁵ ji³¹ ŋeŋ³¹ naŋ³¹. 故意弄得那么响。

故意地那么　响　弄

naŋ³¹ zɔ³³ ja³³ su³³ aʔ⁵³ ma³¹ maŋ³³ nu³³. 你慢慢走不要着急。

你　慢　地　走（祈）不　忙

a³¹ ja⁵³，xɛ⁵⁵ ji³¹ nɔ³¹ ja³³ kju³³ kjɔ³³ ku³¹！啊呀，这么早下雪了！

啊呀　这么　早地　雪　下　了

xaŋ⁵⁵ naŋ³¹ lji³¹ ta³¹ khau³³ ja³³ wui³³ jan³³ naŋ̠³¹？谁叫你乱跑啊？

谁　你（宾）到处　地　跑　转　让

ŋ³¹ nau³³ ja³³ xɛ⁵⁵ mɔu³¹ sɔŋ³³ pɯ³¹ jɔu³³ ku³¹ kəu³¹. 我早就看过这本书了。

我　早　地　这　书　　本　看　过　了

ŋ³¹ wɛ̠³³ wɛ̠³³ ma³³ ja³³ naŋ³¹ lɔu³¹ ŋjəi³¹ tsəi³¹ ŋjaŋ̠³¹ ku³¹.

我　远远（方）地　你　来　着　的　看见　了

我远远就看见你来了。

ŋjaŋ⁵⁵ jəu³³ ŋjəi³³ jəu³³ ŋjəi³¹，lji³¹ tsɔu³³ ja³³ ŋjɔʔ³¹ tʃhen³³ tɔ³³ ku³¹ jət⁵³ mui³³ ku³¹.

他　看着　看着　　（非）慢　地　眼　闭　起　了　睡　着　了

他看着看着，慢慢地闭上眼睛睡着了。

ja³³ 除了能用于形容词后，还能用于名词等词性之后，语义上补充说明动作动词持续的时间，形式上是动词的状语。根据 ja³³ 的语法功能及语序，我们认为，这类形式应被视为状语。例如：

ŋjaŋ⁵⁵ a³¹ tʃaŋ³³ tsau⁵⁵，a⁵⁵ maŋ³¹ ta³¹ ŋjan³¹ ja³³ tsau⁵⁵.

他　常　咳　昨晚　一　晚　地　咳

他老是咳嗽，昨天咳了一个晚上。

时间副词 ma³¹ thəŋ³³ "不停"、情态副词 a³¹ luɔm³³ mu³³ "好好地" 等作状

语时，一般不用状语助词 ja³³，而是与句尾进行体助词 ŋjəi³¹ "在" 连用，强调动作正在持续进行的状态。语法形式为 "状语 + 中心词 + ŋjəi³¹"。例如：

ma³¹thəŋ³³zɛ⁵³ŋjəi³¹ 不停地搅　　ma³¹thəŋ³³lɔ̰⁵⁵ŋjəi³¹ 不停地抖

不　停　搅　在　　　　　　不　停　抖　在

ma³¹thəŋ³³xau⁵³ŋjəi³¹ 不停地扇

不　停　扇　在

ŋjaŋ⁵⁵ma³¹thəŋ³³lai³³ŋjəi³¹. 他不住地写着。

他　不停　写　在

lɔʔ³¹ja³³ma³¹thəŋ³³tjɔm³¹puat³¹ŋjəi³¹ 用手来回揉擦东西

手　用　不停　揉　擦　在

lɔʔ³¹zɔ³³ja³³taŋ³¹la³¹ma³¹thəŋ³³thuŋ³³ŋjəi³¹ 轻抬手反复地捣

手　轻地　抬　不停　捣　在

ŋ̍³¹thuʔ³³lɔ³³thaŋ³¹lji³¹, kja⁵⁵sŋ̍³¹a³¹luɔm³³mu³³jəu³³ŋjəi³¹aʔ⁵³!

我 出去 以后 东西 好好地 看 着（祈）

我走开一会儿，行李要好好儿地看着！

有的句子中状语成分比较复杂时，可以省略状语助词。例如：

la⁵⁵jau³¹ljaŋ³¹kha⁵⁵ŋjaŋ³¹tə³³təu³³tʃh̩³³. 猫尾巴翘翘的。

猫　尾巴　高高　抬　着　起

khǎ⁵⁵ljan³¹ŋam³³lɔ³³lu³¹, tji⁵⁵tham³³tham³¹wɔt³¹aʔ⁵³.

最近 几天 冷 起来 了 衣服 多多地 穿（祈）

天气冷起来了，要多穿一件衣服。

(2) 限制性状态状语助词 ja³³。主要有工具格助词、源点助词、随同格助词等，从时间、范围处所、对象目的等方面对中心语加以限制。例如：

①工具格助词：相当于汉语的 "用"。例如：

ʃam³¹ja³³tshɛʔ⁵³ 用刀切　　　　lɔʔ³¹ja³³kai³¹ 用手捧

刀　用　切　　　　　　　手　用　捧

lɔʔ³¹ja³³ma³¹thəŋ³³tjɔm³¹puat³¹ŋjəi³¹ 用手来回揉擦东西

手　用　不停　揉　擦　在

kuɔn³¹su³³ka³¹thjɛi⁵³ja³³kuɔt⁵³tsəi³¹. 犁头是用铁做的。

犁头　（话）铁　用　做　的

ŋjaŋ⁵⁵khǎ⁵⁵tan³¹ja³³mɔu³¹sɔu³³lai³³ŋjəi³¹. 他用铅笔写字呢。

他　铅笔　用　字　写　在

mǎ³³tʃhəi³³juŋ³³ma³¹la³¹khui³³ja³³ʃʅ⁵⁵jɛŋ³³ŋjəi³¹. 医院里用狗做试验呢。

医院　　　　　　狗　用　试验　在

ŋjaŋ⁵⁵lji³¹ta³¹tam³¹tʃhui³¹, kjei³¹ja³³ta³¹tam³¹thə?³¹. 打他一拳，踢他一脚。

他（宾）一　下　打　　脚　用　一　下　抓

ja³³还有强施事助词功能，因此，在施受关系明显的句中，工具格助词 ja³³ 可以省略。以"用手指点人"为例：

tjəu³³lji³¹lɔ?³¹ŋjau³¹tuɔn³³ŋjəi³¹

人（宾）手指　　指　在

tjəu³³lji³¹lɔ?³¹ŋjau³¹ja³³tuɔn³³ŋjəi³¹

人（宾）手指　用　指　在

以上两句句义都是"用手指点人"。茶山人在这类句式中，习惯加工具格助词 ja³³。

②源点助词：助词 ja³³ 跟在表示起始点的时间名词或方所词之后，终点的时间名词或方所词之前，表示移位或时间的起始点和源点，义为"从……到……""沿着……"等。例如：

khǎ⁵⁵ŋjəi⁵³ma³¹ja³³从今天开始　　ŋe³¹au?⁵⁵lji³¹ja³³从小时候起

今天　　　　从　　　　　　　　小时候　　从

xɛ³³tha?⁵³ja³³mju?⁵³ma³¹kha³³xuɛ⁵³pou³¹ʃʅ³³? 从这里到城里还有多远？

这里　　从　城里　多远　　有　还

ta³¹xjɔ³³xjɛt̪⁵³tshəi³³ma³¹ja³³ai?⁵⁵xjɔ³³ŋ⁵⁵tshəi³¹. 从一百八十到二百五十。

一　百　八　十　（方）从　二　百　五　十

ŋja⁵⁵mɔ³¹mɔ³³tu³³ma³¹ja³³a³¹jaŋ³³jəu³¹kjɔ³³lou³¹.

他们　　车上（方）从　货　拿　下　来

他们把货从车上卸下来了。

ŋjaŋ⁵⁵tʃʃuŋ⁵⁵thɔ?⁵³ma³¹ja³³tɔu³¹lou³³la³³lji³³wui³³jəu³¹.

她　床上　（方）从　爬起来（非）跑　看

她翻身下床跑出来看。

na³³jɛn³¹ma³¹ja³³sɛŋ³³tshəŋ⁵³ma³¹tʃhɔ³³kha³³xuɛ⁵³pou³¹?

你家　（方）从　县城　（方）路　多少　　有

从你家到县城有多少路程？

luk⁵⁵kɔ³³tʃhŋ³¹ta³³tjəu³¹tʃam³¹jam³¹tʃhɔ³³ja³¹lou³³ŋjəi³¹.

石头　拿　的　人　河边　　路　沿　去　在

拿石头的人沿着河边走了。

tjəu³¹ŋjəu⁵⁵ʃɔ⁵³jəu³³saik⁵³khjam³¹ma³¹ja³³su⁵⁵thuʔ⁵³lji³³.

人　　很多人　　树林　　（方）从　走　出来

有很多人从树林里走出来。

ŋjaŋ⁵⁵ka³¹nap³³jɔ³³ma³³tsəi⁵³ŋjan³³thaŋ³³tʃuɛ³³ʃɔ⁵³jɔ³¹ma³¹mu³³tsui³³ŋjəi³¹.

她　（话）早上从　　晚上　　　到　　地里　劳动　　在

她从早到晚都在地里劳动。

kă³¹ʃ ɿ³³ma³¹ja³³jaŋ³³ma³¹kuɔt⁵³lɔ³³，ŋja⁵⁵mɔ³³lou⁵⁵kuɔt⁵³pa³¹tʃuŋ³³.

现在　　从此 我们 不 做　了　　他们　　去　做　（让做）

从此我们不做了，让他们去做吧。

xjeʔ³¹lji³³ŋjɛn⁵⁵thaŋ³¹ma³¹ja³³pat³³tsəi³¹nuŋ³¹nap³³jɔ³³ŋjəʔ³³ŋjaŋ⁵³ʃɔʔ⁵³pat³³.

头天　　晚上　　　从　打的　后面 早上　　眼见　一直　打

从前天晚上一直打到第二天亮。

部分地点状语是零标记，状语由方所词充当，位于中心语之前。例如：

pui³³thuʔ³¹khuɔm³³phɛ³³thuʔ³¹，pui³¹waŋ³¹khuɔm³³phɛ³³waŋ³¹.

太阳　出来 地方　　方向　出来 太阳　落下 地方　　方向　落

太阳从东方升起，朝西方落下。

③随同格助词 ja³³，表示一个所指跟随另外一个所指，二者主从关系不明显，义为"同、跟、和"等。例如：

a³³jɔ³¹ja³³jɛt⁵³. 和奶奶睡。　　　　naŋ³¹ja³³ma³¹sɛŋ³³! 跟你没关系！

奶奶 和 睡　　　　　　　　你　和 没 关系

naŋ³¹ja³³ta³¹kɛ³³lou³³. 同你去。

你　同　一起　去

ŋjaŋ⁵⁵ja³³ma³¹nap³¹kai⁵⁵ma³¹lou³³. 和他上街。

他　和　街上　　　　去

jaŋ³³ŋjaŋ⁵⁵ja³³ma³¹lou³¹. 我们不跟他玩。

我们 他　跟 不 玩

ŋjaŋ⁵⁵ja³³xjam³¹kɔ³³ta³¹. 跟他商量商量。

他　跟　商量

ŋ³¹ma³¹lou³³ljɛt⁵⁵，naŋ³¹ja³³tʃha³³sɛŋ³¹? 就算我不去，和你有什么关系？

我 不 去（非）你　和 什么 关系

lɔ³¹tsaŋ³³ja³³ʃiɔ³³lji³¹lɔʔ³¹tsui³³pɛ³³kuɔt⁵³ta³¹kai³³. 老张要跟小李结婚。

老张　　和 小李　　结婚　　　　（那么）说

ŋa³³a³¹pei³³ja³¹a³¹nəu³³a³³jɔ³¹jɛn³³（ma³¹）lɔ³³ku³³.

我姐姐　　和　妹妹　奶奶家　　（方）去　了

我姐姐跟妹妹到奶奶家去了。

naŋ³¹nap³¹jɔ³³ta³¹xjaʔ³³lou³¹aʔ⁵³，naŋ³¹lji³¹taŋ³¹ta³¹ku³¹tai̯⁵³ta³³.

你　　明早　一会　　来（祈）你（宾）话一句　　说

你明天早上来一会儿，我有话跟你说。

在表示非常明确的一个所指跟随另一所指时，通常使用动词 thaŋ³¹tʃhaŋ³¹ "跟随" 作动词状语。例如：

ŋjaŋ⁵⁵thaŋ³¹tʃhaŋ³¹lou³³. 跟他走。

他　后　　跟　走

ta³¹ŋɛ³³mɔ³¹ja³³ŋa³³thaŋ³¹tʃhaŋ⁵³sɔn³³a³¹. 大家跟我数。

大家　　　跟我一起　　数（伴随）

④拟声状语助词 kɛ⁵⁵，用于拟声词作状语的句子中，具有专用性特点。语法形式为 "拟声词 + kɛ⁵⁵ + 中心语"，中心语为动词或动词性结构。例如：

"kua⁵⁵laŋ⁵⁵" kɛ⁵⁵lɛŋ⁵³ku³¹. "哐啷" 一声倒下去了。

哐啷　　　地　倒　了

ŋjɔʔ⁵³zɔ³³ "kji³¹kji³³" kɛ³³ŋjeŋ⁵³. 小鸟 "叽叽喳喳" 地叫。

小鸟　　　叽叽　　地　叫

tuŋ³³tɛ³³ "tʃɿ³³tʃɿ³³" kɛ³³ŋien⁵³. 小虫 "叽叽" 地叫。

小虫　　叽叽　　地　叫

ŋjɔʔ⁵³zɔ³³ "xju³³xju³³" kɛ³³ŋjeŋ⁵³. 小鸟 "啾啾" 地叫。

小鸟　　　啾啾　　地　叫

"taŋ⁵⁵taŋ⁵⁵" kɛ⁵⁵ŋjeŋ⁵³lɔ³¹. 传来了 "噼啪" 的枪声。

噼啪　　　地　响　来

maŋ³³ "tuŋ³³tuŋ³³" kɛ⁵⁵ŋjeŋ⁵³. 锣声 "锵锵"。

锣　锵锵　　地　响

"puŋ³³" kɛ³³ta³¹tam⁵³，ŋ³¹kju⁵³. "砰" 地一声，吓到我了。

砰　　地　一　声　我　吓

kjɔ³³nɔ³³ "tʃu³³tʃu³³" kɛ³³ŋjeŋ⁵³. 老鼠 "吱吱" 叫。

老鼠　　　吱吱　　地　响

"wa⁵⁵" kɛ³³sɔ³³sɔ³³ta³¹xja³³ŋau⁵³. "哇" 的一声大哭起来。

　哇　　地很　一声哭

"kə³¹kə³¹" kɛ³³, mɔu⁵⁵ta³¹laiŋ³³tʃɛu³³. "轰隆"，打了一声雷。

    轰隆   地 雷一 声 打

la⁵⁵ŋjau⁵³zɔ³³ "mjɔ³³mjɔ³³" kɛ³³ŋjeŋ⁵³. 小猫"喵喵"地叫。

  小猫   喵喵   地 叫

ʃam³³ku³³ "sən³³lən³³lən³³" kɛ³³ŋjen⁵³. 大刀"铮铮"作响。

  大刀   蹭楞楞   地 响

zɿ³³ʃaŋ³³ "ji³³ja³³" kɛ⁵⁵taŋ⁵⁵xjuʔ⁵³tʃu³¹. 小孩"咿呀"学话。

  小孩   咿呀   地 话 学 说

ŋjaŋ⁵⁵ "xji³¹xji⁵⁵" kɛ⁵⁵ta³¹khuɔn³³ji³¹ku³¹. 她"噗嗤"一声笑了。

  她   嘻嘻   地 一声   笑 了

mje³³thaʔ⁵³ "sui⁵⁵" kɛ⁵⁵lji³¹lai³³/³⁵lɔu³³ku³¹. 火车"嗖"地一下过去了。

  火车   嗖   地（非）过 去 了

wɔm³³tɔ³³ma³¹ "ku³³lu³³ku³³lu³³" kɛ⁵⁵ŋjen⁵³. 肚子里"咕噜咕噜"直响。

  肚子   （方）咕噜咕噜   地响

"kuaŋ⁵⁵kuaŋ⁵⁵" kɛ³³maŋ⁵⁵thuɛ³¹ŋ³¹tɛŋ⁵³sɔ³³ku³¹.

  锵锵   地 锣声   我 吓 醒 了

"锵锵"的锣声把我惊醒了。

tjəu³¹jaŋ³³ "wuŋ³³wuŋ³³" kɛ⁵⁵taŋ⁵⁵lai⁵⁵lɔu³³ŋəi³¹.

  蜜蜂   嗡嗡   地 飞 过 去 着

蜜蜂"嗡嗡"地飞过去。

jam³¹təu³³uʔ⁵⁵lɔm⁵³thoʔ⁵³ma³¹ "sui⁵⁵sui⁵⁵" kɛ³³lɔ³³.

  子弹头上   （方） 嗖嗖   飞去

子弹"嗖嗖"地从头上飞过。

ŋjaŋ⁵⁵xjɔ³³kjɔ³¹jɔ³¹khɔu³³ma³³ "kua⁵⁵la⁵³" (kɛ³³) ŋəi⁵³.

  他 忽然 屋子里   呱啦   地 响

他忽然听到后屋里"咯噔"响了一声。

"kuaŋ³³laŋ³³" kɛ³³lji³¹ɔu⁵⁵ŋəi⁵³tʃaŋ³³ma³³tjɛt⁵⁵kjɔu³³ku³¹.

  哐 啷   地（非）锅地上   掉 下来 了

"哐啷"的一声把锅掉在地上。

"pjaŋ⁵⁵" kɛ³³ŋjen⁵³lji³¹, tʃɛi³¹təu³³xuɔt⁵³kjɔ³³lɔu³¹ku³¹.

  哗 地 声（非）   水 泼   下来来 了

"哗"的一声，水泼下来了。

ʒe⁵⁵ we⁵⁵ ma³¹ ja³³ "ɛŋ⁵³ɛŋ⁵³" kɛ⁵⁵ zɔ⁵⁵ nu³³ ŋau⁵³ ŋjəi³³ xjɔ³³ kjɔu³¹.

远远地　　　　呱呱　　　婴儿　哭　在　到　听

很远就听到了"呱呱"的婴儿哭声。

⑤状语助词 la³¹ 在连动句中，标志前一动作的持续状态，在连动句中作状语成分。例如：

naŋ³¹ tsuŋ³¹ la³¹ tai̠³¹ aʔ⁵³. 你坐着讲。

你　坐　着　说（祈）

ŋjaŋ⁵⁵ ljap⁵³ la³¹ jəi³³ ʃuʔ⁵³.

他　站　着　酒　喝

他站着喝酒。

⑥tɛ⁵⁵ "地"，原义"像、似的"，在特定句式中兼具状语标记功能，但使用范围受限。即用在代词作修饰成分的偏正结构中为状语助词；用在平比句中的平比标记 ta³¹jaŋ³³ 后、比较结果前，是比较结果的状语标记。例如：

xe³¹ ja³³ ta³¹ jaŋ³³ tɛ³³ kuɔt⁵³ aʔ⁵³. 照这个样子做。

这样　一样　地　做（祈）

khɔum³³ kha³¹ ji³¹ tɛ⁵⁵ phaŋ³¹ tɔ³³. 房门大开着。

门　　那么大　地　开　着

tsham³³ xeʔ³³ jeŋ⁵³ tɛ³³ uʔ⁵⁵, jəu³¹ kei³¹ ku³¹! 头发长得这么长，要理一理啦!

头发　这么长　地　发　理　该　了

ŋja⁵⁵ tji³¹　ŋa⁵⁵ tji³¹　ja³³ ta³¹ jaŋ³³ tɛ⁵⁵ kei³¹. 她的衣服和我的一样好。

她的衣服　我的衣服　和　一样　地　好

tʃɔ³³ tsɛŋ⁵³ ja³³ tʃhɔ³³ kjaŋ³¹ aʔ³³ ləuʔ³³ ta³¹ jaŋ³³ tɛ⁵⁵ wɛ³³.

大路　和　小路　　大约　　一样　地　远

大路和小路差不多远。

二、并列关系结构助词

茶山语表示并列关系的结构助词，连接两个相同的语法成分或两个句子。主要有 ja³³、ɛʔ⁵³ 等。

（1）ja³³ "和、与、而、跟"：使用较广泛的关系助词之一。它位于两个或两个以上并列成分之间，起到连接作用，被连接的各成分之间是平等的，一般没有主次之分，位置可以互换，意义不发生变化。例如：

ŋ³¹ ja³³ naŋ³¹ ta³¹ kai³³ lɔuʔ³³. 我和你一起去。

我　和　你　一起　去

ŋjaŋ⁵⁵ ja³³ ŋ³¹　ka³¹ta⁵³zan⁵³tsəi³¹. 她和我是同年。

她　和　我（话）一年　的

naŋ³¹ ja³³ ŋ³¹ ta³³ ʃeŋ³¹ jəu³³lɔu³³. 你和我去看电影。

你　和　我电影　看去

naŋ⁵⁵ ja³³ ŋ³¹ ta³¹ ji³³ ŋjəi³¹ku³³lji³³. 他和我是一块儿长大的。

他　和　我一块　在长大　的

la⁵⁵ŋjau⁵³ ja³³la³¹khui³³pat³¹kɔu³³. 猫跟狗打架。

猫　　　和　狗　打（互）

ŋjaŋ⁵⁵ ja³³ma³¹nap³¹kai⁵⁵ma³¹lɔu³³. 和他上街。

他　和　街上　　　　　去

ku³¹pja³³ ja³³khuɔm³³mu³³tʃhŋ³¹kɛ³³. 拿洋铲或锄头来都行。

洋铲　　和　锄头　　　拿　行

naŋ³¹ ja³³ŋjaŋ⁵⁵ta³¹kɛ³³lɔu³³ku³¹la³³? 你和他都去过？

你　和　他　全　去　过（疑）

ŋ³¹ ja³³ŋjaŋ⁵⁵ta³¹kɛ³³jun³¹nan³³tjəu³¹. 我和他都是云南人。

我和他　都　云南　人

phiŋ³³kɔ³¹ ja³³ʃŋ⁵⁵lje³³ta³¹ŋɛ³³pɔp³³ku³¹. 苹果和梨都烂掉了。

苹果　　和　梨　都　烂了

ŋ³¹ ja³³ŋjaŋ³³ta³¹kɛ³³ja³³jɛn³³ma³¹lji³³. 我和他一起回家。

我和他　一起　家　回

ʃɔ³³waŋ³¹ ja³³ʃɔ³³lji³¹sɔ³³sɔ³³kei³¹kɔ³³. 小王和小李关系很好。

小王　　和　小李　很　好（互）

ŋjaŋ⁵⁵ ja³³naŋ³¹ta³¹kɛ³³jun³¹nan³¹tjəu³¹la³³? 他和你都是云南人？

他　和　你　都　云南　人（疑）

pei³¹kjɛn³³ ja³³saŋ³³xɛʔ⁵³ta³¹ŋɛ³³mjuʔ⁵³tsɛŋ⁵³. 北京和上海都是大城市。

北京　　和　上海　都　城市大

ŋjaŋ⁵⁵a³¹maŋ³³ta³¹ku³¹ ja³³a³¹nəu³³ta³¹ku³¹pɔu³¹.

他　哥哥　一个　和　妹妹　一个　有

他有一个哥哥和一个妹妹。

zɔ³³pɛ³³ ja³³zɔ³³lat³¹ta³¹ji³³kɔ³¹tsuŋ³³ma³¹tɔ³³ŋjəi³¹.

老大　和　老二　都　高中　（方）上　在

老大和老二都在上高中。

tʃɔ³³tsɛŋ⁵³ja³³tʃhɔ³³kjaŋ̠³¹a³³ləuʔ³³ta³¹jaŋ³³tɛ⁵⁵wɛ³³.

大路　　　和小路　　大约　一样　　远

大路和小路差不多远。

a³³ŋue⁵³thjɛ⁵⁵kɔʔ⁵³ja³¹tji³¹ləu³³wui⁵³ŋjaŋ³³lji⁵³tjəi³³.

母亲　鞋子　　　和衣服　去　买　他（宾）给

母亲去买鞋子和衣服给他。

ŋ³¹ja³³ŋjaŋ⁵⁵ta³¹kɛ³³ja³³pɔm⁵³ma³¹thaŋ³³ləu³³xjɔu³¹.

我　和他　　一起　山　（方）柴　去　砍

我和他一起上山砍柴。

thji⁵⁵zɔ³¹khɔʔ³¹ja³³ŋja³³zɔ³¹ta³¹kai³³ja³³ʃɔ³³mɛ⁵³pai³¹.

那　老人　和儿子　都　　　　肉喜欢　打

那个老人和他的儿子都喜欢打猎。

ŋjaŋ⁵⁵pha⁵⁵tʃuat⁵³ja³³thjɛʔ⁵⁵kɔ³¹mɔu³³tsa³³wui³¹la³³？他买了毛巾和鞋袜？

他　毛巾　　　和鞋　　袜　买（疑）

tsɔ³¹ja³³aŋ⁵⁵ŋɛ³¹tʃam³³ku³³,　ŋjuɐi⁵⁵ləu³¹la³³tsɔ⁵⁵aʔ⁵³.

饭和菜都　凉了　热　　来了吃（祈）

饭和菜都凉了，热一热再吃吧。

kjɔʔ³³tsɛŋ³¹ja³³kjɔʔ³³zɔ³³ŋjəi³¹tʃaŋ³¹ma³¹tuŋ³¹tɛ³³xjɔu³³tsɔu³³ŋjəi³¹.

母鸡　　和小鸡　　地里　虫子　　找　吃　在

母鸡和小鸡在地里找虫子吃。

na⁵⁵mɔ³¹jəi³¹wui³¹ləu³¹aʔ⁵³,　ŋ³¹ja³³na³³mɔ³¹tsɔ³¹ta³¹kɛ³³tsɔu³³.

你们　酒　买来（祈）我和你们　饭　一起　吃

你们买酒来，我和你们一起吃饭。

ŋ³³a³¹pei³³aiʔ⁵⁵jəu³³a³¹maŋ³³ta³³jəu³³ja³³a³¹nu³³ta³¹jəu³³pɔu³¹.

我姐姐两人、哥哥　一个和弟弟　一个有

我有两个姐姐、一个哥哥和一个弟弟。

tʃhu³³tʃhu³³luŋ³³、ɔʔ⁵⁵ljɔʔ⁵³ja³³ʃaŋ³³jan³³、sa³³pjaʔ³¹、mɔu³¹sɔu³³

糖果　　　　　粑粑　和香烟　　肥皂　　　纸

ta³¹ŋɛ³³ɔŋ³³. 糖果、糕点和香烟、肥皂、卫生纸都有卖的。

都卖

ŋa³³mɔ³¹wu³³khɔu³³paŋ³³ja³³thji⁵⁵wu³³khɔu³³paŋ³³ta³¹kɛ³³ja³³tap⁵³ta³¹

我们村　　　　和那村　　　　一起　水沟一

khat³³ ʃau³¹. 我们村和对面的村共同修了一个水坝。

条　修

　　句中并列成分有一个是第一人称时，ja³³的位置比较灵活，既可以位于两个成分之间，又可以位于后一并列成分之后。ja³³居中的频率更高。例如：

　　ŋjaŋ⁵⁵ ŋ³¹ ja³³ sɔ³³ sɔ³³ sɛʔ³¹ kɔ³³. 她和我很熟。

　　她　我　和　很　　熟（互）

　　ŋja³³ jɔm³¹　　ŋa³³ jɔm³¹　ja³³ ta³¹ ji³³. 他的力量比得上我。

　　他的力量　我的力量　　跟　一样

　　ŋ³¹ ma³¹ lɔu³³ ljɛt⁵⁵, naŋ³¹ ja³³ tʃha³³ siɛŋ³¹? 就算我不去，和你有什么关系？

　　我　不　去　就算　你　和　什么　关系

　　ŋja⁵⁵ tji³¹　　ŋa⁵⁵ tji³¹ ja³³ ta³¹ jaŋ̠³³ tɛ⁵⁵ kei³¹. 他的衣服和我的一样好。

　　他的衣服　我的衣服　和　一样　　　好

　　ŋa⁵⁵ mɔ³¹　(ta³³) taŋ³³ na⁵⁵ mɔ³¹　(ta³³)　taŋ³³ ja³³ ma³¹ təu³¹ kɔ³³.

　　我们　的　话　你们　的　　话　跟　不同（互）

　　我们的话跟你们的话不同。

　　ŋja³³ jam³³ ma³³ wuʔ⁵⁵ tsɛŋ⁵³ aiʔ⁵⁵ tu³³ ja³³ ʃɔ³³ pɛ³³ tsɛŋ⁵³ sɔm³³ tu³³ ŋjəu³¹ tɔu³³.

　　他家　（方）母猪　　两　只　和　母羊　　　三　只　有　着

　　他家有两头母猪和三只母羊。

　　ja³³居中或居后，二者表达意义相同，两种情况可互换。例如：

　　ŋ³¹ ŋjaŋ⁵⁵ ja³³ ta³¹ lain³³ ŋjaŋ³¹ kɔ³³ ku³¹. (ŋ³¹ ŋjaŋ⁵⁵ ja³³ = ŋ³¹ ja³³ ŋjaŋ³³)

　　我　他　和一　次　见　过　了

　　我和他见过一次面。

　　ja³³能同时居中或居后，这是由于ja³³还具有施事助词的功能，与表示人的句法成分关系密切。这类句子的两个并列成分之间往往出现其他成分，如时间状语等。例如：

　　ŋjaŋ⁵⁵ a³¹ tʃaŋ³³ ja³³ thji⁵⁵ zɔ³¹ khɔ³¹ ja³³ ta³¹ kɛ³³ su³³.

　　他　　经常　和　那个　老人　　和　一起　走

　　他经常和那个老人一起走。

　　有的宾语部分的并列成分可以不用助词。这种情况出现频率较低。例如：

　　ŋa³³ jɛ̠³³ ma³³ kjɔʔ³³ ta³⁵ tsəi³¹ wuʔ⁵⁵ ta³⁵ tsəi³¹ ŋjəu³¹ tɔu³³.

　　我　家（方）鸡　一些　　猪　一些　养　着

　　我家养了一些鸡和猪。

　　（2）mǎ³¹ nɔ³³……mǎ³¹ nɔ³³……"一边……一边……"：连接两个及以上的

动词性短语或分句，表示多个动作行为同时进行。例如：

ŋjaŋ⁵⁵mǎ³¹nɔ³³ta̱i³¹，mǎ³¹nɔ³³ji³¹. 他一边说一边笑。

他　一边　说　一边　笑

ŋjaŋ⁵⁵mǎ³¹nɔ³³su³³，mǎ³¹nɔ³³khuɔn³³. 他一边走一边唱。

他　　一边　走　一边　唱

lɔ³¹tsaŋ³³mǎ³¹nɔ³³su³³，mǎ³¹nɔ³¹mɔ³¹khuɔn³³khuɔn³³.

老张　一边　走　一边　　　唱歌

老张一边走路，一边唱着歌。

ŋja⁵⁵mɔ³¹lɔʔ³¹tsui³¹kɔu³³tɔ³³la³¹mǎ³¹nɔ³³su³³ mǎ³¹nɔ³³khuɔn³³.

他们　手　握拉（互）　　一边　走　一边　唱

他们手拉着手，一边走一边唱。

ŋa⁵⁵mɔ³¹mǎ³¹nɔ³³lɔu⁵⁵mǎ³¹nɔ³³ta̱i³¹，tai³³ŋjəi³¹tai³³ŋjəi³¹lji³¹tʃuɛ⁵⁵ku³³.

我们　一边　走　一边　说　说着　说着　（非）到　了

我们边走边说，说着说着就到了。

xɛ⁵⁵lɔ³³ʃiɛn³³ʃəŋ³³ta⁵⁵ʃiɛn³¹mǎ³¹nɔ³³jəu³¹，mǎ³¹nɔ³³tʃəi³¹ʃəuʔ⁵³ŋjəi³¹.

这　老先生　电视　一边　看　一边　喝水　在

这位老先生一边看电视，一边喝水。

ta³¹ŋɛ³³mɔ³¹ja³³mǎ³¹nɔ³³tʃəi³¹tsəuʔ³¹tsɔ³¹tʃəu⁵³，mǎ³¹nɔ³³kja³³sɿ³¹pɔu³¹kui³¹

大伙　一边　烧水　做饭　一边　帮　捡　整

suɔn³¹tjəi³³.

理　给

大伙一边为他烧水做饭，一边帮他收拾行李。

（3）ɛʔ⁵³"也、又、还、而且"：在句中连接两个并列成分，强调同时存在的行为动作或状态。这类并列成分多为形容词。例如：

thji⁵⁵pɔm⁵³ŋjaŋ⁵⁵ɛʔ⁵³ŋjaŋ³¹ku⁵⁵ɛʔ⁵³ku³³. 那座山又高又大。

那　山　高　也　高　大　也　大

ŋjaŋ⁵⁵tsui³³tsəi³¹kei³¹ɛʔ⁵³kei³¹，ŋjap⁵⁵ɛʔ⁵³ŋjap⁵³.

他　做　得　好　也　好　快　也　快

他不但做得快，而且做得好。

ŋjaŋ⁵⁵a³¹jaŋ³³kuɔt⁵³lji³¹kei³¹ɛʔ⁵³kei³¹ŋjap⁵⁵ɛʔ⁵³ŋjap⁵⁵.

她　事情　做　好　也　好　快　也　快

她做事情又快又好。

ŋjaŋ⁵⁵ɛʔ⁵³khuɔŋ³³，naŋ⁵⁵ɛʔ⁵³khuɔŋ³³，ŋ³¹ɛʔ⁵³khuɔŋ³³，ta³¹ŋɛ³³mɔ³¹ja³³khuɔn.

他　也　唱　　你　也　唱　我　也　唱　大家　都　　唱

他也唱，你也唱，我也唱，大家都唱。

这类句式中，ɛʔ⁵³可以省略，意义不变。例如：

xɛ⁵⁵pɔm⁵³ŋjaŋ³¹tsuŋ³³（＝xɛ⁵⁵pɔm⁵³ŋjaŋ⁵⁵ɛʔ⁵³ŋjaŋ³¹tsuŋ⁵⁵ɛʔ⁵³tsuŋ³³）

这　山　高　陡　　这　山　高　也　高　陡　也　陡

这座山高而且陡。

三、复句中的助词

（1）ŋuat⁵³ljɛt⁵³ "不管（无论）……都（也）"，表示条件关系中的无条件关系。例如：

xɛ⁵⁵sɿ³¹xaŋ⁵⁵ŋuat⁵³ljɛt⁵³ma³¹sɛʔ⁵³. 这事不管谁都不懂。

这事　谁　不管都　不　懂

xaŋ⁵⁵ŋuat⁵³ljɛt⁵³ma³¹tʃha³³，sɿ³¹jɔu³³pan³¹ku³³kei³¹ku³¹.

谁　不管都　不　错　　事情　办成　好　了

不管谁都行，只要把事办成。

条件分句是主谓关系时，ŋuat⁵³可以省略，意义不变。例如：

naŋ³¹khǎ³¹sɿ³³tai̯³¹ljɛt⁵⁵，ŋ³¹ka³¹ma³¹lɔu³³. 不管你怎么说，我也不去。

你　怎么　说不管我（话）不　去

naŋ³¹khǎ³¹sɿ⁵⁵tai̯³¹ljɛt⁵⁵，ŋjaŋ⁵⁵ma³¹jɔu³³lɔu⁵⁵.

你　什么　说　不管　他　不　能　去

不管你怎样讲，他都不能去。

ŋ³¹lɔu⁵⁵ma³¹lɔu⁵⁵ljɛt⁵⁵，ŋjaŋ⁵⁵ka³¹sɿ³³ljɛt⁵³lɔu⁵⁵.

我　去　不　去　不论　他　一定　　去

不论我去不去，他一定去。

（2）ŋuat⁵³lji³¹ "要是、如果、或者……"，既能表示关系并列的选择义，也能表示假设关系。

①表示并列关系的选择义。例如：

ŋuat⁵³lji³¹naŋ³¹lɔu³³，ŋuat⁵³lji³¹ŋjaŋ⁵⁵lɔu³³. 或者你去，或者他去。

或者　你　去　或者　他　去

ŋuat⁵³lji³¹jaŋ³³jaŋ³³lɔʔ³¹tui³¹，ŋuat⁵³lji³¹kɔ³³jəu³¹pɔu³¹kuɔt³¹naŋ³¹.

或者　自己　手动　或者　别人　帮　做　叫

或者自己动手，或者请别人代替。

助词 ta³¹la³³也能表示并列关系的选择义。例如：

jaŋ³³kuɔt⁵³ta³³tsəi³¹：tsuɔp³³phuŋ³³kuɔt⁵³ta³¹la³³mu⁵⁵tsui³³ta³¹la³³.

我们　　要做的　开会　　　　　　或者　干活　或者

我们都面临着一个选择：工作或开会。

②用于假设关系的复句中，表示假设义。例如：

kɔ³³jəu³¹ŋuat⁵³lji³¹，xɛ⁵⁵sʅ³¹ma³¹jɔu³³kuɔt⁵³. 要是别人，这事办不成。

别人　要是　　这　事不能　做

naŋ³¹ma³¹lɔu³¹ŋuat⁵³lji³¹，ŋǎ³¹ŋjaŋ³³lɔu³³ku³¹. 你如果不来，我就自己去。

你　不　来　如果　　我自己　去　了

phɛ⁵⁵na⁵³ŋiəi³³jɔ³¹mɔu³¹wu³¹ŋuɔt⁵³lji³¹，ŋ³¹ma³¹lɔu³¹lɔ³³.

明天　　　雨　下　如果　　我　不　来　了

如果明天下雨，我就不来了。

phɛ⁵⁵na³¹ŋəi⁵⁵jɔ³¹mɔu³¹phaŋ³³ŋuɔt⁵³lji³¹，khǎ³¹sʅ⁵⁵ljɛt³¹ŋ³¹ŋjaŋ⁵⁵lji³¹

明天　　　天　晴　如果　一定　　我　他（宾）

ʃui⁵⁵la³³mǎ³¹nap⁵³kai³³lɔu⁵⁵kan³¹ta³¹. 如果明天天气好，我一定带他去赶集。

领　　　街　去　赶

ɛiʔ³¹ŋuɔt³¹lji³¹nɔu³³ɛiʔ⁵⁵aʔ⁵³，mɔu³¹thʃuat⁵³ku³¹，ŋjɔ³¹ma³¹ŋjaŋ³¹lɔ³³，

回去　如果　早　回去　大　黑　了　眼　不　看见　了

tʃhɔ³¹ma³¹jɔu³¹su⁵⁵lɔ³³. 要回去就早回去，要不然天黑了，路就不好走了。

路　不　得　走　了

在表示"两者都"或"两者都不"的句中，可以不使用助词，两个并列结构语序直接表示并列语义。例如：

mɔ³¹khuɔn³³tsat⁵³kɔu³³ŋ³¹tʃhɛʔ⁵³ma³¹ta³³kuɔt⁵³. 唱歌或跳舞我都不会。

唱歌　　跳舞　我　都　不　会　做

在假设句中，ŋuat⁵³可以省略。省略或不省略不影响句义，其中后者更常见。例如：

naŋ³¹ma³¹tʃen³³，lji³¹nǎ³¹ŋjaŋ³³lɔu³³jəu³³aʔ⁵³.

你　不　信　如果　你自己　去　看（祈）

如果不信，你亲自去看一看。

ŋjaŋ⁵⁵ma³¹lɔu³¹（ŋuat⁵³）lji³¹，ŋ³¹ma³¹lɔu³³lɔ³¹.

他　不　来　如果　　我　不　去　了

他如果不来，我就不去了。

naŋ³¹ la³¹ pan³¹ kjuk⁵³ ŋjəi³³ lji³¹ mjuʔ⁵⁵ ma³¹ lou³³ ŋuat⁵³ lji³¹, ŋ³¹ lji³¹ a³³ jaŋ³³

你　　星期六　　　　在（非）城市（方）去　如果　我（宾）东西

ta³¹ tsəi³¹ pou³¹ tʃʰŋ³³ lji³³ aʔ⁵³, ŋ³¹ ta³¹ lain³³ lo³³ nan³³.

一　点　　帮　带　回来（祈）我 一　趟　去　难

要是星期六你进城去，请你替我带点东西回来，省得我自己走一趟。

（3）pə³³ kji³¹ "与其……不如……" 例如：

xe³¹ sŋ³³ tjo³¹ ko³³ ŋjəi³¹, pə³³ kji³¹ ka³¹ no³¹ ja³³ kaŋ³¹ ko³³.

这样　吵　着　　不如（话）早点　离婚

与其这样吵着，不如早点离婚。

（4）ma³¹ ja³³ "为了"，表示目的的关系。例如：

xjeʔ³¹ phɛ³³ ŋjaŋ³³ zo³³ tʃan³¹ kaŋ³¹ ma³¹ ja³³, sŋ³³ pei³³ lji³¹ tʃieɲ³³ ŋjəi³³ᐟ³⁵

从前　　　他　儿女　　　　为了　　　人家（宾）债　多多

ʃoʔ⁵³ won³¹. 从前他为了这些儿女，欠下了人家很多债。

背

第九节　体助词

片马茶山语的体助词附着在动词、动词短语之后或之前，表示动作行为的不同进程。其特点主要是：①体助词不太丰富。②多分布在句末，有的用于动词谓语之后或之前。③不能受其他成分修饰。④大多没有形态变化，也不能重叠。茶山语体助词表示的有将行体、完成体、起始体、曾行体、持续体、未行体、进行体等。动词的体助词不太丰富，有将行体助词 ta³¹ "要、将要"、lo³³ pa³³ "准备" 等，进行体助词 ŋjəi³¹，能表示完成体、起始体、曾行体的体助词 ku³¹，未行体助词 ʃŋ⁵⁵，持续体助词 to³³、tou³³ 等。

一、将行体

将行体助词 ta³¹ "要、将要、会"、lo³³ pa³³ "准备"、pa³³ kɛ³³ ku³¹ "快了" 等用在动词之后或句末，表示动作将要进行或者实现。例如：

naŋ³¹ kha³¹ sŋ⁵⁵ kuot⁵³ ta³¹? 你将要怎么办？

你　怎么　做　　要

khǎ⁵⁵ ŋjəi⁵³ mou⁵⁵ ma³¹ wu³¹ ta³¹. 今天不会下雨的。

今天　　雨　不　下　会

ŋjaŋ⁵⁵ naŋ³¹ lji³¹ ma³¹ xua³³ ta³¹. 他是不会骗你的。

他　你（宾）不　骗　会

xɔ⁵⁵ su³¹ naŋ³¹ lji³¹ xua³³ ta³¹. 那人是骗你的。

那人　你（宾）骗　会

ŋjaŋ⁵⁵ kha³¹ thaʔ⁵³ tʃue⁵⁵ ʃɔ³³ lou⁵⁵ ta³¹？他要到哪里去？

他　　哪里　到　要　去　要

lou⁵⁵ kei³¹ ku³¹, mɔu³⁵ ɛʔ⁵³ thʃuat⁵³ pa³³ kɛ³³ ku³¹. 该走了，天都快黑了。

走　该　了　天　都　黑　　快　了

phɛ⁵⁵ na³¹ ŋjəi³³ jɔ³¹ ŋjaŋ⁵⁵ ŋ³¹ lji³¹ lou³¹ jəu³³ ta³¹. 明天他要来看我。

明天　　　　　他　我（宾）来看　要

phɛ⁵⁵ na³¹ ŋjəi³³ jɔ³¹ ŋ³¹ ŋjaŋ⁵⁵ lji³¹ lou⁵⁵ xjɔ³¹ ta³¹. 明天我去找他。

明天　　　　　我　他（宾）　去　找　要

ŋ³¹ jɔ³¹ ma³¹ lou⁵⁵ lɔ³³ pa³³, ŋ³¹ lji³¹, ŋjaŋ⁵⁵ lou³¹ ku³¹！

我　地上　去　准备　我（非）他　　来　了

我刚要上地呢，他就来了！

二、进行体

进行体助词 ŋjəi³¹ "在、正在"，用于动词之后或句末，强调某一动作行为正在进行或强调动作已经进行了一段时间，现在也正在进行，可能还将持续下去。例如：

ŋjaŋ⁵⁵ wuʔ⁵³ tsɔ³¹ xjɔm³¹ ŋjəi³¹. 他正在剁着猪食。

他　猪食　剁　在

ŋjaŋ⁵⁵ jɔ³¹ ma³¹ mu³³ tsui³³ ŋjəi³¹. 他正在地里干活儿。

他　地里　干活　在

ŋ³¹ jɛn³³ ma³¹ tʃue⁵⁵ lji³¹, ŋjaŋ⁵⁵ tsɔ³¹ tsɔ³³ ŋjəi³¹.

我家　　　到　回　他　饭　吃　正

我到家的时候，他正在吃饭。

ŋɛ³³ ma³³ mɔu⁵⁵ wu³¹ ŋjəi³¹, naŋ⁵³ a³³ thuʔ⁵³ lou³¹ lɔ³¹.

外面　雨　下　正在　你　别　出去　了

外面下着雨，你不要出去了。

ŋ³¹lɔu⁵⁵ ta³³ uʔ³³ lji³¹, ŋja⁵⁵mɔ³¹ kuk³¹ tsuŋ³³ ŋjəi³¹.

我 去 的 时候（非）他们 稻谷 插 在

我去的时候，他们正在插秧。

茶山语进行体助词 ŋjəi³¹ 能用于同一句型中的不同动词之后，表示正在进行。例如：

naŋ³¹ ma³¹thəŋ³³ lap³³ ŋjəi³¹ tʃha⁵⁵ xjɔ³³ ŋjəi³¹? 你掏呀掏的找些什么？

你 不停 掏 在 什么 找 在

ŋjəi³¹ 用在动词后，还能兼表动作不间断持续的状态。例如：

ŋjaŋ⁵⁵ ma³¹thəŋ³³ lai³³ ŋjəi³¹. 他不住地写着。

他 不停 写 着

状语助词 la³¹ 在连动句中，标志前一动作的持续状态，在连动句中作状语成分。例如：

naŋ³¹ tsuŋ³¹ la³¹ tai̠³¹ aʔ⁵³. 你坐着讲。

你 坐 着 说（祈）

ŋjaŋ⁵⁵ ljap⁵³ la³¹ jəi̠³³ ʃəuʔ⁵³. 他站着喝酒。

他 站 着 酒 喝

三、完成体、起始体、曾行体

体助词 ku³¹ "了、已经、过"，用于动词后或句末，表示动词的完成体、起始体、曾行体。

（1）完成体。既可以表示现在完成时态，也可以表示过去完成时态。例如：

mɔu⁵⁵ wu³³ ku³¹. 下雨了。　　　　nɔ³¹səu³³ ʃəi³³ ku³¹. 病人死了。

雨 下 了　　　　　　　病人 死 了

ŋjaŋ⁵⁵ nəu³³ wui⁵³ ku³¹. 他买了牛了。

他 牛 买 了

ŋjaŋ³³ a³³khaŋ³³ lɔu⁵⁵ ku³¹. 她已经走了。

她 刚刚 走 了

ŋjaŋ⁵⁵ jɔ³¹ma³¹ lɔu⁵⁵ ku³¹. 他去了地里了。

他 地里 去 了

ŋjaŋ⁵⁵ kai⁵⁵ ma³¹ lɔu⁵⁵ ku³¹. 他到街上去了。

他 街（方）去 了

ŋjaŋ⁵⁵ thaŋ³³ xjɔ³¹ lɔu⁵⁵ ku³¹. 他砍柴去了。

他 柴 找 去 了

ŋja⁵⁵zɔ³³ khɔʔ³³ljəiʔ³¹ tɔ³³ ta³³ san³³pɛ³³o̠ŋ³³ ku³¹.

他 儿子 大学 上 考试 赢 了

他儿子已经考上了大学了。

ŋjaŋ⁵⁵ lɔu³¹ kuɔm³³ lɔu³¹kɔʔ⁵³səu⁵⁵ lji³¹ ŋ³¹ jət⁵³ ku³¹.

他 来 门 来 敲 时候（非）我 睡 了

他来敲门的时候我已经睡了。

茶山语副词 tʃa⁵⁵tʃu³¹ "已经" 能表示动作的完成体，但使用频率很低。例如：

ŋ³¹tʃa⁵⁵tʃu³¹ta³¹ jam³³ wui³¹ ku³¹，tsai³³ta³¹ jam³³wui³¹ʃ̩⁵⁵ta³¹ ŋ³¹ sɔn³³.

我 已经 一些 买 了 再 一 些 买 还 要 我 计划/准备

我已经买了一些了，还准备再买一些。

动词完成体也能去掉体标记，但茶山人更习惯加体标记 ku³¹。例如：

ŋja³³ a³¹ pa³³ ŋjə̠t⁵³xjə̠t⁵³tshəi³³zan⁵³. 他父亲已经七八十岁了。

他 父亲 七 八 十 岁

（2）起始体。茶山语动词没有起始体，一般用完成体表示起始体。例如：

suŋ³³sɔʔ³¹ jə̠t⁵⁵ ku³¹. 开始割麦子了。

麦子 割 了

ta³³ʃeŋ³¹ pjaʔ⁵³ ku³¹. 电影开始演了。

电影 演 了

（3）曾行体。动词后加 ku³¹ "过" 等助词，表示某一行为动作曾经发生过。例如：

ŋjaŋ⁵⁵（ka³¹）tʃuɔn³¹ kuɔt⁵³ ku³¹. 他做过长工。

他 （话）奴隶 做 过

ŋjaŋ⁵⁵ xjeʔ³¹phɛ³³ phɔʔ⁵³ka³¹ kuɔt⁵³ ku³¹. 他从前做过生意。

他 从前 生意 做 过

ŋ³¹ nau³³ ja³³ xɛ⁵⁵ mɔu³¹sou³³pu³¹ jəu³³ ku³¹ kəu³¹. 我早就看过这本书了。

我 早早地 这 书 本 看 过 了

ŋ³¹xɛ⁵⁵ aŋ⁵⁵ tsɔ³³ tu³¹，sɔ³¹ sɔ³¹ ma³¹ tsɔ³³ kei³¹.

我 这 菜 吃 过 很 不 吃 好

我吃过这种菜，不太好吃。

ŋəi⁵⁵ na³¹ xjeʔ³¹ ŋjəi³³ ŋam³³ ku³¹, khǎ⁵⁵ ŋjəi⁵³ tuɔm³³ kjuɛ⁵³ ku³¹.

前几天　　　　　冷　了　今天　又/重复　热　了

前几天冷过，今天又热了。

有的地点名词意义引申后能表示曾行体。例如：

ŋ³¹xɔ³³khɔu³³lɔ³³ku³¹. 我前几天曾经去过。

我　前不久　去　过

上句中的 xɔ³³khɔu³³ 原义为"前面"，后引申为"前不久"，表示动作的曾经发生。

四、未行体

体助词 ʃʅ⁵⁵ "还" 用于句末，表示动作的行为或性状尚未出现、尚未发生。例如：

naŋ³¹ khǎ³¹ ʃʅ³³ ma³¹ nɔ³³ ʃʅ³³ la³³? 你这回还不罢休？

你　　现在　　不　休息　还（疑）

xe⁵⁵ ŋjaŋ³¹ ku³³ lji³¹, tsɔ³¹ ma³¹ tsɔ³³ ʃʅ³³. 这么晚了，还没有饭吃。

这　晚　了（非）饭　不　吃　还

ŋiɔʔ³¹ ma³¹ ŋjaŋ³¹ ʃʅ³³, ta³¹ xja³³ tʃa³³ jət⁵³ ʃʅ³³.

眼　没　看见　还　一　下　再　睡　还

天还没亮，索性再睡一觉。

ŋjaŋ⁵⁵ lɔu³³ la⁵⁵mu⁵⁵ ta³¹ khjap⁵³ tʃɛn⁵⁵ ku³¹, ma³¹ tuɔm⁵³ lji³³ ʃʅ³³.

他　去　月　　一个　　多　了　不　回　回来　还

他去了一个多月了，还没有回来。

五、持续体

持续体助词 tɔ³³ 或 tɔu³³ 一般用在动词后，表示动作行为或动作行为状态的持续。tɔu³³ 与 tɔ³³ 是一个词，tɔu³³ 用于句尾，用于句中省音为 tɔ³³，tɔ³³ 在句中还常与 la³¹ 连用。例如：

naŋ³¹ tʃʅŋ³¹ tɔ³³ aʔ⁵³. 你拿着！

你　拿　着（祈）

tsuŋ³¹ tɔ³³ aʔ⁵³, a³¹ tɔu⁵³ ljap⁵⁵. 坐着，不要站起来！

坐　着（祈）不　起　站

ŋjaŋ⁵⁵ tji³³ ta³¹ kuŋ³¹ wɔt⁵³ tʃhŋ³³. 他穿着一身新衣服。

他　　衣服一　身　穿　起

ŋjaŋ⁵⁵ uʔ⁵⁵lɔm⁵³ ŋuat³¹ taŋ⁵⁵ ma³¹ tʃuʔ³¹. 他低着头不说话。

他　　头　　　低　话　不　说

uʔ⁵⁵kjɔp⁵³ kjɔp⁵³ tɔ⁵⁵ la³¹, uʔ⁵⁵kjɔp⁵³ xjɔu³¹. 戴着帽子找帽子。

帽子　　　戴　着　了　帽子　　找

ŋjaŋ⁵⁵ ljap⁵⁵ tʃɔu³¹ la³¹ a³¹ jaŋ³³ mai³¹ tsɔu³³. 他喜欢站着吃。

他　　站（貌）　　东西　喜欢　吃

tjəi⁵⁵ jam⁵³ ma³¹ suɔm³³la³³ta³¹ ku³¹ laŋ³³ tɔu³³. 墙上挂着一幅画。

墙上　　　　　画　　一幅　挂着

luk⁵⁵kɔ³³ ma³³ mɔu³¹ sɔu³³ tʃhap³³ tsan³¹ tɔu³³. 石头上刻着字呢。

石头上　　字　　刻　　　着

ŋjaŋ⁵⁵ tjəi⁵⁵ jam⁵³ ma³¹ ŋɛ³¹ tɔ³³la³¹ jan³³ tap³¹ ŋjəi³¹. 他靠着墙抽烟。

他　　墙　　　靠着　烟　抽　在

ŋ³¹ san⁵⁵ tʃhŋ³¹ tɔ³³, mɔu⁵⁵wu⁵³ ljɛt⁵⁵ ma³¹ kjuʔ³¹. 我带着伞，不怕下雨。

我　伞　带　着　下雨　　也　不　怕

mɔ³³tu³³ ma³¹ wɛ⁵⁵kuə³¹ tjəu³¹ai⁵⁵ jəu³¹ tsuŋ³¹ tɔu³³.

车子　里　外国人　　　两　个　坐　着

车子里坐着两个外国人。

ŋjaŋ⁵⁵ lɔʔ³³lji³¹ xu⁵⁵khɪjap⁵³ kuɔm³¹ ta³¹ ku³¹ tʃhŋ³¹ tɔu³³.

他　　手里　　茶杯　　　一个　拿　着

他手里拿着一个茶杯。

khuɔm³³ phaŋ³¹ tɔ³³, jɔ³¹ khɔu³³ ma³³ tjəu³¹ ma³³ ŋjəi³¹.

门　开　着　屋里　　人　不　在

门开着，里面没有人。

ŋjaŋ⁵⁵ ŋjəi³³ tʃaŋ³³ ma³¹ tsuŋ³¹ tɔ³³, ma³¹ mɛ⁵³ tɔu³¹ ljap³³.

她　　地上　　　坐着　不想　起　站

她在地上坐着，不肯站起来。

ŋja⁵⁵mɔ³¹ san⁵⁵ khəu⁵³ tɔ³³ la³¹ ma³³nap³¹ kai⁵⁵ma³¹ su³³lɔ³³ ŋjəi³¹.

他们　　伞　打　着　　　　街上　　走　起　在

他们打着伞在街上走。

ŋ³¹ thuʔ³³lɔ³³ thaŋ³¹lji³¹, kja⁵⁵sŋ³¹ a³¹luɔm³³mu³³ jəu³³ ŋjəi³¹ aʔ⁵³.

我　出去　以后　　东西　好好地　　看　着（祈）

我走开一会儿，行李要好好儿地看着！

ŋja⁵⁵mɔ³¹ lɔʔ³¹ tsui³¹ kɔu³³ tɔ³³ la³¹, mǎ³¹nɔ³³ su³³ mǎ³¹nɔ³³ khuɔn³³.

他们　手　握 拉（互）着　一边　走　一边　唱

他们手拉着手，一边走一边唱。

除了在动词后加 tɔ³³ 或 tɔu³³ 表示持续体外，还可以在句尾加副词 ʃɿ³³，表示动作还将持续。例如：

ŋjaŋ⁵⁵ma³¹lɔu³¹ʃɿ³³. 他还没有来。

他　没 来 还

ŋjaŋ⁵⁵ma³¹jɛt⁵³ʃɿ³³. 他还没有睡觉。

他　没 睡 还

la³³mu³³sɔm³³khjap⁵³tə³³xju²⁵³ʃɿ³³. 才学了三个月。

月　三　个 才 学 还

ŋjɔʔ³¹ma³¹ŋjaŋ³¹ʃɿ³³, ta³¹xja³³tʃa³³jət⁵³ʃɿ³³. 天还没亮，索性再睡一觉。

眼　没 看见 还　一 下 再 睡 还

在表示"站立"义持续的句中，可以使用虚化了的动词 tʃɔu³³ 标志"站"，表示动作的持续体。这类句中的 tʃɔu³³ 与持续体标记 tɔu³³ 可以互换，意义不变。例如：

tsuŋ³¹tɔu⁵⁵kei³¹, ljap⁵⁵tʃɔu⁵⁵ma³³kei³¹. 坐着好，站着不好。

坐 着 好 站 着 不 好

ŋjaŋ⁵⁵ ŋjaŋ³³mɔ³¹thaŋ³¹ma³¹ ljap⁵³ tʃɔu³³. 他在屋檐下站着呢。

他　屋檐下　　 站 起/着

khuɔm³³tuaŋ³¹ma³¹ tjəu³¹ sɔm³³ jəu³¹ ljap³³ tʃɔu³¹/tɔu³³. 门口站着三个人。

门口　　 （方）人　三 个 站 着

六、重复体

tuɔm⁵³ "又"、tsai³³ "再" 或 ta³¹laiŋ³³tuɔm⁵³ "重复"，在句中用于动词前，表示动作重复、再次义。例如：

ta³¹laiŋ³³tuɔm⁵³jəu³¹a²⁵³! 重拿！　　 ta³¹laiŋ³³tuɔm⁵³tʃhəi³³a²⁵³! 重洗！

重复　　 拿（祈）　　 重复　　 洗（祈）

ŋ³¹ ta³¹laiŋ³³tuɔm⁵³jəu³¹a²⁵³lɔu³³. 我要再去。

我 重复　　 看（祈）去

ŋji³¹pu³³tuɔm⁵³paŋ⁵³ku³¹. 灯又亮了。

灯　又 亮 了

ŋ³¹tji⁵⁵ tuɔm⁵³ wɔt³¹ pa³³. 等我穿回一件衣服。

我 衣服 又　穿 吧

tsai³³ ta³¹xjaʔ³³ laŋ³³aʔ⁵³. 再等一会儿。

再　　一下　等（祈）

第十节　语气词

片马茶山语的语气词是表示说话人的主观情感、态度的词，属情态范畴。其主要特点是：①分布于句末，常与谓语动词相连。②可大致分为陈述、祈使、感叹、疑问四类，每一类又包含若干语义上有细微差异的小类。③不同的语气词能连用。

一、陈述类语气词

茶山语陈述句的陈述语气一般不用助词，在句义隐含时态或者主观态度时，句末加时体助词，兼表陈述语气。常见的陈述语气词有以下几类。

（1）ku³¹：完成体助词，在陈述句中强调陈述事实或表示确信的语气，相当于汉语的语气词"了、呀、呗"。例如：

mɔu⁵⁵wu⁵³ku³¹. 下雨了。　　　tai³¹ja³³tai⁵³ku³¹. 说就说呗。

雨 下 了　　　　　　　　说 就 说 了

kju³¹kjɔ³³pa³³kɛ³¹ku³¹. 下雪了。

雪 下 要 了

tji³³ŋjau³³xjeŋ³¹ku³¹. 衣服很长。　tji³³sɔ³³sɔ³³xjeŋ³¹ku³¹. 衣服太长了。

衣服 长长　　了　　　　　　衣服 很 　长 了

ŋa⁵⁵tsɔ³³ŋje³³təi³³ku³¹. 我的作业交了。

我的 作业　给 了

mɔu⁵⁵wu⁵³pa³³kɛ³¹ku³¹. 要下雨了。

雨　下 要　　了

ŋ³¹nɔ⁵⁵ja³³tjɛ³¹kuɔt⁵³ku³¹. 我早就干完了。

我 早 就 完做 了

xe³¹sʅ³³ku³¹ /mu³¹su³³ku³¹. 就这样（那样）吧。

这样　了　那样 了

pui⁵³teŋ³³ɛʔ⁵³lap⁵³kui⁵⁵ku³¹. 太阳把田都晒裂了。

太阳 田 都 晒 裂 了

ta³¹lain³³lɔu³³ku³¹lji³¹kɛ³³ku³¹. 去过一次就够了。

一次 去 过 就 够 了

pui⁵³lap⁵³la³¹teŋ³³ɛʔ⁵³kui⁵⁵ku³¹. 太阳晒得田都裂了。

太阳 晒得 田 都 裂 了

naŋ³¹ma³¹lɔu³¹, lji³¹ŋ³¹lɔu³³ku³¹. 你不来，我走啦。

你 不 来 （非）我 去 了

ŋ³¹nɔ³³ja³³sɛʔ⁵³ku³¹ŋ³¹ɔŋ³³ku³¹. 我早就知道是我赢了。

我 早就 知道 了 我 赢 了

paŋ⁵⁵zɔ³³kuɔm³³phaŋ³¹tɔu³³ku³¹. 窗子是开着的。

窗子 开 着/起 了

ŋ³¹ ʃɔ³³mɔuɔ³³tji³³jɔu³³thɔu³³tɔ⁵³təi³³kəu³¹. 毛衣我给你织成了。

我 毛衣 成 织 放 给 了

ŋja³³mɔ³³san³³pɛ³³ ŋja³³mɔ³³kuɔt⁵³ku³¹kəu³¹. 我们考过啦。

我们 考试 我们 做 过 了

mɔu⁵⁵ta³¹tʃaŋ³¹wu³³lji³³, tji⁵⁵ɛʔ⁵³tʃuɛʔ⁵³ku³¹.

雨 一 场 下（非）衣服 都 湿 了

下了一场大雨，把衣服都淋湿了。

(2) lji³¹：表示显而易见，毋庸置疑的语气，相当于汉语的"嘛、呢、罢了"。例如：

ŋ³¹ma³¹sɛʔ⁵³lji³¹. 我不知道嘛。

我不 知道 嘛

ŋjaŋ⁵⁵lji³¹a³¹jɔu³¹, ŋjaŋ⁵⁵nɔu³¹lji³¹. 不要骂他，他病了嘛。

他（宾）不要 他 病 嘛

ŋ³¹ŋjaŋ⁵⁵lji³¹ŋui³¹aiʔ⁵⁵kjap⁵³tə³³ʃɔu³³lji³¹. 我差他两块钱罢了。

我 他（宾）钱 两 块 才 差 罢了

naŋ³¹ma³¹tai³¹ʃeŋ³³lji³¹, ŋ³¹xɔ³¹su³³ŋjam³³ku³¹lji³¹.

你 不 说 清楚（非）我 那么 想 了 嘛

你没说清楚，我当然那么想嘛。

naŋ³¹lji³¹lɔu³³aʔ⁵³kai³³lji³¹naŋ³¹lɔu⁵⁵ku³¹ja³³ŋuat⁵³ku³³lji³¹?

你（宾）去（祈）叫（非）你 去 了 就是 了 嘛

叫你去你去不就行了嘛？

（3）lɔ³¹/ ləu³³：常出现在否定句句尾，表示略无奈的语气，相当于汉语"呢、呀、了、喽"，例如：

ŋ³¹tshɛ³³ma³¹ləu³³lɔ³¹. 我才不去呢。

我　才　　不去　呢

ŋjaŋ⁵⁵ma³¹mɛi⁵³kjɔ³³lɔ³¹. 他不愿意下来呀。

他　　不　愿意下来呀

ŋ³¹ta̱i³¹ma³¹jɔu³³ləu³³lɔ³¹. 我说过不去了。

我　说　不能　去　了

kji³³nan³³ma³¹jɔu³³pat³³lɔ³³. 电话打不通了。

电话　　不　通打　了

ŋjaŋ⁵⁵ta̱i³¹ŋjaŋ⁵⁵ma³¹ləu³¹lɔ³³. 他说他不来了。

他　说他　不　来　了

ta̱i³¹ma³¹ɔuʔ³³ləu³³tʃuʔ⁵³ma³³ɔuʔ³³ləu³³. 说过不要就不要了。

说　不　要　了就　　不　要　了

ŋjaŋ⁵⁵ŋjəi⁵⁵kuŋ³¹lji³¹ma³¹tʃuɛ⁵⁵ləu³³lji³¹ka³¹ma³¹kei³³lɔ³¹.

他　中午　　（话）不　到　去（非）（话）不　好　了

他中午赶不上就糟了。

（4）ŋjəi³¹：进行体助词，在句中陈述正在进行的事件，相当于汉语的"呢、着"。例如：

ŋ³¹ŋja̱ŋ³¹ŋjaŋ⁵⁵ləu³¹ŋjəi³¹. 我见他来着。

我见　　他　来　着

ŋjaŋ⁵⁵mɔu³¹sɔu³³jəu³³ŋjəi³¹. 他看着书呢。

他　书　　看　在

tsɔ³³jɛn³³ma³³tsɔ³¹tʃɔu⁵³ŋjəi³¹. 在厨房煮饭呢。

厨房　（方）饭煮　在

nu³³tsuŋ⁵³ma³¹nəu³³ma³¹ŋjəi³¹. 圈里没牛。

牛圈　（方）牛　不　在

（5）ta³¹：将行体助词，在句中陈述隐含的、将完成的动作事件，相当于汉语的"将、会"。例如：

ŋjaŋ⁵⁵khǎ³¹sɿ³³ljɛt⁵³kjɔ³⁵ta³¹. 他一定同意的。

他　一定　　同意会

ŋjaŋ⁵⁵naŋ³¹lji³¹ma³¹xua³³ta³¹. 他是不会骗你的。

他　你（宾）不　骗会

khǎ⁵⁵ŋjəi⁵³mɔu⁵⁵ma³¹wu³¹ta³¹. 今天不会下雨的。

今天　　雨　不　下　会

（6）ʃʅ³³：未完成体助词，在句中陈述不满意的语气，相当于汉语的"呢、着呢、才……呢"。例如：

tsui³¹nɔ³¹ʃʅ³³. 牙齿还疼呢。　　　a³³khjeŋ³³nɔ⁵³ʃʅ³³. 时间还早着呢。

牙　疼　还　　　　　　　　时间　　早　还

ŋji³¹təŋ³³paŋ⁵³tʃʅ³¹ʃʅ³³. 灯还在亮着。

灯　　亮　着　还

la³³mu³³sɔm³³khjap⁵³tə³³xjuʔ⁵³ʃʅ³³. 才学了三个月。

月　三　个　才　学　还

thji⁵⁵lji³³jɛn³¹naŋ³¹kuɔt⁵³tsəi³¹ta³¹mɔ³³ma³¹kən³³，tjəu³¹lji³¹ma³¹xjɔ³³nei³¹

那　茅屋　你　盖　的　一点　不　牢　人（宾）没　着　压

tsəi³¹kei³¹ʃʅ³³. 那（这）所茅屋你盖得太不牢固了，幸亏没有压着人。

的　好　还

（7）tsəi³¹：名物化标记，用于句末，陈述确定语气，相当于汉语的"的、了"。例如：

na³³phjɔ³³khǎ⁵⁵ŋjəi⁵³tsəi³¹. 你的票是今天的。

你的票　　　今天　的

ŋjaŋ⁵⁵pɔu³³ŋʅ³¹lɔu³³ta⁵³tsəi³¹. 他同意我去了。

他　愿意我　去　着　的

二、祈使、请求类语气词

1. 禁止式

在表示禁止做某事的句子中，句末通常使用语气助词 kɔ³³，kɔ³³ 与禁止义的否定副词 a³¹ 结合，指禁止做某事。例如：

a³¹xu³¹kɔ³³. 别吵。

别　吵（禁）

pɔm⁵³ma³¹ŋji⁵⁵a³¹ŋɛʔ³¹kɔ³³. 不要放火烧山。

山　火　　　不要烧（禁）

zʅ³¹ʃaŋ³³saik⁵³mu³¹kuɔn³³a³¹thəuʔ³¹. 小孩不要乱砍树。

小孩　树　乱　　别　砍

有的句末加语气助词 lɔ³¹ 或 lɔ³³，也有表示禁止做某事的作用，语气没有

kɔ³³ 强烈。例如：

naŋ³¹ a³¹ lou³³ lɔ³¹！你不要走了！

你　别　走　了

kei³¹ ku³¹，a³¹ tai̠⁵³ lɔ³³！好了，不要说了！

好了　　别　说　了

lɔ⁵⁵lji³¹aʔ⁵³，a³¹xu⁵³lɔ³³. 老李呀，不要吵了嘛！

老李（祈）别　吵　喽

kɛ³³ ku³¹，a³¹ kat⁵³ lɔ³³！够了，不要盛了！

够了　　别　盛　了

有的不使用句末语气词，通过句子重音也能表示一般语气的禁止。例如：

a³¹ tai̠⁵³！别说了！　　　　khɔm³³ a³¹ ŋe³³！不要关门哪！

别　说　　　　　　　　门　　别　关

2. 祈使式

要求某人做某事或不做某事。语法手段是在句末加语气助词 aʔ⁵³、kɔ³³ pa³³、pa³³、lɔ³³ 等。aʔ⁵³ 有命令、希望、恳请、商量等作用，使用频率最高，语气相对较强硬；kɔ³³pa³³、pa³³、lɔ³³ 有商量的作用，语气较缓和。

（1）aʔ⁵³：使用范围最广的语气词之一，主要表示命令的语气，态度比较强硬。此外，还带有催促、请求、叮咛、客气、要求、希冀、求援等有礼貌的口吻，语气比较柔和而委婉。例如：

mu³³tsui³³ aʔ⁵³！干活儿！　　　　la⁵⁵ŋjap⁵³ tsɔ³³ aʔ⁵³！快吃啊！

干活　　（祈）　　　　　　　快点　吃（祈）

la⁵⁵ŋjap³³ tai̠⁵³ aʔ⁵³！快点儿说吧！　la⁵⁵ŋjap⁵³ lou⁵⁵ aʔ⁵³！快去吧！

快点　说（祈）　　　　　　快　　去（祈）

tsɔ³³ ja³³ su³³ aʔ⁵³！慢慢走哇！　　la⁵ŋjap⁵³ lou⁵⁵ aʔ⁵³！快走哇！

慢地　走（祈）　　　　　　快点　走（祈）

la⁵⁵ŋjap⁵³ lou³¹ aʔ⁵³！快一点来呀！　khuʔ⁵³ təu³³ tjam⁵³ aʔ⁵³！把碗摔掉！

快点　来（祈）　　　　　　碗　　摔　掉（祈）

la⁵⁵ŋjap³³ waŋ³¹ lɔ³¹ aʔ⁵³！快进哪！

快　　进　来（祈）

naŋ³¹ la⁵⁵ŋjap⁵⁵ lou⁵⁵ aʔ⁵³！你赶快走哇！

你　快点　走（祈）

lou³¹ aʔ⁵³！xɔ⁵⁵ma³¹a³¹ ljap⁵³ tʃɔ⁵³. 过来！别站在那儿。

来（祈）那儿　别　站　着

tshɔm³³tɔ³³ la³¹ mǎ³¹tʃhəi³³tsɔ³³ aʔ⁵³！记着吃药哇！

记着　　　　　药　　吃（祈）

ŋjaŋ⁵⁵ lji³¹ta³³xja³³sɔ³³ tjəi³³ aʔ⁵³！给他修一下吧！

他（宾）一下　修　给（祈）

naŋ³¹ tan³³tsʅ³³ pɔu³¹lji³¹lɔu³¹ aʔ⁵³！你有胆量就过来吧！

你　胆子　有（非）来（祈）

a³¹khjeŋ³³ pɔu³¹lji³¹lɔu³¹nɔ⁵⁵ aʔ⁵³！有空不妨来坐坐吧！

时间　　有（非）来　休息（祈）

ŋjaŋ⁵⁵naŋ³¹lji³¹la⁵⁵ŋjap⁵³lɔu³¹aʔ⁵³kai³³. 他叫你快点来。

他　你（宾）快点　来（祈）叫

tsʅ³³sʅ³¹aʔ⁵³naŋ³¹lji³¹la³¹khui³³ŋat³³aʔ⁵³！小心狗咬你！

仔细（祈）你（宾）　狗　咬（祈）

mɔu⁵⁵tʃhuat⁵³pa³³kai³³ku³¹, εi⁵⁵aʔ⁵³！天要黑了，回去吧！

天　黑　　　快　了　回去（祈）

ŋjaŋ⁵⁵naŋ³¹lji³¹phε⁵⁵na⁵³ŋjəi³³jɔ³¹lɔu⁵⁵aʔ⁵³kai³³. 他叫你明天去呢。

他　你（宾）明天　　　去（祈）叫

naŋ³¹ khǎ³¹sʅ³³ ŋam³³tsəi³¹, la⁵⁵ŋjap⁵³tai³¹aʔ⁵³！

你　怎么　想　的　　快点　说（祈）

有什么想法，你就快讲啊！

pei³¹kjεn³³ma³¹tʃuε³³lji³¹, ŋ³¹lji³¹kji³³nan³³pat⁵⁵aʔ⁵³！

北京　　（方）到（非）我（宾）电话　打（祈）

到了北京，给我来电话！

naŋ³¹a³¹nəu³³lji³¹kui³¹ʃε⁵⁵ta³¹tam⁵³pɔu³¹tʃεn³³səu³¹tjəi³³aʔ⁵³.

你　小妹（宾）抽屉　一　下　替　请　修　给（祈）

请你替小妹妹修一下抽屉。

naŋ³¹a³¹luɔm³³mu³³jεn³³tsuŋ³³ŋjəi³³aʔ⁵³！ŋ³¹ta³¹xja³³lji³³ku³¹！

你　好好　　家　坐　在（祈）我一会　回来了

你好好看家呀！我一会儿就回来！

khǎ⁵⁵ljan³¹ŋam³³lɔ³³lu³¹, tji⁵⁵tham³³tham³¹wɔt³¹kε³³ /aʔ⁵³ /la³¹.

最近几天　冷　起来　了　衣服　多多地　穿　要（祈）

天气冷起来了，要多穿一件衣服。

（2）kɔ³³pa³³、pa³³、lɔ³³：有商量、请求的作用，语气较缓和。例句：

lɔ⁵⁵lji³¹ aʔ⁵³，a³¹ xu⁵³ lɔ³³！老李呀，不要吵了嘛！

老李（祈）　别　吵　嘛

jaŋ³¹ thuʔ⁵³lɔu⁵⁵ su³³lɔu⁵⁵ jəu³³ kɔ³³pa³³. 我们出去走走吧。

我们　出去　　走去　　看　　吧

jaŋ³³ mǎ³¹ nap⁵³ kai³³ ma³¹ lɔu³³ kɔ³³pa³³！咱们上街吧！

咱们　　　街　　去　　吧

xe³³ ma³³ xjam̠³¹ tʃuɛ⁵⁵ lji³¹ nɔ³³/³⁵ ku³¹ pa³³. 是不是就谈到这儿算了。

这儿　　商量　到（非）休息　了　吧

na³³ta³³ pjan³¹tan³³ ŋ³¹ lji³¹ta³¹xja³³，ŋɔu³³tjəi³¹aʔ⁵³ ŋ³¹ ta³¹xja³³ juŋ³¹ pa³³.

你　的　扁担　我（宾）一会　借　给（祈）我　一　会　用　吧

把你的扁担借给我用一会儿吧。

3. 否定式

否定式是否定某动作或动词所处的状态。茶山语主要有两个否定副词 ma³¹ "不、没" 和 a³¹ "别、不要"。

（1）ma³¹ "不、没" 构成的否定式。例如：

ma³¹ lɔ³³不去　　　　　　tʃuŋ³¹ ma³¹ tɔ³³没读书

不　去　　　　　　学校　没　去

mɔu⁵⁵ ma³¹ phaŋ³³ lɔ³³/³⁵ ta³¹. 天不会好了。

天　不　好　要

naŋ³¹ ma³¹ pɔu³¹ ɔ⁵⁵tɔʔ⁵³nɔ³³！你再不要操心了吧！

你　不　要　操心

xe⁵⁵ ŋja̠ŋ³¹ ku³³ lji³¹，tsɔ³¹ ma³¹tsɔ³³ ʃɿ³³. 这么晚了，还没有饭吃。

这　晚　了（非）饭　不　吃　还

naŋ³¹ pu³¹ʃɔu³³wui³¹，xɛ⁵⁵ a³¹jaŋ³³ma³¹ kei³¹！

你　不要　买　这　东西　不　好

你不要（别）买，这东西不好！

naŋ³¹ ma³¹ ɔu⁵⁵təu³¹nɔ³³，ŋa³³mɔ³³ a³¹tʃaŋ³³ lɔu³¹.

你　别　不好意思　我们　经常　来

不要客气，我们经常来的。

（2）a³¹ + 动词构成的否定式。例如：

a³¹ maŋ³³a³̠¹ kji̠³¹！别慌！　　naŋ³¹a³¹ xua³³. 你不要说谎。

别　忙别　急　　　　　你　别　说谎

a³³/³¹ thjɔu³³ thjɔu³³！不要吵！　　tsai³³ a³¹ tai̠³¹ lɔ³³. 不要再说了。

　别　　　吵　　　　　　　　再　别　说　了

zɿ³³ ʃaŋ³³ a³³ xəu³³ a³³ thjɔu³³. 小孩别吵闹。

小孩　　别　吵别　闹

naŋ³¹ zɿ³³ ʃaŋ³³ lji³¹ a³³ pat³¹. 你别打孩子。

你　　孩子（宾）别　打

ŋɛ³³ ma³³ mɔu⁵⁵ wu³¹ ŋjəi³¹，naŋ⁵³ a³³ thuʔ⁵³ lɔu⁵⁵.

外面　　雨　下　正在　你　别　出去了

外面下着雨，你不要出去了。

zɿ³¹ ʃaŋ³³ tʃan³¹ a³¹ pat⁵³ kɔ³³ kɔ³³、a³¹ tjɔʔ³¹ kɔ³³ kɔ³³.

孩子们　　　　别　打　（互）　别　吵架（互）

孩子们不要相互吵架、打架。

三、感叹类语气词

（1）表示惊讶、感叹、惋惜的语气助词有：a³³ ja³³、xə³³、a³¹、a³⁵ ka⁵³、xɛ³³等。例如：

xə³¹！xɛ⁵⁵ ji³¹ tɛ³³ ŋ⁵⁵ tɔ³¹！嚯！好大的鱼！

嚯　　这么大　　　鱼

ji³³/³⁵，mɔu⁵⁵ tuɔm⁵³ wu³³ ku³¹！咦，又下雨了！

咦　　雨　又　下　了

xɛ³³，xɛ³³ tsəi⁵³ ka³¹ tʃha³³ taŋ³¹！嘿，这是什么话！

嘿　这　（话）什么 话

xə³³，xɛ⁵⁵ zɿ³¹ ʃaŋ³³ sɔ³³ sɔ³³ pai³³. 嚯，这小伙子真棒！

嚯　这 小伙子 很　　得力

a³³ ja³³，naŋ³¹ khǎ³¹ ʃɿ³³ xɛ⁵⁵ ji³¹ kji³³！哎呀，你怎么这么瘦呀！

哎呀　你　怎么　这么　瘦

a³¹ ja⁵³，khuʔ⁵³ khǎ³¹ sɿ³³ kui³³/³⁵ ku³¹？哎呀，碗怎么破了？

哎呀　碗　怎么　破　了

a³¹，khə⁵⁵ zan⁵³ tsɔ³¹ jɔ³¹ sɔ³³ sɔ³³ kei³¹！啊，今年的庄稼长得真好哇！

啊 今年　　庄稼　很　　好

a³¹，xɛ⁵⁵ tsəi⁵³ ka³¹ khǎ³¹ sɿ³³ ŋuat⁵³ la³³？啊，这是怎么回事啊？

啊　这　（话）怎么　是（疑）

a³⁵ka⁵³/a³¹ka³³, xe⁵⁵ji³¹tɛ³³ʃʅ³³kua³³! 喔唷，这么大的西瓜！

喔唷　　　　　这么 大　西瓜

a³¹ja⁵³, xɛ⁵⁵ji³¹nɔ³¹ja³³kju³³kjɔ³³ku³¹! 啊呀，这么早下雪了！

啊呀　 这么 早　雪 下　了

a³¹ja⁵³, naŋ³¹ŋa³³khjei³¹ma³¹naŋ³³ku³¹! 哎呀，你踩到我的脚了！

啊呀　 你 我的脚 （方）踩 了

（2）表示否定、不满的语气助词有：ɛ⁵³、xəŋ⁵³、a³¹xəu³¹等。例如：

ɛ⁵³, xe³¹sʅ³³ma³¹ŋuat⁵³! 哎，不是这样的！

哎　这样 不 是

ɛ⁵³, xe³³khǎ³¹sʅ³³kuɔt⁵³? 哎，怎么能这样呢？

哎　这 怎么　是

ɛ⁵³, naŋ³¹la⁵⁵ŋjap⁵³lɔu³¹aʔ⁵³! 诶，你快点来啊！

诶　你　快点 来 （祈）

a³¹xəu³¹, thuɛ³⁵a³¹thuʔ⁵³! 嘘，别做声！

嘘　　　声　别 出

xəŋ⁵³, naŋ³¹ŋjaŋ⁵⁵lji³¹tʃeŋ³³? 哼，你信他的？

哼　 你　他（宾）相信

ɛ⁵³, naŋ³¹xɛ⁵⁵taŋ³¹ka³¹ma³¹ŋuat⁵³! 哎，你这话可不对呀！

哎　你这话　　（话）不 对/是

ɛ⁵³, naŋ³¹khǎ³¹sʅ³³xe³¹sʅ³³ta³³tai̠⁵³ta³¹! 哎，你怎么能这么说呢！

哎　你　怎么 这么　的 说 呢

ɛ⁵³, a³¹pɔu⁵³paŋ³³nɔ³³la³³?（nɔ³³=ŋuat³³可能是略读?）

喂 要不要 帮 是（疑）

喂，要不要帮忙？

（3）表示幡然醒悟或恍然大悟的语气助词有：a⁵³、xɛ⁵³、ɔ³¹、ŋjɔʔ⁵³等。
例如：

ɔ³¹, ŋ³¹sai⁵³ku³¹! 哦，我懂了！a⁵³, naŋ³¹ŋuat⁵³ŋjaŋ⁵³! 啊，原来是你！

哦 我 懂 了　　　　　　　啊 你 是 看见

xɛ⁵³, naŋ³¹xɛ⁵⁵ji³¹kɔu³³? 咳，你怎么这么糊涂？

咳　 你 这么 糊涂

ɔ³¹, xɛ³³tsi³¹ka³¹ŋjaŋ⁵⁵kuɔt⁵³tsəi³¹ŋjaŋ³¹! 喔，原来是他做的，难怪了！

喔 这　（话）他 做的　　 他

ŋɔʔ⁵³，xɛ⁵³tsi³¹na³³sa³³ma³¹ŋuat³³la³³？喏，这不就是你的雨伞？

喏　这　你的伞　不　是（疑）

（4）表示应答的语气助词有：ŋ⁵³、ɛ⁵³、əʔ⁵³等。例如：

ɛ⁵³，kei³¹ta³³啊，好吧！　　　　ŋ⁵³/əʔ⁵³，ŋ³¹lɔu³¹ku³¹！嗯，我就来！

啊　好　吧　　　　　　　　　　嗯　　我　来　了

ŋ⁵³，ŋ³¹sɑiʔ⁵³ku³¹！嗯，我知道了！ŋ⁵³，ŋ³¹jɔu³³kuɔt⁵³ta³³！嗯，我照办！

嗯　我　知道　了　　　　　　嗯　我　看　做　着

四、疑问类语气词

茶山语常用的疑问语气词la³³用于句末，表示疑问、反诘等语气，相当于汉语的"吗、呢、呀"等；lɔ³³la³³有不确定的疑问语气功能。la³³能与其他成分构成是非、选择等疑问语气，其语法形式有：a³¹V……（ta³¹）la³³、……la³³……la³³等；疑问代词与话题助词ka³¹，名物化标记tsəi³¹或陈述语气助词ta³¹、lɔ³³等连用，表示不确定或反诘的疑问语气；疑问语气词nɛ³³表示询问语气，相当于汉语的"呢"；句末语气词pa³³，表示推测语气。

（1）句末使用语气词la³³"吗"构成是非问，有疑问语气功能，也有反诘语气功能，例如：

xɔ⁵⁵ji³¹lui³¹la³³？有那么容易吗？　　nɑŋ³¹khǎ³¹sʅ³³la³³？你怎么啦？

那么　容易（疑）　　　　　　　你　怎么（疑）

nɑŋ³¹ma³¹tsɔ³³la³³？你不吃吗？　　ŋjɑŋ⁵⁵lɔu⁵⁵ku³¹la³³？他走了？

你　不　吃（疑）　　　　　　　他　走　了（疑）

nɑŋ⁵⁵tʃha³³xu³³la³³？他姓什么来着？

你　什么　姓（疑）

xɛ⁵⁵tsəi³¹ma³¹lui⁵³la³³？这还不容易吗？

这个　不容易（疑）

mɔu⁵⁵phaŋ³³ku³¹la³³？天晴了吗？

天　晴　了（疑）

nɑŋ³¹jɔu³³tu³¹lɔu³³la³³？你能爬上去吗？

你　能　爬上去（疑）

ta³³xjɔ³³kjɛn³³wui³¹ta³¹la³³？买一百斤吗？

一百　斤　买　要（疑）

naŋ³¹tjəu³³lji³¹xua³³mɛi⁵³la³³？你想骗人吗？

你　人（宾）骗　想（疑）

ta³³xja³³lji³³ŋjaŋ⁵⁵lɔu³¹ta³¹la³³？晚一会儿她来吗？

一会　　　她　来　要（疑）

la³³mu³³ai？sɔm³³khjap⁵³la³³？难道是两三个月吗？

月　两　三　个（疑）

naŋ³¹jəi³³ta³¹khjau³¹a³¹ʃəu⁵³la³³？你喝杯酒吗？

你　酒　一杯　喝不喝（疑）

khǎ⁵⁵ŋjəi⁵³naŋ³¹a³¹saŋ³³pan³¹la³³？今天你上班吗？

今天　　你　上不上班（疑）

ŋjaŋ⁵⁵mǎ³¹nap⁵³kai⁵⁵lɔu³³ku³¹la³³？他上街去了吗？

他　　　　街　去　了（疑）

naŋ³¹ʃa³³thaŋ³¹kjəŋ³³kam³¹tsɔ³³la³³？你光想吃糖吗？

你　糖　　光　想　吃（疑）

xaŋ⁵⁵naŋ³¹lji³¹mɔ³¹kuɔn³³lai³³naŋ³¹？谁要你乱写呀？

谁　你（宾）乱　　写　让

kǎ³¹ʃɿ³³nɔ³¹la³³ŋui³¹suɔn³³kɔ³³ku³¹la³³？现在收工算账了？

现在　休息　算账　　了（疑）

kuŋ³¹tʃhəi³³ku³¹la³³/kuŋ³¹a³¹tʃhəi³³ʃɿ³³la³³？洗过澡了吗？

身体　洗　过（疑）身体　洗没洗　还（疑）

naŋ³¹ŋja³³mɔu³¹sɔu³³ai⁵⁵khjap⁵³xjɔ³³jəu³¹ma³¹ŋuat⁵³la³³？

你　他　信　　两封　　到　拿　不　是（疑）

你不是接到他两封信吗？

（2）lɔ³³la³³在句中表示不确定、推测的疑问语气，lɔ³³la³³有时也读为 lau³¹la³³或 ləu³³pa³¹。例如：

kja？⁵⁵sɿ³³ma³¹tʃɔ³³lɔ³³la³³？东西不在了吗？

什么东西　不　着　喽（疑）

a³¹man⁵³tʃha³¹kuɔt⁵³lɔu³¹la³³？昨天晚上干什么来着？

昨天　什么　做　着（疑）

ŋja³³a³¹nəu³³ma⁵⁵lɔu³¹ləu³³pa³¹？他弟弟大概不来了吧？

他的弟弟　　不来　大概

（3）茶山语动词前加 a³¹，句末使用疑问语气助词 la³³，形成 a³¹ V……（ta³¹）la³³ 的语法形式，是双重疑问标记，a³¹ V 义为"V 否"或"V 不 V"， la³³常与 ta³¹连用。例如：

naŋ³¹ a³¹ lɔu³¹ la³³？你来吗？

你　来不来（疑）

naŋ³¹ a³¹ maŋ⁵⁵ a³¹ pɔu³¹ la³³？你有哥哥吗？

你　哥哥　　有没有（疑）

xe³³ma³³ tʃuŋ³¹ a³¹ ŋuat⁵³ la³³？这里是学校吗？

这里　　学校　是不是（疑）

naŋ³¹ tsat⁵⁵a³¹ ta³¹ kɔu³¹ la³³？你会跳舞吗？

你　舞　会不会 跳（疑）

ŋ³¹ tai³¹tsəi³¹ a³¹ ŋuat⁵³ la³³？我说的对不对？

我 说的　　是不是（疑）

naŋ³¹ ŋja³³ jɛn³¹ a³¹lɔu³³ ku³¹la³³？你去过他家没有哇？

你　他　家　去没去 过（疑）

naŋ³¹ ŋjɔʔ⁵¹/³⁵a³¹ tʃhəi³¹ ʃɿ³³ la³³？你洗过脸没有？

你　脸　　洗没洗　还（疑）

naŋ³¹ phjɔ³³ a³¹ wui³¹ ʃɿ³³ la³³？你买没买票？

你　票　买没买　还（疑）

naŋ³¹ ta⁵⁵ ʃeŋ³¹ a³¹ mɛʔ⁵³ jəu³³ la³³？你喜欢不喜欢看电影？

你电影　　喜不喜欢 看（疑）

pei³¹kjan³³ naŋ³¹ a³¹ lɔu⁵⁵ ku³¹ la³³？北京你去过没有？

北京　　你 去 没去过（疑）

naŋ³¹ a³¹ tai³¹ tʃheŋ³³tʃhuʔ⁵³ ʃɿ³³ la³³？你说清楚没有？

你　说没说 清楚　　还（疑）

naŋ³¹ tsɔ³¹tuŋ³³ a³¹ mɛʔ⁵³ tsɔ³³/³⁵ la³³？你爱不爱吃干饭？

你　干饭　　爱不爱　吃　（疑）

a⁵³, naŋ³¹ phɛ⁵⁵na⁵⁵ŋjəi³³jɔ³¹a³¹lɔ³³la³³？啊，你明天去不去呀？

啊 你　明天　　　去不去（疑）

naŋ³¹ kuk³³ ŋjaŋ³³ ɔ⁵⁵ljɔʔ⁵³ a³¹ tsɔ³³ ʃɿ³³ la³³？你吃糯米粑粑了没有？

你　糯米粑粑　　　吃没吃　还（疑）

ŋja⁵⁵nɔ³¹a³¹saiʔ⁵³tə³³kei³¹, a³¹jɔu³¹ləu³³la³³？他的病刚好，能不能去呀？

他的病　新　才 好　能不能 去（疑）

ŋ³¹ mɔ³¹khuɔn³³ ma³¹ta³¹ khuɔu³³, naŋ³¹ a³¹ta³¹ khuɔn³³ la³³？

我 歌　不会　唱　你　会不会 唱（疑）

我不会唱歌，你会唱歌吧？

这种结构还能表示反问语气。例如：

tsɔ³¹tʃou³¹ma³¹tʃha³³a³¹tʃha³³la³³？煮饭有什么难的？

饭　煮　不　差　缺不缺（疑）

xaŋ⁵⁵naŋ³¹lji³¹mɔ³¹kuɔn³³lai³³naŋ³¹？谁要你乱写呀？

谁　你（宾）乱　　　写　让

xaŋ⁵⁵naŋ³¹lji³¹ta³¹khau³³ja³³wui³³jan³³naŋ³¹？谁叫你乱跑啊？

谁　你（宾）到处　　地　跑　转　让

这种结构也可不用句末疑问语气助词，意义不变，但使用频率较低。例如：

naŋ³¹a³¹ta³¹khuɔn³³？你会唱吗？

你　会不会　唱

在主谓谓语句中，la³³一般用在主句动词后，表疑问语气。例如：

naŋ³¹a³¹sɛʔ⁵³　la³³a³³sɛŋ³¹ŋjaŋ³¹tʃha³³ku³¹？你知道自己错了吗？

你　知不知道（疑）自己　　　错　了

ŋjaŋ⁵⁵naŋ³¹thjɛ⁵⁵mu³³ma³³ləu³¹ta³³a³³sɛʔ⁵³　la³³？他知道你来片马吗？

他　　你　片马　（方）来　的 知不知道（疑）

如果主句动词带名物化标记，则疑问语气词居句末。例如：

xɛ⁵³，ŋ³¹tai⁵³tsəi⁵³naŋ³¹a³¹xjɔ³³kjɔ³¹ʃŋ³³la³³？嘿，我说的你听见了吗？

嘿　我 说的　你　听没听到　还（疑）

（4）茶山语选择问要有两个名词或谓词性结构，并分别在两个结构末尾加疑问语气词助词 la³³，形成……la³³……la³³ "……呢……呢"，构成选择问句式。

谓词性结构以动词结构为主的，例如：

lɔu⁵⁵la³³ma³¹lɔu³³la³³？去不去呢？

去（疑）不 去（疑）

naŋ³¹taŋ³¹la³³，wɔn³¹la³³？你提呢，还是背呢？

你　提（疑）背（疑）

naŋ³¹tsɔ⁵⁵la³³ma³¹tsɔ³³la³³？你吃不吃呢？

你　吃（疑）不 吃（疑）

ŋjaŋ⁵⁵lɔu³¹la³³ma³¹lɔu³¹la³³？他来呢不来？

他　来（疑）不　来（疑）

naŋ³¹lɔu⁵⁵la³³ma³¹lɔu³³la³³? 你去不去呀?

你 去（疑）不去（疑）

naŋ³¹ ʃɔ³³pɛ³¹ jəu³³ lɔu³³ la³³, lə̯u³¹ lɔu³³ la³³?

你 羊 看 去（疑） 玩 去（疑）

你是放羊去呢，还是玩去呢?

ŋ³¹ lɔu⁵⁵ ta³¹ la³³ xɛ³¹ ʃɿ³³ naŋ³¹ lɔu⁵⁵ ta³¹ la³³? 是我去呢还是你去?

我 去（疑） 还是 你 去 （疑）

mɔ⁵⁵tsa³³ʃɿ³³ tsuŋ⁵⁵ ta³¹la³³ lu³¹ʃɿ⁵⁵ wɔt⁵³ ta³¹la³³?

袜子 套 （疑）裤子 穿 （疑）

先穿袜子呢还是先穿裤子?

naŋ³¹kɔ⁵⁵ŋjau³¹tʃan³³kat⁵³la³³, xua⁵⁵fei³¹kat⁵³la³¹?

你 牲口 肥 施（疑）化肥 施（疑）

你施农家肥呢，还是施化肥呢?

naŋ³¹ kuk³³tsɔ³¹ tsɔ³⁵ ta⁵³la³³ ɔ⁵⁵ljɔʔ⁵³tsɔ⁵⁵ ta⁵³la³³? 你吃米饭还是吃粑粑?

你 米饭 吃 （疑） 粑粑 吃 （疑）

名词结构与形容词的名物化结构，都能形成选择问句式。例如:

kjɔʔ³¹ la³³, pɛ³³tʃap³³ la³³? 是鸡呢，还是鸭子?

鸡（疑） 鸭子 （疑）

ŋjau³³/³⁵ tsəi³¹ la³³, nain³⁵tsəi³¹ la³³? 是多呢，还是少呢?

多 （疑） 少 （疑）

khǎ⁵⁵ŋjəi⁵³ la³¹pan³¹sɔm³³ŋjəi³³la³³ la³¹pan³¹ŋ⁵⁵ŋjəi³³ la³³?

今天 星期三 （疑）星期五 （疑）

今天是星期三呢还是星期五?

茶山语这两种疑问句式可以互换，意义不变。以"他去没去"为例:

ŋjaŋ⁵⁵ a³¹ lɔ³³ la³³?（正反问） ŋjaŋ⁵⁵ lɔu⁵⁵ la³³ ma³¹ lɔu⁵⁵ la³³?（选择问）

他 去否（疑） 他 去（疑）没 去（疑）

（5）疑问代词与话题助词 ka³¹、名物化标记 tsəi³¹ 或陈述语气助词 ta³¹、lɔ³³ 等连用，表示不确定或反诘的疑问语气。例如:

xaŋ⁵³ka³¹? 谁呀? ŋ³¹khǎ³¹ sɿ³³sɛi⁵³ta³¹? 我怎么知道?

谁（话） 我 怎么 知道 会

xɛ⁵⁵mɔu³¹sɔu³³xaŋ⁵³tsəi³¹? 这书是谁的?

这 书 谁 的

naŋ³¹khǎ³¹sɿ³³ma³¹lɔu³¹lɔ³³？你怎么不来了呢？

你　怎么　不　来　喽

xɛ⁵⁵sɿ³³khjeŋ³³khǎ³¹sɿ³³pan³¹ta³¹？这件事怎么办呢？

这　事情　　怎么　办　呢

（6）疑问语气词 nɛ³³ 表示询问语气，相当于汉语的"呢"。例如：

na³³a³¹maŋ³³nɛ³³？你哥哥呢？　　na³³ xu⁵⁵kjap⁵³khjɔu³¹nɛ³³？你的茶杯呢？

你的　哥哥　呢　　　　　你的　茶杯　　　呢

（7）pa³³：表示估计、推测、疑惑的语气，说话人的态度更倾向于肯定，相当于汉语的"吧"。例如：

mɔu⁵⁵ma³¹wu³¹lɔ³¹pa³³？天大概不会再下雨了吧？

雨　不　下　来　吧

thaŋ⁵⁵tuɔm⁵³kjɔ³³ku³¹pa³³？又迟到了吧？

后　又　　迟到　了　吧

xɛ⁵⁵sɿ³³naŋ³¹sɛi⁵³ku³¹pa³³？这事情你知道了吧？

这　事情　你　知道　了　吧

ŋjaŋ⁵⁵ŋjəi³³jɔu³¹ŋjəi³³ŋjəi³¹pa³³？他每天都在吧？

他　　每天　　　在　吧

xɛ⁵⁵tsəi³¹a³¹sai？⁵³lɔu³¹ta³¹sɿ³³lja³³pa³³？这是新来的老师吧？

这个　新的　来　的　老师　吧

ŋjaŋ⁵⁵phɛ⁵⁵na⁵³ŋjəi³³jɔ³¹khǎ³¹sɿ³³ljɛt⁵³lɔ³¹pa³³？他明天总会来了吧？

他　明天　　　　　一定　　　来　吧

phɛ⁵⁵na⁵³ŋjəi³³jɔ³³tsɔ³³phuŋ³³ma³¹kuɔt⁵³lɔ³¹kɔ³³pa³³？

明天　　　　会　　不　开　　　吧

明天不要再开会了吧？

第五章　句法

第一节　短语

　　茶山语是分析性较强的语言，主要靠语序和词义来表达不同的语法关系，语法单位由词、短语、句子构成。词与词按照一定的句法规则组合成短语结构。短语结构大于词而小于句子，是构成句子的材料，与句子的区别是没有语调。构成短语的语法手段包括词的语序、虚词和形态变化等。

　　片马茶山语短语以功能为依据，可分为名词性短语和谓词性短语两类；以构成为依据，可分为并列短语、主谓短语、偏正短语、述宾短语、述补短语、连谓短语、数量短语、同位短语、比况短语、方位短语、兼语短语、"的"字短语等。本节将根据短语的构成即词与词的组合关系进行分类。

一、并列短语

　　并列短语的各组成部分是平等、并列关系。前后部分一般可以互换。组成成分可以是两项，也可以是多项。组成成分之间可以加助词 ja³³ "和、与、而、又"，短语中的连接助词一般不省略，并列短语入句时可用于后一成分之后。能够连接并列短语的还有：词汇化了的关联副词 mă³¹nɔ³³ "一边"、ɛʔ⁵³ "也、又" 等。

　　（1）名词 + 名词（或名词短语 + 名词短语）。

tsɔ³¹ja³³aŋ⁵⁵ 饭和菜　　　　　　　　tʃɔ³³tsɛŋ⁵³ja³³tʃhɔ³³kjaŋ³¹ 大路和小路

　　饭　和　菜　　　　　　　　　　大路　　和　小路

khuʔ⁵³ja³³tsəu³³ 碗和筷子　　　　　　thjɛ⁵⁵kɔʔ⁵³ja³³tji³¹ 鞋子和衣服

　　碗　和　筷子　　　　　　　　　鞋子　　和　衣服

zɔ³¹khɔʔ³¹ja³³ŋja³³zɔ³¹老人和他的儿子　la⁵⁵ŋjau⁵³ja³³la³¹khui³³猫和狗

老人　　和　儿子　　　　　　　猫　　　和　　狗

ku³¹pja³³ja³³khuɔm³³mu³³洋铲和锄头

洋铲　　和　锄头

kjɔʔ³³tsɛŋ³¹ja³³kjɔʔ³³zɔ³³母鸡和小鸡

母鸡　　　和　小鸡

wuʔ⁵⁵tsɛŋ⁵³ai ʔ⁵⁵tu³³ja³³ʃɔ³³pe³³tsɛŋ⁵³sɔm³³tu³³ŋjəu³¹两头母猪和三只母羊

母猪　　　两　只　和　母羊　　　　三　　只

a³¹pei³³ai ʔ⁵⁵jəu³³, a³¹maŋ³³ta³³jəu³³ja³³a³¹nu³³ta³¹jəu³³

姐姐　两　人　　哥哥　一　　个　和　弟弟　一　　个

两个姐姐，一个哥哥和一个弟弟

有数量短语修饰的并列短语可以省略助词。例如：

kjɔʔ³³ta³⁵tsəi³¹wuʔ⁵⁵ta³⁵tsəi³¹一些鸡和猪

鸡　一　些　猪　一　些

（2）代词＋代词。

ŋ³¹ja³³naŋ³¹我和你　　　　ŋ³¹ja³³na³³mɔ³¹我和你们

我　和　你　　　　　　　我　和　你们

（3）名词＋代词（名词短语＋代词短语），名词与代词位置可互换。

ŋ³¹ja³³ŋa³³mɔ³¹tshun³³tsaŋ³¹我和我们村长

我　和　我们　　村长

ŋa³³mɔ³¹wu³³khɔu³³paŋ³³ja³³thji⁵⁵wu³³khɔu³³paŋ³³我们村和对面的村

我们　　村　　　　和　那　村

（4）动词＋动词（或动词＋动词短语）。

mǎ³¹nɔ³³tai ̠³¹mǎ³¹nɔ³³ji³¹边说边笑

一边　　说　一边　笑

mǎ³¹nɔ³³su³³mǎ³¹nɔ³³khuɔn³³边走边唱

一边　　走　一边　　唱

ta⁵⁵ʃieŋ³¹mǎ³¹nɔ³³jəu³¹mǎ³¹nɔ³³tʃɛi³¹ʃəuʔ⁵³边看电视边喝水

电视　　一边　看　一边　　喝水

tsuɔp³³phuŋ³³kuɔt⁵³ta³¹la³³mu⁵⁵tsui³³ta³¹la³³或者开会或者干活

开会　　　　　或者　干活　　或者

（5）形容词＋形容词（形容词短语＋形容词短语）。

kjau³³ ʃeŋ³³ miŋ³¹ pai³¹ 清楚明白

清楚　　明白

ŋ̱jaŋ⁵⁵ ɛʔ⁵³ ŋ̱jaŋ³¹ ku⁵⁵ ɛʔ⁵³ ku³³ 又高又大

高　 也　高　大　也　大

kei³¹ ɛʔ⁵³ kei³¹ ŋjap⁵⁵ ɛʔ⁵³ ŋjap⁵³ 又快又好

好　也　好　快　也　快

这类结构中的 ɛʔ⁵³ 入句时可以省略，两个并列形容词可直接并列使用。例如：

xɛ⁵⁵ pɔm⁵³ ŋ̱jaŋ³¹ tsuŋ³³ （= xɛ⁵⁵ pɔm⁵³ ŋ̱jaŋ⁵⁵ ɛʔ⁵³ ŋ̱jaŋ³¹ tsuŋ⁵⁵ ɛʔ⁵³ tsuŋ³³ ）

这 山 高 陡　　 这 山 高 也 高 陡 也 陡

这座山高而且陡。

（6）名物化结构并列。

ku³³ tsəi³¹ ŋəi³¹ tsəi³¹ 大的小的　　 tsɔ³⁵ ta⁵³ tsəi³³ wɔt⁵⁵ ta⁵³ tsəi³³ 吃的穿的

大的　　 小的　　　　 吃的　　 穿 的

tʃɛn⁵⁵ tsəi³¹ tʃhau⁵⁵ tsəi³¹ khɔ⁵⁵ tsəi³¹ thjəu³¹ tsəi³¹ 酸甜苦辣

酸　的 甜　的 苦　的 辣　的

二、主谓短语

主谓短语由主语和谓语两部分构成陈述与被陈述的关系。充当主语的一般是体词性成分，充当谓语的既有体词性成分，又有谓词性成分。

（1）名词/名词性短语＋动词/谓词性短语。

la⁵⁵ mu³³ thuʔ⁵³ lji³³ 月亮出来　　　　 lje³¹ xuʔ⁵³ xuʔ⁵³ muat³¹ 风呼呼刮

月亮　 出来　　　　　　 风　呼呼　　吹

tʃəi³¹ xua³³ xua³³ jau³¹ 水哗哗流　　 ŋa³¹ mɔu³³ a³¹ tsau³³ juəi³³ lou⁵⁵ 白云飘飘

水　 哗哗　 流　　　　 白云 （连起状）飘 去

（2）名词/名词性短语＋形容词。

tʃuɔn³¹ aŋ⁵⁵ khɔu³³ 野菜苦　　　　 khjuŋ⁵⁵ kaŋ³¹ tʃʃɛt⁵⁵ 喉咙哑

野菜　　 苦　　　　　　 喉咙　　 哑

ŋ̱jau³¹ ta³³ ljaŋ³¹ ljuŋ³³ 猫尾巴短　 khǎ⁵⁵ ŋjəi⁵³ ŋam⁵³ 今天冷

猫　 的 尾巴 短　　　　 今天　　 冷

ja³³ tʃhaŋ³³ thjəi³¹ 姜辣

姜　　　 辣

ŋja³³ tsham³¹ a³¹ nuŋ⁵³ nuŋ³¹ 他的头发乱糟糟的

他　　头发　　乱　缠

pɔm⁵³ tsuŋ³³ 山陡　　　　　　　　phji³¹ khji³³ ma³¹ kei³¹ 脾气急

山　　陡　　　　　　　　　脾气　　　不　　好

（3）名词＋名词/名词性短语。

khǎ⁵⁵ ŋiəi⁵³ pui³³ ŋiəi³³ kei³³ 今天好日子

今天　　　　　日子　好

khǎ⁵⁵ ŋiəi⁵³ la³¹ pan³¹ sɔm³³ ŋiəi³³ 今天是星期三

今天　　　星期三

（4）名词＋数词/数量短语。

khǎ⁵⁵ ŋiəi⁵³ aiʔ⁵⁵ khjap⁵³ ta³¹ tshəi³³ ta³¹ ŋiəi³³ 今天二月十一

今天　　　二　　月　一　十　一　日

khǎ⁵⁵ ŋiəi⁵³ khjuk⁵⁵ khjap⁵⁵ sɔm³³ tshəi³¹ ŋiəi³³ 今天六月三十

今天　　　六　　月　三　十　日

三、偏正短语

偏正短语是由中心语加定语或状语构成，各组成成分之间形成偏正关系。偏正短语包括定中短语和状中短语两类。定中短语的中心语多为名词或名词性短语，状中短语的中心语多为动词或动词性短语。定语与名词、代词、形容词、动词或谓词性短语等成分形成不同语序，定中短语可加定语助词"ta³³"，也可以省略，定语与中心语之间是限定与被限定、修饰与被修饰的关系，相当于汉语的"的"。状中短语中，状语一般在中心语之前。

1. 定中短语

定中短语是以名词或名词性成分为中心语的修饰性短语，基本语序是"定语＋（ta³³）＋中心语"。修饰名词中心语的成分有名词、方位词、代词、形容词、动词、数量短语、名物化短语等。数量短语作定语的优势语序为"中心语＋数量短语"。

（1）名词、名词性短语、方位词等作定语。语序为：定语＋（ta³³）＋中心语。例如：

lɔ³³ waŋ³³ ta³³ ŋji³³ 老王的妻子　　　　na³³ zɿ³³ ʃaŋ³³ ta³³ nɔ³¹ 你孩子的病

老王　　的　妻子　　　　　　你　孩子　　的　病

lɔ³¹lji³³ta³³mɔu³¹sɔu³³老李的书　　　　　　　cɤ⁵⁵zʅ³¹ʃaŋ³³ta³³lɔʔ³¹那个小孩的手

老李　的 书　　　　　　　　　那 小孩　的 手

thaŋ³³lɔʔ³¹ta³³ljaŋ³¹兔子的尾巴

兔子　　 的 尾巴

thji⁵⁵zɔ³³khɔu³¹ta³³ŋǎ³³laŋ³³那个老人的额头

那 老人　　 的 额头

khə⁵⁵ŋjan³¹ta³³la³³mu³³今晚的月亮　　　khə³³zan⁵³ta³¹ljei³³今年的秧苗

今晚　　 的 月亮　　　　　　今年　　 的 秧苗

mɔ³¹tʃu³³ʃi³¹ta³³puŋ³³毛主席的像

毛主席　　 的 照片

ŋjɔʔ³¹khuaŋ³³ma³¹（ta³³）ʃɔ⁵⁵脸上的肉

脸上　　　　　 的 肉

pɔ³¹khjci³³ma³¹ta³¹tan³³山脚下的田　　　　pɔ³¹thɔʔ⁵³ma³¹tan³³山上的田

山脚　 （方）的 田　　　　　　山上　 （方） 田

（2）代词或代词短语作定语。充当修饰语的代词包括人称代词、疑问代词、指示代词和反身代词。修饰成分一般位于中心语之前。定语是人称代词、表人名词或专有名词时，可以使用定语助词 ta³³，也可以不使用。这是由于处所标记也有限定功能。例如：

xɛ⁵⁵tjəu³¹这人　　　　　　　　xɛ⁵⁵tji³¹这衣服

这 人　　　　　　　　　　　　这 衣服

xɛ³³ma³³ta³³tjəu³¹这里的人　　　　xɛ⁵⁵khjau³³这些杯子

这里　 的 人　　　　　　　　　这些 杯子

thji⁵⁵ji⁵³juŋ³³ta³³zʅ³³ŋji³³那个漂亮的姑娘　xɛ³³ma³¹ta³³ʃɿ⁵⁵lje³³这里的梨

那个　 漂亮的 姑娘　　　　　　这里　　 的 梨

ja³³tan³³ma³³ta³³tʃəi³¹咱们田里的水　　xɛ³³ma³³ta³³tjəu³¹这里的人

咱们田 （方）的 水　　　　　　这里　　 的 人

ŋa⁵⁵jɛn³¹ma³¹ta³³kjɔʔ³³我家的老母鸡　　ŋja⁵⁵mɔ³¹wu³³khɔu³³ma³¹他们村

我家　　　　　 的 母鸡　　　　他们　 的 村子

茶山语人称代词有属格形态变化，所以当修饰成分为人称代词属格，中心语为人时，人称代词属格形式一般直接接名词中心语；中心语为其他成分名词时，一般可以省略定语助词。例如：

ŋja⁵⁵ŋuɛ³¹他母亲　　　　　　　ŋa⁵⁵pa³³我父亲

他的 母亲　　　　　　　　　　我的 爸爸

ŋa⁵⁵ ji³¹ 我姑姑　　　　　　ŋa⁵⁵ tsɔ³³ ŋje³³ 我的作业

我的姑姑　　　　　　　　我的 作业

na³³ ta³³ pjan³¹ tan³³ 你的扁担　　ŋja³¹ a³¹ maŋ³³ 他的哥哥

你的的 肩扛　　　　　　　他的 哥哥

ŋa³³（ta³³）phuŋ³³ teŋ³³ 我的钢笔　ŋja³³ jɛn³¹ ma³¹ kjɔʔ³¹ 他家的鸡

我的 的 钢笔　　　　　　他的家 的 鸡

反身代词修饰名词的语序是"反身代词修饰语＋名词中心语"。例如：

ŋə³¹ ŋjaŋ⁵⁵ sɿ³¹ 自己的事　　　ŋjaŋ⁵⁵ ŋja⁵⁵ mɔu³¹ sɔu³³ pəu³¹ 他自己的书

我自己的 事　　　　　　　自己 他的 书

指示代词短语与地点名词或方位短语同时作定语时，地点名词或方位短语居中心语之前，指示代词短语居中心语之后。例如：

a³¹ sɛ⁵³ wui³¹ xɛ⁵⁵ təu³³ 刚买的这匹

刚 买 这 匹

ŋja⁵⁵ jɛn³¹ ma³¹ ta³³ kjɔʔ³³ xɔ⁵⁵ təu³¹ 他家的那只鸡

他家　　 的鸡 那 只

xɛ⁵⁵ tan³³ khjaŋ³³ ma³¹ ta³³ kuk³³ 这块田的稻子

这 田 块 （方）的稻子

xjeʔ³¹ lji³¹ wui³¹ ta³³ thji⁵⁵ a³¹ təu³³ 以前买的那匹

以前 买 的 那 匹

（3）动词或动词短语作定语。茶山语动词、动词短语可以直接作定语，定语与中心语之间加定语助词 ta³³。例如：

laɪ³³ ta³³ əuʔ⁵⁵ lji³¹ 写的时候　　　khuɔn³³ ta³³ əuʔ⁵⁵ lji³¹ 唱的时候

写 的 时候　　　　　　　唱 的 时候

jau³¹ ta³³ əu⁵⁵ lji³¹ 骂人的时候　　taŋ⁵⁵ ta³³ ŋɔʔ⁵³ 飞的鸟

骂 的 时候　　　　　　　飞 的 鸟

tsɔ⁵⁵ ta³³ a³³ jaŋ³¹ 吃的东西　　　puŋ⁵⁵ ta³³ tsɔ³¹ 蒸的饭

吃 的 东西　　　　　　　蒸 的 饭

tʃiau³¹ ta³³ tsɔ³¹ 煮的饭　　　　lji³¹ ta³³ khǎ³³ lam³³ 炒茄子

煮 的 饭　　　　　　　　炒 的 茄子

tʃiau³¹ ta³³ khǎ³³ lam³³ 煮茄子　　tsuŋ³³ ta³³ ʃɿ⁵⁵ 栽的果树

煮 的 茄子　　　　　　　栽 的 果树

luk⁵⁵ kɔ³³ tʃhɿ³¹ ta³³ tjəu³¹ 拿石头的人

石头 拿 的 人

a³¹saiʔ⁵³lɔu³¹ta³³sɿ³³lja³³ 新来的老师

新的　　来 的 老师

ŋjəi⁵⁵na³¹wui³¹ta³³a³¹jaŋ³³ 昨天买的东西

昨天　　买 的 东西

xɔ⁵⁵a³¹sɛiʔ⁵³wui³¹lɔu³¹ta³³ŋjaŋ³³ 刚买来的那匹马

那 新　　买 来的马

动词短语可与时体助词结合后作定语，定语成分与中心语之间加定语助词ta³³。例如：

jau³¹ŋjəi³¹ta³³tʃəi³¹ 流着的水　　　tsɔ³¹jɔu³³ta³¹ta³³tsɔ³¹ŋjau³³ 丰收的种子

流着　 的 水　　　　 丰收　 了 的 种子

zan⁵³waŋ³¹tsɔ³³lji³¹juŋ⁵⁵ta³¹（ta³³）kja⁵⁵sɿ³¹ 开春用的东西

春天　　　　　（话）用 了 的　 东西

（4）形容词或形容词短语作定语。茶山语形容词、形容词短语可以直接作定语，定语与中心语之间加定语助词 ta³³。例如：

kei³¹ta³³əuʔ⁵⁵lji³¹ 好的时候　　　　ku³³ta³³əuʔ⁵⁵lji³¹ 大的时候

好 的　 时候　　　　　大 的　 时候

tʃhɔu³¹ta³³ʃɿ⁵⁵ 甜的果子　　　　ma³¹tʃhaŋ³³ta³³a³³jaŋ³³ 不贵的东西

甜　 的 果子　　　　　不 贵　 的 东西

sɔu⁵⁵pəu³¹thəu³¹tsəi³¹ 厚的书　　　ŋje³¹ta³³mɔu³¹sɔu³³ 小的纸

书　 本　 厚　 的　　　小 的　 纸

sɔ³³sɔ³³ŋje³¹ta³³tje³³ 很小的梳子　　tsək⁵⁵tsək⁵⁵nai⁵³ta³³pui³¹ 红彤彤的太阳

很　 小　 的 梳子　　　红彤彤　　 的 太阳

zɿ³³ʃaŋ³³tsɔ⁵⁵ta³³tsɔ³¹ 小孩吃的粮食　zɿ³³kei³¹tsɔ⁵⁵ta³³tsɔ³¹ 大人吃的粮食

小孩　 吃 的 粮食　　　大人　 吃 的 粮食

（5）数量短语作定语。根据加不加定语助词，定语与中心语可分为两种语序关系：中心语 + 数量短语，数量短语 + ta³³ + 中心语。前者为优势语序。

①中心语 + 数量短语。例如：

khuʔ⁵³ai⁵⁵tshəi³¹khjap⁵³ 二十个碗　　kjɔʔ³³əuʔ⁵³ta³¹tshəi³³lɔm³³ 十个鸡蛋

碗　 二 十 个　　　　鸡蛋　　 一 十　 个

luk³³kɔ³³ta³¹kəuk⁵³ 一块石头　　　ŋje³³təŋ³³ta³¹kəuk⁵³ 一盏油灯

石头 一 块　　　　　油灯　 一 盏

tʃəi³¹kuŋ³³ta³¹kəuk⁵³ 一个水槽　　　u⁵⁵lɔm³³ta³¹kəuk⁵³ 一个头

水槽　 一 个　　　　　头　 一 个

am³¹tʃham³³ta³¹kəuk⁵³一个下巴　　　nɔ³³ta³¹kəuk⁵³一个鼻子

下巴　　　一　个　　　　　　　　鼻子　一　个

ɔu⁵⁵ŋjəi⁵⁵ta³¹kəuk⁵³一个锅盖　　　pǎ³³ljiŋ³³ta³¹ kəuk⁵³一个瓶子

锅盖　　　一　　个　　　　　　　瓶子　　一　个

②数量短语＋ta³³＋中心语。例如：

ŋ³³zan³¹ta³³zɔ³³五岁的孩子

五岁　　的　孩子

ta³¹tshəi³³xjɐt⁵³zan³¹ta³³zɻ³³ŋji³³十八岁的姑娘

一　十　八　　岁　的　姑娘

jəu³¹"个、位"是专用性极强的量词，只用于称量名词 tjəu³¹"人"。这类数量短语构成的定中结构，如果有中心词 tjəu⁵³，则定中短语语序为：tjəu⁵³"人"＋数量短语＋jəu³¹；如果没有中心词 tjəu⁵³，则定中短语语序为：数词＋量词。两种语序可互换，意义相同，这两种语序都不使用定语助词 ta³³。例如：

ta⁵³xjɔ³³ŋ³³tshəi³¹jəu³¹一百五十人

一　百　五十　　人

tjəu³¹ta⁵³xjɔ³³ŋ³³tshəi³¹jəu³¹一百五十人

人　　一　百　五十　　个

thji?⁵⁵tjəu⁵³jəu³³那个人

那人　　　个

ŋ³³khjuk⁵³jəu³¹ŋjɐt⁵³xjɐt⁵³jəu³¹　五六、七八人

五　六　人　七　八　人

tjəu³³jəu³³a³³ləu³³ŋ³³xjau³³jəu³¹约五百个人

人　个　约　五百　　个

（6）主谓短语作定语。定语与中心语的语序是：主谓短语＋ta³³＋中心语。例如：

ŋa⁵⁵tai̯³¹ta³³taŋ³³他讲的话　　　　ŋ³¹lɔu⁵⁵ta³³u?³³lji³¹我去的时候

他的说的话　　　　　　　　　　我去的　时候

ŋjaŋ⁵⁵lɔu³¹ta³³u?³³lji³¹他来到的时候

他　来　的　时候

phji³¹khji³³ma³¹kei³¹ta³³tjəu³¹脾气急的人

脾气　　不　好　的　人

naŋ³¹ jəu³³ ta³¹ ta³³ ʃeŋ³¹你看过的电影

你　看　　了　的　电影

naŋ³¹ jəu³³ ta³³ ta³³ ʃeŋ³¹你要看的电影

你　看　　的　电影

pɔm⁵³ tsuŋ³³ ta³³ ji³³ ma³³山陡的地方

山　　陡　的　地方

naŋ³¹ wui³¹ ta³³ thɔʔ⁵³ tji³³你买的这件上衣

你　买　的　上衣

a³³ pu³¹ a³¹ mɛ³¹ ʃəi³¹ ta³³ zɔ³³父母死去的孩子

父母　　　死　的　孩子

khǎ⁵⁵ ŋjɛi⁵³ ŋ³¹ jəu³³ ta³³ ʃeŋ³¹我今天看的电影

今天　　我　看　的　电影

jaŋ⁵⁵ ta³¹ kɛ³³ lɔu⁵⁵ ta³³ tsɔ³¹ sɛŋ³³我们一直去的那家饭店

我们　一直　　去　的　饭店

2. 状中短语

状语修饰限制的中心语是形容词或动词。修饰成分主要有名词、代词、形容词、副词、动词、数量短语等。

（1）名词作修饰成分，表示动作行为发生的时间、方式等。修饰成分居中心语之前。例如：

nap³¹ suɔn³³ lɔu³³早上去　　　　　ŋjɛn⁵⁵ thaŋ³¹ phɛ³³ lɔu³³下午去

早上　　　去　　　　　　　下午　　　　去

lɔʔ³¹ ŋjau³¹ tuɔn³³用手指点　　　ta³¹ ŋjan³¹ ja³³ tsau⁵⁵一整晚地咳嗽

手指　　指　　　　　　　一晚　地　咳

重叠式表示均量的时间名词用在动词或动词短语之前作修饰语，表示动作进行的频率。例如：

ŋjəi³³ jɔu³¹ ŋjəi³³ ŋjəi³¹每天在

每天　　　　在

ŋjəi³³ jɔu³¹ ŋjəi³³ mɔu³¹ wu³³天天下雨

每天　　　雨　下

zan³¹ jau³³ zan³¹ la³¹ mjei³³ xjɔu³³年年种玉米

每年　　　玉米　种

（2）代词作修饰成分，表示中心语的方式、程度等。修饰成分居中心语之前。例如：

xe⁵⁵ŋjau⁵³ 这么多　　　　　　xeɛ⁵⁵ji³¹tʃaŋ 这么贵

　这么　多　　　　　　　　　这么　贵

xe⁵⁵ŋjaŋ³¹ 这么晚　　　　　　xe⁵⁵ji³¹kei³¹ 这么好

　这么　晚　　　　　　　　　这么　好

kha³¹ji³¹ 那么大　　　　　　xɔ⁵⁵ji³¹ŋeŋ³¹ 那么响

　那么　大　　　　　　　　　那么　响

xɔ³⁵ji³¹ma³¹kei³¹ 那么坏　　　xɔ⁵⁵ji³¹lui³¹ 那么容易

　那么　不　好　　　　　　　那么　容易

xeɛ⁵⁵ji³¹nɔ³¹ 这么早　　　　khǎ⁵⁵tan³¹xɔ³¹tɛ³³tsui³¹ 那么拿笔

　这么　早　　　　　　　　　笔　　那么　抓

（3）形容词修饰动词或谓词性短语时作状语，表示动作行为状态。修饰成分多居中心语之前。例如：

tan³³tan³³tsuŋ³³ 坐正　　　　la⁵⁵ŋja³¹lou³¹ 快点来

　直　　坐　　　　　　　　快点　来

tʃɔ³³tʃɔ³³tsɔu³³ 饱饱地吃　　a³¹lai̤ʔ⁵³lou⁵⁵ 大摇大摆地走

　饱饱　　吃　　　　　　　调皮　去

ma³¹jau³³pai³³ 不容易打　　　mu³¹kuɔn³³a³¹thəṳʔ³¹ 不要乱砍树

　不　容易打　　　　　　　乱　　别　砍

zɔ³³ja³³pat³¹ 轻轻地拍　　　zɔ³³ja³³su³³ 慢慢走

　轻　地　拍　　　　　　　慢　地　走

ta³¹khau³³ja³³wui³³jan³³ 乱跑　ʃəi³³pat³¹ 狠打

　到处　　地　跑　转　　　　死　打

ta³¹kja³³ta³¹kja³³kɔu³¹ 一蹦一蹦地跳

　一　蹦　一　蹦　跳

tsɔu³³ja³³ŋjɔʔ³¹tʃhiɛn³³tɔ³³ 慢慢地闭上眼睛

　慢　地　眼　闭　起

个别形容词可居谓语动词后，这种语序出现频率较低。例如：

tshəu³³lui³¹ 好养肥

　肥　容易

形容词修饰动词时，一般位于动词前，但其语序会出现不稳定现象。有的也可位于动词后，意义略有不同：在动词前作状语，强调状态；在动词后作补语，强调补充说明或结果，动词后一般要加祈使语气助词 aʔ⁵³。以"快点来"

和"多吃点肉"为例：

A. la^{55}ŋja^{31}lɔu^{31}aʔ^{53} 快点来　　B. lɔu^{31}aʔ^{55}la^{53}ŋja^{31} 来快点

　　快点　　来（祈）　　　　　来（祈）快点

上组例句中，A句形容词"快点"直接位于动词"来"前，句尾使用祈使语气标记 aʔ^{53}；B句形容词"快点"位于动词"来"后，动词后紧接祈使语气标记。

C. ŋjəi^{33}ʃɔʔ^{53}tsɔ$^{33/35}$aʔ^{53} 多吃点肉　D. tsɔ^{35}aʔ^{53}ŋjəi^{33}ʃɔʔ^{53} 吃多点肉

　　多　肉　吃（祈）　　　　吃（祈）多　肉

上组例句中，谓语动词带宾语构成动宾式短语。C句形容词"多"居动宾短语之前，句尾有祈使语气标记；D句形容词"多"居动词之后，宾语之前，动词后紧接祈使语气标记。

（4）程度副词 sɔ^{33} sɔ^{33} "很" 或 lɔ^{55} thaŋ^{53} "很、最"、ŋjau^{33} "很、太" 等作修饰成分，表示动作行为的程度、范围、时间、频率、否定、情状等。修饰成分居中心语之前或之后。例如：

sɔ^{33} sɔ^{33} ku^{33} 很大　　　　　lɔ^{55} thaŋ^{53} ku^{33} 很大

很　　大　　　　　　　　很　　　　大

sɔ^{33}sɔ^{33} nɔu^{31} 很黑　　　　　lɔ^{55}thaŋ^{53} nɔu^{31} 很黑

很　　黑　　　　　　　　很　　　黑

时间副词 ma^{31}thəŋ^{33} "不停"、情态副词 a^{31}luɔm^{33}mu^{33} "好好地" 等作状语时，一般不用状语助词 ja^{33}，而是与句尾进行体助词 ŋjəi^{31} "在" 连用，强调动作正在持续进行的状态。语法形式为"状语 + 中心词 + ŋjəi^{31}"。例如：

ma^{31}thəŋ^{33}zɛ^{53}ŋjəi^{31} 不停地搅　　ma^{31}thəŋ^{33}lɔ^{55}ŋjəi^{31} 不停地抖

不　停　搅　在　　　　　不　停　抖　在

有的句子中状语成分比较复杂，可以省略状语助词。例如：

kha^{55}ŋjaŋ^{31}tə^{33}təu^{33}tʃhŋ^{33} 翘翘的 tham^{33}tham^{31}wɔt^{31} 多穿

高高　　　抬　着　起　　　　多　多　穿

（5）拟声词作状语。茶山语拟声词能够直接修饰动词作状语，但要加状语助词 kɛ^{55}，kɛ^{55} 具有专用性特点。语法形式为"拟声词 + kɛ^{55} + 中心语"，中心语为动词或动词性结构。例如：

taŋ^{55}taŋ^{55} kɛ^{55}ŋjeŋ^{53} 噼啪地响　　tʃu^{33}tʃu^{33} kɛ^{33}ŋjeŋ^{53} 吱吱叫

噼啪　　地　响　　　　吱吱　　地　响

（6）连动结构中，语义关系为状—中的两个动词之间，要使用状语助词 la^{31}，标志前一动作的持续状态，在连动句中作状语成分。例如：

tsuŋ³¹la³¹tai³¹ 坐着讲　　　　　ljap⁵³la³¹jəi³³ ʃuʔ⁵³ 站着喝酒

坐　着　说　　　　　　　站　着　酒　喝

（7）在表示方式、工具的状中结构中，如工具格、随同格、从由格助词 ja³³ 多用于状语成分和中心语成分之间，表示动作行为发生的地点、方式、工具等，修饰成分一般居中心语之前。例如：

ʃiam³¹ja³³tshɛʔ⁵³ 用刀切　　　　lɔʔ³¹ja³³kai³¹ 用手捧

刀　用　切　　　　　　　手　用　捧

ta³¹tam³¹tʃhui³¹ 打一拳　　　　kjei³¹ja³³ta³¹tam³¹thəʔ³¹ 踢一脚

一　下　打　　　　　　　脚　用　一　下　抓

a³³jɔ³¹ja³³jɛt⁵³ 和奶奶睡　　　naŋ³¹ja³³ma³¹sɛŋ³³ 跟你没关系

奶奶　和　睡　　　　　　你　和　没　关系

naŋ³¹ja³³ta³¹kɛ³³lou³³ 同你去　　ŋjaŋ⁵⁵ja³³ma³¹ləu³¹ 不跟她玩

你　同　一起　去　　　　她　跟　不　玩

xɛ³³thaʔ⁵³ja³³mjuʔ⁵³ma³¹kha³³xuɛ⁵³pɔu³¹ʃ³³? 从这里到城里还有多远？

这里　　从　城里　多远　　有　还

mɔ³³tu³³ma³¹ja³³ jəu³¹kjɔ³³lou³¹ 从车上卸下来

车上　（方）从　拿　下　来

tʃuŋ⁵⁵thɔʔ⁵³ma³¹ja³³tou³¹lou³³ 翻身下床

床上　　（方）从　爬　起来

saik⁵³khjam³¹ma³¹ja³³su⁵⁵thuʔ⁵³lji³³ 从树林里走出来

树林　　（方）从　走　出来

（8）tɛ⁵⁵ "地"，原义 "像、似的"，在特定句式中兼具状语标记功能，但使用范围受限。即用在代词作修饰成分的偏正结构中为状语助词；用在平比句中的平比标记 ta³¹jaŋ³³ 后、比较结果前，是比较结果的状语标记。例如：

kha³¹ji³¹tɛ⁵⁵phaŋ³¹tɔ³³ 大开着

那么大　地　开　着

ŋja⁵⁵tji³¹　ŋa⁵⁵tji³¹　ja³³ta³¹jaŋ³³tɛ⁵⁵kei³¹. 她的衣服和我的一样好。

她的衣服　我的衣服　和　一样　地　好

tʃɔ³³tsɛŋ⁵³ja³³tʃhɔ³³kjaŋ³¹a³³ləuʔ³³ta³¹jaŋ³³tɛ⁵⁵wɛ³³.

大路　和　小路　大约　一样　地　远

大路和小路差不多远。

四、述宾短语

述宾短语包括动宾短语和形宾短语。茶山语述宾短语是 OV 型语序，宾语在谓语动词之前。宾语可以是体词性成分，也可以是谓词性成分，前者包括名词、代词等以及由这些词构成的体词性结构；谓词性成分作宾语，主要是由动词、形容词等构成的谓词性结构。划分角度不同，述宾短语的类型也不同。宾语如果是有生性名词，则宾语和谓语动词之间一般加宾语助词 lji^{31}。

1. 语义关系类型

宾语和述语之间的语义关系有：受事宾语、与事宾语、施事宾语、结果宾语、目的宾语、处所宾语、工具宾语、材料宾语、对象宾语等。例如：

（1）受事宾语。宾语表示动作的接受者。这类宾语数量最多。例如：

mjei^{53} khjau^{33} 掰玉米　　　saik^{53} thəu^{31} 砍树　　　mǎ^{31} tʃhəi^{33} tsɔ^{55} 吃药

玉米　掰　　　　　　　树　砍　　　　　　　药　　吃

tjəu^{31} lji^{31} khən^{33} 害人　　　naŋ^{31} lji^{31} xua^{33} 骗你　　　tji^{55} tʃhəi^{31} 洗衣服

人（宾）坑　　　　　　你（宾）骗　　　　　衣服　洗

naŋ^{31} lji^{31} tʃhuŋ^{33} 夸你　　　nəu^{31} lji^{31} pat^{53} 打牛　　　tjəu^{31} lji^{31} thuŋ^{33} 撞人

你（宾）夸　　　　　　牛（宾）打　　　　　人（宾）撞

jɔ^{31} kjɛiʔ^{31} 耙田　　　　　ŋjau^{33} puan^{53} 锄草　　　ŋjaŋ^{55} lji^{31} tai^{31} tjəi^{31} 告诉她

田　耙　　　　　　　　草　　锄　　　　　　她（宾）告诉

（2）与事宾语。宾语不是动作的直接承受者，而是行为涉及的对象。例如：

ŋja^{33} ŋjiŋ^{31} sɛi^{53} 知道他的名字　　　ŋa^{55} ji^{31} lji^{31} ŋjaŋ^{53} 看见我姑姑

他的名字　知道　　　　　　　姑姑（宾）看见

ŋjaŋ^{55} lji^{31} tʃɛŋ^{33} 相信他　　　naŋ^{31} lji^{31} laŋ^{33} 等你

他（宾）相信　　　　　　你（宾）等

naŋ^{31} lji^{31} ŋam^{33} 想你　　　　tʃe^{31} zɔ^{33} kuɔt^{53} 当兵

你（宾）想　　　　　　兵　　做

（3）施事宾语。宾语是动作的主体、发出者。这类结构的述宾短语较少。例如：

ŋjɔʔ^{31} tʃhɛn^{33} 闭眼　　　　　u^{33} lɔm^{53} ŋuat^{31} 低头

眼　闭　　　　　　　　头　　低

nuat⁵³tʃam³³插嘴　　　　　　　　lɔʔ³¹tui³¹动手

嘴　插　　　　　　　　　　　手　动

（4）结果宾语。宾语表示动作产生的结果。例如：

kji̠³³xɔ³³kuɔt⁵³做记号　xaŋ⁵³lji³¹khjɛn³¹选谁　mɔ⁵⁵tu³³tʃhɔ³¹paŋ³³通汽车

记号　做　　　　　谁（宾）选　　　汽车　路　通

（5）目的宾语。宾语表示动作或行为的目的。例如：

tji⁵⁵wɔt⁵³穿衣服　　luk⁵⁵kɔ³³taŋ³³搬石头　khɔʔ⁵³lji³¹ɔŋ³¹lɔu³³考上大学

衣服　穿　　　　石头　搬　　　　大学　考　去

phjɔ³³wui³¹买票　　ŋ⁵⁵tɔ³¹ʃuɔp³³抓鱼　　nɔu³³ʃɛi³¹牵牛

票　买　　　　　鱼　抓　　　　牛　牵

tʃʃɛi³¹tsɔu̠ʔ³¹烧水　　tsɔ³¹tʃɔu⁵³做饭　　wuʔ⁵⁵tsuŋ³¹kuɔt⁵³盖猪圈

水　烧　　　　饭　做　　　　猪圈　做

ʃɔ³³pɛ³¹jɔu³³放羊　　mɔ⁵⁵tsa³³tsuŋ⁵⁵穿袜子 wuʔ⁵⁵ŋjɔu³³养猪

羊　看　　　　袜子　穿　　　　猪　养

kja³³sʅ³³ɔŋ⁵⁵卖家具　kja³³sʅ³¹wui³¹买家具　phɔʔ⁵³ka³¹kuɔt⁵³做生意

家具　卖　　　　家具　买　　　　生意　做

mə³¹ŋjəi³³tjɛt⁵⁵猜谜语　a³¹khaŋ³³saŋ³³请假　ʃɔ³³tshəu³¹kat⁵³打油

谜语　猜　　　　假　请　　　油　装

（6）处所宾语。宾语表示动作行为发生或涉及的处所。例如：

khui⁵⁵miŋ³¹ma³¹lɔu⁵⁵去昆明　　pɛ³¹kjen³³ɛʔ³³回北京

昆明　去　　　　　北京　回

mjuʔ⁵³ma³¹lɔ³³进城　　　thjɛ⁵⁵mu³³ma³¹lɔu³¹来片马

城市　去　　　　　片马　来

（7）工具宾语。宾语表示动作所凭借的工具。例如：

ŋui³¹juŋ³³花钱　　tʃhɔ³¹su³³走路　　lɔʔ³¹əuʔ⁵³招手

钱　花　　　　路　走　　　　手　招

san⁵⁵tʃhʅ³¹带伞　　ta³³ʃien³¹jɔu³³看电视　tʃhɔ³³kjaŋ⁵³tʃhau³¹走小路

伞　带　　　　电视　看　　　　小路　走

mje⁵⁵thaʔ⁵³tsuŋ³¹坐火车　saŋ³³phɔ³³tsuŋ³¹坐飞机　ta³³lu³³tʃhau³¹走大路

火车　坐　　　　飞机　坐　　　大路　走

（8）材料宾语。宾语是动作所凭借的材料。例如：

ʃa³³thaŋ³¹tsɔ³³吃糖　　　　　　lji³¹su³³ŋjen³³tai⁵³讲傈僳话

糖　吃　　　　　　　傈僳话　讲

kɔ⁵⁵ŋjau³¹tʃan³³kat⁵³ 施农家肥　　　　xua⁵⁵fei³¹kat⁵³ 施化肥

牲口肥　　　　放　　　　　　　　化肥　　　　放

mɔu³¹sɔu³³jəu³³ 看书　　　　　　　mɔu³¹sɔu³³lɔ³¹ 来信

书　　　看　　　　　　　　　　信　　　来

la³¹jan³³tap³¹ 抽烟　　　　　　　pha³³tʃuat³¹ŋcun⁵³ 戴围巾

烟　抽　　　　　　　　　　　　围巾　　　戴

ʃɿ³¹xui³³tʃuat⁵³ 刷石灰　　　　　ŋɔ³¹tʃhaŋ³³ŋjeŋ³³tai⁵³ 说茶山语

石灰　　刷　　　　　　　　　　茶山语　　　　说

（9）对象宾语。宾语表示动作致使的对象。宾语既是受事客体，又是动作变化的主体。例如：

tsɔ³¹pɛ³³puat⁵³ 擦桌子　　　　　khɔu³¹sɛ³³tsɔu³¹ 吃面条

桌子　擦　　　　　　　　　　面条　　　吃

su³³lji³³ləu³³ŋjau⁵³ 打扰别人　　　ŋ³¹lji³¹pat³¹ 打我

别人　打扰　　　　　　　　　　我（宾）打

xu⁵⁵khjap⁵³ŋjuan³³ 泡茶　　　　　kuk⁵⁵jət³³ 割稻子

茶　　泡　　　　　　　　　　　稻子　割

kjɔʔcɿ³¹ʃcɿ³³tsɔ³³ 吃鸡　　　　　ŋ⁵⁵tcɿ³¹ʃcɿ³³tsɔ³³ 吃鱼

鸡肉　吃　　　　　　　　　　鱼肉　　吃

suŋ³³sɔʔcɿ³¹jət⁵⁵ 割麦子　　　　khuɔm³³pai³³puat³³ 擦窗户

麦子　　割　　　　　　　　　窗户　　　擦

a³³jaŋ³³wui³¹ 买东西　　　　　kɛt⁵³sɛt⁵³tʃhɿ³¹ 带录音机

东西　买　　　　　　　　　　录音机　带

2. 述语性质类型

述宾短语中的述语既可以是谓词，也可以是谓词性短语。

述语是谓词，例如：

pu³³luŋ³³pat³³ 打球　　　　　　ŋjaŋ⁵⁵lji⁵³ŋui³¹ 喜欢他

球　　打　　　　　　　　　　他（宾）喜欢

述语是谓词性短语，例如：

khuɔm³³a³¹lɔ³³mu³³ŋjəi³³təu³³ 把门关好

门　好好地　　关　着

ʃɔ⁵⁵pɛ³¹zɔ³³lji³¹zaŋ³³thuŋ³³ 碰到小羊羔

小羊羔（宾）到　碰

3．宾语的性质、数量类型

（1）宾语既可以是体词、体词性短语，也可以是谓词或谓词性短语。

①宾语既可以是体词，也可以是体词性短语。例如：

ʃa³³thaŋ³¹ tsɔ³³ 吃糖　　　　　　lji³¹su³³ŋjeŋ³³ tai̠⁵³ 讲傈僳话

糖　　　吃　　　　　　　　傈僳话　　　讲

kɔ⁵⁵ŋjau³¹tʃan³³kat⁵³ 施农家肥　　ŋja³³mɔ³¹lji³¹ kju?³¹ 怕那些人

牲口肥　　　　放　　　　他们　（宾）怕

②宾语既可以是谓词，又可以是谓词性短语。谓词或谓词性短语后加名物化标记，构成名物化短语后才能作宾语。例如：

la³¹phɔ⁵³mɛ³¹cʮ³¹tsɔ³³ 喜欢吃粥　　mɔu⁵⁵wu⁵³ljɛt⁵⁵ kju?³¹ 怕下雨

粥　　喜欢 吃　　　　　下雨　（宾）怕

（2）从述语所带宾语的数量看，述宾短语可以分为单宾语和双宾语两类。

①单宾语类。述语只带一个宾语。例如：

mɔu³¹sɔu³³jəu³³ 看书　　　　　mɔu³¹sɔu³³ lɔ³¹ 来信

书　　　看　　　　　　　　信　　来

la³¹jan³³tap³¹ 抽烟　　　　　pha³³tʃuat³¹ŋcuɔp⁵³ 戴围巾

烟　　抽　　　　　　　　围巾　　戴

②双宾语类。述语后面带两个宾语：表示人的间接宾语；表示物的直接宾语。语序是"间接宾语 + lji³¹（宾语助词）＋直接宾语"。例如：

ŋ³¹lji³¹mɔu³¹sɔu³³ta³¹pəu³¹tjəi³¹ 给我一本书

我（宾）书　　一 本　给

ŋ³¹ lji³¹ tʃəi³¹ta³³mɔ³³ ʃəu³¹ 请给我一点水

我（宾）水 一 点　给

ŋ³¹lji³¹pan³³⸍³⁵fa³¹kei³¹tsəi³³ta³¹ku³¹tʃɔu³³tjəi³¹ 教我一个好办法

我（宾）办法 好的　　一 个 教　给

4．宾谓同形的述宾短语

宾谓同形型短语，指动词取名词或名词的后一音节，由名词充当宾语，动词充当谓语，也称"宾谓同形""名动同形"。这种同形，是同一句子中相邻句法成分的同形，是一种比较特殊的述宾短语。例如：

mɔ³¹khɔn³³khuɔn³³ 唱歌　　　　tsɔ³¹tsɔu³³ 吃饭

歌　　唱　　　　　　　饭　吃

uʔ⁵⁵kjɔp⁵³ kjɔp⁵³戴帽子   jət⁵³tʃu³³tʃu³³说梦话

帽子   戴   梦话   说

五、述补短语

述补短语指动词、形容词后带谓词性成分，该谓词性成分对动词、形容词具有补充说明等作用。我们从以下三个方面对其进行分类。

1. 依据语法结构分类

茶山语述补短语以无标记为主，即述语和补语直接结合，且结合紧密，中间不加其他虚词成分，属黏着型述补短语。例如：

sɔm³³thuŋ³³wuʔ³¹挑三担   kaŋ⁵³xui³³烤干

三   担   挑   干   烤

pat³¹sat⁵³打死   ŋat³¹sat³³咬死

打 死   咬 死

tʃhŋ⁵³ʃəi³¹ku³¹气死了   lŋ³¹tsɔ³³摔倒

气 死 了   倒 摔

nɔ⁵⁵tʃɔ³¹站住   muɔt⁵³kjau³³吹断

停 住   吹   断

muɔt⁵³phaŋ³¹吹开   xuɔt⁵³kjɔ³¹lɔu³¹泼下来

吹 开   泼   下来 来

茶山语述补短语很少带显性标记。在表示可能性补语意义时，一般用连谓短语表示。例如：

jɔu³³lɔu³³走得了   jɔu³³ŋjaŋ³¹看得见

能 去   能 看见

jɔu³³ŋjaŋ³¹tʃuai³³看得到   jɔu³³wuʔ³¹ma³¹jɔu³³wuʔ⁵⁵扛得动扛不动

能 看 到   能 扛 不 能 扛

la³³ŋjau³¹sɔ³³sɔ³³jɔu³³kɔ³³ŋjaŋ³¹, la³¹khui³³sɔ³³sɔ³³jɔu³³wui³³ŋjap³¹.

猫 很   能 跳 高 狗   很   能 跑   快

猫跳得高，狗跑得快。

表示结果补语时，一般使用前加副词的语法形式。例如：

sɔ³³sɔ³³jɔu³³wui⁵⁵跑得快   sɔ³³sɔ³³pai⁵³tshəu³¹长得茂盛

很   能 跑   很   长 肥

茶山语的典型补语标记是la³³，准补语标记是tsəi³¹，一般只在入句时标志述补关系。例如：

ŋŋjuŋ⁵⁵ tsəi³¹ma³¹thɔʔ⁵³ 累得慌　　kji̠³³la³³tə³³ŋau⁵³ŋjɛi³³lɔ³³ 急得直哭
累　得　不停　　　　　急　得　直哭　在　着

kji̠³³la³³ŋjɔʔ³¹ma³¹thəŋ³³ŋjəi³¹ŋjəi³¹ 急得不停地眨眼睛
急　得　眼　不　停　眨　眨

2. 依据语法成分分类

根据述语和补语的语法性质可分为以下类型：

（1）述语。

①述语由动词充当，例如：

pat³¹sat⁵³ 打死　　　　　tjɛ³³sat⁵³ 杀完　　　　　pat³¹khui³³ 打破
打　死　　　　　　　完　杀　　　　　　　打　破

jəu³¹lɔu⁵⁵ 拿走　　　　　lui⁵⁵lɔu³¹ 叫来　　　　　təu³³tjam³¹ 扔掉
拿　去　　　　　　　叫　来　　　　　　　丢　掉

②述语由形容词充当，例如：

ŋam³³la³¹tjeʔ³³tjeʔ³³nat³¹ 冷得发抖
冷　得　很　　　抖

（2）补语。

①动词或动词短语作补语。

ŋat³¹sat³³ 咬死　　　　　muat⁵³la̠in³³kat⁵³ 吹倒
咬　死　　　　　　吹　倒　横

jaŋ³³xu³³jɔu³³pat⁵³ku³¹ 划着了火柴
洋火　　能　打　了

tan³¹la³¹ta³¹khɔu³³ja³³wui³³jan³³ 吓得到处跑
吓　得　到处　地　跑（到处）

②形容词或形容词短语作补语。

pat³¹khui³³ 打破　　　　　ta̠i⁵³ʃiŋ⁵⁵ŋa³¹ 讲明白　　　　tsɔ³¹tʃau³³ 吃饱
打　破　　　　　　讲　清楚　　　　　　吃　饱

su⁵⁵ŋjuŋ³¹ 走累　　　　　tsui³³ʃuat³¹ 做错　　　　　laŋ⁵⁵tʃhui³¹ 撕烂
走　累　　　　　　做　错　　　　　　　烂　撕

③主谓短语作补语。

ji³¹la³³nuat⁵³ɛʔ⁵³ma³¹jɔu³³ŋjɔm³³ 笑得合不上嘴
笑　得　嘴　也　不　能　合

④数量短语作补语。例如：

la³³mu³³ai?⁵⁵khjap⁵³nɔ³¹ 病了两个月

月　　两个　病

kjɔ?³³ta³⁵tsəi³¹wu?⁵⁵ta³⁵tsəi³¹ŋəu³¹tɔu³³ 养了一些鸡和猪

鸡　一些　猪　一些　养　着

3. 依据语义特点分类

茶山语补语语义不太丰富，主要有结果补语、趋向补语、程度补语、情态补语等。

（1）结果补语。补语是述语动作产生的结果。补语多由动词、动词性短语和形容词、形容词性短语充当。这类补语较多。以"述语＋补语"为优势语序。例如：

pat³¹khui³³ 打破　　　　　tai̱⁵³ʃiŋ⁵⁵ŋa³¹ 讲明白

打　破　　　　　　　讲　清楚

ŋat³¹sat³³ 咬死　　　　　muat⁵³lain³³kat⁵³ 吹倒

咬　死　　　　　　　吹　倒　横

"补语＋述语"语序较受限，一般只用于完结、终结义的结果补语中。例如：

tjɛ³³sat⁵³ 杀完　　　　　kaŋ⁵³xui³³ 烤干

完　杀　　　　　　　干　烤

（2）趋向补语。补语表示述语动作的方向性。补语由趋向词或复合趋向词充当。趋向词有来、去、上、下、进、出、回、过、开、起等。复合趋向词则由"来、去"分别与其他趋向词组合而成。例如：上来、下来、出来、回去、过去、起来等。例如：

jəu³¹lɔu⁵⁵ 拿走　　　lui⁵⁵lɔu³¹ 叫来　　　tap⁵³tʃhŋ³³ 抽起来

拿　去　　　　　叫　来　　　　抽　起来

luŋ⁵³tɔ⁵⁵ 关起来　　kɔu⁵⁵tɔ⁵³ 跳起来　　tʃhɛi⁵⁵lɔu³¹ 搬回来

关　起来　　　　跳　起来　　　搬　来

（3）程度补语。补语表示述语所达到的程度。补语由动词、形容词和副词等成分充当，以副词为主。补语是描写、说明述语或在述语作用下产生的情态或结果。例如：

tʃhŋ?⁵³ʃəi³¹ 急死　　　　ji³¹la³³nuat⁵³ɛ?⁵³ma³¹jɔu³³ŋɔm³³ 笑得合不上嘴

急　死　　　　　　笑得　嘴　也　不　能　合

（4）情态补语。补语表示述语的情况状态。补语由动词短语、形容词或形容词性短语、副词性短语、四音格词、象声词或状态词、主谓结构等成分充当。例如：

khjɔu³¹kat⁵³扔下来　　　　ŋam³³la³¹tjeʔ³³tjeʔ³³nat³¹冷得发抖

扔　　往下　　　　　　冷　得　很　　抖

六、连谓短语

连谓短语除了指动词与动词连用外，还包括动词与形容词、介词等谓词性成分的连用，以及线性序列中动作发生连贯关系的兼语结构。

根据是否使用语法标记，茶山语的连谓短语分为两类：零标记的连谓短语与带非结束谓语标记的连谓短语。零标记的连谓短语，各谓词直接组合连用；带非结束谓语标记的连谓短语，连谓项间使用非结束谓语标记。

（1）零标记的连谓短语。例如：

saik⁵³lɔ³³thəu³¹去砍树　　　　man³³lɔ³³jət̠³¹去割草

树　去　砍　　　　　　　　草　去　割

jɔ³¹lɔ³³khuɔm³¹去挖地　　　　ʃɔ³³lɔ³³pai³¹去打猎

地　去　挖　　　　　　　　肉　去　打

ŋjaŋ⁵⁵lji³¹lou³³xjɔŋ³¹去找他　　a³³jaŋ³³wui⁵³lji³³买东西回来

他（宾）去　找　　　　　　东西　买　回来

la⁵⁵ŋja³¹lou³¹tsɔ³³phuŋ³³快来开会　tʃiɛ³¹ta³¹mau⁵⁵kam⁵³ʃəuʔ⁵³给一点水喝

快点　来　开会　　　　　　水　一　点　分　喝

thuʔ⁵³lou⁵⁵su³³lou⁵⁵jəu³³出去走走　nəu³³lji³¹man³³tsɔ³³naŋ³³让牛吃吃草

出去　　走去看　　　　　牛（宾）草　吃　让

tsui³¹tɔu³³ma³¹kat⁵³kat⁵³握着不放开

握　着　不　放　开

luk⁵⁵kɔ³³taŋ³³lou³¹la³³neiʔ³¹tɔ³³把石头搬来压上

石头　　抬　来（非）压　着

mǎ³³nap³³kai⁵⁵ma³¹lɔu⁵⁵khuɔm³¹mu³³ta³¹tʃham³³lou⁵⁵wui³¹上街买一把锄头

街　　　（方）去　锄头　　一把　　去　买

（2）带非结束谓语标记的连谓短语。非结束式谓语标记 la³³/³¹或 lji³¹、ljət³¹等，在连谓短语中出现，标志非终结动作的完成，凸显该谓词结构的有界性，并将该动作表达的事件与下一动作表达的事件连接起来。

la³³/³¹，具有连谓标记功能，多用于连接两个动作动词。例如：

mɔu³¹sɔu³³jəu³³la³³ŋjuŋ³³/³⁵ku³¹看书看累了

书　　看（非）累　　了

khuɔm³³tuɔn³³phaŋ⁵³la³³su³³waŋ⁵³lɔu³³ 推开门走进去

门　　推　　开　（非）走　进去

pha³³tʃuat³¹jəu³¹lɔu³¹la³³tsɔ³¹pɛ³³puat³¹kuɔt⁵³ 把毛巾拿来做抹布

毛巾　　　拿　来　（非）抹布　　　　做

lji³¹往往与表示强调的ɛʔɜ⁵³"也"连读为"ljɛt⁵⁵"，lji³¹、ljɛt⁵⁵语义上表示强调"也、都、宁可、不管"，语法上有宾语标记、话题标记、连谓标记的功能，能承接两个谓词性成分或单句，其中承接两个单句的频率更高。例如：

lu⁵⁵kuʔ⁵³ma³¹lɔu⁵⁵ljɛt³¹a³³jaŋ³³wui³¹. 去六库买东西。

六库　（方）去（非）东西　买

ŋui³¹juŋ³³lji³¹jɔ³³kjɛn³³ji⁵³ma³¹juŋ³¹. 花钱花到刀刃上。

钱　用（非）要紧　地方　用

ŋ³¹ma³¹lɔu³³ljɛt⁵³, naŋ³¹ja³³tʃha³³sɛŋ³¹? 就算我不去，和你有什么关系？

我　不　去　就算　你　和　什么　关系

ŋaŋ⁵⁵kha³¹sɿ³³tai³¹ljɛt³³, ŋ³¹ka³¹ma³¹tʃiŋ³³. 随他怎么说，我都不相信。

他　怎么　说（非）我（话）不信

ŋ³¹jɛn³³ma³¹tʃuɛ⁵⁵lji³¹, ŋaŋ⁵⁵tsɔ⁵³tsɔ³³ŋjəi³¹.

我家　　到　（非）他　饭　吃　正

我到家的时候，他正在吃饭。

ŋaŋ⁵⁵ta³¹khjɔu³¹tai³¹ŋjəi³¹lji³¹, taŋ³¹ŋɛ⁵⁵mɔ³¹ja³³xɛ³¹ʃʃ³³ma³³sɛʔ⁵³.

他　半天　说　（非）大家　　　还是　不　懂

他说了半天，大家还是不懂。

ŋaŋ⁵⁵pɔ³¹khjei³³ma³¹jəi³¹jəu³³lji³¹, wuɔm³¹zɔ³³aiʔ⁵⁵təu³¹xɔ³³ma³³ləu³³ŋjəi³¹.

她　山坡下　一　看（非）小熊　两　只　那里　玩　在

她往山坡下一看，只见两只小熊在那里玩耍。

有些连谓结构是由副词tsai³¹"越、再次"重复使用而构成的。例如：

mɔu⁵⁵tsai³¹wu³³tsai³¹ku³³. 雨越下越大了。

雨　越　下　越　大

ŋjaŋ⁵⁵tsai³¹wui³³tsai³¹ŋjap³³. 他越跑越快。

他　越　跑　越　快

ŋjaŋ⁵⁵tsai³¹ŋam³³tsai³¹ji³¹mai³¹. 他越想越好笑。

他　越　想　越　笑　想

tan⁵⁵ma³¹ljəi³³zɔ³³tsai³¹pai³¹tsai³¹kei³¹. 田里的秧苗越长越好。

田里　秧苗　越　长　越　好

七、数量短语

茶山语属于量词丰富的语言。在短语结构中，数词和量词的结合是强制性的，二者必须同时出现。例如：

tshɔ³³ta³¹muat⁵³ 一勺盐
盐　　一　勺

ʃ˞⁵⁵lji³³ta³¹taŋ³³ 一背篓梨
梨　　一背篓

tsɔ³¹ta³¹khuʔ⁵³tsɛŋ³¹ 一大碗饭
饭　一　碗　大

tsɔ³¹ta³¹khuʔ⁵³zɔ³³ 一小碗饭
饭　一　碗　小

tjəu³³ta³¹jəu³¹ 一个人
人　　一　个

tsǎ³³kei³¹ta³¹jəu³¹ 一个成年人
成人　　一　个

mu⁵⁵ʃuɔt⁵³ta³¹kəuk⁵³ 一个错误
错误　　一　个

ma³³təu⁵³a³³jaŋ³³ta³¹kəuk⁵³ 一个区别
区别　　　　一　个

a³³nɔ⁵³ta³¹kəuk⁵³ 一个样子
样子　一　个

a³³jaŋ³³ta³¹kəuk⁵³ 一个东西
东西　　一　个

ŋɔʔ⁵³ai⁵⁵təu³¹ 两只鸟
鸟　两　只

pɛʔ⁵⁵tʃap³³ai⁵⁵təu³¹ 两只鸭
鸭　　两　只

la³¹ts˞³³ta³¹tsɛŋ⁵³ 一棵辣椒
辣椒　一　棵

xju⁵⁵ta³¹tsɛŋ⁵³ 一棵松树
松树　一　棵

tji⁵⁵ta³¹khjap⁵³ 一件衣服
衣服一　件

lu³³ai⁵⁵khjap⁵³ 两条裤子
裤子两　条

xjeŋ̠³³ta³¹tuɔm⁵³ 一坨金子
金子　一　坨

pa³³ta³¹tuɔm⁵³ 一束花
花　一　束

mɔu³¹sɔu³³ta³¹pəu³¹ 一本书
书　　一　本

xɛ⁵⁵/³⁵mɔu³¹sɔu³³pəu³¹ 这本书
这　书　　本

tsɔ³³ta³¹khuʔ⁵³ 一碗饭
饭　一　碗

mǎ³³tʃhəi³³ta³¹khuʔ⁵³ 一丸药
药　　　一　丸

tʃhɔ³³ta³¹khat⁵³ 一条路
路　一　条

ŋap⁵³ta³¹khat⁵³ 一根针
针　一　根

jɛŋ̠³³ta³¹lɔm³³ 一栋房子
房子一　栋

pau³³ta³¹lɔm³³ 一艘小船
小船　一　艘

khə³³lam³³ta³¹puɔm³³/nui⁵³ 一棵红薯
红薯　　一　棵

tʃiŋ⁵⁵ku³¹ta³¹nui⁵³ 一棵南瓜
南瓜　一　棵

xɔ⁵⁵ᐟ³⁵mɔu³¹sɔu³³khjap⁵³那张纸　　　　san³³ta³¹khjap⁵³一把伞

那　张　　纸　　　　　　　　伞　一　把

na⁵⁵tji³³xɔ⁵³khjap⁵³那件衣服　　　　ŋjau³³ta³¹khjap⁵³一张网

那　衣服　　件　　　　　　　网　一　张

thui³³phau³³ta³¹tʃham³³一个刨子　　jan̠⁵⁵phe⁵⁵ta³¹tsɔp⁵³一把烟丝

刨子　　　一　个　　　　　　烟丝　　一　把

wa⁵⁵ta³¹khjaŋ³³一片瓦　　　　　　nɛ⁵⁵ta³¹khjaŋ³³一块橡皮

瓦　一　片　　　　　　　　　　橡皮一　块

u⁵⁵ljɔ⁵⁵ta³¹ljɔ⁵⁵一块粑粑　　　　　mɔuk⁵⁵ta³¹ljɔ⁵⁵一块饼干

粑粑　一　块　　　　　　　　　饼干　一　块

sa³³pja³³ta³¹khje⁵³一块肥皂　　　　sa³³pja³³ta³¹tʃap³³一块香皂

肥皂　　一　块　　　　　　　　香皂　　一　块

ʃɔ³³tshəu³¹ta³¹tsɔʔ³³一滴油　　　　tʃəi³³ta³¹tsɔʔ³³一滴水

油　　一　滴　　　　　　　　　水　一　滴

茶山语的"省、县、乡"等都借自汉语，在称量时可用 lɔm³³，但一般不用量词，直接用"数词＋省、县、乡"。例如：

ta³¹ʃaŋ³³一个乡　　　　　　　　ta³¹sɛŋ⁵⁵一个县

一　乡　　　　　　　　　　　　一　县

ʃaŋ³³ta³¹lɔm³³一个乡　　　　　　sɛŋ⁵⁵ta³¹lɔm³³一个县

乡　一　个　　　　　　　　　　县　一　个

数量短语修饰名词的语序有："名词＋数词＋量词""数词＋量词＋ta³³＋名词""数词＋地点名词/专有量词""名词＋数词＋反响型量词"等。"名词＋数词＋量词"为优势语序。例如：

tui³³ta³¹khat⁵³一根绳子　　　　　tji³¹tʃhŋ³³ta³¹khat⁵³一根皮带

绳子一　根　　　　　　　　　　皮带　　一　根

tʃuŋ³¹ta³¹lɔm³³一所学校　　　　　səŋ³³ta³¹lɔm³³一个省

学校　一　所　　　　　　　　　省　一　个

nəu³³ta³¹təu³¹一头牛　　　　　　ŋjaŋ³³ta³¹təu³¹一匹马

牛　一　头　　　　　　　　　　马　一　匹

kau⁵⁵ŋjau⁵³ta³¹təu³¹一只动物　　than³³lɔʔ³¹ai⁵⁵təu³¹两只兔子

动物　　一　只　　　　　　　　兔子　　两　只

pui³¹pan³³ta³¹tsɛŋ⁵³一棵向日葵　　la³¹mjei³³ta³¹tsɛŋ⁵³一棵玉米

向日葵　一　棵　　　　　　　　玉米　　一　棵

phei⁵⁵xjɔm³¹ta³¹nui⁵³一棵冬瓜　　　wɔm³³ta³¹nui⁵³一棵葫芦
冬瓜　　一棵　　　　　　　　葫芦 一棵

zɔ³¹khɔʔ⁵³ta³¹kəuk⁵³/jəu³³一个老人　tsau⁵⁵ta³¹kəuk⁵³/jəu³³一个官
老人　　一个　　　　　　　官 一 个

paŋ³³təŋ³³ta³¹khjap⁵³一面镜子　　xɛ⁵⁵paŋ³³təŋ³³ta³¹khjap⁵³这面镜子
镜子　一 面　　　　　　这　镜子　一 面

tjan³¹tʃhaŋ³³ta³¹jəu³¹一个朋友　　ma³¹tʃhe³³sʅ³³lja³³ta³¹jəu³¹一个医生
朋友　　一个　　　　　　医生　　一 个

ŋjuŋ⁵³zɔ³³ta³¹kəuk⁵³/jəu³³一个穷人　pɔm⁵³kji³³ta³¹kəuk⁵³/jəu³³一个和尚
穷人　一 个　　　　　　和尚　一 个

"数词+量词+ta³³+名词"的使用频率非常低，一般用于年纪作定语的偏正结构。例如：

ŋ⁵⁵tsɛn⁵³ta³³zɔ³³phɔ³³tʃaŋ³³pəuʔ⁵³mɛn³¹, ta³¹tshəi³³xjɛt⁵³zan³¹ta³³zʅ³³ŋji³³
五岁　的 孩子 炮仗 放　爱 一 十 八　岁 的 姑娘
ka³¹pan³³tap⁵³mɛn³¹. 五岁的孩子爱放炮，十八岁的姑娘爱戴花。
(话)花　戴　爱

若中心语是借自汉语的处所词，则按照汉语的语序，数量短语居前。语序为"数词+地点名词/专有量词"。例如：

ta³¹ʃaŋ³³一个乡　　ta³¹ʒɛŋ⁵⁵一个县　　ta³¹jəu³¹一人　　sɔm³³jəu³¹三人
一 乡　　　　一 县　　　　一 个　　　三 个

若量词是反响型量词时，语序为"名词+数词+反响型量词"。例如：

kai³³ta³¹kai³³一条街　　　　wu⁵⁵ta³¹wu⁵⁵一个村
街 一 街　　　　　　　村 一 村

nǎ³³khjap⁵³aiʔ⁵⁵khjap⁵³两只耳朵　lɔʔ³¹tsuŋ³³ta³¹tsuŋ³³一只手套
耳朵　　两 只　　　　　手套　　一 只

八、同位短语

同位短语由两个直接成分构成。这两个成分所用的词语虽然不同，但所指的是同一个人或事物，二者在语法地位上等同、语义上复指。从词性上看，同位短语有：代词+代词、代词+名词/名词短语/数量短语、名词+名词/代词/名词短语、名词短语+名词/代词/数量短语等类。例如：

nǎ³¹ŋjaŋ⁵⁵ 你自己　　　　　　　　ŋǎ³¹ŋjaŋ⁵⁵ 我自己

你 自己　　　　　　　　　　我 自己

jaŋ³³/³⁵ta³¹ŋɛ³³mɔ³¹ 我们大家　　　a³¹pu³¹a³¹zɔ³³ai?⁵⁵jəu³¹ 父子俩

我们 大家　　　　　　　　　父亲 孩子 俩 个

ŋji³¹jɛ³³jəu?³³kei³¹ai?⁵⁵jəu³¹ 夫妻俩　　a³³mɛ³³a³³zɔ³³ta³¹mɛ⁵⁵taŋ³¹ 母女俩

媳妇 丈夫　　　俩 个　　　　母亲 孩子 俩娘母

na³³mɔ³³kha⁵⁵ŋjɔuɕ⁵³jɛu³¹ 你们几位　　tshun³³tsaŋ³¹lɔ³¹tsaŋ³³ 村长老张

你们　　　几位　　　　　　　村长　　　老张

ŋa³³mɔ³³kǎ³¹lam⁵³paŋ³³ 我们古浪坝　　ŋa³³mɔ³³sɔm³³jəu³¹ 我们三个

我们　　古浪坝　　　　　　　我们　　三 个

九、比况短语

比况短语由比况标记 tɕi³³ "像、似的、一样" 黏附在表示比喻的名词或短语后组成，tɕi³³ 在句中有时也变读为 tɛ³³。例如：

kai³³kan³¹tɕi³³ 赶集一样

街 赶 似的

nɔ³¹su³³tɛ³³tjəu³¹ta³³jəu³¹ 像病了的一个人

病 像 人 一个

su³³tsəi³¹wui⁵⁵tɕi³³ 走得有点像跑

走 得 跑 像

than³³tsəi⁵³tjɛ⁵³tɛ³³than³³ 硬得像铁一样

硬的 铁 像 硬

nɛ⁵³tsəi³³ʃɻ⁵⁵wɔm³³pu³³tɛ³³nɛ⁵³ 红得像桃花一样

红的 桃花 开 像 红

十、方位短语

方位短语由名词或代词加方位词构成。从语言结构上看，茶山语典型空间方位词可分为单纯方位词和合成方位词，在表示空间意义的后置词中，有的是意义虚化的后缀 phɛ³³，有的是意义半虚半实的准后缀，还有主要起语法意义的方所格标记 ma³¹。这些空间方位词位于名词或代词之后表示以该名词为参照的空间、时间位置，具有名词特征。例如：

xɛ⁵⁵thɔʔ⁵³ma³¹ 这上面　　　　thji⁵⁵ thɔʔ⁵³ma³¹ 那上面

这　上面　　　　　　　　　那　　上面

xɛ⁵⁵ɔ̠³³ma³¹ 这下面　　　　　thji⁵⁵ɔ̠³³ma³¹ 那下面

这　下面　　　　　　　　　那　　下面

pɔ³¹khjei³³ ma³¹ 山脚下　　　pɔ³¹thɔʔ⁵³ ma³¹ 山坡上

山　脚（方）　　　　　　　山　上面

tʃhɔ³³kuŋ³¹ma³¹ 路中间　　　tsɔ³¹pɛ³³ nam⁵³ma³¹ 桌子旁边

路　中间　　　　　　　　　桌子　　旁边

tʃəi³³laŋ³³jam³³ma³¹ 河边　　jɛn̠³³ xjeʔ⁵³phɛ³³ 房前

河　　　边（方）　　　　　房子 前面

十一、兼语短语

兼语短语由述宾短语和主谓短语嵌套而成。茶山语兼语短语的语序较灵活，其基本的语法形式是 N_1（+ N_2）+ V_1 + V_2，即名词性成分居名句子前半部分，动词性成分居句子后半部分。N_1 在句中既是 V_1 的宾语（受事），又是 V_2 的主语（施事），N_2 是 V_2 的宾语。根据情况，V_1、V_2 的语义分别指向句子的主语和宾语，属于宾语的动作与主语有间接的语义关系，是由主语发出的动作引起的。当 N 是　级有生性名词时，其后带宾格助词 lji³¹。例如：

ŋjaŋ⁵⁵lji³¹ləu³¹ma³¹ ʃui³³tɔ³¹lɔ³³ 领他上楼

他（宾）楼上　　领 上去

ŋui³¹a³³ŋuɛ⁵³lji³¹ ʃuŋ³¹tɔ³³naŋ³¹ 让妈妈把钱藏起来

钱 妈妈（宾）藏 起 让

ŋ³¹　lji³¹khui⁵⁵miŋ³¹ma³¹lɔu⁵⁵naŋ³¹ 派我去昆明

我（宾）昆明　（方）去 叫

na³³mɔ³³tsɔ³¹tʃaau³¹kam³¹tsau³³ 做饭给你们吃

你们　饭 煮 给 吃

nəu³³lji³¹tʃəi³¹lɔu⁵⁵ʃɛi³¹kam³¹ʃəu³¹ 拉牛去喝水

牛（宾）水 去 牵 喂　喝

ŋ³¹ŋjaŋ⁵⁵lji³¹tʃhu³³tʃhu³³luŋ³³kam³¹tsɔu³³ 我给他吃水果糖

我 他　（宾）水果糖　　　给 吃

兼语短语的另外一种语法形式是 N_1 + V_1 + la³³ + N_2 + V_2，N_1 在句中既是 V_1 的宾语（受事），又是 V_2 的主语（施事），N_2 是 V_2 的宾语（受事），la³³ 是非

结束谓语标记，连接兼语短语中的两个述宾短语。这种语法形式，语义上属于兼语短语，也是连谓结构中的一类特殊形式。如果宾语是有生性名词尤其是表示人的代词或名词时，宾语后一般加宾语标记 lji^{31}。例如：

ŋjaŋ^{55} ʃɛi^{31} la^{33} ŋjaŋ^{55} lji^{31} la^{31} mjei^{33} lɔu^{55} pɔu^{31} thuʔ^{55} 拉马去都她驮玉米

马　拉(非) 她 (宾) 玉米　去 帮 驮

ŋjaŋ^{55} lji^{31} tshun^{33} tsaŋ^{31} khjaŋ^{31} la^{33} tshun^{33} tsaŋ^{31} kɔn^{31} na^{31} 选他当村长

他 (宾) 村长　　　选 (非) 村长　　　当

十二、"的"字短语

"的"字短语也称"的"字结构、名物化结构。由助词 tsəi^{31}"的"等黏附在词（如名词、动词、形容词、人称代词）或短语（如名词性短语、动词性短语、形容词性短语）后边，组成具有称代人或事物名称作用的名词性结构，其作用相当于名词。例如：

ku^{33}tsəi^{31} 大的　　ŋɛi^{31}tsəi^{31} 小的　　tʃɛn^{55}tsəi^{31} 酸的　　tʃhau^{55}tsəi^{31} 甜的

大　的　　　小　的　　　酸　的　　　甜　的

khɔ^{55}tsəi^{31} 苦的　　thjəu^{31}tsəi^{31} 辣的　　pan^{55}tsəi^{31} 涩的　　tʃha^{33}tsəi^{31} 坏的

苦　的　　　辣　的　　　涩　的　　　差　的

wɔt^{53}tsəi^{31} 穿的　　tsui^{55}tsəi^{31} 做的　　ŋam^{33}tsəi^{31} 想法　　tai^{31}tsəi^{31} 说的

穿　的　　　做　的　　　想　的　　　说　的

tsɔ^{31} juɔm^{33}tsəi^{31} 收成　　taŋ^{55}lɔu^{33} ŋjɛi^{31} tsəi^{33} 飞的　　tsɔ^{55}tsəi^{31} 吃的

粮食收　的　　　　　飞 去 着　的　　　吃　的

ŋjaŋ^{31} lai^{33} tsəi^{53} 他写的　　ŋjəi^{31}tsəi^{31} 住的

他　写　的　　　　住　的

名物化标记 tsəi^{31} 与动词结构较松散，二者间可以加入定语助词 ta^{33}，ta^{33} 有时在句中变读为 ta^{53}，加或不加 ta^{53} 不影响句义。以"吃的"为例，可以为"tsɔ^{55}ta^{53}tsəi^{31}"或"tsɔ^{55}tsəi^{31}"。例如：

je^{31}phɛ^{33} ka^{31} tsɔ^{35}ta^{53}tsəi^{33} ma^{31}jɔ^{33}，wɔt^{55}ta^{53}tsəi^{33} ma^{31}jɔ^{33}.

以前　(话)吃 的 没有 穿 的 没有

以前没有吃没有穿。

tsɔ^{55}ta^{53}tsəi^{31} ŋjɛt tɔu^{55}la^{31}，ta^{31}ŋɛ^{33}a^{31}sʅ^{31}ja^{33} ɔŋ^{55}tjəi^{31}ku^{31}.

口粮　　留 着　都　政府 卖 给 了

除去口粮，剩下的都卖给国家。

形容词或动词前加前缀 a³¹，也能起到名物化作用。例如：

a³¹ŋjuŋ³³ŋjuŋ³³ 皱巴巴的   a³¹tshau³³ 旧的   a³¹sai?⁵³ 新的、刚刚
皱皱的   旧的   新的

第二节　句法成分

茶山语的基本句法成分有主语、谓语、宾语、定语、状语和补语等六种。
基本句法成分中主语和谓语是主干成分，宾语、定语、状语、补语是次要
成分。

一、主语

主语是谓语陈述的对象，指出谓语说的是"什么"或"谁"，一般位于谓
语之前，是句子的主干成分。

1. 充当主语的成分

充当主语的一般是体词性成分，如名词、代词、名物化结构、数量短语、
修饰短语、并列短语、述宾短语、述补短语和主谓短语等。

（1）名词充当主语。普通名词、专有名词、方位名词和时间名词均可以
作主语。

①普通名词作主语。例如：

tji³³ sɔ³³sɔ³³xjeŋ³¹ku³¹. 衣服太长了。   tji³³ ŋjau³³xjeŋ³¹ku³¹. 衣服很长。
衣服很　长　了   衣服 长长   了

②专有名词作主语。例如：

pei³¹kjan³³naŋ³¹a³¹lɔu⁵⁵ku³¹la³³？北京你去过没有？
北京　　你　去没去 过（疑）

pu³¹ŋjɔ?³³kjam³¹ma³¹kju?³³xjɔu³³ŋjəi³¹. 茶山山有竹鼠。
茶山　　山（方）竹鼠　　　在

lu³¹kju?³³tʃha³³məu³¹la³³xe⁵⁵ŋjau⁵³mɔu⁵⁵wu⁵³？
六库　　为什么　这么多　　雨 下
六库为什么会有这么多雨呢？

③方位名词作主语。例如：

xjeʔ³¹phɛ³³tʃɛi³¹cɔ³³ta³¹laŋ³¹pou³¹，nuŋ³¹phɛ³³tʃɛn⁵⁵ku³³ta³¹lɔm³³pou³¹.

前面　　小河　一条　有　后面　　大山　　一　座　有

前面有条小河，后面有座大山。

④时间名词作主语。例如：

ŋɛ̠t⁵³xjɛ̠t⁵³khjap⁵³lji³³la³³mjei⁵³khjau³³. 七八月里收玉米。

七　八　月　时候　玉米　掰

xjɛn³¹ŋjəi³³mǎ⁵⁵nap⁵³kai³³ma³¹tə³¹lou³³. 前天还上街了。

前天　　街　　　（方）才去

ta³¹tshəi³³ta³¹ŋa³³ju³³lji³¹tsɔp³³phuŋ³³nɔ³³ku³¹. 十一点就散会了。

一　十　一　钟点（话）会　　　停　了

（2）代词充当主语。

人称代词、反身代词、泛指代词、疑问代词和指示代词等均可以作主语。

①人称代词作主语。例如：

naŋ³¹khǎ³¹phɛ³³lou³¹？ 你从哪里来的？

你　哪里　　来

ŋjaŋ⁵⁵pou³³ŋ³¹lou³³ta⁵³tsəi³¹. 他同意我去了。

他　愿意我去　着　的

ŋ³¹lou³³ta⁵³tsəi³¹ŋjaŋ⁵⁵pou³³. 他同意我去了。

我去着的　他　愿意

ŋ³¹ʃɔ³³mou³³tji³³jou³³thou³³tɔ³³tje³¹kəu³¹. 毛衣我给你织成了。

我毛衣　　成　织　放　给　了

ŋjaŋ⁵⁵ŋjəi⁵⁵na³¹pei³¹kjɛn³³ma³¹ja³³a³¹saiʔ⁵³lji³³. 他昨天刚从北京回来。

他　昨天　北京　（方）从　刚　回来

naŋ³¹ta³³lu³³tʃhau³¹lou³³wɛ³³，ŋ³¹tʃhɔ³³kjaŋ⁵³tʃhau³¹lou³³lji³¹ne³³.

你　大路　走　去远　我小路　　走　去（话）近

你走大路远，我从小路走近点。

②反身代词作主语。例如：

ŋǎ³¹ŋjaŋ⁵⁵sɛiʔ⁵³. 我自己知道。

我　自己　知道

a³³sɛŋ³³ŋjaŋ³³jɔm³³ka³¹tʃha³³，sɹ⁵⁵pei³³lji³¹a³¹khou³³.

自己　努力　应该　　别人　（宾）不　靠

应该自己努力，不要光靠别人帮助。

③泛指代词作主语。例如：

ta³¹ŋɛ³³mɔ³¹ta³¹kai³³lɔu³³. 大家一道去。

大家　　　一　道　去

kɔ³³jəu³¹ma³¹kju⁵³lji³¹，naŋ³¹tʃha³³kju³¹？别人都不怕，你怕什么？

别人　　不　怕（助）你　什么　怕

xɔ⁵⁵jɛn³¹jap³³nɔ³¹ja³³ŋja³³mɔ³¹lji³¹tsu³³tjəi³¹ku³¹.

那　房间　　早　就　别人（宾）租　给　了

那间房子早就租给别人了。

ta³¹ŋɛ³³mɔ³¹ja³³pei³¹kjɛn³³ma³¹ta³¹tʃuɔn³³lɔ³³mɛi³¹.

大家　都　　　　北京（方）一　趟　去　想

每个人都想去北京一趟。

④疑问代词作主语。例如：

xaŋ⁵³ka³¹tsun³³tʃaŋ³¹？谁是村长？　　tʃəi³¹kha³¹thaʔ⁵³pɔu³¹？哪里有水？

谁　（话）　村长　　　　　水　哪里　　有

ŋjaŋ⁵⁵ŋɔu³¹ŋjəi³¹，tʃhɛ⁵⁵ma³¹tsɔ³³. 她正哭着呢，什么也不吃。

她　哭　正　　什么　不　吃

⑤指示代词作主语。例如：

xɛ³³tsəi⁵³ka³¹na³³tsəi⁵³，thji⁵⁵tsəi⁵³ka³¹ŋja³³tsəi⁵³.

这　（话）你的　　那　　（话）他的

这是你的，那是他的。

xɛ³³ma³³tan³³（ta³¹khjaŋ³³）pɔu³¹，mu³³ma³³tʃəi⁵³ta³¹laŋ⁵³pɔu³¹，

这里　田　一块　　有　那里　河　一条　有

thji⁵⁵ma³³pɔm⁵³ta³¹lɔm³³pɔu³¹.

那里　　山　一　座　有

这里有一块田，那里有一条小河，那里有一座大山。

（3）数词/数量短语充当主语。个别数词能单独做主语或谓语，这种情况
比较少见，这类多为纯数字或时间、日期的句子。例如：

ta³¹xjɔ³³xjɛt̠⁵³tshəi³¹ma³³ja³³aiʔ⁵⁵xjɔ³³ŋ³³tshəi³¹. 从一百八十到二百五十。

一　百　八　十　（方）从　二　百　五　十

ta³¹tshəi³¹ta³¹ŋa³³ju³³lji³¹tsɔp³³phuŋ³³nɔ³³ku³¹. 十一点就散会了。

一　十　一　钟点　就　会　　停　了

pa³³juə³¹ʃŋ⁵⁵wu³³jɛŋ³¹khaŋ³³jɛŋ³¹juə⁵⁵piŋ³¹tsɔu³³. 八月十五家家吃月饼。

八月十五　　每家　　　月饼　　吃

数量短语多与名词结合后作主语。例如：

kjɔʔ³³ əuʔ⁵³ta³¹tshəi³³lɔm³³a³³ləuʔ³³ta³¹kjɛn³¹pou³¹. 十个鸡蛋大概有一斤。

鸡蛋　　一　十　　个大概　一　斤　有

（4）同位短语充当主语，例如：

phɛ⁵⁵thaŋ³¹naŋ⁵³khǎ³¹phɛ⁵⁵lɔu⁵⁵？叔叔你上哪儿去呀？

叔叔　　　你　哪儿　去

ŋja⁵⁵mɔ³¹ŋ⁵⁵jəu³¹ta³¹ŋɛ³³tʃuŋ³¹zɔ³³. 他们五个都是学生。

他们　　五个　都　　学生

tjəu³¹mu³³a⁵³jəu³³ŋjau³³/³⁵jəiʔ³³ku³¹. 他那个人太聪明了。

人　那位　　多聪明　　了

ŋa⁵⁵zɔ³³ta³¹jəu³¹tʃhuŋ³¹tʃhiŋ³³ma³¹ŋjəi³¹. 我有一个孩子在重庆。

我孩子一个　重庆　　（方）在

naŋ³¹zɔ³³khɔ³¹ŋji⁵⁵zɔ³³kha⁵⁵ŋjau³¹jəu³¹pou³¹？您老人家有几个孙子了？

你　老人家　孙子　几个　　　有

xɛ⁵⁵zɿ³¹ʃaŋ³³tʃɛn³¹ŋ³¹ŋja³³mɔ³³lji³¹ta³¹ŋɛ³³saiʔ³¹. 这些孩子我全认识他们。

这　孩子　群　我他们（宾）都　认识

ŋa³³mɔ³³kǎ³¹lam⁵³paŋ³³ju³³mji³¹lji³¹pou³³ku³¹ŋ³¹. 我们古浪管玉米叫苞谷。

我们　古浪　　　玉米（宾）苞谷　我

ŋa⁵⁵mɔ³¹tshun⁵⁵tsaŋ⁵³lɔ³³jaŋ³¹ʃaŋ³³ma³³tsɔ³³phuŋ³³phuŋ³¹lɔ³³ku³³.

我们　村长　　老杨　乡上　会　　开　去了

我们村长老杨到乡上开会去了。

ŋja⁵⁵zɔ³³ai⁵⁵jəu³¹, ku⁵⁵a³³jəu³¹tʃɛi³¹zɔ³³kuɔt⁵³, ŋɛi³¹a³³jəu³¹tʃuŋ³¹tɔ³³ŋjəi³¹.

他的孩子两个　大的　　兵　当　　　小的　　读书　在

他的两个孩子，大的当兵，小的在家读书。

（5）动词及名物化结构充当主语。动词、形容词、动词性短语能直接作句子的主语，也可以先加名物化标记构成名物化结构后，再充当句子的主语。

①动词或动词名物化结构作主语。茶山语动词在句中可直接作主语，也可使用动词名物化结构作主语。例如：

tsɔu⁵⁵tsəi³¹ka³¹ma³¹jɔu³³nain³³. 吃是少不得的。

吃　的（话）不能　少

naŋ³¹ŋam³³tsəi³¹sɔ³³sɔ³³kei³¹. 你的想法很好。

你　想　的　很　好

jət⁵³lji³¹kei³¹, la͟in³³lji³¹ma³¹kei³¹. 睡着好，躺着不好。

睡（话）好　　躺（话）不　好

jəu³³lji³¹kei³¹, ma³¹jəu³³lji³¹ɛʔ⁵³kei³¹. 看可以，不看也可以。

看（话）可以　不　看（话）也　可以

②形容词名物化结构作主语。例如：

thjəu³³tsəi³¹ka³¹tə³³ə͟u³¹, xjui³¹tsəi³¹ka³¹kuk³³.

白的　　　（话）棉花　　黄的（话）稻谷

白的是棉花，黄的是稻谷。

tʃɛn⁵⁵tsəi³¹tʃhau⁵⁵tsəi³¹khɔ⁵⁵tsəi³¹thjəu³¹tsəi³¹ta³¹ŋɛ³³tsɔu³³, pa͟n⁵⁵tsəi³¹

酸的　　　甜的　　苦的　　辣的　　都　吃　　涩的

ma³¹tsɔ³³. 酸甜苦辣的东西他都吃，就是不吃涩的。

不　吃

ja⁵⁵mɔ³¹jɔm³¹ka³¹mu⁵⁵tsui³³lji³¹ka³¹, tsɔ⁵⁵ta³¹tsəi³¹wuɔu⁵⁵ta³¹tsəi³¹ma³¹tshəu³¹.

我们　努力　　　　　（话）吃的　　　穿的　　　　不　愁

只要我们努力劳动，吃的穿的都不愁。

③动词性短语的名物化结构作主语。例如：

naŋ³¹ŋam³³tsəi³¹sɔ³³sɔ³³kei³¹. 你的想法很好。

你　想　的　　很　好

ta͟ŋ⁵⁵lɔu³³ŋjəi³¹tsəi³³ka³³kɔ³³ŋɔʔ⁵³. 飞的那只是乌鸦。

飞　去　着　的（话）乌鸦

ŋjaŋ³³taŋ⁵³tsəi³³ta³³xjɔu³¹ai?⁵⁵tshəi³¹kjɛn³³. 她挑的一百二十斤。

她　挑　的　一　百　二　十　斤

④动宾短语作主语。例如：

tjəu³¹lji³¹jəu³³lji³¹ma³³kei³¹, tjəu³¹lji³¹pat⁵³lji³¹tsai³¹ma³¹kei³¹.

人（宾）骂（话）不　好　　人（宾）打（话）更不　好

骂人是不对的，打人是更不对的。

⑤述补短语作主语。例如：

ta͟i³¹tʃha³³lji³¹ma³¹ʃuat⁵³, tsai³³ta³³la͟in³³ta͟i³¹ku³³ŋuat⁵³ku³¹.

讲　错（话）不　怕　　再　一　遍　讲　就是　　了

讲错了没关系，再讲一遍就是了。

（6）指量短语充当主语。指示代词与名词、数量短语等构成指量短语，在句中能作主语。其语法形式有"指示代词 + a³¹量词""指示代词 + 名词"等。

①"指示代词 + a³¹量词"。a³¹有名词化前缀的功能，这里是将量词名词

化，有特指功能。a³¹可以省略。例如：

xɛ⁵⁵a³¹jəu³¹ka³¹ŋa³³a³³maŋ³³. 这位是我哥哥。

这位　（话）我　　哥哥

xɛ⁵⁵a³¹lain³³ŋ³¹lji³¹tʃɛ⁵⁵ku³¹. 这次轮到我了。

这次　　　我（宾）到　了

thji?⁵⁵tjəu⁵³jəu³³sɔm³³tshe³¹zan³¹thɔ?⁵³ɔ³¹. 那个人有三十岁上下。

那　　人　个　三　十　岁　上下

xɛ⁵⁵a³¹thjɔu³³suɔm³³, thji⁵⁵a³¹thjɔu³³ljɛi³³. 这挑轻，那挑重。

这　挑　　轻　　那　挑　　　重

xɛ⁵⁵a³¹lain³³ŋ³¹ŋjaŋ⁵⁵lji³¹suɔm³³tjəi³¹ku³¹. 这一回我还是输给他了。

这一回　　我他（宾）输　给　　了

xɛ³³tu³³ka³¹kjɔ?³³phɔ⁵³thji³³a³¹tu³³ka³¹kjɔ?³³tsɿŋ⁵³

这只（话）公鸡　　那　只（话）母鸡

这只是公鸡，那只是母鸡。

thji³³tjəu⁵³sɔm³³jəu³¹ta³¹ɲɛ³³ŋa³³mɔ³¹wu⁵⁵khɔu³³ma³³tjəu⁵³.

那人　三个　都　我们　村　　（方）人

那三个人都是我们村里的。

② "指示代词＋名词"。指示代词可以直接修饰名词，不带量词。例如：

xɛ⁵⁵mjei³¹sɛ?⁵⁵cɔ³³sɔ³³kjua³¹. 这块布花哨得很。

这　布　　　很　花

xɛ⁵⁵pa³³khji³¹ʃɿ³³sɔ³³cɔ³³pan³¹. 这个西红柿很涩嘴。

这　西红柿　　很　涩

xɛ⁵⁵tui³³xjin³³xjin³³ljuŋ³³ljuŋ³³. 这些绳子长长短短的。

这　绳子长长　　短短

xɛ⁵⁵təu³¹fu³³tʃɛn³³ʃɔm³³nam³¹ku³¹. 这块豆腐酸臭了。

这　豆腐　酸　臭味臭　了

thji⁵⁵saik⁵³tsɛn³¹ŋjan³³ŋjan³³ku³³ku³³. 那棵树高高大大的。

那　树　　高高　　大大

xɛ⁵⁵thaŋ³³xjin³³ljuŋ³³ta³¹ji³³ma³¹ŋuat⁵³. 这些柴长短不一。

这些　柴　长短　　一样　不　是

（7）偏正短语充当主语。例如：

ŋa⁵⁵tsɔ³³ŋje³³tjəi³³ku³¹. 我的作业交了。

我的作业　　给　了

ŋja⁵⁵uʔ⁵⁵lɔm³¹kuaŋ³³kuaŋ³³lji³¹. 他的头光秃秃的。

他的头　　　　光光的

mɔu⁵⁵khuŋ³¹ma³¹kji³³paŋ⁵⁵paŋ³¹. 天上的星星亮晶晶。

天上　　　　　星　亮晶晶

xje³¹phɛ³³jɛn³³ka³³a³³puŋ³¹mu³³jɛn³³，前面的房子是我伯父的，

前面　　房子（话）伯父　　房子

nuŋ³¹phɛ³³jɛn³³　ka³¹phɛ⁵⁵thaŋ⁵³jɛn³³. 后面的房子是我叔叔的。

后面　　房子（话）叔叔　　　房子

xe⁵⁵ʃʅ⁵⁵tsɛŋ⁵³ma³¹ʃʅ⁵⁵wɔu³³mɘn³³mɘn³³tʃhou³¹. 这棵树的桃子甜甜的。

这　果树　（方）桃子　　甜甜的

thɔʔ⁵³ma³¹jɔ³¹/⁵³ai⁵⁵khjaŋ³³ka³¹la³¹mjei³³xjou³³，上面那两块地栽玉米，

上面　　地　两块　（话）　玉米　栽

ɔ³³ma³³jɔ⁵³ai⁵³khjaŋ³³ka³¹xua³³saŋ³³xjɔu³³. 下面这两块地栽花生。

下面　地　两块（话）花生　　栽

thji⁵⁵lji³³jɛn³¹naŋ³¹kuɔt⁵³tsɛi³¹ta³¹mɔ³³ma³¹kɘŋ³³.

那　茅屋　你　盖　的　一点　不　牢

那所茅屋你盖得太不牢固了。

pui³¹thuʔ³³phɛ³³pɔm⁵³pui³¹waŋ³¹phɛ³³pɔm⁵³thɔʔ⁵³lji³¹ŋjan³³.

东边　　　　山　西边　　　山　比高

东边的山比西边的山高。

（8）并列短语充当主语。例如：

la⁵⁵ŋjau⁵³ja³³la³¹khui³³pat³¹kɔu³³. 猫跟狗打架。

猫　　和　狗　　打（互）

khuʔ⁵³ja³³tsɘu³³ta³¹ŋɛ⁵⁵pɔ⁵³ku³³. 碗和筷子都有了。

碗　和　筷子　全　有了

ŋ³¹ja³³ŋjaŋ⁵⁵ta³¹kɛ³³jun³¹nan³³tjɘu³¹. 我和他都是云南人。

我和他　都　　云南人

phiŋ³³kɔ³¹ja³³ʃʅ⁵⁵lje³³ta³¹ŋɛ³³pɔp³³ku³¹. 苹果和梨都烂掉了。

苹果　和梨　都　烂　了

pei³¹kjɛn³³ja³³saŋ³³xɛʔ⁵³ta³¹ŋɛ³³mjuʔ⁵³tsɛŋ⁵³. 北京和上海都是大城市。

北京　和　上海　都　城市大

kjɔʔ³³tsɛŋ³¹ja³³kjɔʔ³³zɔ³³ŋjəi³¹tʃaŋ³¹ma³¹tuŋ³¹te³³xjou³³tsɘu³³ŋjəi³¹.

母鸡　　和　小鸡　地里　　　虫子　找　吃　在

母鸡和小鸡在地里找虫子吃。

tʃhu³³tʃhu³³luŋ³³、ɔʔ⁵⁵ljɔʔ⁵³ja³³ʃaŋ³³jan³³、sa³³pjaʔ³¹、mɔu³¹sɔu³³

糖果　　　　　　粑粑　和　香烟　　肥皂　　纸

ta³¹ŋɛ³³ɔŋ³³.

都　　卖

糖果、糕点和香烟、肥皂、卫生纸都有卖的。

（9）主谓短语充当主语。例如：

ŋjaŋ⁵⁵a³¹jaŋ³³kuɔt⁵³sɔ³³sɔ³³suɔm³¹. 她做事情慢腾腾的。

她　事　做　很　　慢

ŋjaŋ⁵⁵taŋ⁵⁵tʃu³¹lji³¹kei³¹ma³¹kei³¹ma³¹sɛʔ⁵³. 她说话不知轻重。

她　话　说（话）好　不　好　不　知道

ta³¹tshəi³³sɔm³³ ma³¹ŋjɛ̠t⁵³jəu³¹ khjɔu³³/tjam³¹lji³¹khǎ⁵⁵ŋjau³¹？

一　十　　三　　七　减　去　掉　（话）多少

十三减七是多少？

（10）方位短语充当主语。例如：

thji³³ma³¹ʃuɔm³³sɔ³³sɔ³³nam³¹. 那个地方臭烘烘的。

那里　　臭味　很　臭

tjəi³³jam⁵³ma³¹san³³ta³¹ku³¹laŋ³³tɔu³³. 墙上挂着一把伞。

墙上　　　　伞　一　把　挂　着

luk⁵⁵tʃhaŋ³³khjei³³ma³¹tjəu³¹ta³¹jəu³³jɛ̠t⁵³tʃɔu³³. 墙底下睡着一个人。

墙底　　　（方）人　一个　睡　着

khuɔm³³tuaŋ³¹ma³¹tjəu³¹aiʔ⁵⁵sɔm³³jəu³¹ljap³¹tʃɔu³³. 门前站着几个人。

门前　　　　人　两　三　人　站　着

xɛ³³ma³³ka³³ wu²⁵⁵ɔu³³tə³³ŋjɛi³¹，ʃɔ³³tʃhəi³³ma³¹ŋjəi³¹.

这里　（话）野猪　只　在　　麂子　　不　在

这里有野猪，没有麂子。

2. 主语的语义类型

从主语和谓语的意义关系上看，主语可分为三种：

（1）施事主语。这种主语是动作、行为的发出者。例如：

ŋ³¹（ka³¹）laŋ⁵⁵ŋji³¹ʃɔ³³tsɔ³³ku³¹. 我吃过蛇肉。

我（话）蛇　肉　吃过

ŋjaŋ⁵⁵jɛn³³sɛiʔ⁵³ta³¹lɔm³³jɔu³³kuɔt⁵³. 他盖的一间新房子。

他　房子新　一　所　有　盖

ŋ³¹khǎ³³zan³³ɔ³³ai?⁵⁵lu³³xjɔ³³juɔm³³. 我今年收了两箩荞麦。

我　今年　　荞麦　两箩　收着

naŋ³¹ŋa³³mɔu³¹sɔu³³pu³¹lə̠u?³¹thjɔ?⁵³ku³¹！你把我的书弄坏了！

你　我的书　　　本　弄　坏　　了

ljei³¹ja³³saik⁵³kjaŋ³¹muɔt³¹khjɔu³³ku³¹. 树枝儿被风吹落了。

风（施）树枝　　吹　掉　了

（2）受事主语。这种主语是动作、行为的承受者。例如：

ŋjɔ?³¹mje⁵⁵təu³³tɔ³³a?⁵³. 把眉毛翘起来。

眉毛　　　抬　起来(祈)

xɛ⁵⁵sʅ³³naŋ³¹sɛi⁵³ku³¹pa⁵³？这事你知道了吧？

这　事情　你　知道　了　吧

ŋui³¹kui³³ʃɛt³³（ma³¹）kat⁵³tɔ³³. 钱放到抽屉里。

钱　抽屉　　（方）　放　着

ŋ³¹ŋjaŋ⁵⁵ja³³ta³¹xja³³kju̠?³³tan³¹. 我被他吓了一跳。

我　他（施）一　跳　吓　着

xɛ⁵⁵ŋui³¹ta³¹ai?⁵⁵tshəi³¹ŋaŋ³¹ʃ³³juŋ³¹a?⁵³. 这几十块钱你拿去先用着。

这　钱　一　二　十　你　先　用（祈）

xu³³khjap⁵³khjɔu³¹ŋjaŋ⁵⁵ja³³pat³¹khui³³ku³¹. 茶杯被他打破了。

茶杯　　　　他（施）打　破　　了

xɛ⁵⁵a³¹la̠in³³khjaŋ³¹kɔu³³jaŋ³³/³⁵kha³¹sʅ³³ljɛt⁵³ɔŋ⁵⁵ta³¹.

这　场　　比赛　我们　一定　　　赢要

这场比赛我们一定赢。

a³¹ka⁵³，xɛ⁵⁵ɔu⁵⁵a³¹sai?⁵³tə³³wui³¹lɔu³¹lji³¹pat³¹khui³³ku³¹.

哎呀　这锅　刚　才　买　来（非）打　破　了

哎呀，这个锅刚买来就打破了。

（3）当事主语。这种主语既不是施事，也不是受事，而是判断、描写、说明的对象。例如：

saik⁵³xu⁵³kjui⁵³ku³¹. 开始落树叶了。

树叶　落　了

xɛ⁵⁵kja³¹xɔ³¹a³¹jaŋ³³kuɔt⁵³lji³¹kɔ³³jəu?³¹ma³¹təu³¹kɔu³³.

这家伙　事情　做（非）别人　不　像（互）

这家伙做事跟别人不一样。

二、谓语

谓语是对主语加以说明的成分。它说明主语"怎么样"或"是什么"，一般位于宾语之后，在句子的后半部分。

1. 充当谓语的成分

谓语一般由动词、形容词充当。名词、量词短语、主谓短语、"的"字短语等也都可以充当谓语。

(1) 动词/动词性短语作谓语。例如：

naŋ³¹ nəu³³ ʃɛi³¹ lɔu³³ aʔ⁵³！你把牛牵走吧！

你　牛　牵　走（祈）

naŋ³¹ ja³³ ŋ³¹ ta³³ ʃeŋ³¹ jəu³³ lɔu³³. 你和我去看电影。

你　和　我　电影　看　去

ŋjaŋ⁵⁵ lji³¹ la³¹ khui³³ ja³³ ŋat³³ ku³¹. 他被狗咬了。

他（宾）　　狗（施）咬　了

ŋ³¹ lu⁵⁵ kuʔ⁵³ ma³¹ tʃuɛ³³ ʃɔ³³ ljap³¹. 我一直站到六库。

我　六库（方）到　　　站

ŋjaŋ⁵⁵ ŋjəi⁵⁵ jɔu³¹ ŋjəi³³ mu⁵⁵ lɔu⁵⁵ tsui³¹. 他天天都去做活。

他　每天　　　活　去　做

phɛ⁵⁵ ljam³¹ taŋ⁵⁵ la³¹ tsuɔm³¹ kɔu³¹ ŋjəi³¹. 蝴蝶翩翩飞舞。

蝴蝶　飞　舞　跳　在

ŋjaŋ⁵⁵ taŋ⁵⁵ tʃu³¹ lji³¹ kei³¹ ma³¹ kei³¹ ma³¹ sɛʔ⁵³. 她说话不知轻重。

她　话　说（话）好　不　好　不　知道

zɿ³¹ ʃaŋ³³（lji³¹）ŋja³³ a³¹ ŋuɛ³¹ ja³³ pat³¹ ku³¹. 孩子被他妈打了。

孩子　　（宾）　他妈妈（施）打　了

xɛ⁵⁵ lɔ³³ ʃiɛn³³ ʃəŋ³³ ta⁵⁵ ʃieŋ³¹ mǎ³¹ nɔ³³ jəu³¹，mǎ³¹ nɔ³³ tʃəi³¹ ʃuɛʔ⁵³ ŋjəi³¹.

这　老先生　　电视　一边　看　一边　喝水　　在

这位老先生一边看电视，一边喝水。

(2) 形容词/形容词性短语作谓语。例如：

ŋa³³ zɿ³¹ ŋji³³ ku³³ ku³¹. 他的女儿长大了。

他的女儿　大　了

khə⁵⁵ ŋjan³¹ ta³³ la³³ mu³³ lain³¹ lain³¹. 今晚的月亮真圆。

今晚　　的　月亮　真圆

tshuŋ⁵⁵lji³¹ŋam³³, tsan³¹lji³¹kjuɛi³¹. 冬天冷，夏天热。

冬天（话）冷　　夏天（话）热

thji⁵⁵pɔm⁵³ŋjaŋ̪⁵⁵ɛʔ⁵³ŋjaŋ̪³¹ku⁵⁵ɛʔ⁵³ku³³. 那座山又高又大。

那　山　高　也　高　大　也　大

khɔu³³tji³³ka³¹ŋei³¹, thɔʔ⁵³tji³³ka³¹ku³³. 里面的衣服窄，外面的衣服宽。

里　衣（话）窄　外　衣（话）宽

naŋ³¹ta³³lu³³tʃhau³¹lou³³wɛ³³, ŋ³¹tʃhɔ³³kjaŋ̪⁵³tʃhau³¹lou³³lji³¹ne³³.

你　大路　走　去　远　我　小路　走　去（话）近

你走大路远，我从小路走近点。

(3) 名词/名词性短语作谓语。例如：

ŋ³¹ ka³¹ ŋja³³a³¹maŋ³³. 我是他的哥哥。

我（话）他　的　哥哥

na³³phjɔ³³khǎ⁵⁵ŋjəi⁵³tsəi³¹. 你的票是今天的。

你的票　今天　　的

ŋ³¹ja³³ŋjaŋ⁵⁵ta³¹kɛ³³jun³³nan³³tjəu³¹. 我和他都是云南人。

我和他　都　云南　人

(4) 数词/数量短语作谓语。例如：

ŋ³¹sɔm³³tshəi³¹zan⁵³ku³¹. 我都三十岁啦。

我　三十　岁　了

ŋjaŋ³³taŋ⁵³tsəi³³ta³³xjɔ³¹ai⁵⁵tshəi³¹kjɛn³³. 她挑的一百二十斤。

她　挑　的　一　百　二　十　斤

ŋjaŋ⁵⁵khjuk̪⁵³tshəi³¹zan³¹, naŋ³¹khǎ³³ŋjau³¹? 他六十岁了，你呢？

他　六十　　岁　你　多大

khǎ⁵⁵ŋjəi⁵³（ka³³）khjuk⁵⁵khjap⁵⁵sɔm³³tshəi³¹ŋjəi³³. 今天是六月三十。

今天　（话）六月　三十　日

(5) 主谓短语作谓语。主谓短语作谓语构成主谓谓语句。例如：

xɛ⁵⁵mɔu³¹sɔu³³tʃhap⁵³ŋ³¹ma³¹sɛʔ⁵³. 这个字我不认识。

这　书　字　我不　认识

ŋjaŋ⁵⁵tai³¹ta³³taŋ³³ŋ³¹ka³¹ta³³tsəi³¹ma³¹tʃen³³. 他讲的话我有些怀疑。

他　说　的话　我（话）一点　不　相信

xɛ⁵⁵zɿ³¹jam³¹phɔ⁵³a³¹jaŋ³³tsui³³lji³¹sɔ³³sɔ³³wən⁵⁵taŋ³¹.

这　年轻人　　事　做（话）很　稳当

这个年轻人办事很认真。

（6）偏正短语作谓语。例如：

ŋjaŋ⁵⁵ ka³¹ ŋa³³ a³¹ ji³³ ta³³ a³³ sɛŋ³¹. 他是我姑妈家的亲戚。

他　（话）我　姑妈　　的亲戚

xɛ⁵⁵ ta³³ tʃuɔŋ³¹ aŋ⁵⁵ sɔ³³ sɔ³³ khɔu³³. 这些野菜太苦了。

这 些　野菜　　　很　　苦

tʃhɔu³¹ ta³³ ʃɿ⁵⁵　ka³¹ sɔ³³ sɔ³³ tsɔ³¹ kei³¹. 甜的果子很好吃。

甜　　的果子（话）很　　吃　好

ŋjaŋ⁵⁵ tji⁵⁵ xɛ⁵³ khjap⁵³ wɔt⁵³ tʃhɿ³³ lji³¹ sɔ³³ sɔ³³ juŋ³³.

她　衣服 这套　　穿　起（话）很　　漂亮

她穿上这套衣服就很漂亮。

（7）"的"字短语作谓语。例如：

laiṇ³¹ tɔu³³ cɔ⁵⁵ a³¹ təu³³ ka³¹ a³³ lu³³，ljap⁵⁵ tʃau³¹ xɔ⁵⁵ a³¹ təu³³ ka³¹ a³³ tsɛŋ⁵³.

躺　着 那头　（话）公的 站（貌）那头　　（话）母的

躺着的那头是公的，站着的那头是母的。

khă⁵⁵ zan⁵³ zan⁵³ wɔt⁵⁵ tʃha³³ tsɛi³¹，jaŋ³³ tsɔ³¹ juɔm³³ tsɛi³¹ sɔ³³ sɔ³³ ma³¹

今年　　　年成　坏的　　我们 收成　　　　很　　不

tʃha³³ ʃɿ³³.

坏　还

虽然今年天旱，但是我们的收成还是不错。

（8）疑问代词作谓语。例如：

khə⁵⁵ jan³¹ na⁵⁵ kuŋ³¹ tuɔm³³ kha³¹ sɿ³³ tɛ³³? 最近你身体怎么样？

最近　　你的 身体　　怎么样

2．谓语的语义类型

根据充当谓语的成分及其表达特点的不同，可以把谓语分为叙述性谓语、描写性谓语、判断性谓语和说明性谓语。

（1）叙述性谓语。对主语进行陈述，多出现在动词性谓语句中。例如：

ŋ̍³¹ ŋja³³ mɔ³¹ lji³¹ sɔ³³ sɔ³³ kjuʔ³¹. 我很怕那些人。

我 那些人（宾）很　怕

ŋa⁵⁵ jɛṇ³¹ ma³¹ ta³³ kjɔʔ³³ tsɛŋ³¹ ʃəi³³ ku³¹. 我家的老母鸡死了。

我 家　　的 母鸡　　死　了

tsɔ⁵⁵ ta³³ a³³ jaŋ³¹ ʃaŋ⁵⁵ ʃaŋ⁵⁵ tʃhəi³³ tʃha³³. 吃的东西要洗干净。

吃 的 东西　干净　洗　应该

ŋjaŋ⁵⁵tʃuŋ³¹thɔʔ⁵³ma³¹phan³³lɔ³³phan³³lɔ³¹. 他在床上滚来滚去。

他 床上 （方）滚 去 滚 来

（2）描写性谓语。描写主语的性状，多出现在形容词性谓语句中。例如：

tshuŋ⁵⁵lji³¹ŋam³³，tsan³¹lji³¹kjuɛi³¹. 冬天冷，夏天热。

冬天（话）冷 夏天（话）热

xɔ⁵⁵zʅ³¹ʃaŋ³³ta³³lɔʔ³¹tʃam³³tuŋ³³khei³³. 那个小孩的手冷冰冰的。

那 小孩 的手 凉冰冰

tsuŋ³¹tɔu⁵⁵kei³¹，ljap⁵⁵tʃɔu⁵⁵ma³³kei³¹. 坐着好，站着不好。

坐 着 好 站 着 不 好

a³³pu³¹a³¹mɛ³¹ʃəi³¹ta³³zɔ³³ lji³¹sɔ³³sɔ³³naik⁵³jəu³³ŋjan³¹.

父母 死 的孩子（话）最 看 可怜

父母死去的孩子最可怜。

（3）判断性谓语。对主语的类属、情况、性质和状态等做出判定，多出现在名词性谓语句和判断句中。例如：

ŋjaŋ³³ka³¹tjəu³³kaŋ³³. 他是一个坏人。

他 （话）人 坏

naŋ³³ka³¹tjəu³³kei³¹ŋuɔt⁵³. 你是一个好人。

你 （话）人 好 是

ŋjaŋ⁵⁵ka³¹xjeʔ⁵³zan³¹ɲiəu³³. 他是前年生的。

他 （话）前 年 生

ŋjaŋ⁵⁵ka³¹thjɛʔ⁵³pa³³səu³¹，ŋ³¹ka³³tʃuŋ³¹tɔ³¹səu³¹.

他 （话）铁匠 我（话）读书 人

他是打铁的，我是读书的。

ŋ³¹ka³¹jun³³nan³³tjəu³¹，ŋjaŋ⁵⁵ka³¹kui⁵⁵tsəu³³（ma³¹）tjəu³¹.

我（话）云南 人 他 （话）贵州 （方）人

我是云南人，他是贵州人。

（4）说明性谓语。对主语的存在、所属情况等做出说明，多出现在存现句中。例如：

xɛ⁵⁵tsɔ³¹pɛ³³ŋjəi³⁵khjei³¹tap³³. 这张桌子有四条腿。

这 桌子 四 脚 有

tjəi³³jam⁵³ma³¹san³³ta³¹ku³¹laŋ³³tɔu³³. 墙上挂着一把伞。

墙上 伞一 把 挂 着

man³³kjɔm³³ma³¹laŋ⁵⁵ŋji³¹ta³¹təu³³pou³¹. 草里有一条蛇。

草里　　　　　　　蛇　一　条　有

tsɔ³¹pɛ³³thɔʔ³³ma³¹mou³¹sou³³ta³¹pəu³³tʃau³³. 有一本书在桌子上。

桌子　　上（方）书　　　一　本　有

ʃ̩³³ljei³³tsɛŋ⁵³ma³¹ʃ̩³³ljei³³nɛ³⁵³nɛʔ⁵³ta³¹lɔm³³tap³¹. 树上有个红红的梨。

梨树　　　（方）梨　　红红的　一　棵　结

pɔm⁵³khjei³³ma³¹ta³¹tam⁵³lji³¹tjəu³¹ŋ³³jəu³¹thuʔ⁵³la³³.

山脚　　　（方）一下　　人　五　个　出来　了

山脚下突然钻出五个人来。

xɛ³³ma³³ka³³wuʔ⁵⁵ou³³tə³³ŋjəi³¹，ʃɔ³³tʃhəi³³ma³¹ŋjəi³¹.

这里（话）野猪　只　在　麂子　　不　在

这里有野猪，没有麂子。

jɛn̩³³xjeʔ⁵³phɛ³³saik⁵³tsɛŋ³¹khaʔ³³ŋjaŋ⁵³tɛ³³ta³¹tsɛŋ⁵³pou³¹.

房　前面　　树　　　高高的　　　一　棵　有

房子前面有一棵高高的树。

ŋ³³　ka³³ʃɔ̌³³jəi⁵³thjɛ⁵⁵kɔʔ⁵³ta³¹tsɔm³³jau³³，mɔ³³tsa⁵³ma³¹jɔ³³.

我（话）皮鞋　　　　　一　双　有　袜子　　没　有

我有一双皮鞋，但是没有袜子。

三、宾语

宾语是动作行为或性质状态所关涉的对象，既可以是客观实体，也可以是时间方所，还可以是行为活动或性质状态。宾语主要相对于谓语动词而言，多位于谓语动词之前。

1. 充当宾语的成分

名词、代词、动词、形容词、数词、量词、数量短语、指量短语、偏正短语、并列短语、主谓短语、方位短语、"的"字短语等都可以充当宾语。

（1）名词作宾语。例如：

naŋ³¹pei³¹kjɛn³³ma³¹a³¹lou³³ku³¹la³³？你去过北京吗？

你　北京（方）去没去过（疑）

lɔ³³pan³³ŋ³¹　lji³¹khui⁵⁵miŋ³¹ma³¹lou⁵⁵naŋ̩³¹. 老板派我去昆明。

老板　我（宾）昆明　（方）去　叫

ŋ³¹ŋjəi³³na³¹ʃɔ³¹xu³¹ja³³/lji³¹xjɔ³³kou³³！昨天我碰到了小胡！

我　昨天　小胡　（宾）　遇到

ŋjaŋ³³ nap³³ jɔ³³ xjɛt⁵³ na³³ ju³³ kə³¹ sʅ³³ lji⁵³ xɛ³³ ma³¹ lɔ³¹ ta³¹.

他　　明天　　八　时间　　左右　　这里　来

他明天八点左右来这里。

naŋ³¹ khui³³ miŋ³¹ ma³¹ lɔu³³ əuʔ⁵⁵ lji³³ ŋa⁵⁵ mɔ³¹ lji³¹ a³³ jaŋ³³ ta³¹ tsɛi³¹ tjɛi³³

你　昆明　（方）去　时候　我们　（宾）东西　一些　给

kat⁵³ la³³.

装（过来）

你去昆明的时候，给我们捎些东西。

（2）代词作宾语。其后多有宾格标记 lji³¹。例如：

naŋ³¹ tʃha³³ kuɔt⁵³ aʔ⁵³？你要做什么？

你　什么做（问）你

naŋ³¹ ŋǎ³¹ ŋjaŋ³³ maŋ⁵⁵ aʔ⁵³. 你忙你的。

你　自己　忙（祈）

ŋjaŋ³⁵ ma³¹ lɔ³³ kɔ³³ jəu³¹ lji³¹ lɔ³³ naŋ³¹. 他不去让别人去。

他　不　去　别人（宾）去　让

ŋ³³ xɛ³³ ma³¹ ŋjəi³¹，naŋ³¹ xɔ³³ ma³¹ ŋjəi³¹. 我在这，你在那。

我　这　在　你　那　在

naŋ³¹ ŋjaŋ⁵⁵ lji³¹ kha³¹ thaʔ³¹ lɔu⁵⁵ xjɔʔ³¹ naŋ³¹？你叫他到哪里去找？

你　他（宾）哪里　到　找　让

ŋja³³ jɛn³¹ ma³³ ta³³ ŋjaŋ³³ ka³¹ sʅ³³ pei³³ ja³³ khau³³ lɔ³³ ku³¹.

他家（方）的马（话）别人（施）偷　去了

他家的马昨天被人偷了。

pɔm⁵³ khjei³³ ma³¹ ja³³ pɔm⁵³ thɔʔ⁵³ ma³¹ khǎ⁵⁵ ŋjaŋ³¹ pou³¹.

山脚　　（方）从　山顶　　（方）多高　　有

从山顶到山脚有多高。

ta³¹ tshəi³³ sɔm³³ ma³¹ ŋjɛt⁵³ jəu³¹ khjɔu³³ /tjam³¹ lji³¹ khǎ⁵⁵ ŋjau³¹？

一十　三　　七　减去　　掉（话）多少

十三减七是多少？

ŋjaŋ³¹ ka³¹ a³³ sɛŋ³³ xje³¹ lji³¹ kjiŋ³³ ta³¹ ŋam³³，kɔ³³ jəu³¹ xje³¹ lji³¹ ma³¹ ŋam³³.

他（话）自己　面前　自己　想　别人　面前　不　想

他只管自己，不管别人。

（3）动词、形容词作宾语。二者既可以直接作宾语，也可以构成名物化结构后作宾语。如果句子的主语是施事主语，则该动词、形容词须名物化。例如：

①动词或动词短语作宾语。这类句子多为心理动词或能愿动词作谓语动词，其他动宾短语作宾语，其中谓语动词位于动宾短语中的动词之前、宾语之后。谓语动词与动宾短语在同一语法层面。例如：

ŋjaŋ⁵⁵ lji³¹ su³³ ŋjeŋ³³ ta³³ tai̱⁵³. 他会讲傈僳话。

他　　傈僳话　　会　讲

ŋjaŋ⁵⁵ ka³¹ ŋja³³ ŋji³³ ljɛt³¹ wɔm³³ pat³³. 他敢打他老婆。

他　（话）他老婆（非）　敢　打

naŋ³¹ ta⁵⁵ ʃeŋ³¹ a³¹ mɛʔ³³ jəu³³ la³³？你喜欢不喜欢看电影？

你　　电影　喜不喜欢　看（疑）

ŋjaŋ⁵⁵ tʃha³³ mɔu³¹ sɔu³³ ma³¹ mɛʔ³³ŋjap³³. 他什么书也不愿读。

他　　什么书　　　不　喜欢　读

ŋjaŋ⁵⁵ ka³¹ mɔu⁵⁵ ma³¹ tʃhuat⁵³ ʃŋ³³ lji³³ ja³³ lji³³ tʃha³³. 他应该天黑以前回来。

他　（话）天黑　　　　以前　回来 应该

jaŋ³³ ta³¹ ŋɛ⁵⁵ mɔ³¹ ja³³ jɔm³³ ka³¹ la³³ mu³³ tsui³³ tʃha³³.

我们 大家　　　　力气 用力 劳动　应该

我们大家应该努力劳动和工作。

ta³¹ ŋɛ³³ mɔ³¹ ja³³ pei³¹ kjɛn³³ ma³¹ ta³¹ tʃuɔn³³ lɔ³³ mɛi³¹.

大家都　　　北京　（方）一趟　　去 想

每个人都想去北京一趟。

naŋ³¹ tsuŋ³³ tɔ³³ aʔ⁵³，ŋ³¹ waŋ³¹ lɔ³³ tji³¹ lɔ³³ thai⁵³ pa³³.

你　坐　着吧　我　进去 衣服去 换　吧

你坐着，我进去换一换衣服。

thji⁵⁵ zɔ³¹ khɔʔ³¹ ja³³ ŋja³³ zɔ³¹ ta³¹ kai³³ ja³³ ʃɔ³³ mɛ⁵³ pai³¹.

那　老人　和 儿子　都　　　肉 喜欢 打

那个老人和他的儿子都喜欢打猎。

ŋjaŋ⁵⁵ tʃuŋ⁵⁵ thɔʔ⁵³ ma³¹ lain³¹ tau³³ la³³ mɔu³¹ sɔu³³ mai⁵³ jəu³³.

他　床上　（方）躺　着（状）书　　　喜欢 看

他喜欢躺在床上看书。

②形容词或形容词名物化结构在句中作宾语。例如：

ŋja⁵⁵ jɛn³³ ma³¹ zɔ³¹ khɔ³¹ zŋ³³ ʃaŋ³³ pou³¹ wɛ⁵⁵ lji³¹ ma³¹ jɔu³³ lɔu⁵⁵.

他　家（方）老人　孩子 有　远处（宾）不能　去

他家有老有小离不开家。

kai⁵⁵ jɛn³¹ ma³¹ mje³¹ sɛ³³ ŋjəi⁵⁵ ʃɔ³¹ pəu³¹，a³³ nɛ³¹、a³³ xjui³¹、a³³ ŋjau³¹．

商店　　　布　　很多　有　红的　黄的　　花的

商店里的布真多，红的、黄的、花的都有。

tʃɛn⁵⁵ tsəi³¹ tʃhau⁵⁵ tsəi³¹ khɔ⁵⁵ tsəi³¹ thjəu³¹ tsəi³¹ ta³¹ ŋɛ³³ tsəu³³，pan⁵⁵ tsəi³¹

酸的　　　甜的　　苦的　　辣的　　　都　吃　涩的

ma³¹ tsɔ³³．

不　吃

酸甜苦辣的东西他都吃，就是不吃涩的。

（4）数词、量词作宾语。例如：

khǎ⁵⁵ ŋjəi⁵³ aiʔ⁵⁵ khjap⁵³ ta³¹ tshəi³³ ta³¹ ŋjəi³³．今天二月十一。

今天　　二　月　一　十　一　日

ta³¹ ku³¹（ma³¹）aiʔ⁵⁵ ku³¹ luŋ³³ lji³¹ səm³³ ku³¹．一加二等于三。

一　个　（方）两　个　加（宾）三　个

kjɔʔ³³ əuʔ⁵³ ta³¹ tshəi³³ lɔm³³ a³³ ləuʔ³³ ta³¹ kjɛn³¹ pəu³¹．十个鸡蛋大概有一斤。

鸡蛋　　一　十　个　大概　一　斤　有

ta³¹ sɔʔ⁵³ /tam⁵³ tə³¹ ŋuat⁵³ ʃ̩³³ tə³³ məu³¹ lji³¹ kɔu³³ ŋa³³ ju³³ ŋuat⁵³ /tʃuɛ³³ ku³¹．

一下儿　　　　　已经 不知不觉（话）九点　　　是　到　了

不知不觉时间已经九点钟了。

（5）数量短语作宾语。例如：

ta³³ xjɔ³³ kjɛn³³ wui³¹ ta³¹ la³³？买一百斤吗？

一百斤　　买　（疑）

la³³ mu³³ səm³³ khjap⁵³ tə³¹ xju ʔ⁵³ ʃ̩³³．才学了三个月。

月　　三　个　　才　学　还

jɔ³¹ ma³¹ nəu³³ ŋ̍³³ təu³¹ khju̠k⁵³ təu³¹．地里有五六头牛。

地里　牛　五　头　六　头

pɔm⁵³ ma³¹ ʃɔ⁵³ pɛ³¹ ŋjḛt⁵³ xjɛt⁵³ təu³¹ ŋjəi³¹．山上有七八只羊。

山上　　羊　七　八　只　在

man³³ kjɔm³³ ma³¹ laŋ⁵⁵ ŋji³¹ ta³¹ təu³³ pəu³¹．草里有一条蛇。

草里　　蛇　　一　条　有

tʃəi³¹ laŋ³³ ma³¹ kɔʔ³¹ nɔʔ⁵³ ŋjəi³¹ ŋ̍³³ təu³¹ ŋjəi³¹．河里有四五只鸭子。

河里　　鸭子　　四　五　只　有

ta³¹ ku³¹（ma³¹）aiʔ⁵⁵ ku³¹ luŋ³³ lji³¹ səm³³ ku³¹．一加二等于三。

一　个　（方）两　个　加（宾）三　个

saik⁵³tsɛŋ³¹ma³¹ŋɔʔ⁵³xȷɛt̪⁵³təu³¹kɔu³³təu³¹ŋiei³¹. 树上有八九只鸟。

树上　　　　　鸟　八　只　九　只　在

khuɔm³³tuaŋ³¹ma³¹tjəu³¹ai⁵⁵sɔm³³jəu³¹ljap³¹tʃɔu³³. 门前站着几个人。

门前　　　　　人　两　三　人　站　着

xɔ⁵⁵ŋiei³¹jɔ³¹ŋjaŋ⁵⁵thaŋ³³juan³¹ŋjei³³ŋ³³/³⁵tshei³¹ku³¹tsɔ³³/³⁵ku³¹.

那天　　　他　汤圆　　四　五　十　个　吃　了

那天他吃了四五十个汤圆。

（6）指量短语作宾语。例如：

naŋ³¹xɛ⁵⁵tsəi³¹tsɔu³³jəu³³aʔ⁵³？你尝尝这个甜不甜？

你　这个　吃　看（祈）

ŋ³¹xɛ⁵⁵ŋiei³¹tsəi³¹tsɔu³³，naŋ³¹mu³³ku³³tsəi³¹tsɔ⁵⁵aʔ⁵³.

我 这 小的　　吃　你 那 大的　　吃（祈）

我吃这个小的，你吃那个大的。

ŋ³¹ka³¹aʔ³¹sɛ⁵³wui³¹xɛ⁵⁵təu³¹ɔu³³，ŋjaŋ⁵⁵ka³¹xjeʔ³¹lji³¹wui³¹ta³³thji⁵⁵

我（话）刚　买　这　匹　喜欢　他　（话）以前　买　的　那

aʔ³¹təu³³ɔu³³.

匹　喜欢

我喜欢刚买的这匹，他喜欢以前买的那匹。

（7）偏正短语作宾语。例如：

ŋjaŋ⁵⁵ŋa³¹tji³³la³³laŋ⁵⁵tʃhuiʔ³³ku³¹. 他把我的衣服撕烂了。

他　我的衣服　拉　撕烂　了

naŋ³¹ŋa³³mɔu³¹sɔu³³pu³¹ləuʔ³¹thjɔʔ⁵³ku³¹！你把我的书弄坏了！

你　我的书　　本　弄　坏　了

ŋ³¹a⁵⁵man³¹jət⁵⁵mɔ³¹kaŋ⁵⁵tə³¹ku³¹mɔu³¹. 我昨晚做了一个可怕的噩梦。

我　昨晚　梦　坏　很　做

表示所属关系的偏正短语作宾语时，如所属物相同，则可与名物化结构互换，意义不变。例如：

xɛ⁵⁵jɛn³¹lɔm³¹ka³¹ŋja³³jɛn³¹. 这座房子是他的。

这　房子座（话)他的房子

xɛ⁵⁵jɛn³¹lɔm³¹ka³¹ŋja³³tsəi³¹. 这座房子是他的。

这　房子座（话)他的

（8）并列短语作宾语。例如：

ŋjaŋ⁵⁵a³¹maŋ³³ta³¹ku³¹ja³³a³¹nəu³³ta³¹ku³¹pɔu³¹.

他　哥哥　一　个　和　妹妹　一　个　有

他有一个哥哥和一个妹妹。

a³³ŋuɛ⁵³thjɛ⁵⁵kɔʔ⁵³ja³¹tji³¹lou³³wui⁵³ŋjaŋ³³lji⁵³tjəi³³.

母亲　　鞋子　　　和衣服去　买　他　（宾）给

母亲去买鞋子和衣服给他。

ŋjaŋ⁵⁵pha⁵⁵tʃuat⁵³ja³³thjɛʔ⁵⁵kɔ³¹mou³³tsa³³wui³¹la³³?　他买了毛巾和鞋袜？

他　毛巾　　　和鞋　　　袜　买（疑）

ŋ³³a³¹pei³³aiʔ⁵⁵jəu³³、a³¹maŋ³³ta³³jəu³³ja³³a³¹nu³³ta³¹jəu³³pou³¹.

我 姐姐 两　人　　哥哥　一 个 和弟弟 一 个　有

我有两个姐姐、一个哥哥和一个弟弟。

（9）主谓短语作宾语。例如：

ŋ³¹xji³³xuan³³xɛ⁵⁵zʅ³³ʃaŋ³³sɔ³³sɔ³³naik⁵³kjeŋ³³.　我喜欢这孩子懂事。

我 喜欢　　这孩子　很　　懂事

mǎ³¹tʃhəi³³sʅ³³lja³³naŋ³¹lji³¹ŋjaŋ³³ŋjaŋ³³jət⁵³la³¹kai³³.

医生　　　　　　你（宾）多多　　　睡　说

医生叫你多睡一会儿。

（10）方位短语作宾语。例如：

na³³jɛn³¹kjɔʔ²¹xɔ⁵³təu³³ta³³lu³³nam³¹ma³¹ŋjəi³¹.　你家那只鸡在大路边。

你家 鸡 那 只 大路边　　（方）在

tsuɔn³¹mou⁵⁵khuŋ³³ma³¹ŋjaŋ⁵⁵ŋjaŋ⁵⁵laŋ⁵⁵lou⁵⁵ŋjəl²¹.　老鹰翱翔在天空。

老鹰　天空　　（方）高　高　飞 去 在

（11）"的"字短语作宾语。这类宾语多由主谓短语加名物化标记 tsəi³¹ 构成。例如：

kuɔn³¹su³³ka³¹thjɛi⁵³ja³³kuɔt⁵³tsəi³¹.　犁头是用铁做的。

犁头　（话）铁　用　做　的

ŋ³¹we³³we³³ma³³ja³³naŋ³¹lou³¹ŋjəi³¹tsəi³¹ŋjaŋ³¹ku³¹.

我 远远 （方）地 你 来　着　的　看见 了

我远远就看见你来了。

xɛ⁵⁵mou⁵³sou³³khjap⁵³ŋjaŋ³¹lai³³tsəi⁵³ŋuɔt⁵³ma³¹ŋuɔt⁵³?

这 信　封　　他 写　的　是不是

这封信是不是他写的？

xɛ⁵⁵thjɛ⁵⁵kɔ³¹tsuɔm³³ka³¹ŋa⁵⁵ŋuɛ³¹ŋ³¹lji³¹kuɔt⁵³tjəi³³tsəi³¹.

这 鞋 双 （话）我 母亲 我（宾）做 给 的

这双鞋是我母亲帮我做的。

xje³¹phɛ³³ka³¹tsɔ³⁵ta⁵³tsɛi³³ma³¹jɔ³³，wɔt⁵⁵ta⁵³tsɛi³³ma³¹jɔ³³.

以前　（话）吃的　　没　有　穿的　　没　有

以前没有吃没有穿。

ŋa⁵⁵na³¹ju³³tjəuʔ³³kəu³¹，a³¹saiʔ⁵³ta³¹ku³¹tuɔm³¹wui³¹ta³¹ŋ³¹ŋam³³.

我的表　　丢　了　新的　一　只　又　买　　我想

我的手表丢了，想再买一只新的。

2. 双宾语

有的动词可以带两个宾语，构成双宾语。双宾语的两个宾语，指人的为间接宾语，指物的为直接宾语。茶山语的双宾语结构中，间接宾语位于直接宾语之前，二者之间多加宾格助词 lji³¹。例如：

ŋjaŋ⁵⁵lji³¹mɔu³¹sɔu³³te⁵⁵tjəi³¹. 给他送信。

他　（宾）信　　送　给

ŋjaŋ⁵⁵ŋa⁵⁵ʃɔ⁵⁵pɛ³¹aiʔ⁵⁵təu³¹wui³¹. 她买我两只羊。

她　我　羊　两　只　买

ŋjaŋ⁵⁵lji³¹ŋui³¹ŋjəi⁵⁵ʃɔ³¹ŋɔu³³tjəi³¹. 借给他很多钱。

他（宾）钱　很多　借　给

ŋ³¹ŋjaŋ⁵⁵lji³¹tsɔ³¹ŋ⁵⁵lu⁵⁵ŋɔu⁵⁵tjəi³³. 我借给他五箩粮食。

我　他（宾）粮食　五箩　借　　给

ŋ³¹ŋjaŋ⁵⁵lji³¹mɔu³¹sɔu³³ta³¹pəu³³tjəi³¹. 我给他一本书。

我　他（宾）书　　　一本　给

ŋ³¹mɔu³¹sɔu³³ta³¹pəu³³ŋjaŋ⁵⁵lji³¹tjəi³¹. 我把一本书给他。

我书　　一本　他（宾）给

ŋui³¹juŋ⁵⁵ma³¹ŋui³¹ŋjaŋ⁵⁵lji³¹aiʔ⁵⁵xjɔ³¹ŋɔu⁵⁵tjəi³¹. 银行借给他两百块钱。

银行　　（方）钱　他（宾）两百　借　　给

3. 宾语的语义类型

根据宾语与动作行为的关系及其在句子中的位置，可以把宾语分为受事宾语、施事宾语、当事宾语、材料宾语、工具宾语、处所宾语、数量宾语、判断宾语等八类。

（1）受事宾语。宾语是动作的支配、承受对象。例如：

kui³¹jɔ³¹ta³³ʃeŋ³¹jəu³³ŋjəi³¹. 贵约正在看电视。

贵约　电视　看　在

ta³¹ŋɛ³³mɔ³¹ja³³kɛt⁵³sɛt⁵³tʃʰɿ³¹. 大家都带录音机。

大家都　　　录音机　带

ŋ⁵⁵mɔ³¹jɛ̱n³³ma³³a³¹tʃaŋ³³ja³³kʰou³¹sɛ³³tsou³¹. 我们家常吃面。

我们家　　　　常常　　　面条　吃

（2）施事宾语。宾语是动作的发出者。例如：

xɛ⁵⁵taŋ³¹ŋ³¹ma³¹ta³¹kjɔ³³. 这些话我听不懂。

这些话　我　不　会　听

xɛ⁵⁵sɿ³³naŋ³¹sɛi⁵³ku³¹pa⁵³？ 这事情你知道了吧？

这　事情　你　知道　了　吧

ŋui³¹kui³³ʃɛt³³（ma³¹）kat⁵³tɔ³³. 钱放到抽屉里。

钱　抽屉　（方）　放　着

ŋ³¹ŋjaŋ⁵⁵ja³³ta³¹xja³³kju̱ʔ⁵³tan³¹. 我被他吓了一跳。

我　他（施）一　跳　吓　着

xɛ⁵⁵ŋui³¹ta³¹ai⁵³tsʰəi³¹ŋaŋ³¹ʃɿ³³juŋ³¹aʔ⁵³. 这几十块钱你拿去先用着。

这　钱　一　二　十　你　先　用（祈）

xɛ⁵⁵a³¹la̱in³³kʰjaŋ³¹kou³³jaŋ³³/³⁵kʰa³¹sɿ³³ljɛt⁵³ɔŋ⁵⁵ta³¹.

这　场　比赛　　我们　　一定　　　赢要

这场比赛我们一定赢。

（3）当事宾语。既非受事宾语，又非施事宾语，宾语是动作关涉的对象。例如：

ŋjaŋ⁵⁵kʰuɔm³³ma³¹kji̱³³xɔ³³tɔuɔt⁵³ŋjəi³¹. 他在门上做记号。

他　门上　　记号　做　在

（4）材料宾语、工具宾语。宾语是动作行为凭借的材料或工具。例如：

xɛ⁵⁵tjɛ⁵⁵jam³¹ma³¹ʃɿ³¹xui³³tʃuat⁵³. 为这面墙刷石灰。

这面墙　（方）石灰刷

ŋjaŋ⁵⁵pu³³luŋ³³ta³¹tsɛi³¹ta³³pat³³. 他有点会打球。

他　球　一点　会　打

naŋ³¹kuk³³ŋjaŋ³³ɔ⁵⁵ljɔʔ⁵³a³¹tsɔ³³ʃɿ³³la³³？ 你吃糯米粑粑了没有？

你　糯米　粑粑　吃没吃还（疑）

（5）处所宾语。宾语是主语所在的位置、范围。例如：

kʰja⁵⁵sɿ³¹mu³³xɔ³³ma³¹tɔu³³aʔ⁵³. 东西放在那儿。

东西　　那儿（方）放（祈）

zɔ³³pɛ³³ja³³zɔ³³lat³¹ta³¹ji³³kɔ³³tsuŋ³³ma³¹tɔ³³ŋjəi³¹.

老大　和　老二　都　高中　（方）上　在

老大和老二都在上高中。

puŋ³³tjeŋ³³jət⁵³tsuŋ³¹ma³¹kat⁵³tɔ³³, jəu³¹tɔ³³ŋjeŋ³¹ku³¹.

钢笔　　挎包　（方）放着　拿　着　忘　了

钢笔搁在书包里，忘了拿来了。

（6）数量宾语。宾语是量词短语。例如：

xɛ⁵⁵tsɔ³¹pɛ³³ŋjəi³⁵khjei³¹tap³³. 这张桌子有四条腿。

这　桌子　　四　脚　有

tjəi³³jam⁵³ma³¹san³³ta³¹ku³¹laŋ³³tɔu³³. 墙上挂着一把伞。

墙上　　　伞　一　把　挂　着

tsɔ³¹pɛ³³thɔʔ³³ma³¹mɔu³¹sɔu³³ta³¹pəu³³tʃau³³. 有一本书在桌子上。

桌子　上（方）书　　一　本　有

mu⁵⁵a³¹thuŋ³³ma³¹wuʔ⁵⁵tsuŋ³¹ta³¹ku³¹kuɔt⁵³. 在那个角落盖了一个猪圈。

那　角落　（方）　猪圈　一　个　盖

ŋjaŋ⁵⁵ŋja⁵⁵a³³jɔ³¹jeŋ³³ma³¹lɔu⁵⁵lji³¹tʃəi³¹sɔm³³laŋ³¹ku³¹tʃha³³.

他　他外婆　　家（方）去（话）河　三　　条　过　要

他去他外婆家要过三条河。

ɛ⁵⁵, phɛ⁵⁵na⁵³ŋjəi³³jɔ³¹, naŋ³¹nɔu⁵⁵lji³¹ɔu⁵⁵ta³¹ku³¹wui³¹lji³³/lɔu³¹aʔ⁵³?

喂　明天　　　　　你　休息（非）锅　一　口　买　　来（祈）

喂，明天你下班买个锅来？

（7）判断宾语，即判断句中的宾语。例如：

xɛ⁵⁵a³¹jəu³¹ka³¹ŋa³³a³³maŋ³³. 这位是我哥哥。

这位　　（话）我　哥哥

xɛ⁵⁵kja³⁵sŋ³³ka³¹xɛ⁵⁵paŋ³¹tsəi³¹. 这东西是这些人的。

这东西　（话）这些人的

ŋa⁵⁵a³¹phɔ³³ka³¹wuʔ⁵⁵ŋjəu³³səu³³ŋuat⁵³, ŋ³¹sɛʔ⁵³.

我爷爷　（话）猪　养　的人　是　　我　知道

我爷爷是养猪的，所以我知道。

四、定语

定语是修饰或限制名词、代词的成分，主要表示中心语的性质、状态、特点或领属、类别、时间、处所、数量和范围。定语大多在中心语之前，也有在中心语之后的，但出现条件不同。

1. 充当定语的成分

名词、代词、形容词、动词以及数量短语、指量短语、主谓短语、述补短语、述宾短语、偏正短语、方位短语等在句中能充当定语。

（1）名词作定语。普通名词作定语位于中心语之前，二者之间通常使用结构助词 ta^{33}；地点名词作定语时，可不用 ta^{33}。例如：

zɔ^{33} ta^{33} jɐn^{33} ka^{31} jau^{33} sau^{53} tɕ^{55} ku^{31}. 儿子的房子已经修好了。

儿子的 房子(话)完 修 完 了

tshun^{33} tsaŋ^{53} ta^{33} zɔ^{33} tʃuŋ^{31} tɕ^{31} lɔ^{33} ku^{31}. 村长的儿子上学去了。

村长 的儿子学 上 去 了

tʃɐi^{33} laŋ^{53} ma^{33} ŋ^{55} tɕ^{31} ka^{31} tʃɐi^{31} thɔm^{33} ma^{33} ŋ^{55} tɕ^{31} thɔʔ^{53} lji^{31} tsɔ^{33} kei^{31}.

河 （方）鱼 （话）塘 （方）鱼 比 吃 好

河里的鱼比塘里的鱼好吃。

naŋ^{31} xjeʔ^{31} ʒhɛ^{33} phɛ^{33} khuɔm^{33} pai^{33} puat^{33} aʔ^{53}, ŋ^{31} nuŋ^{31} phɛ^{33} khuɔm^{33} pai^{33}

你 前边 窗户 擦（祈）我后边 窗户

puat^{33} pa^{33}.

擦 吧

你擦前边的窗户，我擦后边的窗户。

（2）代词作定语。

①人称代词作定语。人称代词居中心语前作定语时，一般使用人称代词属格形式。例如：

ŋja^{55} kuŋ^{31} sɔ^{33} sɔ^{33} ŋjaŋ^{31}. 他个儿真大。

他的个儿 很 高

na^{33} jɐn^{31} kha^{31} thaʔ^{53} ŋuat^{53}? 你的家在哪里？

你的家 哪里 是

ŋja^{33} sɔu^{33} tʃhap^{31} lai^{55} kei^{31}. 他的字写得好。

他的字 写 好

ja^{33} tan^{33} ma^{31} ta^{33} tʃɐi^{31} kan^{55} ku^{31}. 咱们田里的水干了。

咱们田（方）的 水 干 了

②指示代词作定语。指示代词多居中心语之前。例如：

xɛ^{55} kjaʔ^{31} sɔ^{33} sɔ^{33} nam^{31}. 这个价钱便宜得很。

这 价钱　　很　　便宜

xɛ⁵⁵ mɔu³¹ sɔu³³ pu³¹ ŋa³³ tsɛi³¹ ma³¹ ŋuat⁵³. 这本书不是我的。

这 书　　　本 我的　 不 是

③疑问代词作定语。疑问代词居中心语之前。例如：

xeʔ³³ ka³¹ xaŋ⁵³ tji³¹？这是谁的衣服？

这 （话）谁　衣服

kha³³ mɔu³¹ sɔu³³ pəu³¹ ka³¹ na³³ tsəi³¹？哪一本书是你的？

哪　书　　　本 （话）你　的

ŋ³¹ ma³¹ lɔu³³，ljɛt⁵⁵ naŋ³¹ ja³³ tʃha³³ sɛŋ³¹？

我 不 去　（连）你　和什么 关系

就算我不去，和你有什么关系？

④泛指代词作定语。例如：

ja³³ mɔ³³ sɿ³³ pei³³ a³¹ jaŋ³³ ma³¹ ɔu³¹. 咱们不要人家的东西。

咱们 人家　　东西 不 要

ta³¹ ŋɛ³³ mɔ³¹ sɿ³³ tshiŋ³¹，ta³¹ ŋɛ³³ mɔ³¹ kuɔt⁵³. 大家的事情，大家做。

大家　　　事情　　大家　　 做

ŋa³³ ta³³ kjɔʔ³¹ maŋ³¹ tsɛŋ³¹ ŋja⁵⁵ mɔ³¹ （ŋja⁵⁵ tjəu³¹） ja³³ khau⁵⁵ lɔ³³ ku³¹.

我 的 鸡 老 母　　 别人　　　　　 被 偷 走/去 了

我的老母鸡已经被人偷走了。

ŋjaŋ⁵⁵ sɿ⁵⁵ pei³³ lji³³ ka³¹ ma³³ mɛiʔ⁵³ paŋ³³ tsai³¹ la³³，sɿ⁵⁵ pei³³ lji³¹ taŋ³¹ kaŋ³³ saŋ³¹.

他　 别人 （宾）（话）不 愿意 帮 不但　　别人（宾）话 坏 说

他不但不肯帮助别人，还说别人的坏话。

⑤反身代词作定语。例如：

ŋjaŋ⁵⁵ ŋja⁵⁵ mɔu³¹ sɔu³³ pəu³¹ tʃhɿ³¹ thjəu³³ ku³¹. 他把自己的书弄丢了。

他 自己的 书　　本 弄 丢　 了

ŋja⁵⁵ mɔ³¹ lɔu⁵⁵ thaŋ³¹ lji³¹ ŋ³¹ tsuŋ³¹ kjɔ³³ lɔ³¹ la³³ ŋǎ³¹ ŋjaŋ³³ sɿ⁵⁵ tshiŋ³¹ tə³³ jɔu³³ kuɔt⁵³.

他们　 走 后（宾）我 坐 下来（非）我 自己 事情　　 才 能 做

他们走了我才能坐下来做自己的事。

（3）形容词作定语。

①性质形容词多居中心语之后，可以直接修饰中心语。例如：

naŋ³³ ka³¹ tjəu³³ kei³¹ ŋuɔt⁵³. 你是一个好人。

你 （话）人　好 是

aŋ⁵⁵tʃɛn³¹ta³¹tsəi⁵³kuɔt⁵³la³¹. 做些酸一点的酸菜。

菜　酸　一　点　做

ŋjaŋ⁵⁵ka³¹khɔp⁵³saiʔ⁵³ta³¹tʃham³³wui³¹. 她买了一把新锄头。

她　（话）锄头　新　一　把　买

ŋjaŋ⁵⁵lji³¹jəu³³lji³¹naik⁵³ŋjei³¹tɛ³³jəu³³təu³¹. 看他伤心的样子。

他　（宾）看（非）伤心　样看　像

ŋja³³jɛn³³ma³¹wuʔ⁵⁵tuŋ³³ku³³ku³³ta³¹təu³³ɔŋ³³. 他家卖了一头大肥猪。

他家　（方）猪　肥　大　大　一　头　卖

性质形容词也可以先加名词化前缀 a³¹ 或后加名物化标记 tsəi³³ 构成名物化结构后修饰中心语，这种结构的定语位置较灵活，既可居中心语之前，也可居中心语之后，加名词化前缀 a³¹ 的居前频率更高，后加名物化标记 tsəi³³ 的居后频率更高。例如：

tan³³tan³³tsuŋ³³aʔ⁵³，a³³ŋui³³khji³³lji³¹a³³tsuŋ³³坐正，不要歪坐！

直　坐（祈）歪　样子　不要坐

kja³³sɿ³³a³¹tshau³³ɔŋ⁵⁵la⁵³，a³¹sɛʔ⁵³kja³³sɿ³¹wui³¹.

家具　旧的　卖（祈）新的　家具　买

卖了旧家具，再买新家具。

ŋjaŋ⁵⁵ŋ̍³¹lji³¹pan³³ʼ³⁵fa³¹kei³¹tsəi³³ta³¹ku³¹tʃɔu³³tjəi³¹.

他　我（宾）办法　好　的　一　个　教　给

他教了我一个好办法。

性质形容词可以位于中心语之前作定语，但须在形容词和中心语之间加表领属、修饰关系的 ta³³ "的"。例如：

kei³¹ta³³əuʔ⁵⁵lji³¹好的时候　　　ku³³ta³³əuʔ⁵⁵lji³¹大的时候

好　的　时候　　　　　　大　的　时候

tʃhou³¹ta³³ʃɿ⁵⁵　ka³¹cɔ³³cɔ³³tsɔ³¹kei³¹. 甜的果子很好吃。

甜　的果子（话）很　吃　好

thji⁵⁵ji⁵³juŋ³³ta³³zɿ³³ŋji³³ka³¹xaŋ⁵³？那个漂亮的姑娘是谁？

那个　漂亮的　姑娘（话）谁

xɛ⁵⁵ji³¹kei³¹ʃɿ³³ta³³tji³³təu³³tjam³¹，jəu³³ʼ³⁵ku³¹！

这么　好　还　的　衣服　丢掉　　可惜　了

这么好的衣服丢了，可惜死了！

ŋa³³ jɛn³¹ ma³¹ ji³³/³⁵ pan³³ kja³³ sʅ³¹ ŋja³³, phɔu⁵⁵ ta³³ kja³³ sʅ³¹ nain³³.

我们家（方）一般　　事情　多　贵　的　东西　少

我们家一般的东西多，贵重的东西少。

②状态形容词多居中心语后作定语。例如：

ŋjaŋ³³ tui³³ kha³³ xjɛŋ⁵³ tɛ³³ ta³¹ khat⁵³ ljau³³. 他搓了一根长长的绳子。

他　绳子　长长的　一根　搓

ʃʅ³³ ljei³³ tsɛŋ⁵³ ma³¹ ʃʅ³³ ljei³³ nɛʔ⁵³ nɛʔ⁵³ ta³¹ lɔm³³ tap³¹. 树上有个红红的梨。

梨树　　　（方）梨　　红红的　一　棵　结

jɛn³³ xjeʔ⁵³ phɛ³³ saik⁵³ tsɛŋ³¹ kha³³ ŋjaŋ⁵³ tɛ³³ ta³¹ tsɛŋ⁵³ pɔu³¹.

房　前面　　树　　高高的　　　一　棵　有

房子前面有一棵高高的树。

（4）动词作定语。动词在句中能充当定语，语法形式有“中心语＋动词”“动词＋ta³³＋中心语”，后者使用频率更高，ta³³为表示偏正关系的助词。例如：

pɛ³³ ʃɛn³¹ ŋjəu³³ tshu³³ lui³¹. 骟羊好养肥。

羊　骟羊　肥　容易

taŋ⁵⁵ ta³³ ŋɔʔ⁵³ ma³¹ jɔu³³ pai³³. 飞的鸟不容易打。

飞　的　鸟　不　能　打

puŋ⁵⁵ ta³³ tsɔ³¹ tʃau³¹ ta³³ tsɔ³¹ thɔʔ⁵³ lji³¹ tsɔ³³ kei³³. 蒸的饭比煮的饭好吃。

蒸　的　饭　煮　的　饭　比　　吃　好

jəu³³ ta³³ mɔu³¹ ŋjau³³, khǎ³¹ thaʔ⁵³ jəu³³ ta³³ tsəi³¹ ɛ⁵³ ma³¹ sɛʔ⁵³.

看　的　地方　　什么地方　看（的地方）也　不　知道

看的地方多，不知看哪里好。

ŋ³¹ ka³¹ a³¹ sɛ⁵³ wui³¹ xɛ⁵⁵ təu³³ ɔu³³, ŋjaŋ⁵⁵ ka³¹ xjeʔ³¹ lji³¹ wui³¹ ta³³ thji⁵⁵

我（话）　刚买　这　匹　喜欢　他（话）以前　　　买　的　那

a³¹ təu³³ ɔu³³.

匹　喜欢

我喜欢刚买的这匹，他喜欢以前买的那匹。

（5）数量短语作定语。语法形式有“数量短语＋ ta³³＋中心语”“数量短语＋中心语”，后者使用频率更高。例如：

ŋ³⁵ tsɛŋ⁵³ ta³³ zɔ³³ phɔ³³ tʃaŋ³³ pəuʔ⁵³ mɛŋ³¹. 五岁的孩子爱放炮。

五　岁　的　孩子　炮仗　　放　爱

mu⁵⁵ a³¹ thuŋ³³ ma³¹ wuʔ⁵⁵ tsuŋ³¹ ta³³ ku³¹ kuɔt⁵³. 在那个角落盖了一个猪圈。

那　角落　（方）猪圈　　一　个　盖

ta³¹tshəi³³xjɛt⁵³zan³¹ta³³zʅ³³ŋji³³ka³¹pan³³tap⁵³mɛn³¹.

一 十 八 岁 的 姑娘 (话)花 戴 爱

十八岁的姑娘爱戴花。

ŋjaŋ⁵⁵tʃhɔ³¹su³³lɔu³³ŋjəi³¹lji³¹，tʃei³¹jap⁵³ta³¹tʃɛn³¹taŋ³³/³⁵tɔu³³lɔ³³.

他 走 过去 着 （非）麻雀 一 群 飞 起 去

他走过去，一群麻雀接连地飞起来。

（6）指量短语作定语。其语法形式多为"指示代词＋中心语＋量词"。例如：

xɛ⁵⁵tjəu³¹jəu³³sɔ³³sɔ³³kei³¹. 这个人很好。

这 人 个 很 好

xɛ⁵⁵jɛn̩³¹lɔm³¹ka³¹ŋja³³jɛn̩³¹/tsəi³¹. 这座房子是他的。

这房子 座 （话）他 的 房子

xɛ⁵⁵tan³³khjaŋ³³ma³¹ta³³kuk³³sɔ³³sɔ³³kei³¹！这块田的稻子真好呀！

这 田 块 （方）的 稻子 很 好

thji⁵⁵zɔ³³khɔu³¹ta³³ŋǎ³³laŋ³³a³³ŋjuŋ³³ŋjuŋ³³. 那个老人的额头皱皱的。

那 老人 的 额头 皱皱的

xɔ⁵⁵jɛn̩³¹jap³³nɔ³¹ja³³ŋja³³mɔ³¹lji³¹tsu³³tjəi³¹ku³¹.

那 房间 早 就 别人 （宾）租 给 了

那间房子早就租给别人了。

xɛ⁵⁵ʃʅ⁵⁵pɔm⁵³thji⁵⁵ʃʅ⁵⁵pɔm⁵³thɔʔ⁵³lji³¹sɔm³³pɔm⁵³ŋjau³³.

这果子堆 那 果子堆 比 三 倍 多

这堆果子比那堆果子多三倍。

（7）主谓短语作定语。主谓短语居中心语之前，二者之间加定语标记 ta³³ "的"。例如：

naŋ³¹wui³¹ta³³thɔʔ⁵³tji³³ŋjau³³/³⁵ŋje³¹ku³¹. 你买的这件上衣太小了。

你 买 的 上衣 太 小 了

pɔm⁵³tsuŋ³³ta³³ji³³ma³³jɔ³¹ma³¹jɔu³³tsui³¹. 山陡的地方不好种庄稼。

山 陡 的 地方 田 不 能 种

khǎ⁵⁵ŋjəi⁵³ŋ̍³¹jəu³³ta³³ʃɛŋ³¹sɔ³³sɔ³³kei³¹. 我今天看的电影好极了。

今天 我 看 的 电影 很 好

ŋjaŋ⁵⁵tjəu³¹lji³¹jau³¹ta³³əu⁵⁵lji³¹sɔ³³sɔ³³jəu³³kjuʔ³¹.

他 人 （宾）骂 的 时候 很 看 怕

他骂人的时候样子真可怕。

a³³pu³¹a³¹mɛ³¹ʃəi³¹ta³³zɔ³³lji³¹sɔ³³sɔ³³naik⁵³jəu³³ŋjan³¹.

父母　　　　死　的　孩子（话）最　　　看　可怜

父母死去的孩子最可怜。

naŋ³¹ŋjəi⁵⁵na³¹wui³¹ta³³a³¹jaŋ³³kha³¹thaʔ⁵³tɔu³³ku³¹?

你　昨天　买　的　东西　哪儿　放　了

你把昨天买的东西放在哪儿了?

ŋja⁵⁵mɔ³¹ŋjəi³¹tsəi³¹ka³¹wa⁵⁵jɛn̥³¹, tsɔ⁵⁵tsəi³¹ka³¹kuk⁵³tʃan³³.

他们　　　住的　（话）瓦房　　吃的　（话）米饭

他们住的是瓦房,吃的是米饭。

(8) 述补短语作定语。述补短语一般为"动词 + 时体助词",居中心语之前,二者之间加定语标记 ta³³ "的"。例如:

jau³¹ŋjəi³¹ta³³tʃəi³¹. 流着的水。

流　正在　的　水

tsuŋ³¹tɔu³³tsəi³¹ / səu³¹ta³¹ŋɛ³³ja³³sɿ³³lja³³. 在座的全是老师。

坐　着的　人　都　　老师

(9) 述宾短语作定语。述宾短语居中心语之前,二者之间加定语标记 ta³³ "的"。例如:

luk⁵⁵kɔ³³tʃhɿ³¹ta³³tjəu³¹tʃam³¹jam³¹tʃhɔ³³ja³¹lɔu³³ŋjəi³¹.

石头　拿　的人　　河边　路　沿　去　在

拿石头的人沿着河边走了。

(10) 偏正短语作定语。有定中和状中两种结构,多居中心语之前,偏正结构间多用助词 ta³³ "的"。

①定中 + 中心语。例如:

ŋ³¹a⁵⁵man³¹jət⁵⁵mɔ³¹kaŋ⁵⁵tə³¹ku³¹mɔu³¹. 我昨晚做了一个可怕的恶梦。

我　昨晚　梦　坏　很　做

②状中 + （ta³³）+ 中心语。例如:

sɔ³³sɔ³³ŋje³¹ta³³tje³³很小的梳子

很　小　的　梳子

xɛ⁵⁵tsəi³¹a³¹saiʔ⁵³lɔu³¹ta³³sɿ³³lja³³pa⁵³? 这是新来的老师吧?

这个　新的　来　的老师　吧

naŋ³¹ŋjəi⁵⁵na³¹wui³¹ta³³a³¹jaŋ³³kha³¹thaʔ⁵³tɔu³³ku³¹.

你　昨天　买的　东西　哪儿　放了

你把昨天买的东西放在哪儿了?

(11) 方位短语作定语。方位短语居中心语之前,方位词一般都后加空间范畴标记 ma³¹,构成方位短语。例如:

ŋjaŋ⁵⁵ ʃ̩⁵⁵ tsɛŋ⁵³ ma³¹ ʃ̩⁵⁵ ma³¹ thəŋ³³ təu³³ khjɔu³¹ kat⁵³.

他　　果树　(方)果子　不　停　丢/扔 往下

他把树上的果子接连扔下来。

tʃəi³³ laŋ⁵³ ma³³ ŋ⁵⁵tɔ³¹ ka³³ tʃəi³¹ thɔm³³ ma³³ ŋ⁵⁵tɔ³¹ thɔʔ⁵³ lji³¹ tsɔ³³ kei³¹.

河　(方)鱼　(话)塘　　(方)鱼 比　　吃　好

河里的鱼比塘里的鱼好吃。

2. 定语的语义类型

茶山语定语与其中心语在意义方面的关系有以下几种:

(1) 表示领属关系。例如:

zɔ³³ ta⁵³ jɛn³³ ka³¹ jau³³ sau⁵³tɔ⁵⁵ ku³¹. 儿子的房子已经修好了。

儿子的房子 (话) 完　修　完　了

tshun³³ tsaŋ⁵³ ta³³ zɔ³³ tʃuŋ³¹ tɔ³¹ lɔ³³ ku³¹. 村长的儿子上学去了。

村长　　的 儿子 学 上去 了

ŋa³³mɔ⁵³ wu³³ khɔu³³ ma³³ ta³³ ma³¹ jɔu³³ ʃ̩³³ ɛ³³ tʃuɛ³³ ʃ̩³³.

我们　村　　(方)的 没有　　拉 到 还

我们村的电灯还没有拉通。

(2) 表限定关系的。

①表示时间限定。例如:

naŋ³¹ ŋjəi⁵⁵na³¹ wui³¹ ta³³ a³¹ jaŋ³³ kha³¹thaʔ⁵³ tɔu³³ ku³¹?

你　昨天　买　的　东西　哪儿　放 了

你把昨天买的东西放在哪儿了?

ŋja⁵⁵mɔ³¹ wu³³ khɔu³³ ma³¹ xjeʔ³¹ zan³¹ tsuŋ³³ ta³¹ ʃ̩⁵⁵, khǎ³³ zan³¹ ta³¹ ŋɛ³³ ʃ̩⁵⁵ku³¹.

他们　村　(方)前年　栽　的果树 今年　都 结果 了

他们村前年栽的果树,今年都结果了。

②表示地点处所限定。例如:

ŋɔ³³mɔ³³ sɔm³³ jəu³¹ ta³¹ ŋɛ³³ thji⁵⁵ wu⁵³ khɔu³¹ ma³¹ ŋjəi³¹.

我们 三　个 一起 那 村子 (方)在

我们三个都住在那边的村子里。

tʃəi³³laŋ⁵³ma³³ŋ⁵⁵tɔ³¹ka³³tʃəi³¹thɔm³³ma³³ŋ⁵⁵tɔ³¹thɔʔ⁵³lji³¹tsɔ³³kei³¹.

河　　（方）鱼　（话）　塘　（方）鱼　比　　吃　好

河里的鱼比塘里的鱼好吃。

③表示其他范围限定。其中常见的是谓词性短语充当定语。例如：

puŋ⁵⁵ta³³tsɔ³¹tʃau³¹ta³³tsɔ³¹thɔʔ⁵³lji³¹tsɔ³³kei³³. 蒸的饭比煮的饭好吃。

蒸　的饭煮　的饭比　　吃　好

lain³¹tɔu³³xɔ⁵⁵a³¹təu³³ka³¹a³³lu³³，ljap⁵⁵tʃau³¹xɔ⁵⁵a³¹təu³³ka³¹a³³tsɛŋ⁵³.

躺　着　那头　（话）公的　　站（貌）那头　　（话）母的

躺着的那头是公的，站着的那头是母的。

（3）表示修饰关系，如事物的性状、属性等。例如：

ŋjaŋ³³tui³³kha³³xjɛŋ⁵³tɛ³³ta³¹khat⁵³ljau³³. 他搓了一根长长的绳子。

他　绳子　　长长的　一　根　搓

ŋjaŋ⁵⁵ka³¹sɔ³³sɔ³³ma³¹tʃhaŋ³³ta³³a³³jaŋ³³wui⁵³lji³³.

他　（话）太　不　贵　　的东西　买　回来

他买了一些不贵的东西回来。

3. 多重定语

一个名词可同时受两个及以上语法成分的修饰，这样的修饰语叫作多重定语。不同的定语离名词中心语的距离远近不等，茶山语多重定语语序较为灵活，位于中心语之前的有名词、人称代词属格、指示代词、形容词、数量短语、动词、方位短语、指量短语、主谓短语、述宾短语、述补短语、偏正短语、"的"字短语等，这些成分与中心语之间多加定语标记 ta³³；位于中心语之后的有动词、形容词、数量短语等。多重定语同现于一个句子时，依据语义特点有不同的位置，其常见语序有以下几种情况（以下各例中斜体表示定语、下划线表示中心语）。

（1）中心语 + 偏正短语 + 数量短语。例如：

ŋjaŋ⁵⁵*tji⁵⁵sɔ³³sɔ³³juŋ³³ta³¹khjap⁵³xjɔu³³*wui³¹. 他买到一件很好看的衣服。

他　衣服　很　　好看一　件　看　买

（2）指示代词 + 偏正短语 +　ta³³ + 中心语。例如：

xɔ⁵⁵a³¹sɛi ʔ⁵³wui³¹lɔu³¹ ta³³ ŋjaŋ³³sɔ³³sɔ³³jau³³wui³³.

那　新　买来　的　马　很　　快　跑

刚买来的那匹马跑得快。

（3）中心语＋形容词＋指示代词＋数量短语。例如：

ŋ*j*a³³ wuʔ⁵⁵n*ɔ*u³¹tuŋ³³ thji⁵⁵sɔm³³təu³³thɔʔ⁵³lji³¹tshəu³¹.

他　猪　黑肥　那　三　头　比　　　肥

他的这头黑猪比那三头都肥。

（4）人称代词属格＋中心语＋数量短语。例如：

ŋ*j*a³³ zɿ³¹ʃaŋ³³ai ʔ⁵⁵j*ə*u³¹ta³¹kai³³ja³³a³³jɔ⁵³tʃaŋ³³ma³¹lɔu³³ku³¹.

他的孩子　　两　个　都　　　奶奶　跟前　　去了

他的两个孩子都到奶奶家去了。

五、状语

状语是修饰或限制谓语的成分，主要说明动作行为的性质、状态、程度、范围、时间、处所、趋向和方式等。茶山语状语有的位于中心语之前，有的位于中心语之后。

1. 充当状语的成分

充当状语的成分主要有副词、形容词或形容词性短语、动词、名词、代词、数量短语等。

（1）副词作状语。副词最主要的语法功能是修饰形容词、动词或动词性短语，表示时间、频率、范围的副词，一般位于中心语之前。例如：

sɔ³³sɔ³³n*ɔ*u³¹非常黑　　　　　sɔ³³sɔ³³tshəu³¹很肥

非常　黑　　　　　　　　很　肥

sɔ³³sɔ³³nəu⁵⁵很碎　　　　　sɔ³³sɔ³³than³¹很硬

很　碎　　　　　　　　　很　硬

mu³¹kuɔn³³a³¹thəuʔ³¹！别乱砍！

乱　　别砍

nəu³³lji³¹kjeŋ³³pat⁵³ŋ*ə*i³¹. 一个劲儿地打牛。

牛（宾）不停　打　在

tʃəi³¹ta³¹khɔu³³ja³³kjɔ³³tʃu¯³¹. 水滴得到处都是。

水　到处　滴　着

ŋjaŋ⁵⁵a³¹lɔu⁵⁵a³¹lai¯ʔ⁵³lɔu⁵⁵ku³¹. 他大摇大摆地走过去了。

他　过去　调皮　去了

ŋjaŋ⁵⁵lji³¹la⁵⁵ŋja³¹lɔu³¹tsɔ³³phuŋ³³lɔu³¹kuat⁵³la³¹. 叫他快来开会。

他（宾）快点　来　开会　　（叫他来）

naŋ³³ʃɿ⁵⁵lɔu⁵⁵aʔ⁵³，ŋa⁵⁵mɔ³³thaŋ³¹phɛ³³tʃhaŋ⁵³lɔu³¹pa³³.

你　先　走（祈）我们　　后面　　　跟　来　吧

你先走，我们后面跟着来。

ŋ³¹ja³³ŋjaŋ⁵⁵lji³¹xjeʔ³¹phɛ³³lɔu⁵⁵naŋ³¹ku³¹，naŋ³¹thaŋ³¹phɛ³³lɔu⁵⁵lji³³

我（施）他（宾）先　　走　你　了　你　后面　　走　回

ɛʔ⁵³kei³¹.

也　好

我让他先走，你后走也可以嘛。

（2）形容词作状语。形容词多居中心语之前。例如：

tʃɔ³³tʃɔ³³ta³¹tɔn³³tsɔu³³饱吃一顿　a³¹lɔu⁵⁵a³¹laiʔ⁵³lɔu⁵⁵大摇大摆地走过去

饱饱　　一　顿　吃　　　　　大摇　大摆　去

ŋ³¹a³¹tʃan³³aiʔ⁵⁵khuɔn³³ta̠i³¹. 我多说了几句话。

我多　　两　句　说

ŋ³¹naŋ³¹lji³¹sɔ³³sɔ³³ŋam³³sau³³ŋjəi³¹. 我太想你了。

我　你（宾）很　想　　起着

ŋjaŋ⁵⁵sɔ³³sɔ³³naiʔ⁵³ŋe⁵³ta³¹tʃhəŋ³³ŋʊɯ⁵³. 她非常伤心地哭了一会儿。

她　非常　伤心　一　会　哭

thʃɔ³¹sɔ³³sɔ³³tʃuat⁵³，tsɔu³³ja³³su³³aʔ⁵³. 路太滑，慢点走。

路　太　滑　　慢点地走（祈）

naŋ³¹nap³¹jɔ³³nɔu³³ja³³lɔu³¹aʔ⁵³，ŋ³¹naŋ³¹lji³¹ma³¹jɔu³³laŋ³³ŋjəi³¹.

你　　早上　早早地　来（祈）我　你（宾）不要　　等　起

你要早些来，免得我等你。

形容词可加名词化前缀，修饰动词，作状语。例如：

xɛ⁵⁵tsəi³¹ka³¹a³¹saiʔ⁵³wui³¹tsəi³¹. 这是刚买的。

这　（话）　新　买　的

形容词也可居中心语之后。这类语序出现频率较低。例如：

naŋ³¹ta³¹la̠in³³lɔu³¹nan³³，ta³¹tse⁵³ŋjɔu³³ŋjɔu³³lə̠u³³aʔ⁵³.

你　一　次　来　难　一会　多多　　玩（祈）

你难得来一次，就多玩一会儿。

（3）动词作状语。主要出现在连动句中，即前一动词是后一动词的状语，状语成分居中心语之前，语义上前者是后者动作行为的方式、状态。二者之间常用状语标记 la^{33}。例如：

ŋjaŋ^{55} ji^{53} la^{33} ta̱i^{53}. 他笑着说。

他　笑（状）说

naŋ^{31} tsuŋ^{31} la^{33} ta̱i^{31} aʔ^{53}. 你坐着讲。

你　坐（状）说（祈）

ŋjaŋ^{55} la̱in^{31} tɔu^{33} la^{33} mɔu^{31} sɔu^{33} jəu^{33} ŋjəi^{31}. 她躺着看书。

她　躺着（状）书　　看　在

（4）时间名词作状语。时间名词在句中作状语，不加状语标记。例如：

ŋjaŋ^{33} a^{33} khaŋ^{33} lɔu^{53}，tuɔm^{31} lɔu^{55} ku^{31}. 她刚刚来，又走了。

她　刚刚　来　又　走了

khǎ^{55} ŋjəi^{53} ŋ^{31} jəu^{33} ta^{33} ʃeŋ^{31} sɔ^{33} sɔ^{33} kei^{31}. 我今天看的电影好极了。

今天　　我看的电影很　好

ŋjaŋ^{55} ŋjəi^{55} na^{31} lɔu^{31} ta^{31} kai^{33} tsəi^{31}，tʃha^{55} məu^{31} la^{31} ma^{31} lɔu^{31} lɔ^{33}？

他　昨天　来　的说　的　　为什么　　　不　来　了

他说来，为什么又不来呢？

（5）名词作状语。工具类名词或其他部分名词，在句中不能直接作状语，要与工具格助词 ja^{33} 结合，居中心语之前，多作中心语的方式状语。例如：

ŋjaŋ^{55} khǎ^{55} ta̱n^{31} ja^{33} mɔu^{31} sɔu^{33} lai^{33} ŋjəi^{31}. 他用铅笔写字呢。

他　铅笔（工）字　　写　在

mǎ^{33} tʃhəi^{33} juŋ^{33} ma^{31} la^{31} khui^{33} ja^{33} ʃɲ^{55} jeɲ^{33} ŋjəi^{31}. 医院里用狗做试验呢。

医院　　　　狗　　（工）试验　在

ŋjaŋ^{55} lji^{31} ta^{31} tam^{31} tʃhui^{31}，kjei^{31} ja^{33} ta^{31} tam^{31} thə^{31}.

他（宾）一下　打　　脚（工）一　下　抓

打他一拳，踢他一脚。

（6）方位短语作状语。方所名词不能直接作状语，要构成方位短语后在句中作处所状语。例如：

ŋjaŋ^{55} tʃuŋ^{31} thɔʔ^{53} ma^{31} phan^{33} lɔ^{33} phan^{33} lɔ^{31}. 他在床上滚来滚去。

他　床上　（方）滚　去　滚　来

luk^{55} kɔ^{33} tʃhɲ^{31} ta^{33} tjəu^{31} tʃam^{31} jam^{31} tʃhɔ^{33} ja^{31} lɔu^{33} ŋjəi^{31}.

石头　拿　的　人　　河边　路　沿　去　在

拿石头的人沿着河边走了。

tjəu^{31} ŋjəu^{55} ʃɔ^{53} jəu^{33} saik^{53} khjam^{31} ma^{31} ja^{33} su^{55} thuʔ^{53} lji^{33}.

人　很多　人　树林　　（方）从　走　出来

有很多人从树林里走出来。

ŋ³¹kaŋ³³faŋ³¹ma³¹ja³³kǎ³³lam⁵³ma³¹na³¹ju³³ŋ³³fən³³su³³ku³¹.

我 岗房 （方）从古浪 （方）钟头 五 个 走了

我从岗房到古浪走了五个钟头。

（7）代词作状语。人称代词或疑问代词可作状语，居中心语之前。例如：

ŋǎ³¹ŋjaŋ³³lɔu³³. 我自己去。

我 自己 去

ŋjaŋ³³tʃha³³məu³¹ma³¹lɔ³¹？他为什么不来？

他 什么 原因 不 来

kha³¹su³³kuɔt⁵³lji³¹kei³³ta³¹？怎样做才好？

怎么 做（话）好（将）

kha⁵⁵jɔ⁵³juət³³，kha⁵⁵jɔ⁵³tsau³³. 什么时候饿了，什么时候吃。

什么时候 饿 什么时候 吃

luk³¹tʃaŋ³³tsəŋ³³ma³¹khǎ³³tʃhɔu³¹lɔu³³？到鲁掌怎么走？

鲁掌 （方）怎么 路 去

khǎ³¹sʅ³³kuɔt⁵³lji³¹jɔu³³waŋ⁵³lɔu³³ta³³？怎样才能进去呀？

怎么 做（话）能 进去 呀

（8）数量短语作状语。例如：

khə⁵⁵ljan⁵³aiʔ⁵³ŋjəi³³sɔ³³sɔ³³kjuɛ⁵³. 这几天热得很。

最近 两天 真 热

（9）拟声词作状语。茶山语拟声词可修饰动词，作状语，二者之间一般加状语助词kɛ⁵⁵，kɛ⁵⁵具有专用性特点，即仅用于拟声词作状语的句子中。语法形式为"拟声词状语＋kɛ⁵⁵＋中心语"，中心语为动词或动词性结构。例如：

"kua⁵⁵laŋ⁵⁵" kɛ⁵⁵leŋ⁵³ku³¹. "哐啷"一声倒下去了。

哐啷 地 倒 了

ŋjɔʔ⁵³zɔ³³ "kji³¹kji³³" kɛ³³ŋjeŋ⁵³. 小鸟"叽叽喳喳"地叫。

小鸟 叽叽 地 叫

tuŋ³³tɛ³³ "tʃʅ³³tʃʅ³³" kɛ³³ŋjeŋ⁵³. 小虫"叽叽"地叫。

小虫 叽叽 地 叫

ŋjɔʔ⁵³zɔ³³ "xju³³xju³³" kɛ³³ŋjeŋ⁵³. 小鸟"啾啾"地叫。

小鸟 啾啾 地 叫

"taŋ⁵⁵taŋ⁵⁵" kɛ⁵⁵ŋjeŋ⁵³lɔ³¹. 传来了"噼啪"的枪声。

噼 啪 地 响 起来

（10）偏正短语作状语。在茶山语代词作修饰成分的偏正结构中，tɛ⁵⁵"地"，原义"像、似的"兼具状语标记功能，为特殊句式中的状语助词；还能用在平比句中的平比标记 ta³¹jaŋ³³后、比较结果前，是比较结果的状语标记。例如：

xe³¹ja³³ta³¹jaŋ³³tɛ³³kuɔt⁵³aʔ⁵³. 照这个样子做。

这样　一样　地 做（祈）

khɔum³³kha³¹ji³¹tɛ⁵⁵phaŋ³¹tɔ³³. 房门大开着。

门　　那么大　地 开　着

tsham³³xeʔ³³jeŋ⁵³tɛ³³uʔ⁵⁵，jəu³¹kei³¹ku³¹！头发长得这么长，要理一理啦！

头发　这么长　地发　理　该 了

ŋja⁵⁵tji³¹　ŋa⁵⁵tji³¹　ja³³ta³¹jaŋ³³tɛ⁵⁵kei³¹. 他的衣服和我的一样好。

他的衣服 我的衣服 和　一样　地 好

（11）其他短语作状语。其他短语如主谓短语、并列短语等也能作谓词中心语的状语。例如：

ŋjaŋ⁵⁵sɔ³³sɔ³³naiʔ⁵³ŋe⁵³ta³¹tʃhəŋ³³ŋɔu⁵³. 她非常伤心地哭了一会儿。

她　非常　伤心　一 会 哭

2. 状语的语义类型

状语从不同方面对中心语进行修饰或限制。根据状语的功能，可以把状语分为描写性状语和限制性状语。

（1）描写性状语。

描写性状语对动作或动作者动作时的情态进行修饰描写。语义上表示动作行为的状态、方式以及人物的情态等。例如：

tʃɔ³³tʃɔ³³ta³¹tɔn³³tsɔu³³. 饱吃一顿。

饱饱　　一 顿 吃

xɛ⁵⁵thuŋ³¹tiŋ³³tiŋ³³kat³¹tɔu³³. 这个袋子装得满满的。

这　袋子　满满　装 着

ŋjaŋ⁵⁵a³¹khjuat⁵³a³¹khjaŋ³¹lɔu⁵⁵ku³¹. 她急急忙忙地走了。

她　急急忙忙　　走 了

ŋjaŋ⁵⁵sɔ³³sɔ³³naiʔ⁵³ŋe⁵³ta³¹tʃhəŋ³³ŋɔu⁵³. 她非常伤心地哭了一会儿。

她　非常　伤心　一 会 哭

xɛ⁵⁵tsəi³¹ka³¹naŋ³¹lji³¹　kjẹn³³wui³¹tjəi³³. 这是特意给你买的。

这个　（话）你（宾）特意 买　给

（2）限制性状语。

限制性状语主要从时间、范围、对象、目的、处所、程度、否定、方式、数量和语气等方面，对句子或中心语加以限制。例如：

khɔm³³a³¹ŋe³³！不要关门哪！ naŋ³¹ʃɿ³³lɔu³³aʔ⁵³. 你先去。

门　　别关 你　先　去（祈）

la⁵⁵ŋjap⁵³lɔu⁵⁵aʔ⁵³！快走哇！ ŋ³¹kǎ³¹ʃɿ⁵⁵lɔu³¹ku³¹. 我立刻来。

快点　　走（祈） 我　立刻　来　了

naŋ³¹aŋ⁵⁵kjeŋ³³a³¹tsɔ³³. 你不要光吃菜。

你　菜 不停　别　吃

tsai³³ta³¹xjaʔ³³laŋ³³aʔ⁵³. 再等一会儿。

再　一　下　等（祈）

ta³¹laiŋ³³tuɔm⁵³jəu³¹aʔ⁵³！重拿！ ŋjaŋ³³a³³khaŋ³³lɔu⁵⁵ku³¹. 她已经走了。

一遍　重复　拿（祈） 她　　刚刚　走　了

ŋji³¹pu³³tuɔm⁵³paŋ⁵³ku³¹. 灯又亮了。

灯　　又　亮了

xe³³la³¹tsɿ³³sɔ³³sɔ³³thjəi⁵³. 这个辣椒辣乎乎的。

这 辣椒 很　辣

ŋja³³mɔ³³ta³¹ŋɛ³³lɔ³¹ku³¹. 他们都来了。

他们　都　来了

ŋ³¹naŋ³¹lji³¹ma³¹wui³¹tjəi³³. 我没给你买。

我 你（宾）没买　给

tsai³³ta³³ʃeŋ³³ta³¹laiŋ³³jəu³³. 再看一次电影。

再　电影　一次　看

ŋ³¹ʃɿ³³ŋam³³jəu³³lɔu³¹tai³¹kɔ³³. 先等我想想再说。

我 先 想　看（后）商量

naŋ³¹kǎ³¹ʃɿ³³ma³¹nɔ³³ʃɿ³³la³³？你这回还不休息？

你　现在　不 休息还（疑）

ŋja³³pa³³a³¹tʃaŋ³³（ja³³）nau³¹. 她父亲常常生病。

她的父亲 常常 地　生病

ta³¹ŋɛ³³ma³¹ta³¹ku³¹tə³³nɛi⁵³ʃɿ³³. 一共才红了一个。

一共　　一个 才红　还

a³¹khaŋ³³ŋja³³mɔ³¹laŋ⁵⁵ŋji³¹ta³¹təu³³pat³³sat⁵³. 刚才他们打死一条蛇。

刚才　　他们 蛇　　一条 打　死

3. 多重状语

多重状语指两个或两个以上的状语按一定的顺序同时修饰谓语，每个状语在语义上都与中心语存在修饰关系。不同的状语离中心语的距离远近不等。如副词、形容词、名词等同现于一个句子时，其语序一般为"副词 + 时间名词/方位短语 + 形容词/动词 + 中心语"。例如：

ŋjaŋ⁵⁵a³¹tʃaŋ³³ja³³xe³³ma³¹tsuŋ³¹tɔu³³. 他老是在这儿坐着。

他　　常常　　　　这儿　　坐　着

ŋjaŋ⁵⁵a³¹tʃaŋ³³ja³³pɔm⁵³ma³¹thaŋ³³lɔu³³xjɔu³¹. 他常常到山里砍柴。

他　　常常　　　　山里　　柴　　到　砍

xɛ⁵⁵mɔ³³tu³³tʃəi³¹laŋ³³thji⁵⁵a³¹ʃuat⁵³khaŋ³³lɔ³³.

这车　　　河　　那边　　　　开　　去

这辆车是开到河那边去的。

ŋjaŋ⁵⁵tʃuŋ⁵⁵thɔʔ⁵³ma³¹ja³³uɔt³¹lɔu³³la³³lji³³ wui³³jəu³¹.

她　床上　　（方）从　爬　起来　出来　跑　看

她翻身下床跑出来看。

六、补语

补语是位于动词、形容词之后，对动词、形容词起补充、说明作用的成分，本书将居于中心语之后的成分都看作中心语的补语。

1. 充当补语的成分

能充当句子补语的主要有动词或动词性短语、形容词、副词或副词短语、偏正短语、主谓短语和数量短语等。

（1）动词或动词性短语作补语。

补语由动词或动词性短语充当。动词多表示述语动作行为的结果、程度、趋向、可能意义，述补之间一般不加补语标记；动词性短语（如述补短语、述宾短语、主谓短语等）多表示述语动作的情状或程度，述语和补语间加常用补语标记"la³³"或名物化标记"tsəi³¹"。

①补语 + 中心语。表示完结义的动词作结果补语时，一般居中心语之前。例如：

tʃeʔ³¹tʃɔʔ³¹tjɛ⁵⁵tʃɔʔ⁵³ku³¹. 春节过完了。

春节　　　完　过　了

ŋ³¹nɔ⁵⁵ja³³tjɛ³¹kuɔt⁵³ku³¹. 我早就干完了。

我　早　就　完　做　　了

ŋjaŋ⁵⁵ ŋjɔʔ³¹ tjɛi³³ tʃhɛi³³ ku³¹. 他洗完脸了。

他　脸　完　洗　了

ŋja⁵⁵ mɔ³¹ jəu³¹ khaŋ³³ mu³³ tjɛi⁵⁵ phaŋ³¹ ku³¹. 他们一个个都跑光了。

他们　　一个个　　　　完　跑　了

naŋ³¹ ŋja³³ mɔu³¹ sɔu³³ ai ʔ⁵⁵ khjap⁵³ xjɔ³³ jəu³¹ ma³¹ ŋuat⁵³ la³³?

你　他　信　　两封　　到　拿　不　是（疑）

你不是接到他两封信吗？

②中心语＋补语。例如：

lji⁵⁵ ta̱i⁵³ ʃiŋ⁵⁵ ŋa³¹. 把道理讲明白。

道理　讲　清楚

ŋa⁵⁵ mɔ³³ tʃhɔ³¹ su³³ su⁵⁵ ŋjuŋ³¹ ku³¹. 我们走路走累了。

我们　路　走　走　累　了

a³¹ khaŋ³³ ŋja³³ mɔ³¹ laŋ⁵⁵ ŋji³¹ ta³¹ təu³³ pat³³ sat⁵³. 刚才他们打死一条蛇。

刚才　他们　　　蛇　一条　打　死

③"中心语＋la³³＋补语"。例如：

ŋjaŋ³³ ji³¹ la³¹ ŋjau³³ tʃɛi³¹ ɛ³⁵³ thuʔ⁵³ lɔ³¹ ku³¹. 她笑得眼泪都流出来了。

她　笑　得眼泪　　也　出来　　了

wuʔ⁵⁵ zɔ³³ ŋjaŋ⁵⁵ ja³³ khat⁵³ la³³ sɔ³³ sɔ³³ phaŋ³¹ lɔu³³ ŋjɛi³¹.

小猪　他　被赶　得　非常　快跑　过去在

小猪被他撵得非常快地跑。

④中心语＋tsəi³¹＋补语。名物化标记 tsəi³¹ 在句中能同时标识动词语义的补充成分，补语成分由形容词、偏正短语、并列短语等充当。

A. 形容词作补语。例如：

ŋjaŋ⁵⁵ jɛn³¹ ʃiɛn³³ tsəi³¹ ljaŋ⁵⁵ ljaŋ³¹ ʃiɛn³³ cɔ³³. 他扫地扫得干干净净的。

他　扫　　的　干干净净　扫　起

ŋ³¹ tsɔ⁵⁵ tsəi³¹ xaŋ⁵³ thɔʔ⁵³ lji³¹ tʃɔu³³. 我吃得比哪个都饱。

我吃　的　哪个　比　　饱

B. 偏正短语作补语。例如：

ŋ³¹ tsɔ⁵⁵ tsəi³¹ cɔ³³ sɔ³³ ma³¹ tʃɔ³³. 我吃得不太饱。

我吃　的　很　不　饱

ŋjaŋ⁵⁵ ta̱i³¹ tsəi³¹ ma³¹ miŋ³¹ pɛ³³. 他说得不明不白的。

他　说　的　不　明白

C. 并列短语作补语。例如：

ŋjaŋ⁵⁵lai̠³³tsɐi³¹ŋjap³³ɛʔ⁵³ŋjap³¹juŋ⁵⁵ɛʔ⁵³juŋ³³. 他写得又快又好看。

他　　写 的　　快　也 快　　好看也 好看

ŋjaŋ⁵⁵ wɔt⁵³tsɐi³¹juŋ⁵⁵ɛʔ⁵³ juŋ³³ sai³¹ ɛʔ⁵³ sai³¹. 她穿得又漂亮又整洁。

她　　穿的　　　好看也 好看 整洁也 整洁

上述这种结构与"动词/动词性短语＋tsɐi³¹"语法形式，表达的意义相同，"动词/动词性短语＋tsɐi³¹"后多与话题标记 ka³¹ 连用，语义上有强调作用。例如：

tsɔu⁵⁵tsɐi³¹ka³¹ma³¹jɔu³³nain³³. 吃是少不得的。

吃　的（话）不 能 少

taŋ⁵⁵lɔu³³ ŋjəi³¹tsɐi³³ka³³kɔ³³nɔʔ⁵³. 飞的那只是乌鸦。

飞　去　那只的（话）　乌鸦

（2）形容词作补语。性质形容词或状态形容词充当补语，表示述语的结果、程度等意义。例如：

ŋjɔʔ³¹tʃəi³³jəu³³ʃuat⁵⁵ ku³¹. 眼睛看错啦。

眼睛　　看错　了

ŋja³³sɔu³³tʃhap³¹lai̠⁵⁵kei³¹. 他的字写得好。

他的 字　　　写 好

xɛ⁵⁵təu³¹fu³³tʃɔu³¹maŋ³³ku³¹. 这次的豆腐煮老了。

这 豆腐　煮　老 了

ŋjaŋ³¹ŋjaŋ⁵⁵ʃɔʔ⁵³tai³¹ŋjəi³¹ma³¹tai³¹ʃiŋ³³. 他说了半天还没有说清楚。

他　长时间　说　在 没 说 清楚

（3）副词作补语。茶山语副词多居动词等谓词性结构之前，居谓词性结构之后作补语的情况较少，且多有一定句法条件。例如：

lɔu³¹aʔ⁵⁵la⁵⁵ŋja³¹. 来快点。

来（祈）　快点

la⁵⁵ŋjap⁵³多用于中心语之前，作状语。作补语时，谓词性结构后多带祈使性助词。

（4）偏正短语作补语。例如：

ŋ³¹ŋam³³la³¹tjeʔ³³tjeʔ³³nat³¹. 我冷得发抖。

我 冷 得 很　　抖

thji⁵⁵ʃ̩⁵⁵tsɛŋ³¹a³¹ŋui̠³³a³¹kəuk³³pai³¹ma³¹juŋ³³.

那 果树　歪歪扭扭　　长 不 好看
那棵果树长得歪歪扭扭的不好看。

（5）主谓短语作补语。补语由主谓短语充当，表示述语的情态。述语和补语之间多加补语标记 la³³ "得"。例如：

maŋ⁵⁵la⁵³u?⁵⁵ɛ?⁵³thjəu³¹ku³¹. 老得白了头。

老　得　头　也　白　　了

ŋjaŋ³³ji³¹la³¹ŋjau³³tʃəi³¹ɛ?⁵³thu?⁵³lɔ³¹ku³¹. 她笑得眼泪都流出来了。

她　笑　得　眼泪　也　出来　了

thji⁵⁵tjəu³¹ji³¹la³³nuat⁵³ɛ?⁵³ma³¹jɔu³³ŋjɔm³³lɔ³¹. 那个人笑得合不上嘴。

那　人　笑得　嘴　也　不　能　合　了

thji⁵⁵tjəu³¹jəu³³tshəu³³la³³çɔ?ʔ?³¹khuaŋ³³ma³¹ta³³ɕɔ³¹ɛ?⁵³tjɛt⁵³kjɔ⁵⁵ləu³¹pa³³

那　人　个　胖　得　脸上　　　　的　肉　都　快　掉下来　快

kɛ³³ku³¹.

要　了

那个人胖得脸上的肉都要掉下来了。

（6）数量短语作补语。例如：

ŋjaŋ⁵⁵ŋ³¹lji³¹ta³¹ŋjɔ?³¹jəu³³. 她稍微看了我一眼。

她　我（宾）一眼　看

ŋjaŋ⁵⁵lji³¹la³¹khui³³ai?⁵⁵nuat⁵³ŋa³³. 他被狗咬了两口。

他　被狗　　两　嘴　咬

ŋ³¹ŋjaŋ⁵⁵lji³¹ŋjəi⁵⁵ʃɔ⁵³laⁱn³³　xjɔ?³³ku³¹. 我找过他好几次。

我他　（宾）很多　　遍/次　找　过

ʃ³¹ljei⁵⁵sɔm³³lɔm³³ŋ³¹ai?⁵⁵lɔm³¹tsɔ³³ku³¹. 三个梨我吃了两个。

梨　　三　个　我　两　个　吃　了

ŋ³¹sɔm³³khəu?³¹xjɔu³³ljɛt⁵⁵ŋjaŋ⁵⁵lji³¹ma³¹xjɔu³³ŋjaŋ³¹.

我三　趟　找　（非）他（宾）没　找　看见

我找了三趟都没找到他。

taⁱ³¹tʃha³³lji³¹ma³¹ʃuat⁵³, tsai³³ta³³laⁱn³³taⁱ³¹ku³³ŋuat⁵³ku³¹.

讲　错（话）不怕　　再　一遍　讲　就是　了

讲错了没关系，再讲一遍就是了。

ŋjaŋ⁵⁵khjuat⁵³khjuat⁵³ai?⁵⁵sɔm³³nuat⁵³tsɔ⁵⁵la³¹thu?⁵³ləu³³ku³¹.

他　胡乱　　　两三　嘴　吃　了　出　去　了

他胡乱吃了几口就出门了。

2. 补语的语义类型

根据补语的语义特点，述补结构可分为不同的类别。主要有结果补语、趋向补语、程度补语、情态补语等。

（1）结果补语。补语是述语动作产生的结果。补语多由动词、动词性短语和形容词、形容词性短语充当。例如：

lji⁵⁵tai⁵³ʃiŋ⁵⁵ŋa³¹. 把道理讲明白。

道理　讲　清楚

ŋaŋ⁵⁵ŋjɔʔ³¹tjəi³³tʃhəi³³ku³¹. 他洗完脸了。

他　脸　完　洗　了

ŋ³¹ta³¹tam⁵³jət⁵³lji³¹sɔ³³ku³¹. 我睡了一会儿就醒了。

我一会　睡（非）醒了

ŋaŋ³¹ŋjaŋ⁵⁵ʃɔʔ⁵³tai³¹ŋjəi³¹ma³¹tai³¹ʃiŋ³³. 他说了半天还没有说清楚。

他　长时间　说　在　没　说　清楚

ŋja⁵⁵mɔ³¹jəu³¹khaŋ³³mu³³tjɛi⁵⁵phaŋ³¹ku³¹. 他们一个个都跑光了。

他们　一个个　完　跑　了

a³¹khaŋ³³ŋja³³mɔ³¹laŋ⁵⁵ŋji³¹ta³¹təu³³pat³³sat⁵³. 刚才他们打死一条蛇。

刚才　他们　蛇 一条 打 死

（2）趋向补语。补语表示述语动作的方向性。补语由趋向词或复合趋向词充当。趋向词有来、去、上、下、进、出、回、过、开、起等。复合趋向词由"来、去"分别与其他趋向词组合而成。例如：上来、下来、出来、回去、过去、起来等。

①简单趋向补语。补语由趋向词充当。例如：

xɛ⁵⁵mɔ³³tu³³tʃəi³¹laŋ³³ jam³¹phɛ³³khaŋ³³lɔ³³. 这辆车是开到河边去的。

这 车　河边　　开　去

ŋjaŋ⁵⁵tʃuŋ⁵⁵thɔʔ⁵³ma³¹ja³³təu³¹lɔu³³ la³³lji³³wui³³ jəu³¹.

她　床上　（方）从 爬 起来（非）出来 跑看

她翻身下床跑出来看。

ŋja³³jɛn³¹ma³³ta³³ŋjaŋ³³ka³¹sʅ³³pei³³ ja³³khau³³lɔ³³ku³¹.

他家　（方）的 马（话）别人（施）偷 去 了

他家的马昨天被人偷了。

ŋjaŋ⁵⁵mǎ³³nap⁵³kai⁵⁵ma³¹lɔu⁵⁵mje³¹sɛ⁵⁵wui³¹ tji⁵⁵ lji³³tʃhuɔp⁵³.

她　街子　（方）去 布　买 衣服 回来 做

她上街去买布回来做衣服。

②复合趋向补语。补语由复合趋向词充当，属嵌套式补语。例如：

ŋ³¹ŋjaŋ⁵⁵lji³¹ləu³¹ma³¹ʃui³³tɔ³¹lɔ³³. 我领他上楼。

我 他（宾）楼上 领上去

ŋɔʔ⁵³zɔ³³saik⁵³tsɛŋ³¹ma³¹taŋ⁵⁵tɔ³¹lɔu³³ku³³. 小鸟飞树上去了。

小鸟 树上 飞上去了

ŋja⁵⁵mɔ³¹mɔ³³tu³³ma³¹ja³³a³¹ja̠ŋ³³jəu³¹kjɔ³³lɔu³¹.

他们 车上 从货 拿下来

他们把货从车上卸下来了。

tjəu³¹ŋjəu⁵⁵ʃɔ⁵³jəu³³saik⁵³khjam³¹ma³¹ja³³su⁵⁵thuʔ⁵³lji³³.

人 很多 人 树林 （方）从走出来

有很多人从树林里走出来。

（3）程度补语。补语表示述语所达到的程度。补语由动词、动词短语、形容词等成分充当。la³³是典型的程度补语标记。例如：

①动词或动词短语作程度补语的，例如：

ŋjuŋ⁵⁵la³³lain³¹tɔ³³ku³¹. 累得躺下了。

累 得 躺 着了

maŋ⁵⁵la³³uʔ⁵⁵ɛʔ⁵³thjəu³¹ku³¹. 老得白了头。

老 得 头 也 白 了

ŋja³³ŋuɛ³¹ta³³ŋjɔʔ⁵³tʃət³¹la³³tʃhɛʔ³¹ma³¹ŋjaŋ³¹lɔ³³.

他母亲 的 眼睛 瞎 得什么 不 见 喽

他母亲的眼睛已经瞎到完全看不见的程度。

②形容词作程度补语的，例如：

ŋjaŋ⁵⁵tʃhɿʔ⁵³ʃəi³¹pa³³kɛ³³kəu³³. 他急得要死。

他 急 死快要了

xɛ⁵⁵təu³¹fu³³tʃɛn³³ʃmɔu³³nam³¹ku³¹. 这块豆腐酸臭了。

这 豆腐 酸 臭味臭了

（4）情态补语。补语是描写、说明述语或在述语作用下产生的情态或结果。补语由动词短语、形容词等成分充当。例如：

su³³aʔ⁵³tsɔu³³ja³³. 走慢一些。 lɔu³¹aʔ⁵³la⁵⁵ŋjap³¹. 来快点。

走（祈）慢点 来（祈）快点

3. 多重补语

这类补语句型一般句尾都有时体助词。例如：

ŋjaŋ⁵⁵tji³¹sɛʔ⁵³san³³san³³ta³¹khjap⁵³wɔt⁵⁵tʃhɿ³³. 她穿了一件崭新的衣服。

她 衣 新 崭新 一件 穿着

ŋja⁵⁵ ŋuɛ³¹ ŋja⁵⁵ jɛn³¹ ma³¹ ta³³ kjɔ?³³ xɔ⁵⁵ təu³¹ sat⁵³ ku³¹.

他母亲　他家　　　的 鸡 那 只 杀 了

他母亲杀了他家的那只鸡。

ŋ³¹ naŋ³¹ lji³¹ ta³¹ tam³¹ zaŋ³³ thuŋ³³ tjɛt³¹ kjɔ³³ lɔ³¹ ku³¹.

我 你(宾)一 下 中 碰 掉 下 来 了

我撞了你一下就摔下来了。

第三节　单句

单句是由词或短语构成的具有独立语调的句子，与复句相对，且只有一个核心，所以又称简单句。单句去掉语调后就成为一个词或短语。单句可以从语气和结构两个角度进行分类。

一、单句的语气类型

1. 陈述句

茶山语陈述句一般不使用语气助词表示陈述语气，陈述句语调平实，在语言的运用过程中使用最广泛。根据形式，陈述句可以分为肯定式陈述句和否定式陈述句两类。

（1）肯定式陈述句：指不含否定词的陈述句。例如：

ŋjaŋ⁵⁵ lain̩³¹ tɔ³³. 他躺着呢。　　 ŋ³¹ ka³¹ ŋja³³ a³¹ man³³. 我是他的哥哥。

他　 躺 着　　　　　 我(话) 他的　 哥哥

ta³¹ ŋɛ³³ mɔ³¹ ta³¹ jan³¹ tɛ̩³³. 大家都是一样的。

大家　　 一 样（单）

ŋ³¹ lɔu³³ ta⁵³ tsəi³¹ ŋjaŋ⁵⁵ pɔu³³. 他同意我去了。

我 去 着 的　 他 愿意

ŋjaŋ⁵⁵（sɔ³³sɔ³³）ma³¹ tʃha³³. 他本来就不错嘛。

他　 很　 不 错

naŋ⁵⁵ kja³³ sʐ³¹ jəu³³ lji³¹, kei³¹. 你要检查行李，可以嘛。

你 行李 看（非）好

thjɛ⁵³ kaŋ³³ ŋui³¹ jɔu³³ thai³¹ tsɔu³³. 废铁可以卖钱的。

废铁　 钱 能 换 有

ŋjaŋ⁵⁵ mɔu³¹ sɔu³³ a³¹ saiʔ⁵³ tʃɔu³³. 他刚开始教书。

他　书　刚　教

lji³³ zɔ³³ jəu³¹ tsəi³¹ ʃen³³ ʃen³³ ŋjaŋ³¹. 禾苗长得绿油油的。

禾苗　长的　　绿油油的

ŋa³³ jɛn³¹ thaʔ⁵³ ja³³ mǎ³¹ nap⁵³ kai³³ wɛ³³. 我家离市场远着呢。

我家　从　到市场　　远

（2）否定式陈述句：含否定副词 ma⁵³ “不、没” 的陈述句。ma⁵³ 多居谓语前。例如：

ŋ³¹ tai̯³¹ tsəi³¹ ma³¹ ŋuat⁵³. 我说当然不是。

我说　的　不　是

kui³¹ su⁵⁵ ma³¹ su³³ tɔ³³. 箱子没锁上。

箱子　没锁起

ŋ³¹ naŋ³¹ lji³¹ ma³¹ wui³¹ tjəi³³. 我没给你买。

我你（宾）没买　给

ŋ³¹ tsɔ⁵⁵ tsəi³¹ sɔ³³ sɔ³³ ma³¹ tʃɔ³³. 我吃得不太饱。

我吃　的很　不饱

ŋ³¹ tsu³¹ lu³³ lji³¹ ma³³ kjuʔ³¹, laŋ⁵⁵ ŋji³¹ lji³¹ kjuʔ³¹. 我不怕老虎，就是怕蛇。

我老虎（宾）不怕　蛇　（宾）怕

ŋja⁵³ mɔ³¹ lɔu³¹ ljɛt⁵⁵ kei³¹, ma³³ lɔu³¹ ljɛt⁵⁵ ma³¹ naik⁵³ jɔu³¹.

他们　来也好　不　来也不生气

他们来也好，不来也不太愁。

thji⁵⁵ tjəu³¹ jəu³¹ sɔ³³ sɔ³³ laŋ³¹ khǎ⁵⁵ nam⁵³ ɛʔ⁵³ ɔ⁵⁵ kuŋ³¹ ma³¹ mai³¹ lɔ³³.

那　人　个很　懒　　　工不愿出

那个人很懒总是不出工。

双重否定式是一类特殊的否定式陈述句，即一个句子使用两个否定词，进行两次否定，形式上是否定形式。虽然双重否定句表达肯定的语义，但其意义不完全等同于肯定或取消否定，语用效果比肯定式更委婉，但语气更强烈。茶山语最常见的双重否定式是 “ma³¹＋V＋ma³¹”。例如：

ŋjaŋ⁵⁵ ŋ³¹ lji³¹ lɔu⁵⁵ aʔ⁵³ kai³³, ŋ³¹ ma³¹ lɔ⁵⁵ ma³¹ kei³¹.

他　我（宾）去（祈）叫　我不去不好

他叫我去，我不得不去。

2. 疑问句

疑问句是发出疑问的句子。疑问句使用强制性的疑问语气词。根据提问和回答的方式，疑问句可分为是非问句、选择问句、正反问句和特指问句四种类型。从严格意义上来说，选择问句属于复句。因此本部分只讨论其他三类疑问句。

（1）是非问句：提出一个问题，要求做出肯定或否定的回答。从语法形式上看，是非问句的基干与陈述句相同，但句末增加了表示疑问语气的语气词 la^{33}。茶山语句末使用语气词 la^{33}"吗"构成是非问，有疑问语气功能，也有反诘语气功能，相当于汉语的"吗、呢、呀"等；lɔ^{33}la^{33} 在句中表示不确定、推测的疑问语气，lɔ^{33}la^{33} 有时也读为 lau^{31}la^{33} 或 ləu^{33}pa^{31}。是非问句分肯定形式和否定形式两个次类。

①肯定形式的。是非问句的基干是肯定形式，表达疑问语气，即说话者对答案不知情，是有疑而问。例如：

mɔu^{55} phaŋ^{33} ku^{31} la^{33}？天晴了吗？

天　　晴　　了（疑）

naŋ^{31} jɔu^{33} tu^{31} lɔu^{33} la^{33}？你能上去吗？

你　　能　爬　上去（疑）

naŋ^{31} mɔu^{31} sɔu^{33} lai^{33} ŋjəi^{31} pa^{33}？你在写文章吧？

你　文章　　写　在　吧

ŋjaŋ^{55} mǎ^{31} nap^{53} kai^{55} lɔu^{33} ku^{31} la^{33}？他上街去了吗？

他　　街　　　　去　了（疑）

naŋ^{31} ʃa^{33} thaŋ^{31} kjeŋ^{33} kam^{31} tsɔ^{33} la^{33}？你光想吃糖吗？

你　糖　　　光　想　　吃（疑）

khǎ^{55} ŋjəi^{53} la^{31} pan^{31} ŋjəi^{31} paʔ^{53}？今天是星期四吧？

今天　　　星期四　　是　吧

xɛ^{55} tsəi^{31} a^{31} saiʔ^{53} lɔu^{31} ta^{33} sʅ^{33} lja^{33} pa^{53}？这是新来的老师吧？

这　个　　新的　　来的　　老师　吧

kǎ^{31} ʃ^{33} nɔ^{31} la^{33} ŋui^{31} suɔn^{33} kɔ^{33} ku^{31} la^{33}？现在收工算账了？

现在　休息　算账　　　了（疑）

②否定形式的。是非问句的基干为否定形式，主要表达疑惑语气，即说话者内心已有一个倾向性的答案，但对这一答案的准确性或可能性没有把握。例如：

naŋ^{31} ma^{31} tsɔ^{33} la^{33}？你不吃吗？

你　不　吃（疑）

xɛ⁵⁵tsəi³¹ma³¹lui⁵³la³³？ 这还不容易吗？

这个　不容易（疑）

mɔu⁵⁵ma³¹wu³¹lɔ³¹pa³¹？ 天大概不会再下雨了吧？

雨　不　下　来吧

kjaʔ⁵⁵sɻ³³ma³¹tʃɔ³³lɔ³³la³³？ 东西不在了吗？

什么东西 不　着　了 吗

ŋja³³a³¹nəu³³ma⁵⁵lɔu³¹lɔ³¹pa³¹？ 他弟弟大概不来了吧？

他的　弟弟不　来　大概

ŋjaŋ⁵⁵khɔ³³nəŋ³³ma³¹lɔu³¹lɔ³¹pa³¹？ 他恐怕不会来吧？

他　可能　不会 来吧

phɛ⁵⁵na⁵³ŋjəi³³jɔ³³tsɔ³³phuŋ³³ma³¹kuɔt⁵³lɔ³¹kɔ³³pa³¹？

明天　　　　会　　　不 开　　　吧

明天不要再开会了吧？

naŋ³¹ŋja³³mɔu³¹sɔu³³ai⁵⁵khjap⁵³xjɔ³³jəu³¹ma³¹ŋuat⁵³la³³？

你 他 信　两封　　到拿 不 是（疑）

你不是接到他两封信吗？

（2）正反问句：提问时句中包含正反两个方面，答语则是其中的一个方面。正反问句的语法形式有两种：谓语动词/形容词的肯定式加否定式，句末加疑问语气词 la⁵³；a³¹ + 谓语动词/形容词 + la³³。后者使用频率更高。

①谓语动词/形容词的肯定式加否定式，句末一般加疑问语气词 la⁵³。例如：

nɔ³¹la³¹ma⁵³la³¹la⁵³？ 你来不来？

你　来　不来（语）

nɔ³¹xɯ³³tsɔ³¹ma⁵³tsɔ³¹la⁵³？ 你们有没有？

你们　有 没有（语）

个别句子不加句末疑问语气词，但这种语法形式出现频率很低。例如：

naŋ³¹tai³¹kei³¹ma³¹kei³¹？ 你说好不好呢？

你　说好 不 好

tjɛi³³tsɔ³³ma³¹tjɛi³³tsɔu³³？ 吃的完吃不完？

完 吃不 完 吃

②a³¹ + 谓语动词/形容词 + la³³。茶山语动词前加 a³¹，句末一般使用疑问语气助词 la³³，形成 a³¹V……（ta³¹）la³³ 的语法形式，是双重疑问标记，a³¹V 义为"V否"或"V不V"，la³³常与ta³¹连用。例如：

a³¹ jɔu³³ jəu³¹ la³³？拿得动吗？

能不能 拿（疑）

naŋ³¹ a³¹ lɔu³¹ la³³？你来吗？

你　 来不来（疑）

naŋ³¹ a³¹ maŋ⁵⁵ a³¹ pɔu³¹ la³³？你有哥哥吗？

你　哥哥　　有没有（疑）

xe³³ ma³³ tʃuŋ³¹ a³¹ ŋuat⁵³ la³³？这里是学校吗？

这里　　学校　是不是（疑）

naŋ³¹ tsat⁵⁵ a³¹ ta³¹ kɔu³¹ la³³？你会跳舞吗？

你　 舞　会不会 跳（疑）

ŋ³¹ tai³¹ tsəi³¹ a³¹ ŋuat⁵³ la³³？我说的对不对？

我 说的　　　是不是（疑）

naŋ³¹ ŋja³³ jɛn³¹ a³¹ lɔu³³ ku³¹ la³³？你去过他家没有哇？

你　 他 家　去没去 过（疑）

la³³ xɛ⁵⁵ ŋjen³³ a³¹ jɔu³³ kat⁵³ la³³？汉语能不能说？

汉语　　　能不能 说（疑）

naŋ³¹ ŋjɔʔ⁵¹ʼ³⁵ a³¹ tʃhəi³¹ ʃŋ³³ la³³？你洗过脸没有？

你　 脸　　 洗没洗 还（疑）

klɯ⁵⁵ ŋjəi⁵³ naŋ³¹ a³¹ saŋ³³ pan³¹ la³³？今天你上班吗？

今天　　　你 上不上班（疑）

naŋ³¹ ta⁵⁵ ʃeŋ³¹ a³¹ mɛʔ⁵³ jəu³³ la³³？你喜不喜欢看电影？

你　 电影 喜不喜欢 看（疑）

pei³¹ kjan³³ naŋ³¹ a³¹ lɔu⁵⁵ ku³¹ la³³？北京你去过没有？

北京　　 你 去没去 过（疑）

naŋ³¹ a³¹ tai³¹ tʃheŋ³³ tʃhuʔ⁵³ ʃŋ³³ la³³？你说清楚没有？

你　 说没说 清楚　 还（疑）

naŋ³¹ tsɔ³¹ tuŋ³³ a³¹ mɛʔ⁵³ tsɔ³³ʼ³⁵ la³³？你爱不爱吃干饭？

你　 干饭　 爱不爱 吃 （疑）

ŋjaŋ⁵⁵ a³¹ jɔu³³ tu³³ tɔu³¹ lɔ³³ ta³¹ la³³？他能爬上去吗？

他　能不能爬上 去 （疑）

a⁵³，naŋ³¹ phɛ⁵⁵ na⁵⁵ ŋjəi³³ jɔ³¹ a³¹ lɔ³³ la³³？啊，你明天去不去呀？

啊 你 明天　　 去不去（疑）

ŋjaŋ⁵⁵lu³³khuʔ⁵³ ma³³ tjəu³¹ a³¹ŋuat⁵³ la³³？他是不是六库人？

他　六库　　（方）人　　　是不是（疑）

naŋ³¹ kuk³³ŋjaŋ³³ɔ⁵⁵ljɔʔ⁵³ a³¹ tsɔ³³ ʃʅ³³ la³³？你吃糯米粑粑了没有？

你　糯米粑粑　　　　吃没吃　还（疑）

kuŋ³¹tʃhəi³³ku³¹la³³／kuŋ³¹a³¹tʃhəi³³ ʃʅ³³la³³？洗过澡了吗？

身体洗　过（疑）身体　洗没洗　还（疑）

ŋja⁵⁵nɔ³¹a³¹sɔiʔ⁵³tə³¹kei³¹，a³¹jɔu³¹ləu³³la³³？他的病刚好，能不能去呀？

他的病　新　　才好　能不能　去（疑）

ŋ̍³¹ mɔ³¹khuɔn³³ma³¹ta³¹khuɔu³³，naŋ³¹ a³¹ta³¹ khuɔn³³ la³³？

我　歌　　不会唱　　你　会不会唱（疑）

我不会唱歌，你会唱歌吧？

这类问句也可以不用句末疑问语气词，意义不变，这类句子出现频率较低。例如：

naŋ³¹ a³¹ ta³¹ khuɔn³³？你会唱吗？

你　会不会唱

在主谓谓语句中，la³³一般用在主句动词后，表疑问语气。例如：

naŋ³¹ a³¹ sɛʔ⁵³ la³³ a³³sɛŋ³¹ŋjaŋ³¹ tʃha³³ku³¹？你知道自己错了吗？

你　知不知道（疑）自己　　　错　了

ŋjaŋ⁵⁵naŋ³¹ thjɛ⁵⁵mu³³ ma³³ ləu³¹ta³³ a³³ sɛʔ⁵³ la³³？他知道你来片马吗？

他　你　片马　（方）来　的　知不知道（疑）

如果主句动词带名物化标记，则疑问语气词居句末。例如：

xɛ⁵³，ŋ̍³¹ tai³³tsəi⁵³naŋ³¹ a³¹xjɔ³³kjɔ³¹ ʃʅ³³la³³？嘿，我说的你听见了吗？

嘿　我说的　　你　听没听到还（疑）

（3）特指问句：用疑问代词提问，要求对疑问代词所代替的部分做出回答。这类句子一般不使用疑问语气助词。就其所问内容而言，特指问句可以分为以下几类：

①问人：常用的疑问代词有 xaŋ⁵³ "谁、哪个"、kha³¹jam³³paŋ³¹ "哪些"、kha⁵⁵jəu³¹ "哪个" 等。例如：

xaŋ⁵³tai³¹tsəi³¹？谁说的？

谁　说　的

puŋ³³kjaŋ³³ ka³¹ xaŋ⁵³？崩江是谁？

崩江　　（话）谁

kha³¹ jam³³ paŋ³¹ lɔu³¹ ku³³？哪些人来了？

哪些人　　　　来　　了

na⁵⁵ tshun³¹ xaŋ⁵³ lji³¹ khjɛn³¹？你村选谁？

你的村　　谁　　（宾）选

kha⁵⁵ jəu³¹ ka³¹ lji³¹ lau³¹ sɿ³³ ŋuat⁵³？哪个是李老师？

哪个　　（话）李老师　　是

kha⁵⁵ jəu³¹ jɔ³³ khɔ³³ ma³¹ mɔ³¹ khuɔn³³ khuɔn³³ ŋjəi³¹？谁在里面唱歌？

哪个　　　　屋子里　　唱歌　　　　　　在

②问物：常用的疑问代词有 tʃha⁵⁵ "什么" "哪" "哪种" 等。例如：

ŋ³¹，tʃha⁵⁵ nɔm⁵³？嗯，什么？

嗯　什么

naŋ⁵⁵ tʃha³³ xu³³ la³³？你姓什么来着？

你　什么　姓（疑）

ŋjaŋ⁵⁵ tʃha³¹ tsɔ³³ ŋjəi³¹？他在吃什么？

他　　什么　吃　在

a³¹ pei³³ lat³¹ tʃha⁵⁵ tai³¹？二姐说什么？

二姐　　　什么　说

naŋ³¹ lji³¹ tʃha⁵⁵ ja³¹ ŋat⁵³？什么东西咬你？

你（宾）　什么（施）咬

ŋ³⁵，xɛ⁵⁵ tsəi³¹ tʃha⁵⁵ mɔu³¹ sɔu³³ tʃhap⁵³？嗯，这是什么字？

嗯　这　　　　什么　　字

茶山语疑问代词 kha³³ 与量词结合，用于物的疑问句。例如：

naŋ³¹ khǎ³³ pəu³¹ tjəi⁵⁵ lji³¹ kei³¹. 你给哪一本都行。

你　哪本　　给（话）好

③问时间：常用的疑问代词有 khǎ³¹ ŋjəi³³ "哪天"、khǎ³¹ jɔu³¹ "多会"、kha³³ ŋjaŋ⁵³ "多久" 等。例如：

naŋ³¹ khǎ³¹ ŋjəi³³ lɔu³³ ta³¹？你哪一天走啊？

你　哪天　走　将

naŋ³¹ khǎ³¹ jɔu³¹ lɔu³¹ ta³¹？你多会儿来的？

你　多会　来　将

naŋ³¹ xɛ³³ ma³¹ lɔu³¹ thaŋ³³ lji³³ kha³³ ŋjaŋ⁵³ ŋuat⁵³ ku³¹？

你　这里　　来　后面　多久　　　是　　了

你到这里来有多久了？

④问处所：常用的疑问代词有：kha³¹ "哪"、khǎ³¹phɛ³³ "哪里"。例如：

naŋ³¹kha³¹phɛ³³lɔu³³？你上哪儿去？

你　哪儿　去

naŋ³¹ khǎ³¹ phɛ³³ lɔu³³？你去哪里？

你　哪里　去

naŋ³¹ khǎ³¹ thaʔ⁵³ ŋəi³¹？你在哪儿？

你　哪儿　　　在

na³³jɛn³¹ kha³¹tha?⁵³ŋuat⁵³？你的家在哪里？

你的家　哪里　　是

kai⁵⁵jɛn³¹ kha³¹thaŋ³¹ŋuat⁵³？商店在哪儿呢？

商店　　哪儿　是

naŋ³¹ŋjəi⁵⁵na³¹wui³¹ta³³a³¹jaŋ³³kha³¹tha?⁵³tɔu³³ku³¹？

你　昨天　　买的　东西　哪儿　　放　了

你把昨天买的东西放在哪儿了？

jəu³³ta³³mɔu³¹ŋjau³³，khǎ³¹tha?⁵³jəu³³ta³³tsəi³¹ɛ?⁵³ma³¹sɛ?⁵³.

看　的　地方　多　什么地方　看　的　的　也　不　知道

看的地方多，不知看哪里好。

⑤问年龄、数量、日期：常用的疑问代词有 khǎ⁵⁵ŋjau³¹ "几、多少"。例如：

ŋui³¹ khǎ⁵⁵ŋjau³¹ kjap⁵³？多少元钱？

钱　多少　　元

khǎ⁵⁵ŋjau³¹lain³¹ xjam³¹kɔ³³？商量多少次？

多少　　次　商量

naŋ³¹ mɔu³¹sɔu³³ khǎ⁵⁵ŋjau³¹pəu³³wui³¹？你买多少书？

你　书　　　多少　本　买

aŋ³¹thjəu³¹ kha³³ŋjau⁵³ ŋui⁵³ta³¹kjɛn³³？白菜多少钱一斤？

白菜　　多少　　钱一斤

pɔm⁵³khjei³³ma³¹ ja³³ pɔm⁵³thɔ?⁵³ma³¹ khǎ⁵⁵ŋjaŋ³¹ pɔu³¹？

山脚　（方）从　山顶　（方）多高　　有

从山脚到山顶有多高？

ta³¹tshəi³³sɔm³³ ma³¹ŋjɛt⁵³jəu³¹ khjɔu³³/tjam³¹lji³¹ khǎ⁵⁵ŋjau³¹？

一十　三　　七　减　去　掉　（话）多少

十三减七是多少？

na³³mɔ³¹wu³³khɔu³³ma³³kha³³ŋjau⁵³jɛn³³pɔu³³tjəu³¹kha³³ŋjaŋ⁵³jəu³³pɔu³³?

你们　村子　（方）多少　　家　有　人　多少　　个　有

你们村子有几家人？几个人？

⑥问方式、情状、程度：常用的疑问代词有 khǎ³³…lɔu³³ "怎么走"、khǎ³¹ sɿ³³ "怎么"、qha³¹qhe³³ja³¹ "怎么样"、qha³¹qhe³³te³³ "怎么做"、qha³¹qhe³³na³⁵ "多么" 等。例如：

ŋ³¹khǎ³¹sɿ³³sɛi⁵³ta³¹? 我怎么知道？

我　怎么　知道　呢

khǎ³¹sɿ³³xɛ⁵⁵ji³¹tʃaŋ³³? 怎么这么贵？

怎么　这么　贵

naŋ³¹khǎ³¹sɿ³³kuɔt⁵³mɛi³¹? 你想怎么样呢？

你　怎么　做　想

naŋ³¹khǎ³¹sɿ³³ma³¹lɔu³¹lɔ³³? 你怎么不来了呢？

你　怎么　不　来　喽

ŋjaŋ⁵⁵khǎ⁵⁵sɿ³³ma³¹lɔu³¹ʃɿ³³? 他怎么还不来？

他　怎么　不　来　还

ŋ³⁵, naŋ³¹khǎ³¹sɿ³³ma³¹lɔu³³ʃɿ³³? 嗯，你怎么还没去？

嗯　你　怎么　不　回去　还

xɛ⁵⁵sɿ³³khjen³³khǎ³¹sɿ³³ɳan³¹ta³¹? 这件事怎么办呢？

这　事情　怎么　办　将

khǎ³¹sɿ³³kuɔt⁵³lji³¹jɔu³³waŋ⁵³lɔu³³ta³³? 怎样才能进得去呀？

怎么　做　（非）能　进去　　将

luk³¹tʃaŋ³³tsəŋ³³ma³¹khǎ³³tʃhiɔu³¹lɔu³³? 到鲁掌怎么走？

鲁掌　　　（方）怎么　路　去

naŋ³¹khǎ³¹sɿ³³ŋam³³tsəi³¹, la⁵⁵ŋjap⁵³tai³¹a?⁵³! 有什么想法，你就快讲啊！

你　怎么　想　的　　快点　说（祈）

ŋǎ³¹ŋjaŋ³³ma³¹sɛ?⁵³, ŋjaŋ⁵⁵tʃhaŋ³³ta³¹sai?⁵³ta³¹?

自己　　不　知道　他　怎么　会　知道

我自己都不知道，他怎么会知道？

⑦问原因：常用的疑问代词是 tʃha⁵⁵məu³¹la³¹ "为什么"。例如：

naŋ³¹tʃha³³məu³¹ma³¹lɔu³³ʃɿ³³? 你怎么还不去？

你　为什么　不　去　还

lu³¹ kju?³³ tʃha³³ məu³¹ la³³ xe⁵⁵ ŋjau⁵³ mɔu⁵⁵ wu⁵³?

六库　　　为什么　这么多　　　雨　下

六库为什么会有这么多雨呢？

ŋjaŋ⁵⁵ tai̠³¹ ŋjaŋ⁵⁵ ma³¹ lɔ³¹ kai³³, tʃha⁵⁵ məu³¹ la³¹ tuɔm³¹ lɔ³¹?

她　说　她　不　来　说　为什么　　又　来

她不是说不来，为什么又来？

⑧问距离：常用的疑问代词是 kha³³ xuɛ⁵³ "多远"。例如：

xɛ³³ tha?⁵³ ja³³ mju?⁵³ ma³¹ kha³³ xuɛ⁵³ pɔu³¹ ʃl³³? 从这里到城里还有多远？

这里从　城里　　　多远　　　有　还

na³³ jɛn³¹ ma³¹ ja³³ sɛŋ⁵⁵ tshən⁵³ ma³¹ tʃhɔ³³ kha³³ xuɛ⁵³ pɔu³¹?

你家（方）从　县城　（方）路　多少　　　有

从你家到县城有多少路程？

3. 祈使句

祈使句是表示禁止、请求、命令、要求、商量等语气的句子。根据语气的不同，祈使句又可分为禁止式、祈使式、请求式等 3 类祈使句。

（1）禁止式。在表示禁止做某事的句子中，句末通常使用语气助词 kɔ³³，kɔ³³ 与禁止义的否定副词 a³¹ 结合，指禁止做某事。例如：

a³¹ xu³¹ kɔ³³. 别吵。

别　吵（禁）

a³¹ maŋ³³ a³¹ kji̠³¹. 别慌。

别　忙　别　急

naŋ³¹a³¹ xua³³. 你不要说谎。

你　别　说谎

a³³ᐟ³¹ thjɔu³³ thjɔu³³! 不要吵！

别　　　吵

tsai̠³³a³¹ tai̠³¹ lɔ³³. 不要再说了。

再　别　说　了

sl⁵⁵ pei³³ a³¹ sɛ?⁵³ naŋ³¹. 别给别人知道。

别人　别知道　让

zl³³ ʃaŋ³³ a³³ xəu³³ a³³ thjɔu³³. 小孩别吵闹。

小孩　　别　吵　别　闹

naŋ³¹ zl³³ ʃaŋ³³ lji³¹ a³³ pat³¹. 你别打孩子。

你　孩子（宾）别　打

pɔm⁵³ ma³¹ ŋji⁵⁵ a³¹ ŋɛʔ³¹ kɔ³³. 不要放火烧山。

山　　　火　不要烧（禁）

zɿ³¹ ʃaŋ³³ saik⁵³ mu³¹ kuɔn³³ a³¹ thəuʔ³¹. 小孩不要乱砍树。

小孩　　树　乱　　　别砍

ŋɛ³³ ma³³ mɔu⁵⁵ wu³¹ ŋjəi³¹, naŋ⁵³ a³³ thuʔ⁵³ lɔu⁵⁵.

外面　　雨　下正在　　你　别　出去了

外面下着雨，你不要出去了。

zɿ³¹ ʃaŋ³³ tʃan³¹ a³¹ pat⁵³ kɔ³³kɔ³³、a³¹ tjɔʔ³¹kɔ³³kɔ³³.

孩子们　　　别打　（互）　别　吵架　（互）

孩子们不要相互吵架、打架。

mu³¹ kuɔn³³ a³³ tsɔ³³, mu³¹ kuɔn³³ tsɔ³³ lji³¹ wɔm³³tau³³ nau³¹.

乱别　吃　　乱　　　　吃（非）肚子　　疼

别乱吃，乱吃会肚子疼的。

有的句末加语气助词 lɔ³¹ 或 lɔ³³，也有禁止做某事的作用，语气没有 kɔ³³ 强烈。例如：

naŋ³¹ a³¹ lɔu³³ lɔ³¹! 你不要走了！

你　别　走了

kei³¹ ku³¹, a³¹ ta̤i⁵³ lɔ³³! 好了，不要说了！

好了　　别　说　了

lɔ⁵⁵ lji³¹ aʔ⁵³, a³¹ xu⁵³ lɔ³³! 老李呀，不要吵了嘛！

老李（祈）别　吵　喽

kɛ³³ ku³¹, a³¹ kat⁵³ lɔ³³! 够了，不要盛了！

够了　　别　盛　了

有的不使用句末语气词，通过句子重音也能表示一般语气的禁止。例如：

a³¹ ta̤i⁵³! 别说了！

别　说

khɔm³³ a³¹ ŋe³³! 不要关门哪！

门　　别　关

（2）祈使式。要求某人做某事或不做某事。语法手段是在句末加语气助词 aʔ⁵³、kɔ³³pa³³、pa³³、lɔ³³ 等。aʔ⁵³ 有命令、希望、恳请、商量等作用，使用频率最高，语气相对较强硬；kɔ³³pa³³、pa³³、lɔ³³ 有商量的作用，语气相对较缓和。

aʔ⁵³ 是使用范围最广的语气词之一，主要表示命令的语气，态度比较强硬。此外，还带有催促、请求、叮咛、客气、要求、希冀、求援等口吻，语气比较柔和而礼貌委婉。例如：

mu³³tsui³³ aʔ⁵³！干活儿！
干活 （祈）

la⁵⁵ŋjap⁵³ tsɔ³³ aʔ⁵³！快吃啊！
快点 吃 （祈）

la⁵⁵ŋjap³³ tai⁵³ aʔ⁵³！快点儿说吧！
快点 说 （祈）

la⁵⁵ŋjap⁵³ lɔu⁵⁵ aʔ⁵³！快去吧！
快 去 （祈）

tsɔ³³ ja³³ su³³ aʔ⁵³！慢慢走哇！
慢地 走 （祈）

la⁵⁵ŋjap⁵³ lɔu⁵⁵ aʔ⁵³！快走哇！
快点 走 （祈）

la⁵⁵ŋjap⁵³ lɔu³¹ aʔ⁵³！快一点来呀！
快点 来 （祈）

khuʔ⁵³ təu³³ tjam⁵³ aʔ⁵³！把碗摔掉！
碗 摔 掉 （祈）

la⁵⁵ŋjap³³ waŋ³¹lɔ³¹ aʔ⁵³！快进哪！
快 进来 （祈）

naŋ³¹ la⁵⁵ŋjap⁵⁵ lɔu⁵⁵ aʔ⁵³！你赶快走哇！
你 快点 走 （祈）

xɛ⁵⁵ a³¹jaŋ³³ jəu³¹ lɔu⁵⁵ aʔ⁵³！把这些东西拿走！
这 东西 拿 走 （祈）

a³³jaŋ³³ ta³¹tsəi³¹ kuɔt⁵³ aʔ⁵³！做点事情吧！
事情 一点 做 （祈）

ta³¹ŋɛ³³ jəu³¹ lɔu³³ aʔ⁵³/ka³³′³¹！全部都拿去吧！
全部 拿 去 （祈）

nəu³³ lji³¹ man³³ tsɔ³³ naŋ³³ aʔ⁵³．让牛吃吃草吧。
牛 （宾）草 吃 让 （祈）

lɔu³¹ aʔ⁵³！xɔ⁵⁵ma³¹a³¹ ljap⁵³ tʃɔ⁵³．过来！别站在那儿。
来 （祈）那儿 别 站 着

tshɔm³³tɔ³³la³¹ mǎ³¹tʃhəi³³tsɔ³³ aʔ⁵³！记着吃药哇！
记着 药 吃 （祈）

ŋjaŋ⁵⁵ lji³¹ ta³¹xja³³ sɔʔ⁵³ tjəi³³ aʔ⁵³！给他修一下吧！
他 （宾）一下 修 给 （祈）

naŋ³¹ tan³³tsɿ³³ pɔu³¹ lji³¹ lɔu³¹ aʔ⁵³！你有胆量就过来吧！
你 胆子 有 （非）来 （祈）

a³¹khjeŋ³³ pou³¹ lji³¹ lou³¹nɔ⁵⁵ aʔ⁵³！有空不妨来坐坐吧！

时间　　有（非）来　休息（祈）

ŋjaŋ⁵⁵naŋ³¹lji³¹la⁵⁵ŋjap⁵³lou³¹aʔ⁵³kai³³. 他叫你快点来。

他　你（宾）快点　　来（祈）叫

tsɿ³³sɿ³¹ aʔ⁵³ naŋ³¹ lji³¹ la³¹khui³³ ŋat³³ aʔ⁵³！小心狗咬你！

仔细　　（祈）你（宾）　狗　　咬（祈）

mou⁵⁵ tʃhuat⁵³ pa³³kai³³ku³¹, ɛiʔ⁵⁵ aʔ⁵³！天要黑了，回去吧！

天　　黑　　　　快了　　回去（祈）

ŋjaŋ⁵⁵naŋ³¹lji³¹phɛ⁵⁵na⁵³ŋjəi³³ jɔ³¹lou⁵⁵aʔ⁵³kai³³. 他叫你明天去呢。

他　你（宾）明天　　　去（祈）叫

naŋ³¹ khǎ³¹sɿ³³ ŋam³³ tsəi³¹ la⁵⁵, ŋjap⁵³tai͜³¹ aʔ⁵³！

你　怎么　　想　的　　快点　说（祈）

有什么想法，你就快讲啊！

pei³¹kjɛn³³ ma³¹ tʃuɛ³³ lji³¹, ŋ³¹ lji³¹ kji³³ nan³³ pat⁵⁵ aʔ⁵³！

北京　　（方）到（非）　我（宾）电话　打（祈）

到了北京，给我来电话！

naŋ³¹ a³¹nəu³³lji³¹ kui³³ ʃɛ⁵⁵ta³¹ tam⁵³ pou³¹tʃɛn³³ səu⁵⁵ tje³³aʔ⁵³.

你　小妹（宾）抽屉　一　下　替　请　修　给（祈）

请你替小妹妹修一下抽屉。

naŋ³¹ a³¹luɔm³³mu³³ jɛn³¹tsuŋ³³ ŋjəi³³ aʔ⁵³！ŋ³¹ ta³¹xja³³lji³³ ku³¹！

你　好好　　家　坐　在（祈）　我　一会　回来　了

你好好看家呀！我一会儿就回来！

khǎ⁵⁵ljan³¹ŋam³³lɔ³³lu³¹, tji⁵⁵ tham³³tham³¹wɔt³¹kɛ³³ /aʔ⁵³ /la³¹.

最近几天　冷　起来了　衣服　多多地　穿　　要（祈）

天气冷起来了，要多穿一件衣服。

（3）请求式。kɔ³³pa³³、pa³³、lɔ³³有商量、请求的作用，语气较缓和。例如：

lɔ⁵⁵lji³¹ aʔ⁵³, a³¹ xu⁵³ lɔ³³！老李呀，不要吵了嘛！

老李（祈）　别　吵　嘛

jaŋ³¹ thuʔ⁵³lou⁵⁵ su³³lou⁵⁵ jəu³³ kɔ³³pa³³. 我们出去走走吧。

我们　出去　　走去　看　　吧

jaŋ³³ mǎ³¹nap⁵³kai³³ma³¹lou³³ kɔ³³pa³³！咱们上街吧！

咱们　街　　　　去　　吧

xe³³ ma³³ xjam̱³¹ tʃuɛ⁵⁵ lji³¹ nɔ³³ᐟ³⁵ ku³¹ pa³³. 是不是就谈到这儿算了。

这儿　　商量　到（非)休息　了　吧

4. 感叹句

感叹句是表达快乐、惊讶、悲伤、愤怒、厌恶、恐惧等强烈感情的句子。感叹句多为非主谓句。

（1）表示惊讶、感叹、惋惜的语气助词有：a³³ja³³、xə³³、a³¹、a³⁵ka⁵³、xɛ³³等。例如：

xɔ³¹! xɛ⁵⁵ji³¹tɛ³³ŋ⁵⁵tɔ³¹! 嚯！好大的鱼！

嚯　这么　大　鱼

ji³³ᐟ³⁵, mɔu⁵⁵tuɔm⁵³wu³³ku³¹! 咦，又下雨了！

咦　雨　又　下　了

xɛ³³, xɛ³³tsəi⁵³ka³¹tʃha³³taŋ³¹! 嘿，这是什么话！

嘿　这　（话)什么　话

xə³³, xɛ⁵⁵zˠ³¹ʃaŋ³³sɔ³³sɔ³³pai³³! 哎，这小伙子真棒！

嚯　这小伙子　很得　力

a³³ja³³, naŋ³¹khǎ³¹ʃˠ³³xɛ⁵⁵ji³¹kji³³! 哎呀，你怎么这么瘦呀！

哎呀　你　怎么　这么　瘦

a³¹ja⁵³, khuʔ⁵³khǎ³¹sˠ³³kui³³ᐟ³⁵ku³¹? 哎呀，碗怎么破了？

哎呀　碗　怎么　破　了

a³¹, khə⁵⁵zan⁵³tsɔ³¹jɔ³¹sɔ³³sɔ³³kei³¹! 啊，今年的庄稼长得真好哇！

啊　今年　　庄稼　很　好

a³¹, xɛ⁵⁵tsəi⁵³ka³¹khǎ³¹sˠ³³ŋuat⁵³la³³? 啊，这是怎么回事啊？

啊　这　（话)怎么　是（疑）

a³⁵ka⁵³/ "a³¹ka³³", xɛ⁵⁵ji³¹tɛ³³ʃˠ³³kua³³! 喔哟，这么大的西瓜！

喔哟　　　　这么大　西瓜

a³¹ja⁵³, xɛ⁵⁵ji³¹nɔ³¹ja³³kju³³kjɔ³³ku³¹! 哎呀，这么早下雪了！

哎呀　这么　　早雪　下　了

a³¹ja⁵³, naŋ³¹ŋa³³khjei³¹ma³¹naŋ³³ku³¹. 哎呀，你踩我的脚了。

哎呀　你　我的脚　（方)踩　了

（2）表示否定、不满的语气助词有：ɛ⁵³、xəŋ⁵³、a³¹xəu³¹等。例如：

ɛ⁵³, xe³¹sˠ³³ma³¹ŋuat⁵³! 哎，不是这样的！

哎　这样　不　是

ɛ⁵³, xe³³khǎ³¹sɿ³³kuɔt⁵³? 哎，怎么能这样呢？

哎　这　怎么　　是

ɛ⁵³, naŋ³¹la⁵⁵ŋjap⁵³lɔu³¹aʔ⁵³! 诶，你快点来啊！

诶　你　快点　来（祈）

a³¹xɔu³¹, thuɛ³⁵a³¹thuʔ⁵³! 嘘，别做声！

嘘　　　声　别　出

xəŋ⁵³, naŋ³¹ŋjaŋ⁵⁵lji³¹tʃeŋ³³? 哼，你信他的？

哼　你　他（宾）相信

（3）表示幡然醒悟或恍然大悟的语气助词有：a ⁵³、xɛ⁵³、ɔ³¹、ŋjoʔ⁵³等。例如：

ɔ³¹, ŋ³¹sai⁵³ku³¹! 哦，我懂了！ a⁵³, naŋ³¹ŋuat⁵³ŋjaŋ⁵³! 啊，原来是你！

哦　我　懂　了　　　　　啊　你　是　看见

xɛ⁵³, naŋ³¹xɛ⁵⁵ji³¹kɔu³³? 咳，你怎么这么糊涂？

咳　你　这么　糊涂

ɔ³¹, xɛ³³tsəi³¹ka³¹ŋjaŋ⁵⁵kuɔt⁵³tsəi³¹ŋjaŋ³¹! 喔，原来是他做的，难怪了！

喔　这　（话）他　做的　　他

ŋjoʔ⁵³, xɛ⁵³tsəi³¹na³³sa³³ma³¹ŋuat³³la³³? 喏，这不就是你的雨伞？

喏　这　　你的伞　不　是（疑）

（4）表示应答的语气助词有：ŋ⁵³、ɛ⁵³、əʔ⁵³等。例如：

ɛ⁵³, kei³¹ta³³! 啊，好吧！　　　　ŋ⁵³/əʔ⁵³, ŋ³¹lɔu³¹ku³¹! 嗯，我就来！

啊　好　吧　　　　　　　嗯　　我来了

ŋ⁵³, ŋ³¹saiʔ⁵³ku³¹! 嗯，我知道了！

嗯　我　知道了

ŋ⁵³, ŋ³¹jɔu³³kuɔt⁵³ta³³! 嗯，我照办！

嗯　我　看　做　着

二、单句的结构类型

从结构类型看，茶山语单句可以分为主谓句和非主谓句。

1. 主谓句

主谓句是指能分析出主语和谓语两个直接成分的句子，是最常见的句型之一。根据谓语的性质可将主谓句分为动词谓语句、形容词谓语句、体词谓语句、主谓谓语句等。

（1）动词谓语句：由动词或动词性短语充当谓语。根据谓语的具体构成方式，又可以分为动词谓语句、述宾谓语句、述补谓语句、连谓谓语句、兼语谓语句等。例如：

naŋ³¹ xjeʔ³¹ phɛ³³ jəu³³ aʔ⁵³. 你往前头看。

你　前面　　看（祈）

ŋjaŋ⁵⁵ ŋa³¹ tji³³ la³³ laŋ³¹ tʃhuiʔ³³ ku³¹. 他把我的衣服撕烂了。

他　我的衣服　　拉　撕烂　了

khǎ⁵⁵ ŋjan⁵³ na³³ cɔ³¹ khɔ³³ ma³¹ jət⁵³ ta³¹. 今晚就睡在你屋里。

今晚　　你屋里　　　　睡

khǎ³¹ ʃʅ³³ aʔ³¹ khjen³³ ma³¹ jɔuʔ³³ wui³¹ lɔ³³. 现在这会儿也买不到了。

现在　时间　不　能　买　喽

u⁵⁵ lɔm⁵³ təuʔ³¹ la³³, xjeʔ³¹ phɛ⁵⁵ jəu³³ aʔ⁵³. 头抬起来，向前看。

头　　抬（非）　前面　　看（祈）

mu⁵⁵ aʔ³¹ thuŋ³³ ma³¹ wuʔ⁵⁵ tsuŋ³¹ ta³¹ kuʔ³¹ kuɔt⁵³. 在那个角落盖了一个猪圈。

那　角落　（方）猪圈　　一个　盖

ŋjaŋ⁵⁵ naŋ³¹ lji³¹ kat⁵³ lji³¹, naŋ³¹ ŋɛ³³/³¹ phɛ⁵⁵ phaŋ⁵⁵ aʔ⁵³.

他　你（宾）攥（非）你　屋外　　跑（祈）

他攥你，你就往屋外跑。

（2）形容词谓语句：由形容词或形容词短语充当谓语。例如：

ŋa³³ zʅ³¹ ŋji³³ ku³³ ku³¹. 他的女儿大了。

他的女儿　大　了

tshuŋ⁵⁵ lji³¹ ŋam³³, tsan³¹ lji³¹ kjuɛi³¹. 冬天冷，夏天热。

冬天（话）冷　夏天（话）热

tjəu³¹ mu³³ aʔ⁵³ jəu³³ ŋjau³³/³⁵ jeiʔ³³ ku³¹. 他那个人太聪明了。

人　那个　　　多　聪明　了

thji⁵⁵ pɔm⁵³ ŋjaŋ⁵⁵ ɛʔ⁵³ ŋjaŋ³¹ ku⁵⁵ ɛʔ⁵³ ku³³. 那座山又高又大。

那山　高　也　高　大　也　大

khɔu³³ tji³³ ka³¹ ŋei³¹, thɔʔ⁵³ tji³³ ka³¹ ku³³. 里面的衣服窄，外面的衣服宽。

里　衣（话）窄　外　衣（话）宽

（3）体词谓语句：由名词、代词或名词性短语充当谓语。例如：

ŋ³¹ ka³¹ ŋja³³ aʔ³¹ maŋ³³. 我是他的哥哥。

我（话）他的哥哥

na³³phjɔ³³khǎ⁵⁵ŋjəi⁵³tsəi³¹. 你的票是今天的。

你的票　今天　　的

xɛ⁵⁵kja³⁵sɿ³³ka³¹xɛ⁵⁵paŋ³¹tsəi³¹. 这东西是这些人的。

这　东西　（话）这些人　　的

ŋ³¹ja³³ŋjaŋ⁵⁵ta³¹kɛ³³jun³¹nan³³tjəu³¹. 我和他都是云南人。

我 和 他　都　　云南　人

（4）主谓谓语句：由主谓短语充当谓语。例如：

a³¹sək⁵³ŋjaŋ⁵⁵ta³¹mɔ³³ku³³. 他年龄大一些。

年龄 他　一些 大

xɛ⁵⁵mu³³ŋǎ³¹ŋjaŋ³³tsui³³ta³¹. 这些活我自己干。

这些事 我自己　做 要

xɛ⁵⁵mɔu³¹sɔu³³tʃhap⁵³ŋ³¹ma³¹ʂɛʔ⁵³. 这个字我不认识。

这　书　　　字 我 不　认识

ŋja³³mɔu³¹sɔu³³ta³¹khjam³³tə³¹lai³³ʃɿ³³. 他作业只做了一半。

他　作业　　一 半 只 写 还

ŋjaŋ⁵⁵tʃha³³mɔu³¹sɔu³³ma³¹mɛʔ⁵³ŋjap³³. 他什么书也不愿读。

他　什么 书　　不 喜欢　读

ŋa⁵⁵tai³¹ta³³taŋ³³ŋ³¹　ka³¹ta³³tsəi³¹ma³¹tʃen³³. 他讲的话我有些怀疑。

他的说 的 话 我（话）一点　 不　相信

xɛ³³zɿ³¹jam³¹phɔ⁵³a³¹jaŋ³³tsui³³lji³¹sɔ³³sɔ³³wən⁵⁵taŋ³¹.

这　年轻人　　事　做（话）很　　稳当

这个年轻人办事很认真。

2. 非主谓句

非主谓句不能分析出主语和谓语两个直接成分。有的只有主语，有的只有谓词。例如：

（1）名词性非主谓句。例如：

xaŋ⁵³ka³³? 谁呀？　　tʃha⁵⁵nɔm⁵³? 什么？

谁　呀　　　　　什么

a³¹ja³³, ŋa⁵⁵mɔu³¹sɔu³³! 哎呀，我的书！

哎呀　我的书

（2）动词性非主谓句。例如：

lɔ³¹ku³¹! 来了！　mu³³tsui³³aʔ⁵³! 干活儿！　mɔu⁵⁵wu⁵³ku³¹! 下雨了！

来 了　　　　事　做（祈）　　　雨 下 了

kju³¹ kjɔ³³ pa³³ kɛ³¹ ku³¹！下雪了！

雪　下　要　　了

thaŋ⁵⁵ tuɔm⁵³ kjɔ³³ ku³¹ pa³¹？又迟到了吧？

后　　又　　迟到　了吧

（3）形容词性非主谓句。例如：

tʃən⁵⁵ la³³？真的？　　tjɔ³³ ku³¹！坏啦！　　ŋjap³³ ŋjap³³ məu³¹ aʔ⁵³！快点啊！

真（疑）　　　　　坏　了　　　　快快点　　（祈）

第四节　复句

复句是由两个或两个以上的单句形式组成的句子。组成复句的单句形式叫分句。茶山语复句中的各分句在语音形式上有短暂的停顿，意义上关系密切，结构上相对独立。茶山语复句关联词语不太丰富，各分句间有的由关联词语或具有连接作用的副词等连接，有的靠语序关系表达复句意义。根据各分句间的地位关系，复句可分为联合复句和偏正复句两大类，每一类下面又分若干小类。

一、联合复句

联合复句由两个或两个以上的分句平等组合而成。分句间的关系不分主次。根据分句间的语义关系，又分为并列、选择、解说、连贯、递进等五种类型。

1. 并列复句

分句分别叙述、描写一件事情或一种情况，或是说明同一事物的几个方面，前后分句没有主次之分。并列复句主要包括两个关系次类。

（1）并列平举。指分句所列的相关的几件事情或一个事物的几个方面同时存在。

①表并列的关联词语用 mǎ³¹ nɔ³³……mǎ³¹ nɔ³³ "一边（一面）……一边（一面）……"连接两个及以上的动词性短语或分句，表示多个动作行为同时进行。例如：

ŋjaŋ⁵⁵ mǎ³¹ nɔ³³ tai³¹，mǎ³¹ nɔ³³ ji³¹. 他一边说，一边笑。

他　一边　说　一边　笑

ŋjaŋ⁵⁵ mǎ³¹ nɔ³³ su³³, mǎ³¹ nɔ³³ khuɔŋ³³. 他一边走一边唱。

他　　一边　走　一边　　唱

xɛ⁵⁵ lɔ³³ ʃɛn³³ ʃəŋ³³ ta⁵⁵ ʃeŋ³¹ mǎ³¹ nɔ³³ jəu³¹ mǎ³¹ nɔ³³ tʃəi³¹ ʃəuʔ⁵³ ŋjəi³¹.

这　老先生　　　电视　一边　看　一边　　喝水　　在

这位老先生一边看电视，一边喝水。

ŋ⁵⁵ mɔ³¹ mǎ³¹ nɔ³³ lɔu⁵⁵ mǎ³¹ nɔ³³ tai̱³¹, tai³³ ŋjəi³¹ tai³³ ŋjəi³¹ lji³¹ tʃuɛ⁵⁵ ku³³.

我们　　一边　走　一边　说　说着　　说着　（非）到　了

我们边走边说，说着说着就到了。

ta³¹ ŋɛ³³ mɔ³¹ ja³³ mǎ³¹ nɔ³³ tʃəi³¹ tsə̱uʔ³¹ tsɔ³¹ tʃɔu⁵³, mǎ³¹ nɔ³³ kja³³ sɿ³³ pɔu³¹ kui³¹

大伙　　　　一边　烧水　　做饭　一边　　　帮　捡

suɔn³¹ tjəi³³.

整理　给

大伙一边为他烧水做饭，一边帮他收拾行李。

②ɛʔ⁵³ "也、又、还、而且" 在句中连接两个并列成分，强调同时存在的行为动作或状态。这类并列成分多为形容词。例如：

thji⁵⁵ pɔm⁵³ ŋjaŋ⁵⁵ ɛʔ⁵³ ŋjaŋ³¹ ku⁵⁵ ɛʔ⁵³ ku³³. 那座山又高又大。

那　山　　高　也　高　大　也　大

ŋjaŋ⁵⁵ a³¹ jaŋ³³ kuɔt⁵³ lji³¹ kei³¹ ɛʔ⁵³ kei³¹ ŋjap⁵⁵ ɛʔ⁵³ ŋjap⁵⁵.

她　事情　做　　好　也　好　快　也　快

她做事情又快又好。

ŋjaŋ⁵⁵ ɛʔ⁵³ khuɔn³³, naŋ⁵⁵ ɛʔ⁵³ khuɔn³³, ŋ³¹ ɛʔ⁵³ khuɔn³³, ta³¹ ŋɛ³³ mɔ³¹ ja³³ khuɔn.

他　也　唱　你　也　唱　我　也　唱　大家都　　　唱

他也唱，你也唱，我也唱，大家都唱。

这类句式中，ɛʔ⁵³ 可以省略，意义不变。例如：

xɛ⁵⁵ pɔm⁵³ ŋjaŋ³¹ tsuŋ³³ （= xɛ⁵⁵ pɔm⁵³ ŋjaŋ⁵⁵ ɛʔ⁵³ ŋjaŋ³¹ tsuŋ⁵⁵ ɛʔ⁵³ tsuŋ³³）

这　山　高　陡　　这　山　高　也　高　陡　也　陡

这座山高而且陡。

③kjen³³……ma³¹ ŋuat⁵³…… "不只" 连接两个并列句式，表示前后分句动作同时存在。例如：

jaŋ³³ kjen³³ ɔuʔ³³ ma³¹ ŋuat⁵³, ta³¹ ŋɛ³³ mɔ³¹ ja³³ ɔuʔ³¹.

我们　只　需要　不是　　大家都　　需要

不只我们需要，大家都需要。

ŋjaŋ⁵⁵lji³¹lɔu³¹naṉ³¹kjen³³ma³¹ŋuat⁵³，ŋjaŋ⁵⁵lji³¹mu³³ɛʔ⁵³tsui³³naŋ³¹.

他（宾）来　他　只　不是　　　他（宾）活也　做　让

不只叫他来，还得叫他干活。

（2）并列对举。前后两个分句的意义相对或相反。关联词语连接一个肯定式和一个否定式，有前肯定后否定和前否定后肯定两类。

①前一分句是肯定式，后一分句是否定式。

ŋjəi³¹……ma³¹ŋjəi³¹ "有……没有"。例如：

xɛ³³ma³³ka³¹wuʔ⁵⁵ɔu³³tə³¹ŋjəi³¹，ʃɔ³³tʃhəi³³ma³¹ŋjəi³¹.

这里　（话）野猪　　在　麂子　　不　在

这里有野猪，没有麂子。

ŋ³³　ka³¹ʃɔ̌³³jəi⁵³thjɛʔ⁵⁵kɔʔ⁵³ta³¹tsɔm³³jɔu³³，mɔ³³tsa⁵³ma³¹jɔ³³.

我（话）皮鞋　　　　　一　双　有　袜子　没有

我有一双皮鞋，但是没有袜子。

ŋuat³¹……ma³¹ŋuat⁵³ "是……不是……"，其中前一分句的ŋuat³¹可以省略。例如：

ŋjaŋ⁵⁵ka³¹tshun³³tsaŋ³¹，khuɛ⁵⁵tʃi³³ma³¹ŋuat⁵³. 他是村长，不是会计。

他　（话）村长　　会计　不　是

xɛ⁵⁵tsəi³¹ka³¹tsham³¹ŋjəi³³nɔu³¹mǎ³¹tʃhəi³³，wɔm³³ʃap³¹mǎ³¹tʃhəi³³ma³¹ŋuat⁵³.

这个　（话）感冒　药　　肚子　拉　药　不　是

这是治感冒的药，不是治拉肚子的药。

kei³¹……ma³³kei³¹ "好……不好"。例如：

jəu³³lji³¹kei³¹，ma³¹jəu³³lji³¹ɛʔ⁵³kei³¹. 看可以，不看也可以。

看（话）可以　不　看（话）也可以

tsuŋ³¹tɔu⁵⁵kei³¹，ljap⁵⁵tʃɔu⁵⁵ma³³kei³¹. 坐着好，站着不好。

坐　着　好　站　着　不　好

②前一分句是否定式，后一分句是肯定式。例如：

tʃhɔ³³su³³lji³¹ma³¹ŋjap³¹，wui⁵⁵lji³¹ŋjap³¹. 走不快，跑快。

路　走（话）不快　跑（话）快

ŋɔu³¹lji³¹ma³¹jəu³³kei³¹，ji³¹lji³¹jəu³³kei³¹. 哭不好看，笑好看。

哭（话）不看　好　笑（话）看　好

（3）有些并列关系的复句不加任何关联词语，靠语义关系显示其并列关系。例如：

nəu³³jɔ³¹jɔu³³pu³¹，ŋjaŋ⁵⁵jɔ³¹jɔu³³laŋ³³. 牛能犁田，马能拉车。

牛　地　能　犁　马　地　能　拉

ŋ³¹ka³¹jun³³nan³³tjəu³¹，ŋjaŋ⁵⁵ka³¹kui⁵⁵tsəu³³（ma³¹）tjəu³¹.

我（话）云南　人　　　他（话）贵州　　　　　　人

我是云南人，他是贵州人。

na³³thaŋ³³xjɔʔ³¹ʃam³³ljua³¹ɛʔ⁵³ljua³¹，xjen³¹ɛʔ⁵³xjen³¹；

你的　柴刀　　　　　　宽　也　宽　长　也　长

ŋa³³thaŋ³³xjɔʔ³¹ʃam³³ka³¹ljuŋ⁵⁵ɛʔ⁵³ljuŋ³³，ŋjei³¹ɛʔ⁵³ŋjei³¹.

我的　柴刀　　　　（话）短　也　短　小　也　小

你的柴刀又宽又长，我的柴刀又短又小。

ŋjei³³na³¹ka³¹mɔu³³tsau³³，khǎ⁵⁵ŋjəi⁵³ka³¹mɔu³¹phɔu³³ku³¹.

昨天　（话）阴天　　　今天　（话）　晴天

昨天是阴天，今天是晴天。

jɛn³³nam⁵³ma³¹tʃəi³¹ta³³laŋ⁵³pɔu³¹，jɛn³³nuŋ⁵³phɛ³³pɔm⁵³ta³¹lɔm³³pɔu³¹.

房　前（方）河一　条　有　房　后　　　山　一　座　有

房子前面有一条河，房子后面有座山。

ŋ³³ka³³saik⁵³sʐ³³lja³³，ŋjaŋ³⁵ka³¹thjɛʔ³³sʐ³³lja³³，naŋ³³ka³³mu³³tsui³³səu³³.

我（话）木匠　　　他　（话）铁匠　　　你　（话）庄稼人

我是木匠，他是铁匠，你是庄稼人。

jɔ³¹ma³¹nəu³¹ŋ³³təu³¹khjuk³³təu³¹，pɔm⁵³ma³¹ʃɔ⁵³pɛ³¹ŋjɛt⁵³xjɛt⁵³təu³¹ŋjəi³¹.

地里　牛五　头　六　头　山上　羊　七　八　只　在

地里有五六头牛，山上有七八只羊。

naŋ³¹xje³¹phɛ³³khuɔm³³pai³³puat³³aʔ⁵³，ŋ³¹nuŋ³¹phɛ³³khuɔm³³pai³³puat³³pa³³.

你　前边　窗户　　擦（祈）我　后边　窗户　　擦　吧

你擦前边的窗户，我擦后边的窗户。

ŋjaŋ⁵⁵uʔ⁵⁵lɔm⁵³ma³¹sɔ⁵³kuŋ³¹khəu³¹，khjei³³ma³¹ka³¹ŋjau³³tshuan³¹

他　头　　草帽　　戴　脚下　（话）草

thjɛʔ⁵⁵kɔ⁵³kɔuʔ⁵³. 他头上戴着草帽，脚下穿着草鞋。

鞋子　穿

saik⁵³tsɛŋ³¹ma³¹ŋɔʔ⁵³xjɛt⁵³təu³¹kɔuɔ³³təu³¹ŋjəi³¹，tʃəi³¹laŋ³³ma³¹kɔʔ³¹nɔʔ⁵³

树上　　　鸟　八　只　九　只　在　河里　　　鸭子

ŋjəi³¹ŋ³³təu³¹ŋjəi³¹. 树上有八九只鸟，河里有四五只鸭子。

四　五　只　有

2. 选择复句

各分句分别叙述不同的情况，从中选取一种。选择复句分句间存在以下三种选择关系：

（1）任选。从几种情况中任选其一，即"或此或彼"。有以下几类句型表示任选关系的复句。茶山语选择疑问句是比较特殊的一类表列关系结构，其语法形式为……la^{33}……la^{33}"还是、是……还是"，提问时列举几个选项，要求选择其中一个作为答语。例如：

lɔu^{55}la^{33}ma^{31}lɔu^{33}la^{33}？去呢不去呢？

去（疑）不 去（疑）

naŋ^{31}taŋ^{31}la^{33}，wɔn^{31}la^{33}？你提呢，还是背呢？

你 提（疑）背（疑）

kjɔʔ^{31} la^{33}，pɛ^{33}tʃap^{33} la^{33}？是鸡呢，还是鸭子？

鸡（疑） 鸭子 （疑）

naŋ^{31}tsɔ^{55}la^{33}ma^{31}tsɔ^{33}la^{33}？你吃不吃呢？

你 吃（疑）不吃（疑）

ŋjaŋ^{55}lɔu^{31}la^{33}ma^{31}lɔu^{31}la^{33}？他来呢不来？

他 来（疑）不 来（疑）

ŋ^{31}lɔu^{33}ta^{31} la^{33}naŋ^{31}lɔu^{33}ta^{31}la^{33}？我去还是你去呀？

我 去 要（疑）你 去 要（疑）

ŋjau$^{33/35}$ tsəi^{31} la^{33}，nain^{35}tsəi^{31} la^{33}？是多呢，还是少呢？

多 （疑）少 （疑）

naŋ^{31} ʃɔ^{33}pɛ^{31} jəu^{33} lɔu^{33} la^{33}ləu^{31}lɔu^{33} la^{33}？你是放羊去呢还是玩去呢？

你 羊 看 去（疑）玩 去（疑）

naŋ^{31}jɔ^{31}kjɛ̱ʔ^{53}lɔu^{55}la^{33}，tʃɛn^{31}taŋ^{31}lɔu^{55}la^{33}？你去耕田，还是去挑粪？

你 田 耕 去（疑）粪 挑 去（疑）

mɔ^{55}tsa^{33}ʃɿ^{33} tsuŋ^{55} ta^{31}la^{33} lu^{33}ʃɿ^{55}wɔt^{53}ta^{31}la^{33}？

袜子 先 套 呢（疑）裤子先 穿 呢（疑）

先穿袜子呢还是先穿裤子？

naŋ^{31}kɔ^{55}ŋjau^{31}tʃan^{33}kat^{53}la^{33}，xua^{55}fei^{31}kat^{53}la^{31}？

你 牲口 肥 施（疑）化肥 施（疑）

你施农家肥呢，还是施化肥呢？

naŋ^{31}kuk^{33}tsɔ^{31} tsɔ^{35} ta^{53}la^{33}ɔ^{55}ljɔʔ^{53} tsɔ^{55}ta^{53}la^{33}？你吃米饭还是吃粑粑？

你 米饭 吃 （疑）粑粑 吃（疑）

naŋ^{31}la^{31}phɔ^{53}mɛ^{31}tsɔ^{33} la^{33} tsɔ^{31}tuŋ^{33}mɛ^{31}tsɔ^{33}la^{33}？

你 稀饭 喜欢 吃（疑）干饭 喜欢 吃（疑）

你喜欢吃干饭还是稀饭？

nap³¹ suɔn³³ lɔu³³ ta³¹ la³³，ŋjɛn⁵⁵ thaŋ³¹ phɛ³³ lɔu³³ ta³¹ la³³?

早上　　去要（疑）下午　　　　去要（疑）

早上去，还是下午去？

khǎ⁵⁵ ŋjəi⁵³ la³¹ pan³¹ sɔm³³ ŋjəi³³ la³³ la³¹ pan³¹ ŋ⁵⁵ ŋjəi³³ la³³?

今天　　　星期三　　（疑）星期五　　　（疑）

今天是星期三呢还是星期五？

（2）限选。分句提供的两种情况只能选择其一，即"非此即彼"。常用的关联词语是：ŋuat⁵³ lji³¹……ŋuat⁵³ lji³¹ "或者……或者"、ŋuat⁵³ ja³³……ŋuat⁵³ ja³³ "或者……或者，要么……要么"、ma³¹ ŋuɔt³¹ ja³³ ka³³ "不是……就是"。一般出现在各分句中。例如：

ŋuat⁵³ lji³¹ naŋ³¹ lɔu³³，ŋuat⁵³ lji³¹ ŋjaŋ⁵⁵ lɔu³³. 或者你去，或者他去。

或者　　你 去 或者　　他 去

jaŋ³³ ŋuat⁵³ ja³³ jɛn³³ ma³¹ ɛi?³¹，ŋuat⁵³ ja³³ xe³³ ma³¹ kuɔt⁵³.

我们 要么 家（方）回家 要么　 这里　 做

我们要么回家，要么在这里干。

ŋuat⁵³ lji³¹ jaŋ³³ jaŋ³³ lɔʔ³¹ tui³¹，ŋuat⁵³ lji³¹ kɔ³³ jəu³¹ pɔu³¹ kuɔt³¹ naŋ³¹.

或者　　自己　手 动 或者　 别人 帮 做 叫

或者自己动手，或者请别人代替。

ŋuat⁵³ ja³³ kjɔʔ³¹ ʃɔ³³ tsɔ³³，ŋuat⁵³ ja³³ ŋ⁵⁵ tʃ³¹ ʃɔ³¹ tsɔ²²，nǎ³¹ ŋjaŋ³³ khjɛn³³ a?⁵³.

要么　 鸡肉 吃 要么 鱼肉 吃 你自己 挑（祈）

要么吃鸡，要么吃鱼，你自己挑。

ŋuat⁵³ ja³³ naŋ³¹ lɔu³³，ŋuat⁵³ ja³³ ŋjaŋ⁵⁵ lɔu³³，khǎ³¹ sɿ³³ ljɛt³¹ ta³¹ jəu³³ ka³¹

要么　 你 去 要么　 他 去 必须　　 一个（话）

lɔu³³ tʃha³³. 要么你去，要么他去，反正得有一个人去。

去 反正

在表示选择式的复句中，ŋuat⁵³ lji³¹……ŋuat⁵³ lji³¹ "或者……或者"、ŋuat⁵³ ja³³……ŋuat⁵³ ja³³ "或者……或者，要么……要么"，可以互换，意义不变。例如：

ŋuat⁵³ lji³¹ / ja³³ mje⁵⁵ thaʔ⁵³ tsuŋ³¹，ŋuat⁵³ lji³¹ saŋ³³ phɔ³³ tsuŋ³¹.

要么　　　火车 坐 要么　　飞机 坐

要么坐火车，要么坐飞机。

ma³¹ ŋuɔt³¹……ja³³ ka³³ "不是……就是"连接一个否定式和一个肯定式。其中后一分句一般不用判断词，表示限选关系的复句。例如：

ŋ³¹lɔu⁵⁵ma³¹ŋʊɔt³¹, ja³³ka³³ŋjaŋ⁵⁵lɔu³¹. 不是我去，就是他来。

我　去　不　是　　　　　他　来

（3）已选。前后分句列出两项选择，可以先取后舍，也可以先舍后取。常用的关联词语有：……pə³³kji³¹…… "与其……不如……"。例如：

xe³¹sɿ³³tjɔ³¹kɔ³³ŋjəi³¹, pə³³kji³¹ka³¹nɔ³¹ja³³kaŋ³¹kɔ³³.

这样　吵　着　　不如　（话）早点　离婚

与其这样吵着，不如早点离婚。

关联词语ljɛt⁵³在复句中，与否定句式形成选择关系，义为"宁可不……也要；宁可……也不"。例如：

tsɔ³¹ma³¹tsɔ³³ljɛt⁵³, tʃuŋ³¹ka³¹lɔu³³tɔ³³khau³³. 宁可不吃饭，也要去上学。

饭　不　吃（连）　学（话）去　上　要

jaŋ³³tʃhɔ³³ta³¹tsəi³¹tʃain³³su³³ljɛt⁵³, ma³¹tʃha³³tsɔ³¹tsɛŋ⁵³ma³¹naŋ⁵⁵ma³¹kei³¹.

我们　路　一　步　多　走（连）　不　该　　庄稼　（方）踩　不　好

我们宁可多走一步路，也不能踏地里的庄稼。

3. 解说复句

解说复句有总说句与分说句，二者之间是解说关系，而分说句与分说句之间是并列关系。解说复句一般不使用关联词语。有前总后分和前分后总两种语法形式。

（1）前总后分式。例如：

ŋ³¹lji³¹ŋ³³ku³¹tjəi⁵⁵aʔ⁵³, ku³³tsəi³¹ɔu³³, ŋəi³¹tsəi³¹ma³¹ɔu³³.

我（宾）五个　给（祈）大的　　要　小的　不要

给我五个，要大的，不要小的。

khǎ⁵⁵ŋjəi⁵³ŋɔ³³mɔ³³saik⁵³lɔu³³tsuŋ³³, a³¹nəu³³pu³¹ta³³tsɛŋ³¹tsuŋ³³,

今天　　我们　树去　栽　弟弟　核桃一　棵　栽

ŋ³³　ka³³xju⁵⁵aiʔ⁵⁵tsɛŋ³¹tsuŋ³¹.

我（话）松树　两　棵　栽

我们今天去栽树，弟弟栽了一棵核桃树，我栽了两棵松树。

ŋja⁵⁵zɔ³³　aiʔ⁵⁵jəu³¹, ku⁵⁵a³³jəu³¹tʃiɛ³¹zɔ³³kuɔt⁵³, ŋəi³¹a³³jəu³¹tʃuŋ³¹tɔ³³ŋjəi³¹.

他的孩子两　个　大的　兵　当　　　小的　　读书　在

他的两个孩子，大的当兵，小的在家读书。

tʃuŋ³¹tsɔ³³xe⁵⁵a³¹pan³³, ta³¹jam³³ka³¹jəu³³kjei⁵³zɔ³³, ta³¹jam³³ka³¹ŋji³³ɛ³³zɔ³³,

学生　这班　　一半　是男孩　　一半　是　女孩

ŋjɔ³³thjaŋ³¹ka³¹ŋa³³mɔ³¹wu³³khɔu³³ma³³，nɛŋ⁵⁵thjaŋ⁵⁵ka³¹kɔ³³wu⁵³khɔu³¹
大半　　（话）他们　　村　　　　小半　　（话）外村
ma³³tsəi³³.
的

　　这班学生，一半是男孩，一半是女孩，大半是他们村的，小半是外村的。

　　（2）前分后总式。例如：

tsɔ³¹ɛʔ⁵³ma³¹tsɔ³³，jəi³³ɛʔ⁵³ma³¹ʃuɛʔ²¹，ŋjaŋ⁵⁵lɔu⁵⁵ku³¹.
饭　也　不　吃　酒　也　不　喝　他　走　了

　　饭不吃，酒不喝，他就走了。

naŋ³¹tsɔ³¹ma³¹tsɔ³³，la³¹phɔʔ⁵³ma³¹tsɔ³³，tʃha⁵⁵tsɔ³³ta³¹？
你　饭　不　吃　粥　　不　吃　什么　吃

　　你不吃饭，不喝粥，要吃什么？

ŋjaŋ⁵⁵uʔ⁵⁵lɔm⁵³ma³³sɔʔ⁵³kuŋ³¹khɔuʔ³¹，khjei³³ma³³ka³³ŋjau³³tshuan³¹thjɛʔ⁵⁵kɔ⁵³
他　头　草帽　　戴　　脚下　（话）草　　　鞋子
kɔuʔ⁵³，lɔ³³ma³¹ʃam³³ta³¹ku³¹tʃhŋ³³la³³pɔm⁵³ma³³than³³xjɔ³¹lɔu⁵⁵ku³¹.
穿　　手里　刀　一把　拿　着　山上　柴　找　去　了

　　他头上戴着草帽，脚下穿着草鞋，手里拿着一把柴刀上山去了。

　　4. 连贯复句

　　分句按照顺序说明连续动作或相关情况。时间上先后相继，动作上前后相承。

　　（1）靠语序表达连贯关系。表示动作、事件在时间或逻辑上存在先后关系。例如：

ŋ³³xɛ³³ma³¹ŋjəi³¹，naŋ³¹xɔ³³ma³¹ŋjəi³¹，
我　这　　在　　你　那　　在

a³¹lɔm³³mu³³jəu³³ŋjəi³¹a³¹，a³³phaŋ³³lɔ³³naŋ³¹lɔ³³.
好好　　看　在　　别　跑　去　让　了

　　我在这，你在那，好好看着，别让他跑了。

khǎ⁵⁵ŋjəi⁵³ŋɔ³³mɔ³³saik⁵³lɔ³³thəu³¹，ŋja³³mɔ³³jəu³¹lɔ³³khuɔm³¹，
今天　　我们　树　去　砍　　他们　地　去　挖

na³³mɔ³³man³³lɔ³³jət³¹，phɛ³³na³¹ŋjəi³³jɔ³¹ja³¹mɔ³³ʃ³³lɔ³³pai³¹.
你们　草　去　割　明天　　　　咱们　肉　去　打

　　今天我们去砍树，他们去挖地，你们去割草，明天咱们去打猎。

jəu³¹thji⁵⁵a³¹khjaŋ³³a³¹sai?⁵³zan³¹jɔ³³la³¹mjei³³xjau³³, thaŋ³³lji³³zan³¹jɔ³³jaŋ⁵³

地　　那块　新　　年　地玉米　种　　后面　年　地　红

tɔ³³xjau³³.

薯　　种

那块地第一年种玉米，第二年种红薯。

（2）使用关联词语表达连贯关系。常用的关联词语有……ʃɿ³³……thaŋ³¹
phɛ³³……"……先……后……"、ja³³ta³¹ji³³"一……就……"、kǎ³³ja³³"才"、
lji³¹等。

……ʃɿ³³……thaŋ³¹phɛ³³……"……先……后……"：强调动作的先后关
系。例如：

naŋ³³ʃɿ³³su³³a?⁵³, ŋ³¹thaŋ³¹phɛ³³su³³pa³³. 你先走，我后面走。

你　先走（祈）我　后面　　走

naŋ³¹ʃɿ³³lɔu⁵⁵a?⁵³, ŋ³¹ta³¹xja³³lji³¹lɔu⁵⁵ta³¹. 你先去，我等一下再去。

你　先去（祈）我　一　下（连）去　将

ja³³ta³¹ji³³"一……就……"、kǎ³³ja³³"才"：表示两个动作前后相承，且
间隔时间较短。例如：

kjɔ?³³tuɔn³³kǎ³³ja³³ŋjaŋ⁵⁵tɔ?⁵³ku³³. 鸡一叫他就起来了。

鸡　叫　才　他　起　了

ŋjɔ?³³ja³³ta³¹ŋjaŋ³¹, jaŋ⁵⁵lɔu⁵⁵ku³¹. 天一亮，我们就去。

眼　一　看见　我去了

ŋ³¹tsɔ³¹tjɛ³³tsɔ⁵⁵ja³³ta³¹ji³³, ŋjaŋ⁵⁵ka³¹lɔu³¹ku³¹. 我刚吃完饭，他就来了。

我饭完吃　一　他（话）来了

lji³¹有非结束式谓语标记的功能，表示句中连续动作间的顺承关系。例如：

ŋjaŋ⁵⁵ma³¹tʃiŋ³³lji³¹suɔn⁵⁵lɔ³¹. 他不相信就算了。

他　不信（非）算　了

jɔ³¹ma³¹xju?⁵³phəu³¹lji³¹ma³¹ta³³phəu³¹. 犁田不学不会。

田　不学　犁（非）不会犁

5. 递进复句

后一分句表达的意思（如程度、数量、范围等方面）比前一分句更进一
层。有的使用关联词语，有的靠语序表达复句意义。

（1）使用关联词语的：……，……ɛ?⁵³……"不仅……还、不但……而且
都（还）"在句中能表示递进关系的复句意义。例如：

ŋjaŋ⁵⁵tsui³³tsəi³¹kei³¹ɛʔ⁵³kei³¹，ŋjap⁵⁵ɛʔ⁵³ŋjap⁵³．
他　做　得　好　也　好　　快　也　快

他不但做得快，而且做得好。

tji⁵⁵tjəu³¹jəu³³la³¹xɛ³³ŋjeŋ³³tai³¹，ŋɔ³¹tʃhaŋ³³ŋjeŋ³³ɛʔ⁵³tai⁵³！
那　人　个　　汉语　说　茶山语　　也　说

那个人不但会说汉语，还会说茶山语！

ŋjaŋ⁵⁵sๅ⁵⁵pei³³lji³³ka³¹ma³³mɛiʔ⁵³paŋ³³tsai³¹la³³，sๅ⁵⁵pei³³lji³¹taŋ³¹kaŋ³³saŋ³¹．
他　别人（宾）（话）不　愿意　帮　不但　别人（宾）话　坏　说

他不但不肯帮助别人，还说别人的坏话。

（2）靠语序表示递进复句关系的。例如：

ŋ³¹ŋjaŋ⁵⁵khǎ³³xu³³ŋuɔt⁵³tsəi⁵³sɛʔ⁵³，ŋja⁵⁵ŋjaŋ³¹jɔu⁵⁵lui³¹．
我　他　姓什么　是　的　知道　他的名字　能　叫

我不但知道他姓什么，还叫得出他的名字。

（3）表示递进关系的紧缩复句。例如：

mɔu⁵⁵tsai⁵³wu³³tsai³¹ku³³．雨越下越大了。
雨　越　下　越　大

ŋjaŋ⁵⁵tsai⁵³wui³³tsai⁵³ŋjap³³．他越跑越快。
他　越　跑　越　快

ŋjaŋ⁵⁵tsa̱i⁵³ŋam³³tsai⁵³ji³¹mɑi³¹．他越想越好笑。
他　越　想　越　笑想

tan⁵⁵ma³¹ljəi³³zɔ³³tsai³³pai³¹tsai³³kei³¹．田里的秧苗越长越好。
田里　秧苗　越　长　越　好

ŋ³¹mɔ³¹nɔu³³ŋam³³mɔ³¹nɔu³³nai⁵³jɔu³³mɑi³¹．我越想越气。
我　越　想　越　生气　想

二、偏正复句

偏正复句由偏句和正句构成。正句是全句的语义重心，偏句说明、限制正句。偏句与正句间的关系主要有"顺接"和"转接"两大类。

1．顺接

正句与偏句间的语义关系又分为因果、目的、条件、假设等四类。

（1）因果关系。偏句说明原因，正句说明结果。一般不用关联词语，靠语序表明偏句与正句的因果关系。例如：

tʃhɔ³³tsəʔ³¹la³³, mɔ³³tu³³ma³¹jɔu³³lɔ³³. 因为路很窄，所以车过不去。

路　窄（非）车　　不　能　去

xe³³ma³³sɔ³³cɔ³³kjuɛi³¹, ʃɔ³³a³¹tʃaŋ³³ma³¹jɔu³³təu³³.

这里　　很　热　肉　长期　不　起　放

这里天太热，肉不能长期放。

ŋjaŋ⁵⁵tʃuŋ⁵³tɔ³³sɔ³³cɔ³³pai³³la³³, san³³pai³³ɔŋ³¹la³³tʃuŋ³³kei³³ma³¹

他　上学　　厉害（非）考试　　赢得　学校　好（方）

xjɔu³¹tɔ³¹lɔu³³ku³³. 因为他学习好，所以考上了好的学校。

能去　去　了

（2）目的关系。偏句提出一种动作行为，正句说明其目的。目的主要有两类：一类是要达到的目的，即正面目的；一类是要避免的目的，即反面目的。多数不用关联词语连接，靠分句间的语义关系判定。

①正面目的。前一分句说明要达到的目的，后一分句说明为了达到目的所采取的行动和措施。例如：

xjeʔ³¹phe³³ŋjaŋ³³zɔ³³tʃan³¹kaŋ³¹ma³¹ja³³, sɿ³³pei³³lji³¹tʃɛn³³ŋjəi³³/³⁵ʃɔʔ⁵³

从前　　他　儿女　　　为了　人家（宾）债　多多

ʃɔu³³/wɔn³¹. 从前他为了这些儿女，欠下了人家很多债。

背　背

②反面目的。前一分句说明为了达到目的所采取的行动和措施，后一分句说明要达到的目的。例如：

naŋ³¹nap³¹jɔ³³nɔu³³ja³³lɔu³¹aʔ⁵³, ŋ³¹naŋ³¹lji³¹ma³¹jɔu³³laŋ³³ŋjəi³¹.

你　早上　早早地　来（祈）我　你（宾）不要等　　起

你要早些来，免得我等你。

（3）条件关系。偏句提出一种条件，正句说明满足这一条件后的结果，即从条件推论结果。有充分条件、必要条件、无条件三种类型。

①充分条件，也称"充足条件"，强调"有此条件即可"，即只要有了这种条件，就会出现相应的结果。分句间常用连词lji³¹连接。例如：

mɔ⁵⁵tu³³tʃhɔ³¹paŋ³³lji³¹, ʃɔ³¹xu³¹lɔu³¹ku³¹.

汽车　路　通（连）小胡　来了

只要汽车一通，小胡马上就来。

a³¹lɔm³³mu³³jɔm³¹kat⁵³la³¹xjuʔ⁵³lji³¹, jaŋ³¹jɔu⁵⁵xjuʔ⁵³.

好好地　　使劲地　学习（连）　　能学

只要努力学习，就能学好。

kuŋ³¹ta³¹tsəi³¹kei³¹lji³¹，xɛ⁵⁵mu³³ŋǎ³¹ŋjaŋ³³tsui³³ta³¹.

身体 一点　好（连）　这些事 我自己　　做

只要身体好点，这些活我就自己干。

②必要条件，强调"无此条件不行"，即缺少了条件就不能达到预期的结果。常用连词 khɔu³¹……ta³¹……"只有……才……"连接。khɔu³¹用于条件分句中，有时可以省略；ta³¹用于结果分句中，且则常弱化为 tǎ³³。例如：

naŋ³¹lɔu³¹khɔu³³，ŋjaŋ⁵⁵tə³³lɔu³¹. 要你来，他才会来。

你　来只有　他　才　来

naŋ³¹lui⁵⁵khɔu³¹ja³³，ŋjaŋ⁵⁵tǎ³³mai³¹lɔu⁵⁵. 只有你叫他，他才肯去。

你　叫 只有　　他　才 愿意　去

ta³¹ŋɛ³³mɔ³¹ja³³tsɔ⁵⁵thaŋ³¹lji³¹，ŋjaŋ⁵⁵ta³¹tsɔu³³. 大家都吃完了，他才吃。

大家都　　　吃 后（连）他　才　吃

xɛ⁵⁵thaŋ³³tan³³tan³³ʃuan³³ʃuan³³kuɔt⁵³lji³¹tǎ³¹tain⁵⁵kei³¹.

这些柴 直　直　整齐　　弄（话）才 捆　好

这些柴要弄整齐才好捆。

ŋja⁵⁵mɔ³¹lɔu⁵⁵thaŋ³¹lji³¹ŋ³¹tsuŋ³¹kjɔ³³lɔ³¹　la³³ŋǎ³¹ŋjaŋ³³sɿ⁵⁵tshiŋ³¹tə³³

他们　　走　后（连）我　坐　下来（非）我自己　事情　　才

jɔu³³kuɔt⁵³. 他们走了我才能坐下来做自己的事。

能　做

③无条件。排除一切条件，即在任何条件下都产生正句表示的结果。常用的关联词语是 ŋuat⁵³ljɛt⁵³"不管（无论）……都（也）"，表示条件关系中的无条件关系。例如：

xɛ⁵⁵sɿ³¹xaŋ⁵⁵ŋuat⁵³ljɛt⁵³ma³¹sɛʔ⁵³. 这事不管谁都不懂。

这事　谁　不管都　　不 懂

xaŋ⁵⁵ŋuat⁵³ljɛt⁵³ma³¹tʃha³³，sɿ³¹jɔu³³pan³¹ku³³kei³¹ku³¹.

谁　不管都　　不 错 事情　办成　好 了

不管谁都行，只要把事办成。

条件分句是主谓关系时，ŋuat⁵³可以省略，意义不变。例如：

naŋ³¹kǎ³¹sɿ³³tai³¹ljɛt⁵³，ŋ³¹ka³¹ma³¹lɔu³³. 不管你怎么说，我也不去。

你　怎么　说 不管 我（话）不去

naŋ³¹kǎ³¹sɿ⁵⁵tai³¹ljɛt⁵⁵，ŋjaŋ⁵⁵ma³¹jɔu³³lɔu⁵⁵.

你　什么 说 不管　他　不　能　去

不管你怎样讲，他都不能去。

ŋ³¹lɔu⁵⁵ma³¹lɔu⁵⁵ljɛt⁵⁵, ŋjaŋ⁵⁵ka³¹sɿ³³ljɛt⁵³lɔu⁵⁵.

我 去 不去不论 他 一定 去

不论我去不去，他一定去。

（4）假设关系。偏句提出假设，正句说明在这一假设情况下出现的结果。常用的关联词语有 ŋuat⁵³lji³¹ "假如，如果，要是" 等。关联词语都居偏句末尾。例如：

ŋjaŋ⁵⁵ma³¹lɔu⁵⁵ŋuat⁵³lji³¹, ŋ³¹lɔu⁵⁵ta³¹. 如果他不去，我就去。

他 不 去 如果 我去要

naŋ³¹ma³¹lɔu³¹ŋuat⁵³lji³¹, ŋǎ³¹ŋjaŋ³³lɔu³³ku³¹. 你如果不来，我就自己去。

你 不来 如果 我自己去 了

phɛ⁵⁵na⁵³ŋjəi³³jɔ³¹mɔu³¹wu³¹ŋuat⁵³lji³¹, ŋ³¹ma³¹lɔu³¹lɔ³³.

明天 雨 下 如果 我不来 喽

如果明天下雨，我就不来喽。

phɛ⁵⁵na³¹ŋəi⁵⁵jɔ³¹mɔu³¹phaŋ³³ŋuat⁵³lji³¹, khǎ³¹sɿ⁵⁵ljɛt³¹ŋ³¹ŋjaŋ⁵⁵lji³¹

明天 天 晴如果 一定 我 他（宾）

ʃui⁵⁵la³³mǎ³¹nap⁵³kai³³lɔu⁵⁵kan³¹ta³¹.

领 街 去 赶

如果明天天气好，我一定带他去赶集。

ɛiʔ³¹tɔɔt³¹lji³¹nɔu³³ɛiʔ⁵⁵aʔ⁵³, mɔu³¹thʃuat⁵³ku³¹, ɔjɔ³¹ma³¹ŋjaŋ³¹lɔ³³,

回去 如果 早 回去(祈) 天 黑 了 眼 不 看见 了

tʃhɔ³¹ma³¹jɔu³¹su⁵⁵lɔ³³. 要回去就早回去，要不然天黑了，就不好走了。

路 不 得 走 了

在假设句中，ŋuat⁵³ 可以省略。省略或不省略不影响句义，其中后者更常见。例如：

naŋ³¹ma³¹tʃen³³lji³¹, nǎ³¹ŋjaŋ³³lɔu³³jəu³³aʔ⁵³.

你 不 信 如果 你自己 去看（祈）

如果不信，你亲自去看一看。

ŋjaŋ⁵⁵ma³¹lɔu³¹（ŋuat⁵³）lji³¹, ŋ³¹ma³¹lɔu³³lɔ³¹.

他 不 来 如果 我不去了

他如果不来，我就不去了。

khǎ⁵⁵ŋjəi⁵³jɔ³¹tjɛ⁵⁵kjɛʔ⁵³lji³¹, phɛ⁵⁵na³¹ŋjəi⁵⁵jɔ³¹kuk³¹tsuŋ³³ku³¹.

今天 地 完 耙 如果 明天 谷子 播 了

如果今天能把地耙好，明天就播种。

phɛ⁵⁵na³¹ŋjəi⁵⁵jɔ³¹mɔu⁵⁵ma³¹wu³³lji³¹, jaŋ³³mǎ³³nap³¹kai³³kan³¹lɔu⁵⁵.
明天　　　　雨　不　下　如果　我们　集　　赶　去
如果明天不下雨，我们就去赶集。

naŋ³¹la³¹pan³¹khju̱k⁵³ŋjəi³³lji³¹mjuʔ⁵⁵ma³¹lɔu³³ŋuat⁵³lji³¹,
你　星期六　　　在（非）城市（方）去　如果

ŋ³¹lji³¹a³³jaŋ³³ta³¹tsəi³¹pɔu³¹tʃʰj³³lji³³aʔ⁵³, ŋ³¹ta³¹lain³³lɔ³³nan³³.
我（宾）东西一点　帮　带回来（祈）我一趟　去难

要是星期六你进城去，请你替我带点东西回来，省得我自己走一趟。

2. **转接**

正句与偏句之间存在语义上矛盾对立、不一致的关系。根据偏句和正句间的语义关系，又可分为单纯转折和让步转折两类。

单纯转折关系。茶山语没有表示转折关系的助词，一般通过肯定否定形式表达对立的句义。例如：

xɛ⁵⁵ʃ1̩⁵⁵tɔ³¹ku³³ka³¹ku³³ma³¹tʃʰɔu³¹. 这些橘子虽然大，但是不甜。
这　橘子　大　也　大　不　　甜

ŋja³³kuŋ³¹tə³¹ŋei³¹jɔm³¹sɔ³³sɔ³³ku³³. 他的个子虽小，但力气大。
他　身体　小　力气　很　大

ŋ³³　ka³³ʃɔ̌³³jəi⁵³thjɛʔ⁵⁵kɔʔ⁵³ta³¹tsɔm³³jau³³, mɔ³³tsa⁵³ma³¹jɔ³³.
我（话）皮鞋　　　　一　双　有　袜子　没　有

我有一双皮鞋，但是没有袜子。

ŋjaŋ⁵⁵ta³¹khjɔu³¹tai³¹ŋjəi³¹lji³¹, taŋ³¹ŋɛ⁵⁵mɔ³¹ja³³xɛ³¹ʃ1̩³³ma³³sɛʔ⁵³.
他　半天　说　　大家　　　还是　不　懂

他说了半天，大家还是不懂。

khǎ⁵⁵zan⁵³zan⁵³wɔt⁵⁵tʃha³³tsəi³¹, jaŋ³³tsɔ³¹juɔm³³tsəi³¹sɔ³³ɔ³³ma³¹
今年　年成　坏　的　我们　收成　　很　不

tʃha³³ʃ1̩³³. 虽然今年天旱，但是我们的收成还是不错。
坏　还

naŋ³¹ŋjaŋ⁵⁵kɔ⁵⁵jəu̱³¹thɔʔ⁵³lji³¹ŋjəi³¹a³¹jəu³³, tsui⁵⁵tsəi³¹kɔ⁵⁵jəu³¹thɔʔ⁵³
你　他　别个　比　　小　不要　做的　　别个

lji³¹kei³¹. 别看他比别人小，可是做得比别人好。
比　好

参考文献

［1］戴庆厦：《景颇语参考语法》，北京：中国社会科学出版社，2012 年。

［2］戴庆厦主编：《片马茶山人及其语言》，北京：商务印书馆，2010 年。

［3］戴庆厦等：《片马茶山人和谐的多语生活：语言和谐调查研究的理论方法个案剖析》，《云南师范大学学报》（哲学社会科学版），2009 年第 6 期。

［4］戴庆厦、李春风：《再论语言国情调查的理论与方法：以绿春哈尼族语言生活个案为例》，《中国社会语言学》，2012 年第 2 期。

［5］戴庆厦主编：《阿昌族语言使用现状及其演变》，北京：商务印书馆，2008 年。

［6］龚佩华、陈克进、戴庆厦：《景颇族》，北京：民族出版社，2006 年。

［7］郭老景：《景颇族风俗文化》，德宏：德宏民族出版社，1999 年。

［8］《景颇族简史》编写组编写：《景颇族简史》（修订本），北京：民族出版社，2008 年。

［9］李春风：《边境地区民族语言的共生与交融——基于云南片马茶山人的调查分析》，《中南民族大学学报》（人文社会科学版），2020 年第 40 卷第 5 期。

［10］祁德川：《景颇族支系语言文字》，德宏：德宏民族出版社，2001 年。

［11］徐悉艰、肖家成、岳相昆、戴庆厦编著：《景汉辞典》，昆明：云南民族出版社，1983 年。

［12］余成林：《茶山人多语和谐的语言特点及其成因：以云南省泸水县片马镇岗房村茶山人为例》，《殷都学刊》，2010 年第 31 卷第 2 期。

［13］岳相昆、戴庆厦、肖家成、徐悉艰编著：《汉景辞典》，昆明：云南民族出版社，1981 年。

［14］赵学先、岳坚主编：《景颇族文化大观》，昆明：云南民族出版社，1999 年。

［15］云南省泸水县志编纂委员会编：《泸水县志》，昆明：云南人民出版

社，1995 年。

［16］杨永生：《茶山长官司史略》，《云南民族大学学报》（哲学社会科学版），1993 年第 4 期。

［17］朱艳华：《载瓦语参考语法》，中央民族大学博士学位论文，2011 年。

［18］胡素华：《彝语结构助词研究》，北京：民族出版社，2002 年。

［19］黄成龙：《蒲溪羌语研究》，北京：民族出版社，2007 年。

［20］刘劲荣、盖兴之主编：《彝缅语言研究》，昆明：云南民族出版社，2010 年。

［21］刘丹青编著：《语法调查研究手册》，上海：上海教育出版社，2008 年。

［22］马学良主编：《汉藏语概论》（第二版），北京：民族出版社，2003 年。

［23］余金枝著，戴庆厦审订：《湘西矮寨苗语参考语法》，北京：中国社会科学出版社，2011 年。

［24］戴庆厦：《语言竞争与语言和谐》，《语言教学与研究》，2006 年第 2 期。

［25］戴庆厦：《景颇语的话题》，《语言研究》，2001 年第 1 期。

［26］罗常培，群一：《云南之语言》（二），《玉溪师专学报》（综合版），1986 年第 5 期。

后 记

2009 年，我考到中央民族大学攻读博士学位。暑假，我的博士生导师戴庆厦先生带领一个调查团队，从四川坐小火车到昆明中转，奔赴怒江州进行茶山语调查。我的硕士生导师刘劲荣先生带我到达车站的时候，调查团队已等候多时。原来火车提前一个多小时到站，小小的绿皮火车，竟能给人带来惊喜。这是我第二次站在戴先生面前，还很忐忑。一顿短暂的午餐后，戴先生的团队启程了，半年后出版了国内第一部关于茶山人的专著——《片马茶山人及其语言》，对茶山人和茶山语进行了初步调查。没想到，多年后，我会独立踏上戴先生和师兄师姐们的这条征程。

戴先生一直认为可以对茶山语进行深入调查描写，并鼓励我申报项目。2016 年，我终于获得国家社会科学基金"片马茶山语参考语法研究"立项。从此，与片马和片马地区的茶山人结下不解之缘。2017 年至 2019 年，我先后四次来到片马地区进行茶山语的记录和调查。

2017 年 2 月，我和李文琪博士在昆明会合，转机到保山市，在保山市车站停留一晚，第二天又乘汽车辗转来到怒江州州府所在地泸水市（六库）。这是我第一次离开导师团队，完全独立进行调查，心里有点紧张。时任市宣传部部长的景颇族祝林荣先生热情接待了我们，并安排我们与六库地区的陈润珍、乔银秀等茶山人见面，初步了解一些情况。祝部长还帮我们联系了片马镇片马村的阿才富（褚玉强）。祝部长的帮助，让我紧张的情绪逐渐放松下来。第三天，我们坐了五个多小时的小巴车在片马镇见到了阿才富（阿才哥）。戴老师团队第一次来调查时，就得到了阿才哥的大力支持，这次也不例外。阿才哥把我们带到他家，安顿下来以后，白天带着我们去岗房、古浪等地了解茶山语言概貌，晚上让我们记录他的语音、词汇。阿才哥极其聪明，配合度非常高。很快，我们完成了第一次调查任务，与阿才哥一家依依惜别。阿才哥家的嫂子特别勤劳能干，三层楼房大院收拾得井井有条，有时候我想帮她做点家务，她却生怕影响我工作，不让我插手。

2018 年春节一过，我再次前往片马阿才哥家。阿才哥非常忙，白天要参加村里组织的巡山队。我经常跟他们一起在山上、路边一边巡逻，一边记录语料。晚上，去村民家串门聊天，继续深入了解当地的语言使用情况。那次，我在阿才哥家住了一个月，赶在大雪封山前离开了片马。

同年暑假，我和师妹刘陇凤第三次来到片马地区。除了继续调查茶山语，还要完成茶山语的语保工程任务。语保工程对发音合作人的要求比较高，满足条件的茶山人只有两三位。在祝部长和阿才哥的帮助下，我们联系到了崩江叔叔。请崩江叔叔出山并不容易。由于担心沟通问题，叔叔起初是拒绝的。我和陇凤特意从六库坐了六个多小时的车，来到崩江叔叔家，向叔叔讲明来意，叔叔说你们都来了，那就不好意思再拒绝了。于是放下繁忙的家务农活，随我们来到六库。崩江叔叔早年参加过越战，是一个极其善良淳朴的人。在录制茶山语期间，他比我们还着急，争分夺秒抢进度。我们比原计划提前几天完成了调查任务。这一次，我们确立崩江叔叔为本项目的主发音合作人，记录词汇、语料大纲。阿才哥对茶山文化了解比较多，我们的长篇语料主要来自阿才哥。

2019 年，我和胡淇研博士来到片马镇，与崩江叔叔会合，继续记录语料。叔叔一如既往地大力支持我们，约定好的时间从来不迟到，到了晚上还要求多工作一会儿，对我们的问题也是不厌其烦。他还笑着说，这比在家做农活累多了。有一次中间休息的时候，叔叔突然问我："李老师，以后你要是出书了，这些书有人买吗？"我愣了一下，说："应该有，比如大学图书馆啊，做这方面研究的人啊……"我以为叔叔是担心书的销量，我心里知道其实这类书籍销量并不大。叔叔接着说，"哦，我是担心买的人少，你会亏本哦……"这是意料之外的答案，我心里感动又温暖。叔叔处处为我着想。一日三餐，叔叔每次都担心菜点多了，每次都说够了够了，不要浪费……一天，叔叔说胃不舒服，我们带叔叔去村卫生所，他早早拿出钱跟我抢着付药费……现在想想，如果人真的有先见之明就好了。半个月后，淇研博士临时有事，赶在片马大雪封山的前一天返京。我也随着叔叔，来到古浪二组他的家中。叔叔家刚盖好两层楼的新房。每天早上，叔叔先跟阿嬢（叔叔妻子）、儿子儿媳们商量安排当天要做的事，大家都出门干活，他在家中背着孙子，一边配合我，一边劈柴、喂猪、收拾家院……叔叔怕我晚上害怕，特意让阿嬢陪着我。阿嬢总是笑眯眯的，做事麻利又干净。晚上，我跟他们一家人围着火堆聊天，在叔叔家的每天都很快乐、充实。

那次回京后，我一直忙于工作、整理语料、写作。本打算等初稿完成后再回去补充调查。孰料 2020 年新冠肺炎疫情暴发，无法成行。我经常通过微信与叔叔一家保持联络。2021 年 7 月，看到崩江叔叔大儿子的朋友圈，才知道叔叔已经是胃癌晚期。2022 年 3 月 21 日晚，我正在开会，阿才哥发来消息，告知叔叔走了……叔叔曾说过，如果可以，就给他一张语保工程发音人的证书，他要留起来给孙辈们看，言语间充满自豪。叔叔对说不准的词毫不含糊，都要好好想想，或者打电话问问，说要对自己民族的后人负责，不能让人觉得崩江是在乱说……每每想起崩江叔叔，泪水仍不禁漫入眼帘。希望这本小书能告慰崩江叔叔的在天之灵……

感谢我的恩师戴庆厦教授、刘劲荣教授，是两位老师带我走进语言学的大门。从选题到田野调查到成稿，各种突发情况，戴先生都是我最坚强的后盾，为我解答各种问题。也是戴先生的关心和教诲，让我一路坚持走下来。特别感谢怒江州泸水市景颇族领导祝林荣、片马人崩江叔叔、阿才富及王慧奇先生对我调查工作的大力支持和帮助；感谢茶山人陈玉明、江归、董玉祥、普三才、鲁荣华、忠波、乔银秀、陈润珍等人协助我完成各种访谈，提供相关信息材料；感谢阿才嫂子和崩江叔叔家的阿嬢，在我调查期间对我生活上无微不至的关心和照顾。本书献给所有勤劳、智慧、淳朴的茶山人。

感谢一路支持我的爱人和亲朋好友们。感谢暨南大学出版社的姚晓莉编辑，帮我认真校对核实。受个人水平所限，书中的遗漏和错误概由本人负责。做学问是一辈子的事情，我将继续努力，在学习中不断前行。

本书相关调研语料可登录暨南大学出版社官网下载专区下载。

李春风
2022 年 10 月于北京华文学院